g GOLLENSTEIN

Das Dorf
in Deinem
Kopf

**GESCHICHTEN
ZWISCHEN
GENERATIONEN**

Michael Stührenberg

g GOLLENSTEIN

Inhalt

III. Unter Dorfkindern

Epilog: Das Dorf im Kopf

Prolog

Warum ich meinen Kindern Briefe schreibe

Lieber Leser,

die vorliegenden Texte sind im Laufe mehrerer Jahre entstanden und waren eigentlich nicht als Buch gedacht. Vielmehr sollte es eine »Erbschrift« werden, eine Art Ersatz dafür, dass ich meinen Kindern Liora, Rafael und Lou nichts Handfesteres hinterlassen kann. Keine Wohnung in Paris. Kein Landhaus in der Provence. Kein Bankkonto in der Schweiz oder auf den Cayman-Inseln. Zu nichts dergleichen hat es in den vergangenen Jahrzehnten gereicht, nicht einmal ansatzweise. Für »unsere« 120 Quadratmeter im unfeinen XIX. Pariser Arrondissement zahle ich Miete. Unser letztes Auto haben wir, weil es uns »vernünftiger« erschien, vor Jahren abgeschafft. Die rumänische Putzfrau kommt einmal pro Woche, wie es ihr passt, meistens am Mittwochnachmittag für zwei oder drei Stunden. Kurz, nichts zu erben und zu vererben.

Ab und zu allerdings kam es in dem zurückliegenden Vierteljahrhundert auch vor, dass wir keine Schulden hatten. Dann, gestehe ich, floss das verfügbare Geld weder in Bausparverträge noch in Lebensversicherungen, sondern fast immer in aufwendige Reisen. Die waren unserer Familie wichtig. Weil sie zu gemeinsamen Geschichten führten. Zu Gefühlen und Gedanken, die aus einer miteinander geteilten Zeit erwuchsen. Was andererseits das Desinteresse meiner Kinder an Geschichten aus nicht gemeinsam verbrachten Zeiten erklärte. Geschichten wie die in diesem Buch aufgeführten Dorf-Reportagen, auf denen die Kinder mich nicht begleiten konnten.

Keine Angst, lieber Leser. Was es mit der »ungeteilten Zeit« auf sich hat, werde ich Dir noch ausführlich erklären. Zunächst aber solltest Du ein paar Dinge über mich als Autor erfahren: Woher ich komme. Wie ich lebe. Und warum sich dieses Buch nun nicht, wie vor vier oder fünf Jahren geplant, ausschließlich an meine Kinder richtet, sondern auch an Dich.

Als Erstes möchte ich Dir jetzt von meinem Dorf erzählen. Genauer gesagt, von meinen zwei Dörfern. Das eine liegt in meiner Kindheit: eingebettet in Erinnerungen an sommerliche Roggenfelder und Kartoffelfeuer im Herbst, an Häuser und Höfe entlang einer »Überlandstraße«, die in die »Stadt« führte.

Das andere Dorf liegt in meinem Kopf. Möglicherweise konnte es mir nur deshalb so wichtig werden, weil mein ursprüngliches Dorf Pivitsheide nicht mehr existiert. Es wurde »eingemeindet«, die Stadt Detmold hat es verschluckt. Um nichts übrig zu lassen von den ungeteerten Wegen, an deren Rand unmoderne Menschen »klönten« und sich langatmige Geschichten ohne Pointen erzählten.

Der verschwundene Heimatort hat in mir Spuren hinterlassen. Denn jenes Dorf in meinem Kopf, das seit Jahrzehnten beständig wächst, ist eine Festung zum Schutz gegen die Stadt. Ein sentimentales Rückzugsgebiet, angesiedelt zwischen den Aversionen, die mein Pariser Alltag heraufbeschwört. Dahin flüchte ich, wenn spät nachts noch der Lärm der *rue de Belleville* auf mich eindröhnt, das Brüllen, Hupen und Toben von Wahnsinnigen unter meinem Fenster. Oder wenn sich schon in der Morgen-Metro die Gerüche zahlloser Fremder zum urbanen Mief verdichten und man besser in kurzen Zügen atmet.

Und ganz besonders, wenn die Pariser Super-Moderne mich mit den Bildern und dem Gefasel unserer aufgeblähten Ich-Kultur verfolgt. Mit dem nie zweifelnden *Et moi! Et moi! Et moi!* der Politiker, Supermanager, Film-,

Pop- und Sportstars und »Promis« aller Art samt ihrem Anhang aus dem Kommerz- und Medienbereich.

Das Dorf im Kopf steht auf dem Boden meines Überdrusses, soviel ist klar. Es liegt in der Sehnsucht nach einem Irgendwie in einem Anderswo. Dort, wo Dinge und Worte, da sie weniger sind, für uns mehr Wert haben könnten. Und wo meist alles gut riecht, gut schmeckt, sich gut anhört und niemand drängelt, damit man ihn besser wahrnimmt. Also erzählt dieses Buch auch eine Zeitreise, mit geografischen Eckdaten. Sie führt vom Dorf in die Stadt, aus dem Schatten des Teutoburger Waldes in die Lichterstadt an der Seine, von Pivitsheide nach Paris.

Pivitsheide, da es nicht mehr existiert, muss ich in der Erinnerung suchen. Mein Problem: Ich bin nicht Proust. Wie ich jenen beneide, der nur eine *madeleine* in eine Tasse Lindenblütentee zu stippen braucht, um in akribischer Fülle Geschehnisse, Gedanken und Gefühle aus einer versunkenen Welt wieder auferstehen zu lassen!

Bei mir funktioniert das überhaupt nicht. Meist verschwindet, was mein Gedächtnis als unwichtig oder hinderlich beim Zustandekommen von Zukünftigem erachtet, einfach von der geistigen Bildfläche. Versackt in einem tiefen Loch des Nie-Geschehenen, Nie-Gesagten, Nie-Gewesenen. Meine Fähigkeit zu vergessen, betrifft alles: Personen, Ereignisse, mitunter ganze Länder, deren Einreisestempel, stoße ich zufällig beim Durchblättern eines abgelaufenen Reisepasses darauf, mich in den Zustand eines nutzlosen Grübelns versetzen. Ich kann mich einfach nicht erinnern, jemals dort gewesen zu sein. Weil dort nichts geschah, das jener inneren Kompassnadel, welche die Richtungssuche unseres Bewusstseins bestimmt, auch nur ein zaghaftes Zittern abgerungen hätte.

Dass ich mich jedoch nicht einmal an mein altes Dorf wirklich erinnern kann, erschreckt mich. Ist meine Kindheit etwa nicht wichtig gewesen? Natürlich weiß ich, wie es damals war. Aber ich kann es nicht nachempfinden. Schließe ich die Augen und suche Pivitsheide, bleibt es dunkel in meinem Kopf. Keine Gesichter, keine Szenen, keine Stimmen. Ich könnte nicht einen einzigen Geburtstag beschreiben, auch keinen Weihnachtsabend, keinen ersten Schultag, kein Dorffest mit dem Qualm von Bratwürstchenständen auf dem Fußballplatz des »SUS Pivitsheide«. Meine einzige zusammenhängende Kindheitserinnerung stammt aus dem Sommer 1964 und betrifft meine erste Liebe. Dass sie sich derart einprägen konnte, habe ich wahrscheinlich nur ihrem für mich schamvollen Ausgang zu verdanken.

Geblieben sind Impressionen aus einigen in mir statischen Bildern. Wie das besagte Roggenfeld im Sommerwind, der Duft von herbstlichen Kartoffelfeuern, das Rauschen in den Kiefernkronen vor meinem Kinderzimmer, mein ferner Winterblick auf den schwarzen, mit Schneeflecken durchsetzten Wald. Aus all dem nährt sich mein Gefühl von Dörflichkeit.

Aber glaube mir, lieber Leser: Nie mache ich mir Illusionen darüber, wie ich von Pivitsheide nach Paris gelangt bin. Schließlich wurde ich meinem Geburtsort ja nicht entrissen. Im Gegenteil, ich wollte raus aus dem Dorf. Von allen Landflüchtlingen im Fürstentum Lippe muss ich einer der schnellsten gewesen sein.

Ich wollte die Welt sehen. Zu meinem zehnten oder elften Geburtstag schenkten mir meine Eltern eine vierteilige Landkarte vom Orinoco-Gebiet. Jahrelang bedeckte sie die Wand über meinem Bett. Davon träumte ich, vom Orinoco. Unter anderem. Auf dem Weg dorthin gedachte ich Wüsten zu durchqueren, als blinder Passagier über den Pazifik zu schippern, den Mont Blanc, weil um ihn keine Straße herum führte, zu Fuß und mit bloßen Händen zu überwinden. Und überall Mädchen mit schwarzen Augen zu treffen. Die in Pivitsheide hatten alle nur blaue, jedenfalls kam mir das so vor.

Aber der allererste Weg, die Auffahrt zur Weltautobahn, führte in »die Stadt«. Auch dies war mir als Zehnjährigem klar bewusst. Niemand konnte den direkten Sprung von Pivitsheide zum Orinoco schaffen. Zu den Hürden zählte, was uns ungelenk aus dem Mund purzelte. Unsere Väter sprachen Platt, benutzten im Hochdeutschen mitunter Wörter, die es in der semantischen Wirklichkeit nicht gab. Wie »Lusten« statt Lust und etliche mehr. Und ihren Kindern vererbten sie dazu ganz eigene Vorstellungen von Grammatik. Auf Beispiele möchte ich lieber verzichten.

Auch besaßen die Stadtkinder einen viel größeren Wortschatz als wir im Dorf. Weil sie zu Hause Fernseher hatten! Damals, gegen Ende der 1950er Jahre, gab es nur einen Kanal, der seine Sendungen Punkt Mitternacht mit dem Abspielen der Nationalhymne einstellte. Dies konnte einem schon das Gefühl geben, Teil der Welt zu sein. Während Pivitsheider Kinder, wollten wir abends nicht schlafen, nur heimlich aus dem Fenster gucken konnten. Auf Roggen- und Spargelfelder.

Wie auch immer. Als ich die Aufnahmeprüfung für das neusprachliche Detmolder Gymnasium Leopoldinum I bestand, floh ich mit fliegenden Fahnen in die Zukunft. An meinem ersten Schultag fanden sich mehrere Nachbarn an der Pivitsheider Bushaltestelle ein, um mich zu verabschieden. Obwohl ich doch schon mit dem Mittagsbus wieder nach Hause kommen würde. Aber sie hatten Recht, im Grunde war es ein Abschied für immer. Auch im Dorf weilten meine Gedanken fortan in der Stadt.

Die nächsten Jahre sind schnell erzählt. Ich machte mein Arbitur in Detmold. Zog, als ich älter wurde, in größere Städte. Bis ich mich nach einem dreijährigen Umweg über den afrikanischen Busch – als Ersatz für den Orinoco – für eine feste Adresse in Paris entschied.

Es schien die perfekte Wahl zu sein. Zwar hatte sich in mir ein solider Rest dörflichen Misstrauens gegenüber menschlichen Massen bewahrt. Aber wie hätte ich mich angesichts der architektonischen Ästhetik und der kulturellen Vielfalt am Seine-Ufer nach dem stillen Dorf am Hasselbach zurücksehnen können? Um Paris haben mich meine alten Pivitsheider Bekannten ja auch immer ganz besonders beneidet.

Aber dann kamen die Kinder in mein Leben – Liora Ende 1986, Rafael Anfang 1990 – und mit ihnen kam die Angst. Plötzlich war Paris nicht mehr die angeblich romantischste Stadt der Welt, sondern glich in Hektik und Aggressivität jeder anderen x-beliebigen Millionenstadt. Nirgendwo in ihrem Gewühl war es ratsam, kleine Kinder frei herumlaufen zu lassen.

Sogar die Sandkästen unseres Stadtparks, kolportierten in Panik geratene Eltern in meiner Nachbarschaft, wären nicht mehr sicher. Nachts würden dort Junkies aidsinfizierte Nadeln deponieren. Absichtlich knapp unter der Sandoberfläche, damit die Füßchen der Kleinen sie nicht verfehlen könnten.

Warum, fragte ich einmal einen anderen Vater beunruhigt. Aus Rache an den Kindern von Wohlhabenderen, meinte der Mann: Die Giftnadeln wären Waffen im Krieg der Vorstädter gegen die Kernstädter. Gegen jene, die es sich leisten könnten, in einem der zwanzig Pariser Arrondissements zu wohnen. Während sie, die Junkies, *extra muros* im Elend der *banlieue* aufwachsen müssten. Oder in den nicht weit von unserem *parc des Buttes-Chaumont* drohenden Wohnsilos an der *place des Fêtes*, wo sich die Vorstadt unaufhaltsam in die Kernstadt hineinfraß.

Ob es wirklich so war, habe ich nie herausfinden können. Eine Zeitlang jedenfalls spazierten die kleinen Kinder unseres Viertels nur noch gestiefelt in Sandkästen umher. Und durften sich mit Eimer und Schippe nur dort niederlassen, wo ihre Eltern zuvor ausgiebigst das Terrain inspiziert hatten.

Als noch unangenehmer empfand ich die Verstädterung unserer Gesellschaft in ihrer Gesamtheit. Wo die Menschen auch wohnten, auf dem Land oder in der Stadt, sie lebten zunehmend in ein und derselben kulturellen Konsumsphäre. Zwar behaupten Pariser gern, sie verbrächten ihre freie Zeit am liebsten im Theater, im Louvre und in wechselnden Kunstausstellungen des Petit und Grand Palais. In Wahrheit glotzen die meisten von ihnen lieber auf die Mattscheibe, wie gefesselt von über hundert Schrottkanälen, die ihr Fühlen und Denken über Flachbildschirme beherrschen.

An dieser Stelle, lieber Leser, brauchst Du eine kleine Pause. Um Dich in meine damalige Lage zu versetzen. Wahrscheinlich kennst Du das Dilemma selbst zur Genüge: Du bist zutiefst beunruhigt, willst Deine Kinder vor den Übeln und Gefahren der Gegenwart schützen. Vor allem vor jenen, die über Bildschirme in Kinderköpfe einbrechen, über Playstation, Computerspiele und Gameboy.

Aber wie willst Du das anstellen? Verbieten funktioniert nicht, dadurch wächst die Anziehungskraft ins Unwiderstehliche! Also bleibt nur eine Alternative: Du musst Deinen Kindern attraktivere Angebote machen. Musst als Vater oder Mutter für sie spannender werden als Pokemon, Warcraft und das Werbefernsehen, das nachmittags nun auch Vier- und Fünfjährige zum Streben nach »Individualität« und »Freiheit« aufruft und damit das Portemonnaie ihrer Eltern meint.

Ich weiß nicht, wie Du es anstellst. Aber mir ist nur das Teilen von Zeit eingefallen. Von jenem Gut, das Kindern am begehrenswertesten erscheint, weil Eltern so wenig davon haben. Die haben ja schon ihren Job, dazu noch außerhäusliche Verpflichtungen und obendrein das gelegentliche Bedürfnis, mal was nur für sich allein zu tun. Und wer wollte es den Eltern verübeln, die Wahl ihres Ferienhotels von dem Vorhandensein eines »Kids Clubs« abhängig zu machen? Schließlich müssen sie sich auch einmal von den eigenen Kindern erholen.

Der größte Elternzeitfresser ist natürlich der Beruf. In dieser Hinsicht hatte ich sowohl Glück als auch Pech. Das Glück? War ich nicht gerade auf Reportage, war ich im Alltag meiner Kinder viel präsenter, als normale Väter es sein können. Nie musste ich morgens »ins Büro« oder kam abends erst spät »von der Arbeit«, zu spät für längere Gute-Nacht-Geschichten. So verbrachten Liora und Rafael mit ihrem Vater unzählige Stunden im Abenteuer-Dickicht unseres Parks oder, vor allem abends und bei Regen, in der Märchenwelt ihrer Kinderzimmer.

Fazit: Geschichten und Abenteuer wurden zu meiner Spezialität. Sie auszuwählen oder zu erfinden, sie möglichst spannend zu erzählen oder im richtigen Tonfall vorzulesen, formte meine Rolle als Vater daheim.

Alle Geschichten aus unserer gemeinsam verbrachten Zeit, sofern es sie in geschriebener Fassung gibt, stauen sich heute in den Regalen von Lou, meiner jüngsten Tochter, die im Sommer 1999 geboren wurde. Massen von Märchenbüchern stehen da, Legenden aus Ländern aller Kontinente. Dazu Erzählungen von Astrid Lindgren, Roald Dahl, Erich Kästner. Und Klassiker für Kinder und Erwachsene gleichermaßen. Etwa »Tom Sawyer«, »Huckleberry Finn«, »Die Schatzinsel«, »Le Petit Prince«, »Les Malheurs de

Sophie«, »Das Dschungelbuch« in seiner Kipling-Version, nicht der von Disney. Sowie sämtliche Abenteuer von »Fünf Freunden«, »Artemis Fowl« und anderen Orinoco-Forschern.

Auch Märchen, die ich selbst erfand, kamen gut an. Am besten gefiel Liora eine Geschichte, die wir »La petite Fleur et le Vent du Nord« nannten. Weil ich dabei durch geräuschvolles Ausatmen das Pfeifen des Nordwindes nachahmte. In Wahrheit brauchte ich die langen Atemzüge immer dann, wenn mir die Fortsetzung der Handlung nicht mehr einfiel und ich schnell eine neue erfinden musste. Auf diese Weise änderten sich manche Erzählungen ständig.

Warum ich Dir dies alles erzähle, lieber Leser? Weil auch diese Dinge mit dem Dorf im Kopf zu tun haben. Nicht nur mit dem meinen oder dem meiner Kinder. Auch für die Dörflichkeit in Deinem Leben sind sie von Belang. Erinnere Dich an die Geschichten Deiner Kindheit! Spielten sie nicht meist in einer magischen, ländlichen Welt? Die einzige städtische Ausnahme, die mir in zwei Vorlese-Jahrzehnten unterlief, fand ich in »Emil und die Detektive«.

Aber zurück zu den Reisen. Und zu jenem »Pech«, das sich mit meinem Beruf zu verbinden schien. In jenen Tagen, zwischen Ende der 1980er und Anfang der 1990er Jahre, addierte sich die Zeit meiner Reportagen auf durchschnittlich sechs Monate im Jahr. Die Hälfte meiner Zeit ohne Liora und Rafael? Sie ohne mich? Und damit hilflos den Bildschirmen und den Sandkästen der Junkies ausgeliefert? *Impensable!*

Das typische Los des Auslandsreporters war mir hinreichend bekannt. Vielen meiner Pariser Reporterkollegen war es nicht gelungen, eine Familie zu gründen. Einigen war die Ehe *in absentia* zu Bruch gegangen, aufgrund ihrer überwiegenden Abwesenheit. Gab es Kinder, blieben sie bei der Mutter.

Also schien es auch hier für mich wieder nur die eine Möglichkeit zu geben: das Teilen von Zeit – diesmal allerdings meiner Arbeitszeit! Lag das Zielgebiet einer Reportage im relativ Gefahrlosen, waren die Kinder fortan mit dabei. So oft es ging jedenfalls. Liora war zwei Jahre alt, da bestieg sie eine Riesenschildkröte auf Sansibar. Rafael war noch jünger, als er sechs Wochen in der Sahara verbrachte, dem vermutlich nadellosesten Sandkasten der Welt.

Meistens reisten wir gemeinsam mit Judith, meiner aus Paris stammenden Frau und Mutter der Kinder. Manchmal aber auch ohne sie. Etwa nach Anakao, einem Dorf von ehemaligen Seenomaden im Süden Madagaskars. Mir fiel auf, dass ich sogar beruflich von meinen Kindern profitieren konnte: wenn es mir gelang, durch ihre Augen die Welt noch einmal neu zu begreifen.

Auch wurden mir Menschen schneller vertraut. Weil Unbekannte, die mir mit Zurückhaltung hätten begegnen können, sich beim Anblick der Kinder sofort öffneten. Wie sollten sie einen Reisenden abweisen, der es für unbedenklich hielt, seinen wertvollsten Schatz mit in ihre Hütten zu bringen?

So formte sich in jenen Jahren, als Liora und Rafael noch nicht zur Schule gingen – oder diese problemlos schwänzen konnten – unser Leben als weltdurchwandernde Familie. Die beiden bewiesen etwas Wesentliches: Kleine Kinder passen sich spielend den schwierigsten Umständen an. Weil es in ihrem Empfinden noch keine Schranke der Normalität gibt. Was immer sie erleben, welcher Hautfarbe oder Kultur sie auch begegnen – den Ein- bis Dreijährigen erscheint alles gleich normal oder unnormal. Weil ja alles neu für sie ist.

Dazu ist mir ein Abenteuer Rafaels in Erinnerung geblieben. Es war unsere (die komplette Familie, aber noch ohne Lou) Sahara-Reise im Winter 1991/92. Eine Zeitlang wohnten wir in Agadez, Nigers Tor zur Wüste. Dort lebte der Tuareg Mano Dayak, ein enger Freund. Und ein Mann mit viel Sinn für Unsinn. Für den kleinen Rafael hatte Mano einen Spitznamen erfunden: *Lalalala.* Grund dafür war, dass der Junge zwar noch nicht richtig sprechen, sich aber trotzdem verständlich machen konnte. Da Schokolade, auf Französisch *chocolat*, für ihn unaussprechlich war, wiederholte er nur immer fordend die Schlusssilbe »la«. Und niemand in seiner Umgebung konnte sich der Klarheit seiner Botschaft verschließen. *Lalalala* hieß: »Ich will Schokolade!«

Ansonsten gab es in jenen Tagen in Agadez nicht viel zu lachen. Im Aïr-Gebirge nördlich der Stadt kämpften Regierungstruppen gegen Tuareg-Rebellen. Deshalb hatte Mano die Führer der Aïr-Nomaden zu sich nach Agadez geladen. Um gemeinsam mit ihnen zu beraten, wie ein Bürgerkrieg im Niger noch vermeidbar wäre.

Es war Mittag, Mano und seine Gäste hatten sich um einen niedrigen Tisch gesetzt, auf dem Tomatensalat aufgetragen worden war. Und hinter jedem dieser zehn oder zwölf Tomatenteller saß eine verschleierte Gestalt. Bei den Tuareg verbirgt nicht die Frau, sondern der Mann das Gesicht. Je älter der Mann, umso weniger zeigt er von seinen Zügen. Die Versammlung der greisen Tuareg an Manos Tisch wirkte wie ein Geistertreffen.

Und plötzlich kam *Lalalala* in den Raum, krabbelte dem ersten Gespenst auf den Schoß und aß dessen Tomaten auf. Niemand sagte etwas. Dann kroch Rafael weiter zum nächsten Tuareg, um auch ihm den Salat wegzuessen. Und so fort. Da es winzige Portionen waren, gelang es dem Jungen, jeden der anwesenden Tuareg in kurzer Zeit seiner Vorspeise zu berauben.

Mir wurde die Szene peinlich. Ich vermutete, einige der Gäste könnten verärgert sein. Der weite Marsch aus den Wadis des Aïr-Gebirges nach Agadez musste sie doch ausgezehrt haben. Bestimmt hätten sie die Tomaten gern selbst gegessen. Aber Rafael absolvierte unbeirrt seine Salat-Runde. Und als er bei dem Teller des letzten Tuareg angekommen war und dessen allerletzte Tomatenscheibe in den Fingern hielt, ließ er sie dem armen Mann in den Schoß seines festlichen Gewandes fallen und sagte: »*Pas bon!*« Was wohl bedeutete, dass er im Grunde gar keine Tomaten mochte. Da erfüllte ein Tosen den Raum. Die alten Nomaden brüllten vor Lachen. Als hätten sie in ihrem ganzen Leben nichts Komischeres erlebt als dieses seltsame Kind von Sesshaften.

Zunächst habe ich mich gewundert. Wie konnte es angehen, dass verschleierte Gesichter, aus denen dunkle Augen starrten, meinem Sohn keine Angst einflößten? Obwohl der Kleine noch keine zwei Jahre alt war! Bis ich begriff, dass Rafael nicht *trotz*, sondern *dank* seiner erst wenigen Lebensjahre furchtlos war. Er besaß noch nicht genug Lebenserfahrung, um Fremde auf einen Blick als für ihn harmlos oder verdächtig einzuschätzen. Dies machte ihn zum perfekten Reisenden.

So verstrichen die Jahre, vergingen zwei Kindheiten. Wirtschaftlich war diese Zeit für uns vielleicht unergiebig, aber »ausgezahlt« hat sie sich dennoch. Nicht nur entkamen meine Kinder den Bildschirmen. Sie lernten auch den leichten Umgang mit der Welt. Den Aufbau von Nachbarschaften. Die alte Wahrheit, dass Freundschaft und Liebe sich nicht erkaufen, sondern nur erobern lassen. Oder verdienen: durch das Teilen von Zeit und Geschichten.

Demselben Prinzip war es logischerweise zuzuschreiben, dass eine bestimmte Kategorie von Geschichten bei meinen Kindern keinen Erfolg hatte: meine Solo-Reportagen. Was ich ohne sie erlebte, interessierte weder Liora noch Rafael noch Lou. Wollte ich berichten, wie es mir gerade in Kolumbien, am Tschadsee oder auf den Salomonen ergangen war, hörte keiner von ihnen zu. Oder nur oberflächlich. Ohne die für den Erzähler so nötigen Momente, wenn Zuhörer voller Ungeduld fragen: *Et alors?* – Und dann?

Ja, und dann verzichtete ich darauf, meinen Kindern Geschichten aus der nicht geteilten Zeit zu erzählen. Ich behielt sie für mich, behielt sie für das Magazin GEO. Diese Entscheidung möchte ich jetzt korrigieren. Würden meine Kinder, animiert durch meine Briefe, auch gleich noch die angehängten Dorfgeschichten lesen, wäre ich darüber recht glücklich.

Und Du, lieber Leser, solltest mir einfach schon im Voraus abnehmen, dass die Geschichten, die in diesem Buch auf Dich und meine Kinder warten, die wichtigsten in meinem Reporterleben gewesen sind. Weil sie mir die fehlende Erinnerung an Pivitsheide ersetzt haben. In allen diesen Dörfern – und sei es in so entfernten, uns auf den ersten Blick so fremd erscheinenden Orten wie die Sahara-Oase Zoo-Baba, das philippinische Fischerdorf Busok-Busok, die Blätterhütten der Pygmäen im Kongo-Urwald – habe ich die in meinem Inneren verborgene Kindheit gespürt:

nachbarliche Nähe und Anteilnahme; die Verständlichkeit einer Umwelt ohne jenen ständigen, ohrenbetäubenden Lärm der großen Städte; der beruhigende Gedanke, die Speisen auf meinem Teller zuvor schon im Feld oder auf der Weide gesehen zu haben.

Dennoch: Hätte ich dieses Buch vor 15 Jahren geschrieben, hätte es darin keine Briefe an meine Kinder gegeben. Wahrscheinlich hätte ich sogar auf die ganze Buchidee verzichtet. Und mich damit begnügt, ein paar Dorfgeschichten aus dem deutschen GEO für meine Kinder ins Französische zu übersetzen.

Doch die Zeiten haben sich geändert. Für uns alle, lieber Leser, ist eine neue Epoche angebrochen. Für mich als Vater bedeutet das: Lou wächst in einer anderen Welt auf als Liora und Rafael.

Meine jüngste Tochter kam, wie schon gesagt, im Sommer 1999 zur Welt. Ihre ersten Reisen führten sie nach Senegal und Niger, die nächsten nach Thailand und auf die griechische Insel Hydra. Das war im Februar und August 2001. Der September brachte Al Kaidas Angriff auf New York. Ein Datum, das uns seither verfolgt. Weil wir ständig daran erinnert werden: 9/11 – Anbruch des neuen Zeitalters.

Nur sind sich nicht alle einig, worin genau »das Neue« bestehen soll. Einige wähnen in 9/11 den Auftakt zum Weltterrorismus. Andere glauben, aus den Trümmern der Twin Towers sei eher der Vorwand für den Irak-Krieg und die Begründung für Bombenabwürfe auf afghanische Dörfer entstanden. Aber auch das ist ja nicht wirklich neu. Vor Irak hat es Vietnam gegeben, vor NATO-Soldaten haben in Afghanistan schon Kolonial-Briten und Sowjet-Russen vergeblich gekämpft.

Nein, das wirklich Neue trat aus dem Nebel von 9/11 in unser Leben. Eine Entwicklung, die sich offenbar in kurzer Zeit vollzog und durch die internationale Finanzkrise von 2008 mit einem Schlag für alle sichtbar wurde. Es war die endgültige Machtübernahme – kein *coup d'Etat*, ein *coup de monde* – durch die Finanzindustrie, der Eroberungszug ihrer Gier bis in die hintersten Ecken der Welt.

Einer Welt, die nun immer schneller ihre Dörfer verliert. Und damit, lieber Leser, kommen wir endlich zu der Antwort auf die Frage, warum ich meinen Kindern heute Briefe schreibe: um sie an die Wichtigkeit der Dörfer zu erinnern, vor allem für uns Städter. Um ihnen zu sagen: In welchen Megapolen ihr euer Leben auch verbringen mögt, bewahret das Dorf in euch!

Natürlich ist dieser Appell nicht frei von Pathos. Geht er doch einher mit den wachsenden Differenzen zwischen meiner städtischen Gegenwart und meinen dörflichen Sehnsüchten.

Anfangs mag das Problem in den üblichen Verstimmungen gelegen haben. Im Großstadt-Blues, der, bedingt durch Wetter und Jahreszeiten, uns Pariser nur vorübergehend zu vergrämen scheint. Wie die scheinbare Unmenschlichkeit der urbanen Massen im Winter. Die Trostlosigkeit in ihren Metro-Gesichtern. Und dieser Lärm, der rund um die Uhr unsere Ohren und Hirne betäubt. Lärm um nichts. Entstanden aus zu vielen verschiedenen Tönen, als dass ein einzelner von ihnen noch einen Sinn ergeben könnte.

Doch kommt der erste warme Frühlingstag, reicht in der Regel ein Spaziergang durch den Park unseres Viertels, um den saisonalen Ekel wieder abzuschütteln. Dann glauben wir aufs Neue ans Alte, an das Verliebtsein auf den Treppen von Montmartre, an die Bänke auf den Ufern der Seine-Inseln, an den nächtlichen Blick auf Notre-Dame und die Louvre-Fassade, wenn sie im Scheinwerferlicht eines vorübergleitenden *bateau-mouche* aufleuchten.

So habe auch ich mich immer wieder beruhigt. Jahraus. Jahrein. 36 Jahre lang. Bis ich vor Kurzem bemerkte, dass Paris seine Reize für mich längst verloren hat, ich nur noch nicht den Mut fand, mich von einer Gewohnheit zu lösen. Mein Erwachen war fast komisch. Es kam an dem Morgen meines Abflugs nach irgendwohin. Der Orinoco-Drang in mir hat sich noch immer nicht völlig erschöpft.

Wie gewöhnlich hatte ich den Vorortzug zum Flughafen Charles-de-Gaulle genommen, hatte aus dem Fenster zum tausendsten Mal die Aussichtslosigkeit der *banlieue* vorübergleiten sehen. Und stand nun geistig erschöpft auf einem Laufband, das Passagieren half, ihr Vorankommen zu dem richtigen Terminal zu beschleunigen.

Zu beiden Seiten des langen Korridors warben bunte Foto-Plakate für eine der größten Banken der Welt. Die Fotos waren gut, ein jedes versehen mit originellen Informationen, die andeutungsweise erklärten, warum gerade diese Bank in dieser Zeit unverzichtbar für uns sei. Und dann sah ich das beste aller Plakate: ein klappriger VW-Käfer, ungefähr Baujahr 1955, voll beladen mit altmodischem Gerümpel auf einem überquellenden Dachgestell. Die schäbige Karre war unterwegs auf einer Piste durch eine Landschaft aus grünen Hügeln und Wiesen. Die dazu gehörige Werbe-Info: »Jedes Jahr ziehen 200 000 Menschen vom Land in die Stadt.«

Sicher wollte die Bank damit verständlich machen, dass sie die Landflüchtlinge gern mit Krediten bei ihrem Umzug in ein besseres Leben unterstützen würde. Auf mich wirkte das eher wie ein schlechter Scherz. 2008, das Jahr des triumphalen Jahrhundertschwindels der Banken, war auch ein Meilenstein der Demografie gewesen: Zum ersten Mal lebten weltweit mehr Menschen in der Stadt als auf dem Land. Gewiss war dieser zeitliche Zusammenfall zufällig. Dennoch schien mir, als wären die beiden Ereignisse – die Urbanisierung der Menschheit und der totale Sieg der Finanzindustriellen über uns weniger Wohlhabende – unmittelbar miteinander verknüpft. Die einen kassieren ab, die anderen zahlen den Preis.

An jenem Morgen kam mir die Idee zu den Briefen an meine Kinder. Und der Gedanke an die wenige Zeit und die vielen Geschichten, die es zwischen uns noch zu teilen gibt. Es war der Gedanke an das Dorf in meinem Kopf.

Mit herzlichen Grüßen aus Paris

Michael Stührenberg

DAS VERLO

RENE DORF

Drei Briefe an Liora

Wo bist Du, meine große Tochter? Derzeit erscheint es mir schwierig, mit Deinem Reise-Rhythmus mithalten zu können. Gäbe es noch keine E-Mail, wäre es völlig unmöglich. Du bist jetzt 26, hast ein Studium der Internationalen Beziehungen an der Sorbonne hinter Dir, inklusive eines Stipendiums in Boston, eines Sabbatjahres in Berlin, eines Praktikums in Vientiane, eines Arabisch-Kurses in Damaskus ... Die noch übrige Zeit verbringt Du – auf dass Dir die Decke unserer Pariser Wohnung nicht auf den Kopf falle – mit Reisen zu so prägenden Zielen wie die tasmanische Einsamkeit, die Ruinen Bagans im magischen Burma, das Grün laotischer Reisfelder. Ich hoffe, diese E-Mail erreicht Dich *en passant* in Vientiane, spätestens aber in einem Internet-Café von Bangkok.

Tu me manques, ma petite Lumière! Aber was können Töchter schon ausrichten gegen die Sogkraft der Zukunft? Was ihre Väter erfinden gegen das Wachsen von Entfernungen? Du fühlst Dich nun überall zu Hause, nicht wahr? Ständig auf der Durchreise, mit mehr Gepäck im Herzen als in der Hand? Das kenne ich, die meiste Zeit meines Lebens habe ich ebenso verbracht. Zwei Dinge, so ein abgegriffenes Bonmot, seien unverzichtbar im Leben: eine Heimat und ein guter Grund, sie zu verlassen. Ich selbst wähnte diesen Grund im Orinoco, aber das erkläre ich Dir später einmal.

So wurden wir modernen Menschen zu Weltbewohnern – durch die Beschleunigung unserer Standortwechsel, der physischen wie der virtuellen. Was soll daran nun falsch sein? magst Du fragen. Wozu meine Lobgesänge auf die Dörflichkeit? Scheinen wir uns doch soeben erst allesamt auf die Vorstellung geeinigt zu haben, die ganze Welt sei unser neues Dorf: eine Sphäre, in der jedem Gedanken, jeder Tat, ja jedem Zufall planetare Bedeutung zukommen könne und allem Übel zwangsläufig globale Konsequenzen.

Aber glaube mir, Liora, das ist Blödsinn. Das *global village?* Pure Illusion! Dass sieben Milliarden Erdbewohner durch elektronische Instant-Post, durch gemeinsame Zugänge zu Google, Blogs und Facebook, durch erschwingliche Fernflüge, die sie binnen 24 Stunden an nahezu jeden beliebigen Ort der Erdkugel transportieren können, dass sie obendrein durch internationale Finanzkrisen und wirtschaftliche Wechselwirkungen, durch weltweite Trauer um Lady Di und grenzenloses Ergötzen an Lady Gaga verbunden sind, all dies verbindet sie nicht wirklich.

Die *global city?* Ja, die gibt es wohl. Es ist die beliebig austauschbare Konsumstadt, regiert von der Finanz-Aristokratie und der High-Tech-Bourgeoisie. Vergiss einen Augenblick Notre-Dame und den Louvre, Liora, und konzentriere Dich auf jenes Paris, das Du täglich vor Augen hast. Was siehst Du? Die gleichen Boutiquen wie in Mailand und Barcelona, die gleichen Starbucks und Burger Kings wie in Hamburg und Moskau, die gleichen Konsum-Paläste wie in São Paulo und Dubai, nur gelegentlich mit anderen Namen versehen. Und hier und da erkennst Du, wer sich diese Stadt zu seinen Zwecken erschaffen hat: Börsen, Banken, Versicherungen, Konzerne – jene, die in gläsernen Bürotürmen herrschen, als wollten sie dadurch die Transparenz ihrer Machenschaften belegen.

Verstehe mich nicht falsch, meine weitgereiste Tochter! Wie könnte ich die Entwicklungen der vergangenen Jahrzehnte leugnen, die der Idee eines *global village* zugrunde liegen? Natürlich weiß auch ich, dass jene Menschenmassen, die unseren Planeten bevölkern, auf fatale Weise miteinander verbunden sind. Schaffen sie es nicht, ihr Verhalten zu koordinieren und ihre Ansprüche zu mäßigen, insbesondere auf den Gebieten der Ökologie, der Demografie, der Ressourcen- und Friedenspolitik, so werden sie in absehbarer Zeit untergehen. Das macht uns alle zu einer engen Interessensgemeinschaft, zwangsläufig! Ein »Weltdorf« aber, ge-

schweige denn eine »Familie«, wird die Menschheit niemals bilden. Dies hat sie in den vergangenen Jahrtausenden hinreichend bewiesen.

Der Grund? *La condition humaine!* Die Beschaffenheit des Menschen in den Grenzen dieser Welt, dieses Lebens. *»Pour chacun de nous«,* schrieb Frédéric Dard, *»il existe une quatrième dimension, celle de notre absence!«* Was für ein erleuchtender Gedanke: Für jeden von uns gibt es eine vierte Dimension: die unserer Abwesenheit. Was ohne uns und fern von uns geschehe, predigte der Autor meiner geliebten *San-Antonio*-Krimis, das geschehe »nicht wirklich«.

Oh Liora! Ich kann mir denken, wie ketzerisch solche Worte in Deinen Ohren klingen müssen. Du glaubst an die potenzielle Grenzenlosigkeit der solidarischen Vernunft. Daran, dass Deine Generation es schaffen könnte, Hand in Hand zu handeln: um endlich weltumspannend das Richtige für alle zu tun, auf allen Kontinenten gleichzeitig, im Zuge eines alle nationalen und gesellschaftlichen Gruppen verschmelzenden Elans der Einsicht.

Ja, das wäre herrlich. Aber liegt die Existenz jener vierten, uns auf einfache Wesen reduzierenden Dimension nicht deutlich auf der Hand? Schau Dir doch Menschen an, wie sie vor dem Fernsehapparat zu Abend essen, während ein Nachrichtensprecher ihnen Gräuel aus aller Welt auftischt. Nichts kann ihnen den Appetit verderben. Die vergewaltigten Frauen im Kongo ebenso wenig wie der Amoklauf finnischer Gymnasiasten oder amerikanischer Studenten, weder der Tsunami in Thailand und Indonesien noch die Erdbeben in Chile und auf Haiti, und schon gar nicht die sich ständig wiederholenden Hungerrevolten in Afrika, Asien, Lateinamerika. Mit kauendem Mund sagen wir: *»Mon Dieu, les pauvres gens!«* und essen weiter.

Für dieses Verhalten bieten sich alternativ zwei Erklärungen an: Entweder sind wir herzlose Ungeheuer, denen absolut nichts auf den Magen schlägt. Oder aber das Schreckliche, das da vor unseren Augen über den Bildschirm flimmert, bleibt Bestandteil einer virtuellen Welt, während das Wirkliche greifbar vor uns liegt: der Teller, das Weinglas, das angebrochene Baguette.

Natürlich zeigen wir uns von dem Elend in der Welt betroffen. Einige »engagieren« sich auch, setzen ihre Namen unter empörte Appelle, wählen eine Partei mit radikalen Versprechen, spenden für humanitäre Hilfe durch Greenpeace, Amnesty International, Médecins sans Frontières. Und das ist natürlich gut so, jedenfalls das Beste, das wir unternehmen können. Zeigten wir keine »Solidarität«, wäre es um die Welt noch schlechter bestellt.

Denn ab und zu gelingt es auch tatsächlich, etwas zu bewegen. Aus den finsteren Kerkern eines Diktators taucht ein seit Jahren verschollener Gefangener wieder auf. Im Meer vor Japan wird der Massenmord an Walen und Delfinen wenn nicht verhindert, so doch vorübergehend eingedämmt. In Kambodscha, Kenia, Madagaskar wird Sex-Touristen zeitweilig der Zugang zu Kindern aus dem *All-inclusive*-Angebot gestrichen. Und dann hat sich einmal mehr bestätigt, was wir im Grund längst wissen: dass es keine Entschuldigung geben kann für totale Gleichgültigkeit, kein Pardon für die Faulheit des Herzens.

Nein, Liora, wir Menschen sind keine Monster. Und ich möchte Dich weiß Gott nicht davon abhalten, die Menschheit bewusster und besser zu machen. Nur glaube ich, dass Du Dich dabei auch weiterhin in den Grenzen menschlicher Möglichkeiten bewegen wirst. Egal, welche hochtechnologischen Erfindungen und damit verbundenen Innovationspotenziale die Zukunft uns noch bescheren mag, im Wesentlichen werden wir Gefangene unserer realen Reichweiten bleiben.

Letztere hängen nicht von unserer Fähigkeit ab, im Handumdrehen auf einen Drink nach Timbuktu oder Ushuaïa zu gelangen. Oder Computerspiele gleichzeitig mit Zufallspartnern in Hongkong, Wladiwostok, Augsburg und London betreiben zu können. Wirklich wichtig für uns sind nur jene Menschen, die einen spürbaren Wert für unser Leben haben. Es sind die Wenigen, die wir lieben und bewundern, manchmal auch beneiden oder gar hassen. Jene, mit denen wir unser täglich Brot, unser Bett, unsere Zeit, unsere Träume teilen.

Der Rest der Menschheit mag unser Mitgefühl erregen, dank der Medien. Sofern diese uns nicht zu Voyeuren degradieren. Sind wir wirklich daran interessiert, wieviele Kinder Brad Pitt und Angelina Jolie um sich scharen? Daran, was Boris Becker für wichtig hält? In der Regel existieren die sieben Milliarden Anderen für uns nur in Statistiken. Und was stört oder hilft es uns zu wissen, dass alle xx Sekunden irgendwo auf der Welt ein Mensch ermordet wird? Oder dass pro Jahr yy Millionen Chinesen zur Welt kommen, während sich im selben Zeitraum zz Millionen Peruaner, Schweizer, Eskimos aus ihr verabschieden?

Denn all dies, Liora, geschieht in der vierten Dimension. In einer Welt ohne uns, auf die wir, trotz idealistischer Wünsche und bester Vorsätze, weder Zugriff noch realen Einfluss haben. Hast Du schon einmal in Deinem Bewusstsein nachgeforscht, wie viele andere Existenzen Dein eigenes Leben beeinflussen? Dadurch, dass Du diese Menschen persönlich kennst, ihre Gedanken aufnimmst oder ihre Wirkung auf irgendeine andere Weise nachhaltig zu spüren bekommst? Wahrscheinlich nicht, für Bilanzen dieser Art bist Du wohl noch zu jung. Ich mit meinen bald 60 Jahren habe mir die Mühe gemacht, einmal nachzuzählen. Und bin dabei – Gegenwart und Vergangenheit, Lebende und Verstorbene zusammengerechnet – auf weniger als 300 gekommen. Eine Zahl, die der Einwohnerschaft eines sehr kleinen Dorfes entspricht.

Das ist es, worauf ich mit so vielen Worten hinaus will: Wir mögen in gewaltigen Städten wohnen, in Megapolen wie Paris und Bangkok. In unseren Köpfen aber ist Platz für nicht mehr als ein Dorf. Nicht etwa, weil wir unzeitgemäß wären. Sondern einfach nur, weil die Anzahl derer, die in der uns beschiedenen Lebenszeit für unser Denken und Fühlen Bedeutung erlangen können, eng begrenzt ist.

Wie Du weißt, wurde ich in einem kleinen Dorf geboren und wuchs auch dort auf. Seither ist viel passiert in meinem Leben, und meinen Erinnerungen an jenes Pivitsheide fehlt es an Präzision und Details und gewiss auch an inhaltlicher Wahrhaftigkeit. Deshalb will ich hier vorsichtig sein mit ländlichen Bekenntnissen und mich hüten vor romantischen Schwelgereien.

Sicher ist, dass mein Dorf im Abseits lag. Deshalb fühlten wir Pivitsheider uns oft allein. Aber dabei nie einsam! Weil es Nachbarn und Nachbardörfer gab. Jenseits davon lag »die Stadt«, das 30 000 Einwohner zählende Detmold: fünf Kilometer von Pivitsheide entfernt, eine halbe Stunde mit dem Postbus. Der Gedanke, die Stadt könnte unser Dorf eines Tages einfach schlucken, wäre in den 1950er Jahren niemandem von uns gekommen.

Die Distanz, die geografische wie die mentale, war einfach zu groß. In der Regel begaben sich nur erwachsene Pivitsheider in die Stadt. Wenn sie etwas »auf den Ämtern« erledigen mussten. Oder zum Einkaufen in die gerade erfundenen Supermärkte. In Pivitsheide gab es nur den bescheidenen »Kolonialwarenladen« von Frau Weber. Immerhin besaß sie eine abgegriffene Kladde, in der ihre dörfliche Kundschaft »anschreiben« lassen konnte.

Für uns Kinder war eine Fahrt nach Detmold meist mit so reizlosen Gründen wie Zahnarzt-Terminen verbunden. Nur zum Jahresende wurde die Stadt zur Verlockung. Dann nämlich, am letzten Tag vor den Weihnachtsferien, führten die Lehrer der Pivitsheider Dorfschule alle Schüler der Klassen 1 bis 5 zu einer Aufführung im Detmolder Landestheater. Per Sonderbus! Allein dieser Umstand war schon fast ebenso märchenhaft wie anschließend der »Gestiefelte Kater« oder »Hänsel und Gretel«.

All dies ist lange her, mein altes Dorf ist mir seither verloren gegangen. Vielleicht hätten wir in den Jahren Deiner Kindheit wenigstens einmal hinfahren sollen. Nur, um gemeinsam nachzuprüfen, an wie wenig ich mich noch erinnern konnte. Ja, seltsam, da sind wir über vier Kontinente gereist. Aber nie nach Pivitsheide, das nur sechs Autostunden von Paris entfernt liegt. Allerdings bestand auch nie ein zwingender Grund für einen solchen Besuch. Meine Eltern, Deine Großeltern, waren zu jenem Zeitpunkt schon verstorben, meine drei Brüder verzogen, ehemalige Nachbarn irgendwie verschwunden. Womöglich hättest Du gern das Haus gesehen, in dem ich aufgewachsen bin. Und wir hätten auch im Teutoburger Wald spazieren können, der mir als Kind so groß erschien. Der steht heute noch fast genauso da wie damals. Bestimmt schaffen wir es noch gemeinsam dorthin – eines Tages, wenn Du selbst ein wenig zur Ruhe kommst.

In der Zwischenzeit möchte ich Dir das Dorf in meinem Kopf vorstellen. Damit meine ich weder das Pivitsheide meiner Kindheit noch irgendeine Traumstätte für eine vermeintlich ideale Zukunft. Vielmehr setzt sich dieser Ort in meinem Innern zusammen aus verschiedenen Orten im Abseits, von denen ich die meisten durch mein Reporterleben kennenlernen durfte. Aus Menschen, die mir als Nachbarn in Erinnerungen geblieben sind. Mithin aus persönlichen Wahrheiten, die mein heutiges Denken und Fühlen bestimmen.

Verstehst Du, Liora, was ich meine? Letztendlich ist das Dorf im Kopf eine Metapher – für unseren Platz im Leben, für alles, was wir durch unsere gelebten Erfahrungen geworden sind und noch weiterhin werden. Moralisch beschreibt diese Metapher den Ort, wo unsere Werte wachsen; emotional die Hütte, die wir mit Freunden und Geliebten teilen; politisch und intellektuell einen Acker, auf dem wir nicht mehr ernten können als wir gesät haben. Das Dorf im Kopf hält uns zusammen, als Individuen und als Gemeinschaft. Es ist die Heimstätte unserer Präferenzen.

Nun weißt Du ja, dass meine Wurzeln in einem echten Dorf liegen. Und dass sich so einiges aus dem Dorf meiner Kindheit noch im Kopf des heutigen Großstädters wiederfindet. Etwa das Gefallen an Nachbarschaft, ein Hang zu Überschaubarkeit, das Sehnen nach einer sauberen Umwelt.

Du hingegen, meine Tochter, wurdest in Paris geboren und städtisch erzogen. Unsere Ausgangspositionen im Leben sind also ziemlich verschieden. Auch scheint mir der geschichtliche Graben zwischen unseren Generationen nicht minder tief zu verlaufen als jener, der deutsche Nachkriegskinder von Eltern trennte, die Zerstörung und Wiederaufbau erlebt hatten, den verlorenen Krieg und das anschließende Wirtschaftswunder, in dem die Wiege ihrer Söhne und Töchter stand. Als Dorfjunge mag ich damals in einem kulturellen Abseits gelebt und materielle Knappheit gekannt haben. Doch existierten beide nur im Vergleich zu dem Leben von Stadtkindern. Um dagegen zu rebellieren, reichte es aus, das Dorf zu verlassen und die Stadt zu erobern. Ein alles in allem doch recht einfaches Unternehmen. Von den Gefahren und Ängsten, die auf meine eigenen Stadtkinder warteten, hatte ich damals nicht die geringste Vorahnung.

Denn für euch, Liora, scheint es um nichts weniger zu gehen als den Planeten und damit die Menschheit zu retten. Das Dorf in Deinem Kopf, nehme ich daher an, sieht ganz anders aus als das meine. Vielleicht kannst Du es mir ja beschreiben und begreiflich machen.

Fürs Erste möchte ich Dir jetzt jedoch ein Dorf vorstellen, das mir mein altes Pivitsheide ins Bewusstsein zurückrief. Seng Dao Tay liegt im Laos der 1990er Jahre. Wie es heute dort aussieht, ob es dieses Dorf überhaupt noch gibt, habe ich nicht herauszufinden versucht. Wozu auch? Damals, vor seiner Eroberung durch *backpacker,* war Laos noch sehr verschlossen. Besonders für Reporter, die als Reiseziel das Goldene Dreieck angaben, das Opiumgebiet im Norden des Landes. Es ist meine erste Dorf-Reportage für das Magazin GEO gewesen. Sie mag Dir zeigen, dass Dörfler im Umgang mit Menschen aus der Stadt oft mit einer gewaltigen Schlauheit gesegnet sind. Wobei sie natürlich wissen, dass ihnen die Städter am Ende immer überlegen sein werden – wegen des Fortschritts!

A bientôt, ma petite Fleur. Prends bien soin de toi et surtout, ne perds pas le (vent du) Nord!

Ton papa qui t'aime

Das Dorf
in den Opium-Bergen

Laos, Juni 1994

Li Ta, der Große Li, bittet zu Tisch. Ein runder, wadenhoher Bambustisch, umstellt von zehn knöchelhohen Höckerchen. Lis Hand deutet auf mich, dann auf die Schälchen mit Reis, Huhn und Kürbis, schließlich zwischen die Zahnstümpfe in seinem Mund. Ich verstehe und schicke mich an, mich zum Essen niederzusetzen. Tief sinke ich, immer tiefer, vergebens sucht mein Hinterteil sein Ziel, die Knie schießen in die Höh, schießen unter eine Schale Reis, der wie Konfetti durch die Hütte des Großen Li fliegt. Alles sehr elegant.

Einen Augenblick lang herrscht Schweigen. Die Yao aus dem Dschungeldorf im Norden von Laos haben noch nie einen Europäer erlebt. Sie scheinen sich zu fragen, ob soviel Tölpelei nicht am Ende ein Ritual der Weißen darstellt. Einen Beschwörungstanz für die Reisgötter. Bei den Yao sind dafür die Schamanen zuständig. Im Feld, nicht bei Tisch. Als die Überraschung verflogen ist, lässt sich auch der Rest unserer Gesellschaft nieder: der Große Li, drei seiner Söhne, ein Nachbar, die zwei mit uns reisenden Parteifunktionäre und Ananda Paxaxay.

Ananda, ein dicker Laote mit Baskenmütze und nachdenklichem Blick, ist der Leiter unserer Expedition. In Vientiane, der Hauptstadt, gilt er als »Mann unmöglicher Missionen«. Er ist Begründer der laotischen Staatsbibliothek, hat als Berater für die UNO gearbeitet, kurzfristig die zivile Luftfahrt seines Landes geleitet und eine »Gesellschaft für den Gemeinsamen Laotisch-Europäischen Markt« erfunden. Lauter unmögliche Missionen.

Wie auch diese Reise zu den Bergvölkern im laotischen Norden. Eine Reise in eigentlich verbotenes Gebiet, gesperrt vom Regime des »Pathet Lao«. Die regierende Einheitspartei sieht hier oben die Sicherheit von Fremden »nicht garantiert«. Da ist was dran. Nach Phongsaly, der nördlichsten Landesprovinz, führt keine Straße, keine Eisenbahn, nicht einmal eine normale Telefonverbindung. Wir erreichten sie nach mehrtägiger Fahrt per Piroge über den Nam U, einen Nebenfluss des Mekong. Von dort sollte uns ein Jeep weiterbringen. Aber es ist Juni, die Regenzeit hat schon begonnen, und die Piste, die durch den Urwald in die Berge führt, hat sich in Schlamm aufgelöst.

So wurde es ein Fußmarsch von drei Tagen. In jedem der Dörfer, die wir passierten, ist eine andere »Minderheit« daheim. Laos, mit 4,5 Millionen Einwohnern das Land mit der geringsten Einwohnerdichte in Südostasien, besteht praktisch nur aus Minoritäten. Die dominierenden Lao stellen mit einem Bevölkerungsanteil von knapp 50 Prozent die größte der über 60 Volksgruppen.

Es war eine Reise mit merkwürdigen Abenteuern. Im letzten Dorf vor den Bergen verbrachten wir die Nacht bei den Lü, die einst über ein Königreich mit zwölf Fürstentümern verfügten und sich – ein historisches Unikum – per Volksentscheid für die französische und gegen die britische Kolonialherrschaft entschieden. Aus Freude über unseren Besuch betrank sich der Bürgermeister mit Lao-Lao, hausgemachtem Reisschnaps, und jagte, seinen Penis in der Hand, kreischenden Mädchen am Flussufer hinterher.

Irgendwo auf halber Strecke überschritten wir die Grenze vom Buddhismus zum Animismus. An die Stelle hoher Pfahlhäuser traten mit Brettern und Palmblättern abgedeckte Hütten. Und statt der Bonzen trafen wir nun Schamanen: die Naturheiler und Geisterbeschwörer. Ananda erzählte, wie die Minderheiten des Nordens erst spät nach Laos gekommen seien, meist aus China, im vorigen Jahrhundert abgedrängt von der Han-Dynastie und später auf der Flucht vor Maos Kulturrevolution und dessen Ausrottungs-kampagne gegen »Aberglauben« und Schamanismus.

Die zweite Nacht verbrachten wir in einem Dorf der Akha. Die Bewoh-ner hatten kurz zuvor eine Familie verjagt und deren Hütte niedergebrannt. Die Frau hatte Zwillinge zur Welt gebracht, und nach dem Glauben der Akha gebären nur Tiere mehr als ein Junges auf einmal. Die Neugeborenen waren verschwunden. Die Dörfler behaupteten, sie hätten die Zwillinge ei-ner sterilen Yao-Frau zur Adoption geschenkt. Allerdings schreibt ihr uraltes Gesetz vor, Zwillinge zu erdrosseln oder zu ersäufen.

Anschließend gelangten wir zu den Ho. Bevor diese aus China nach Phongsaly vertrieben worden waren, hatten sie die Region nur zum Morden und Plündern aufgesucht. Die anderen Bergvölker fürchteten sie. In jeder Hütte des Dorfes sahen wir einen Sarg. Das hatte praktische Gründe – bei einem Todesfall brauchten die Familien nicht erst einen Baum zu fällen und ihn tagelang zurechtzuschnitzen –, zeugte aber auch von tiefer Einsicht in verzwickte Zusammenhänge: Der Sarg bedeutet dem Tod, dass die Men-schen bereit für ihn sind, was ihn wiederum davon abhalten soll, sich unnö-tig zu beeilen.

So unterschiedlich sie untereinander auch waren, in einem verhielten all diese Minderheiten sich doch gleich: Sie warnten uns vor den Yao. Diese Bergbauern, die sich selbst nur Mien, Menschen, nennen, seien Wilde, sagte uns der Bürgermeister der Lü. Sie würden uns verhungern lassen. Mit ihren Schweinen schliefen sie im selben Schlamm, behaupteten die Akha. »Gehen Sie besser nicht hin!«, riet ein Ho von der Sitzkante seines Sarges aus.

Doch nun sind wir da. Das Yao-Dorf heißt Seng Dao Tay, »Licht des Süd-sterns«. Ein hübscher Name für elf ärmliche Hütten auf einer Urwaldlichtung. Zur Feier des Tages hat Li Ta eine Kerze angezündet. Ihr Schein erleuchtet die Sitzgruppe, einige Pritschen und, hinten an der Wand, eine Art Holzwippe: die Reisschälmaschine. Auf dem einen Ende balanciert ein kleines Mädchen, das andere Ende besteht aus einem Klotz, der, tippelt das Mädchen zur Mitte hin,

hinabsaust in einen Trog mit Körnern. »Die Yao leben noch im 13. Jahrhundert«, flüstert mir Ananda zu.

Der Große Li füllt Schnaps in die Becher. Zeit für Parteipomp und Reden. Einer der beiden Funktionäre aus der Hauptstadt, ein Dreiecksgesicht mit Mao-Frisur, hebt feierlich seinen Trinknapf. »Wir sind glücklich, bei euch zu sein«, behauptet er. »Die Revolution plant hier den Bau einer Schule. Bald wird das Leben in den Bergen so angenehm sein wie in der Ebene. Ich trinke auf den sozio-ökonomischen Fortschritt.« Er trinkt.

Jetzt ist Li dran, auch er mit erhobenem Becher. Aber seine Rede wird so lang, dass ihm bald der Arm lahmt. Li erzählt, wie er zu Li Ta, dem Großen Li, wurde. Das war Mitte der 1960er Jahre. Da hat er geholfen, das Vaterland zu retten. Auf ihrer verbissenen Suche nach dem Ho-Chi-Minh-Pfad, auf dem Vietnams Vietcong Nachschub heranschaffte, bombardierten die Amerikaner damals den Norden von Laos. Die Yao konnten sich auf das Getöse keinen Reim machen, außer dem üblichen: Es müsse sich um ein Problem der Ebene handeln. Denn für die Yao kommt alles Übel immer von unten.

Eines Tages trat die Guerilla aus dem Wald in Lis Dorf. Lauter entschlossene Männer. Sie sagten, ihre Bewegung heiße Pathet Lao und wolle die Yao von den Bomben der Amerikaner und ganz Laos vom Kapitalismus befreien. Nur müssten dabei alle mithelfen. Schön, sagte Li und diente ihnen zwölf Jahre lang als Pfadfinder im Dschungel. So erwies er der Revolution einen heroischen Dienst. Und vielleicht ist es ja wahr, dass, wie die Funktionäre betonen, sein Name in goldenen Lettern im großen Buch der Partei verzeichnet steht. Doch genutzt hat es dem Großen Li nichts. Der Pathet Lao, der 1975 die Macht ergriff und aus dem Wald in die Regierungsgebäude übersiedelte, hatte versprochen, Li zum Dank in die Hauptstadt einzuladen. Darauf wartet der Alte noch immer.

Stattdessen hat die Hauptstadt ihre Emissäre zu den Yao entsandt. Nach der »Befreiung« war es der Wunsch der Revolutionsführung, die kulturellen Klüfte des Landes einzuebnen: zwischen den Lao-Lum, den Zivilisierten der Ebene, den Lao-Theung, den Halbzivilisierten der Hochebene, und den Lao-Sung, den Wilden in den Bergen. Eine geschlossene Nation sollte entstehen: einsprachig, eines Glaubens, mit einhelligem Vertrauen auf Politbüro und Zentralkomitee.

Im Norden stieß die Laoisierung auf Schwierigkeiten. Besonders bei den Opiumvölkern Hmong und Yao. 1976 brach ein Dutzend Funktionäre auf, um die Yao eines Bergdorfs 60 Kilometer nördlich von Vientiane zum Fortschritt zu bekehren. Mit Mohnanbau müsse Schluss sein, dekretierten sie, auch mit dem Glauben an Götter und Geister. Die Yao dankten, lachten, verbrannten gutwillig ein paar Opiumpfeifen und soffen die halbe Nacht mit ihren Lehrern, bevor sie ihnen die Gurgel durchschnitten. Im Morgengrauen waren die Funktionäre tot und die Dörfler fort.

Die Yao hassen Vorschriften. Denn diese verstoßen gegen ein altes Abkommen zwischen Ebene und Gebirge. Laut einer Chronik der späten Han-Dynastie versprach der chinesische Kaiser Kao Hsing vor 4000 Jahren die Hand seiner Tochter jenem, der ihn von General Wu befreien würde, einem marodierenden Feind und Flegel. Der fünffarbige Drachenhund Pan Hu, der bei Hofe streunte, erwischte besagten General im Schlafe, biss ihm den Kopf ab und brachte ihn dem Kaiser. Der erfüllte, wenn auch angeekelt, sein Versprechen. Der Hund ehelichte die Prinzessin und zog mit ihr in ein fernes Bergland. Ihre Kinder, sechs Söhne und sechs Töchter, wurden die Vorfahren der zwölf Clans, in die das Volk der Yao bis heute zerfällt.

Soweit die Legende. Der Rest ist pure Spekulation. War es wirklich der Kaiser, der befahl, die Yao seien auf ewig verbannt, dafür aber frei von Frondienst und Steuerabfuhr und brauchten vor keinem Herrn das Haupt zu beugen? Oder wählten die Yao ihre Einsamkeit selber? Blieben sie der Ebene freiwillig fern wie Piraten einem verseuchten Hafen? Aus Sorge vor der Infizierung mit Untugenden? Geschichten und Legenden überliefern, stets seien es die Menschen der Ebene gewesen, die sich den Yao näherten. Nie umgekehrt.

Die Yao wählten immer den Rückzug. Ihr Exodus begann in der zweiten Hälfte des 13. Jahrhunderts: Erst flohen sie vor den Flachland-Eroberern

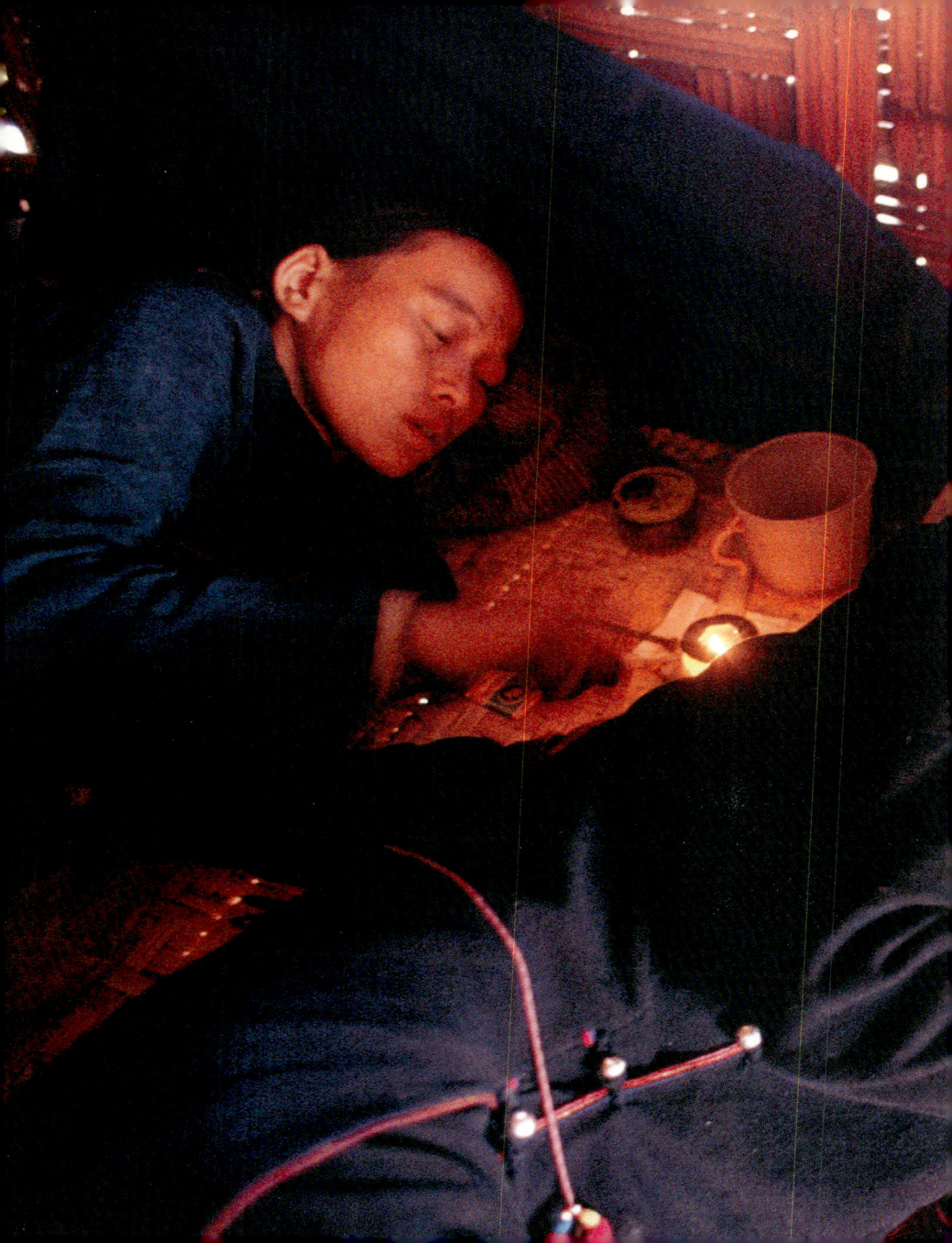

von Nanking zur Küste, dann vor einer Dürre über das Meer nach Süden und schließlich zurück in die Bergwälder. Ihr Dasein war hart, fühlten sie sich doch nur dort sicher, wo die Natur zu feindlich war für Menschen aus der Ebene. Erst als Opium Handelsware wurde, gaben die Yao ihre Isolation auf. Sie brannten Lichtungen in den Wald, pflanzten Schlafmohn auf aschegedüngten Böden, verkauften die Ernte an Chinesen. Und brauchten wie immer niemanden.

Doch die Geschichte holte auch die Yao ein. Die Mao-Revolution zwang jene, die im Reich der Mitte geblieben waren, zur Sesshaftigkeit. In Komforthütten mit fließend Wasser, Strom und der gleichen Lebensart wie bei einer Milliarde anderer Chinesen auch. Über zwei Millionen Yao leben heute so in den Provinzen Yunnan, Guangdong, Guizhou und in Guangxi.

Jene, die sich dem Vormarsch der Zivilisation nach Süden entzogen hatten, gerieten in die Kriege der Franzosen und Amerikaner. Die weißen Generäle betrachteten die Yao ebenso wie die Hmong als natürliche Alliierte im »Kampf gegen den Kommunismus«. Beide Völker waren ihren Traditionen treu und lebten weitgehend vom Anbau einer Pflanze, den ihnen die Guerilla untersagen wollte. Dabei waren sie selbst dem Opium nicht verfallen, da sie dessen Konsum unter sich lange Zeit nur Männern über 40 gestatteten. Bei den Hmong konnten die Franzosen und Amerikaner zahllose Söldner anwerben. Die Mehrheit der Yao-Männer hingegen versprach Unterstützung – und verschwand. Auch der Pathet Lao hatte mit seinen Rekrutierungsversuchen wenig Erfolg. Der Große Li blieb eine Ausnahme. Die übrigen suchten in den Bergen Zuflucht vor der Ebene. Wie eh und je.

Bis es für sie keine Berge mehr gab. Als der letzte große Krieg 1975 endete, fand sich etwa die Hälfte der 60 000 laotischen Berg-Yao in Thailand wieder. Kulturelle Endstation. Einige verdämmerten in Flüchtlingslagern oder durften in die USA, nach Frankreich oder Australien auswandern. Andere wurden zu Exponaten in »authentischen Yao-Dörfern«, Knipsstationen des Trekking-Tourismus.

Jene Yao, die durch alle Wirren hindurch in Laos blieben, erwischten das beste Los. Dass es im Anschluss an das erwähnte Funktionärsmassaker von 1976 zu keinem Ausrottungsfeldzug gegen die Bergmenschen kam, ist wohl der Gelassenheit des Buddhismus zu verdanken, der selbst in laotischen Parteiseelen noch verwurzelt zu sein scheint. Das Politbüro zog weise einen Strich unter die peinliche Angelegenheit und beschloss, statt der Armee die Zeit arbeiten zu lassen. Wollten die Yao ihre Kultur nicht zugunsten kommunistischer Visionen aufgeben, so würde sie eben im zwanglosen Kontakt mit der Zivilisation aufweichen. Es würde genügen, den wilden Norden zu erschließen, Straßen für Handel und Tourismus zu bauen, die Berge mit jedem Tauschgeschäft, jeder verlegten Stromleitung, jedem verkauften Fernsehapparat näher an die Ebene zu rücken. Bisher hat allerdings der staatliche Geldmangel den Zivilisierungsschub verhindert.

»Wir werden uns freuen, wenn der Fortschritt zu uns kommt«, verspricht Li Ta. Doch dann, als die Funktionäre sich zum Mittagsschlaf zurückgezogen haben, sagt er: »Eigentlich sind wir ganz zufrieden. Was sollen wir mit Luxus anfangen? Wir lieben das Leben in freier Natur.«

Die beginnt gleich an der Türschwelle. Küchenwasser, das über Lis Hüttenboden abfließt, hat die Erde vor dem Eingang in eine Schlammmulde verwandelt, wo Kinder und Schweine spielen. Dem Fluss, in dem die Frauen Wäsche waschen und die Männer Büffel tränken, entnimmt das Dorf auch sein Trinkwasser. Durchfall gehört in Seng Dao Tay zum Alltag, Krankheit endet oft mit Tod. Die Natur teilen sich die Yao mit Tigern, Kobras und Blutegeln. Kehrt Li Ta abends von der Arbeit im Reisfeld heim, schält er sich die Egel, fett und voll gesaugt, von den Beinen. Dann lässt er das Blut fließen, ein paar Minuten lang, weil das gut sei für die Gesundheit. Anschließend schmiert ihm seine Frau, greise wie er, Tigersalbe auf die Bisswunden. Li nennt seine Frau »Fee«.

Die Fee redet wenig und macht viel Lärm. In Schreien, Flüchen, Lautmalereien kommuniziert sie mit dem Vieh, streut Korn für die Hühner,

scheucht Enten aus der Küche, füttert die Schweine. Und wenn es draußen Abend wird und in der fensterlosen Hütte Nacht, dann steigt die Fee im roten Schimmer der Küchenglut zum Fußbad in eine lange, schmale Holzrinne, einen Fuß vor den anderen gestellt, parallel zum Großen Li, der seine eigene Rinne hat, und sie sehen aus wie zwei, die im Sitzen Monoski fahren. Ein glückliches Paar. Seit 35 Jahren.

Solche Abgeschiedenheit hat die Yao zu Lieblingen von Ethnologen gemacht. In deren Beschreibungen ähneln sie Rousseaus edlen Wilden. »Diebstahl und Mord sind ihnen unbekannt«, schrieb Anfang der 1970er Jahre der Franzose Jacques Lemoine, der bis heute als führender Yao-Experte gilt. Und: »Junge Leute dürfen sexuell frei verkehren. Nur die Wahl des Heiratspartners bleibt den Alten vorbehalten.«

Der Nachbar rülpst, fast hatte ich ihn im Hüttendunkel vergessen. Ein dürrer Mann mit gelbem Gesicht und stumpfen Augen, wohl nicht so alt, wie er aussieht. Ich frage, ob es im Dorf Opium gebe. Der Nachbar schüttelt den Kopf. »Wir sind Revolutionäre«, sagt er. Und ich bin kein Funktionär, gebe ich ihm zu verstehen. Er überlegt, bedeutet mir, ihm zu folgen.

In seiner Hütte räumt er eine Bambuspritsche frei und kramt die Utensilien für den täglichen Traum aus der Ecke. Mit einem Stäbchen kratzt er das Innere der Pfeife, eines simplen Bambusrohres, sorgfältig frei, weicht den dunklen Klumpen über einer Öllampe auf, knetet ihn zu kegelförmigen Klümpchen, die er auf das Pfeifenloch drückt. Dann beginnen wir mit dem Rauchen. Eine alte Frau kommt herein, einen zappelnden Hahn in der Hand. Sie durchschneidet ihm mit rostigem Messer die Gurgel, fängt das Blut in einer Schale auf, wirft das zuckende Bündel in den Dreck. Zwei hosenlose Knirpse bauen sich vor uns auf, wollen etwas fragen. Aber sie sehen, verstehen, flitzen wieder nach draußen. Mit offenen Augen schlafe ich ein.

Das Opium verwirrt mich, auch nach dem Ende des Rausches. Wie kommt der Nachbar an die Klumpen? Das Dorf lebt autark, vom Vieh und vom Reis. Es produziert nichts, was sich verkaufen ließe. Und doch ziehen die Männer einmal pro Monat durch den Wald ins chinesische Yunnan, um sich mit Hemden, Hosen, Zwirn, Salz, Aspirin und Haushaltskram einzudecken. Woher nehmen sie das Geld? Ganz zu schweigen vom Opium. Li Ta schwört, der Nachbar habe das Zeug von den Akha gekauft. Doch ein gestandener Opiomane wie er, der am Tag seine 20 Pfeifchen schmökert, bringt es leicht auf einen Jahreskonsum von einem Kilo. Und der kostet sogar hier, im Einzugsgebiet des Goldenen Dreiecks, noch um die 80 000 Kip, rund 250 Mark. Soviel erhielte der Große Li an Revolutionsrente in einem ganzen Jahr – falls er sie endlich bezöge.

Folglich, überlege ich, haben sie uns belogen und leben noch immer vom Opiumanbau. »Nein«, kichert Li Ta, »es ist die Wahrheit. Denn was ist ein weiser Mann? Ein Weiser ist, wer die Resolutionen der Partei befolgt und sich an die Gesetze der Regierung hält.« Resolutionen? Gesetze? Ananda klärt mich auf: Gleich nach der »Befreiung« 1975 sprach sich der Pathet Lao in feierlichen Entschließungen gegen den Mohnanbau aus. Das war soviel wert wie der Gehorsam der Betroffenen – nicht viel. Erst 1991 stellten Rechtsexperten aus zahlreichen Parteiresolutionen eine Verfassung zusammen und erdachten sich Strafen für Gesetzesbrecher.

Funktionäre kamen, um den Minoritäten im Norden die schlechte Nachricht zu bringen: Neue Zeiten! Früher gab es Ausnahmen, wurden Augen zugedrückt. Ein Parteibonze, ein Hmong, durfte sogar bei Sitzungen des Politbüros sein Pfeifchen rauchen. Aber nun, ganz unvermittelt, kein Opium mehr, kein Waldbrennen, kein Pardon! Fazit: »Seit drei Jahren bauen wir keinen Mohn mehr an«, beteuert Li Ta. Die beiden Funktionäre stehen neben ihm, nicken, lächeln: Die Revolution hat, wenn nicht den Neuen Menschen, so doch ein paar neue Yao geschaffen.

Nachts liegen wir auf den dünnen Bambusstangen des Speicherbodens. Drei Leitersprossen trennen unser Schlafzimmer vom Vieh. Ich teile Ananda meine Zweifel mit. Die Version des Großen La kann nicht stimmen, andernfalls wäre das Dorf am Rande der Verelendung. Ananda, rund und breit im durchschwitzten Unterhemd, wälzt sich auf die Seite. Der Bambus knarrt. »Die Yao sind nicht dumm«, antwortet mein Freund. »Sie geben jedem Recht, sagen immer Ja und Amen. Aber am Ende tun sie nur, was sie für richtig halten. Was das wiederum ist, bleibt uns oft verborgen.« Die stille Beharrlichkeit der Yao, meint Ananda, beruhe auf dem aus China mitgebrachten Taoismus, dieser Lehre vom absoluten Sein. Auch deshalb besäßen sie heute als einziges laotisches Bergvolk eine eigene Schrift, bestehend aus alten chinesischen Zeichen. »Die Yao haben eine eigene Vorstellung von der Welt und ihrem Platz darin«, sagt Ananda. »Diesen Platz wollen sie behalten, das ist alles.«

Am nächsten Morgen bitte ich Li Ta, uns die Schrift zu zeigen. In jedem Yao-Dorf, hat Ananda gesagt, gibt es sie: die auf Bambus-Papier gemalten taoistischen Formeln zur Geisterbeschwörung. Aber der Alte zögert, blickt fragend den Funktionären in die verriegelten Gesichter. Einer nickt kurz: »Wenn's dem Fremden Freude macht!« Li Ta baut einen Altar gegen die Hüttenwand, hängt weiße Fähnchen unter die Decke, rollt ein uraltes Bild aus. Darauf grinsen Geister, schneiden Monster Fratzen. Li schlägt ein abgegriffenes Buch auf. In dumpfem Tonfall murmelt er Beschwörungsformeln. Den guten Geistern Dank für Gnade, Bitte um Schutz gegen die Monster.

Ich frage Li, ob er seinen Text wirklich liest. Nein, antwortet er, er sage ihn auswendig her. Lesen könne nur der Schamane. »Und wo ist der?« – »Weg.« – »Wohin?« Pause. Wenn Li Ta einer Antwort ausweicht, flüchtet er in Absurditäten, die wie Sprichwörter klingen. Jetzt blickt er mir fest in die Augen, hebt den Zeigefinger, doziert mit hochgezogenen Augenbrauen: »Der Fisch braucht Wasser, aber das Wasser braucht auch Fische!« Spricht's und baut den Altar wieder ab.

Ein Zufall bringt die Erleuchtung. Genauer gesagt, ein Notfall. Da die Yao keine Toiletten kennen, gehen sie zur Erleichterung in den Busch. Die Schweine – Allesfresser – sorgen für die sanitäre Entsorgung. Sehen die Viecher einen Menschen vom Weg abweichen, jagen sie ihm quiekend hinterher. Eines Morgens folgen sie auch mir. Ich will sie abschütteln, trete, werfe Steine, vergebens. Immer tiefer fliehe ich ins Dickicht – bis ich plötzlich auf einer Lichtung stehe. Vor mir liegen verlassene Hütten, ein gutes Dutzend, manche zusammengefallen, halb zugewuchert vom nachwachsenden Wald.

Ich berichte Ananda von meiner Entdeckung. Wir gehen gemeinsam zur Lichtung, begleitet von einem Dörfler, nicht von Li Ta, sondern einem weniger pfiffigen. »Wo sind die Bewohner?«, fragt Ananda, als wir vor den Hütten stehen. »Fortgezogen«, gibt der Mann gutmütig Auskunft. »Vor drei Jahren.« Sie zogen fort, als das Dorf Seng Dao Tay vom neuen Gesetzbuch erfuhr, von den Strafen für Mohnbauern. Die Nachricht, die Aussicht auf anrückende Kontrolleure, Funktionäre und andere Störenfriede muss sie arg geplagt haben. Und wie stets bei Vorstößen der Ebene zog ein Teil der Leute höher in die Berge, tiefer in den Wald.

Der nette Mann plaudert unbefangen aus der Dorfchronik: Die anderen also – Nachbarn und Freunde – haben sich nur zwei Marschstunden weiter entfernt angesiedelt. Kein erkennbarer Pfad führt zu ihnen. Und was tun sie dort? Na, sie brennen und säen und ernten wie eh und je. Ihre Siedlung heißt Seng Dao Neua, »Licht des Nordsterns«. Und beide Sterne, Süd und Nord, strahlen weiter als vereintes Dorf. Sie haben einen gemeinsamen

Schamanen, ein gemeinsames Schicksal, ein gemeinsames Leben. Nur die Aufgaben sind geteilt. Der Norden besorgt das Geschäft, sorgt für Opium und volle Bäuche. Im Süden pflegt der große Li die Revolution und Beziehungen zur Obrigkeit. Soviel Weisheit lässt mich staunen.

Eine Revanche kann ich mir doch nicht verkneifen. »Wie geht es den Leuten in Seng Dao Neua?«, frage ich Li Ta in einer stillen Stunde. Einen Moment lang blickt der Greis ins Leere. Wie verloren auf der Suche nach dem Sinn fremder Wörter. Dann hellt sein Blick sich auf. »Ach die«, meint er, »ja, die haben sich weiter im Westen niedergelassen, um an der chinesischen Grenze Heilkräuter zu sammeln. Bringt viel Geld.« Ich antworte mit einem imaginären Sprichwort. Wie er es getan hätte. »Scheint die Sonne von links, fault im Korb der Reis!« Der Große Li ist verblüfft.

So vergehen die Tage in Seng Dao Tay, friedlich und monoton. Am letzten Abend fließt noch einmal kräftig Lao-Lao. Abschiedsreden werden gehalten, Banalitäten geboren. Die Funktionäre verfassen ihren Bericht für die Partei. Darüber, wie in den Bergen der sozio-ökonomische Fortschritt noch über Reste althergebrachter Sitten stolpert, die Bewohner aber besten Willens seien. Dass die Revolution hier ihre Ziele »erst zu 70 Prozent erreicht« habe. Oder sind es nur 0,7 Prozent?

Dann ist es Nacht in der Hütte. Die Fee verzieht sich zum Schlafen in die Nische, der Nachbar zum Rauchen ins eigene Heim. Ich versuche noch, mit Anandas Hilfe ein bisschen Wahrheit aus dem großen Li zu quetschen. Aber er füttert uns nur mit leeren Worten. Wartet auf unseren Abgang. »Vor dem Sterben möchte ich noch Vientiane sehen«, sagt Li Ta irgendwann. Nur das. Ich denke, da hat er Recht. So viel könnte die Partei doch tun für den alten Patrioten. Am Fahrgeld dürfte die Reise nicht scheitern. Denn weiter im Wald, unter dem sanften Licht des Nordsterns, steht der Mohn rot und hoch.

Papa,

ich habe Deine E-Mail in einem überklimatisierten Internet-Café in Bangkok gelesen und gerade meinen leuchtend gelben Regenparka übergezogen, um mich aufzuwärmen. Ich überlasse es Deiner Fantasie, Dir vorzustellen, wie ich jetzt aussehe ... Aber es geht nicht anders, ich muss es noch ein Weilchen in diesem Kühlschrank aushalten, um gebührend auf Deinen Brief zu antworten. Ich bin ja so glücklich, ausführliche Neuigkeiten zu erhalten. Das tut gut, wenn man weit weg ist von zu Hause. Aber das weißt Du wohl besser als ich.

Heute Morgen bin ich aus Myanmar zurückgekommen. Ich erinnere mich, Du hast mir erzählt, dass Du vor Jahren dort gewesen bist. Im Gegensatz zu Vietnam, wo Du zu Beginn der 1990er Jahre warst, hat sich hier anscheinend wenig verändert. Ich vermute, das ist auf die Diktatur zurückzuführen, die das Land und seine Kultur abgeschottet – und dadurch geschützt? – hat. Aber so etwas darf man nicht sagen, jedenfalls nicht laut. Gedacht habe ich es dennoch oft: wenn ich mit den Menschen sprach, die mir begegneten; wenn ich mit dem Rad durch die verlassenen Tempelanlagen von Bagan fuhr, stundenlang, kilometerweit, ohne jemandem zu begegnen; als ich die schwimmenden Dörfer im Inle-See besuchte, die noch heute wirken wie aus einer anderen Zeit. Und auch an jenem Tag, als ich mich in den staubigen, von der Geschichte überladenen Straßen Ranguns verlor, inmitten von Gebäuden im Kolonialstil und zerfressen von einer Vegetation, die sich ihren Platz in der Stadt zurückerobert. Dazwischen immer wieder riesige Kathedralen und Tempel, deren vergoldete Kuppeln den Betrachter blenden. Von all den Reisen, die ich bis heute unternommen habe, ist dies, glaube ich, diejenige, die mich am tiefsten berührt hat. Glücklich, aber erschöpft kam ich zurück in das aufgewühlte, nie schlafende Bangkok, das mir nun paradoxerweise wie ein Ort der Ruhe erscheint.

Das »Hotel«, in dem ich gelandet bin, ist eher eine Pension als das vom Reiseführer in Aussicht gestellte Gästezimmer. Die meisten der Bewohner sind Arbeiter, die gerade nach Bangkok gezogen sind und ihr Zimmer monats- oder wochenweise mieten. Es ist baufällig, aber sympathisch. Trotz aller Anstrengungen der Hausbesitzer – drei Generationen einer Familie – bröckeln etwa im Gemeinschaftsraum die Wände aufgrund von Feuchtigkeit und Alter. Die Zimmer in der oberen Etage sind spartanisch eingerichtet. Eine harte Matratze auf einem Bettgestell aus Metall, ein Holztisch, zwei Kleiderbügel an einem Nagel in der Wand, ein vergittertes Fenster. Die Duschen sind kalt, die Toiletten bestehen aus einem Loch im Boden. Und trotzdem habe ich selten auf dieser Reise an einem so sauberen Ort geschlafen. Eine Atmosphäre zwischen schmuckloser Armut und Besinnlichkeit: Hörte ich nach Einbruch der Nacht nicht die vom Alkohol angeregten Gespräche von sechs Männern, die unter meinem Fenster Bier trinken und Karten spielen, hätte ich den Eindruck, in einem Kloster zu schlafen. Wirklich erholsam!

Morgen breche ich nach Laos auf, um dort Tania zu treffen, die Spanierin, der ich in Australien begegnet bin und von der ich Dir in meiner letzten E-Mail erzählt habe. Und gerade jetzt schickst Du mir Deine Geschichte über Laos! Gewiss, ich werde nicht endlos den Dschungel durchqueren, um in die entlegensten Dörfer im Norden des Landes zu gelangen. Und ich werde ganz sicher nicht – das kannst Du mir glauben! – nach Opium-Anbaugebieten suchen. Nein, ich werde ganz entspannt an den Ufern des Mekong bleiben und mich an seinen Ufern entlangtragen lassen. Aber mit Deiner Erzählung im Hinterkopf und den Stimmen des Großen Li und von Ananda, die ein wenig bekanntes Kapitel der Landesgeschichte erzählen.

Als ich Deine Reportage las, wurde mir übrigens bewusst, dass Du uns nie wirklich von Deinen vielen Reisen erzählt hast. Natürlich haben wir gewusst, dass Du wegfährst und dass Du uns von Zeit zu Zeit anrufen würdest, von Orten aus, deren Namen ich niemals auf einer Landkarte lokalisieren könnte. Manchmal hast Du Episoden erzählt, wie die Geschichte des Hundes – ich weiß nicht mehr, wo das war –, der in einen Fluss gesprungen war und erst Stunden später, als ihr schon dachtet, er wäre ertrunken, wieder auftauchte. Aber sonst nichts Großartiges. Später habe ich Dich mal gefragt, warum Du uns nichts von Deinen Reisen erzählst, und Du hast geantwortet, Du wolltest uns nicht beunruhigen. Doch ich spürte, dass das nicht der wahre Grund für Dein Schweigen war. Dass Du vielmehr glaubtest, es sei nie der rechte Ort oder der rechte Zeitpunkt. Vielleicht wegen der vierten Dimension, wie Du es nennst, jener unserer Abwesenheit. Du musstest wohl annehmen, dass alles, was man nicht selbst erlebt, nicht selbst sieht, für einen nicht wirklich existiert, und dass deshalb auch für uns Deine Reisen niemals wirklich von Bedeutung sein würden. Und mir wird klar, dass dies auch für Deine Kindheit zutrifft, über die Du auch nie viel mit uns gesprochen hast. Sicher, da wir Dich nicht danach gefragt haben, musstest Du vermuten, es interessierte uns nicht. Vielleicht aber hat Dein Schweigen uns den Eindruck vermittelt, all dies sei tatsächlich ohne Bedeutung für uns. Wie auch immer, es ist gut, dass Du uns jetzt von Deinen Reisen und Deiner Kindheit erzählst.

Was jene vierte Dimension betrifft, verstehe ich natürlich, was Du meinst. Aber ganz zustimmen kann ich Dir da nicht. Ich denke, es ist wichtig, mit der Familie, mit den Freunden auch das zu teilen, was man ohne sie erlebt hat. Und auch wenn für Deine Familie diese Momente Deines Lebens niemals den gleichen Stellenwert haben werden wie jene, die sie gemeinsam mit Dir erlebt hat, so haben sie doch eine andere, eine besondere, eine ganz wesentliche Bedeutung. Das habe ich erst spät verstanden, aber es hat mir viel gebracht. Es gibt Geschichten, die ich meinen Freundinnen so oft und ausführlich erzählt habe, dass ich nun das Gefühl habe, sie gemeinsam mit ihnen erlebt zu haben. Und ich fühle mich dabei geborgener, stärker, weniger allein. Versuch es mal, es wird auch Dir guttun, da bin ich sicher.

A propos Freundinnen: In einem Monat kehre ich nach Paris zurück, und das ist gut so. Ich bin gerne auf Reisen, aber *les copines* beginnen mir ernstlich zu fehlen und Ihr, meine Familie, natürlich auch. Je länger ich reise, desto klarer wird das. Wie Du in Deinem Brief schreibst: Ich fühle mich eigentlich überall wohl. Aber wirklich zu Hause fühle ich mich tatsächlich nur »daheim«. Und wenn ich weit weg bin, habe ich manchmal Heimweh nach diesem Ort. Erst nachdem ich einige Male für längere Zeit in die Ferne aufgebrochen war, wurde ich mir dessen bewusst. Aber jetzt verstehe ich, was Du meinst, wenn Du von Deinem Dorf sprichst und von Deiner Sehnsucht nach diesem Ort in Deiner Kindheit. Bei jemandem, der früh von zu Hause fortgegangen ist und einen Großteil seines Lebens auf Reisen verbracht hat, finde ich das überhaupt nicht absurd, ganz im Gegenteil. Der einzige Unterschied zwischen uns besteht vielleicht darin, dass mein Dorf immer noch physisch existiert. Es ist zwar ein sehr großes Dorf, aber für mich trotzdem ein Dorf. Paris.

Vielleicht sehe ich *mon village* mit anderen Augen als Du, weil ich in Paris aufgewachsen bin und mich immer mit ihm verbunden gefühlt habe. Daher sehe ich all die Starbucks nicht, die Dir so auf die Nerven zu gehen scheinen, nicht die H&Ms und nicht die MacDonalds (leider gibt es in Paris keine Burger Kings, hahaha!). Stattdessen sehe ich einladende Straßencafés und unwiderstehliche Bäckereien. Und PMU-Bars, dort, wo die Kundschaft trinkt und auf Pferde setzt. Und genau das – ich weiß, es ist schwer zu glauben – fehlt mir am meisten, wenn ich fern von Paris bin: diese alten PMU-Bars mit den schmutzigen Tischen, klebrig von schlechtem Bier und kalter Asche, die, trotz des Rauchverbots, diese Orte weiter zu verkrusten scheint, bis ihre Mauern einmal einstürzen. Und was Du mir auch alles sagen und erklären magst zum Thema Globalisierung und Uniformierung der Welt unter der Herrschaft der Bänker, Börsenhändler, Finanziers und Konsorten, so hat in meinen Augen Bangkok dennoch nichts gemein mit Paris, Sydney, Tokio oder auch Ho-Chi-Minh-Stadt, dem einstigen Saigon. Weil jede Stadt, jede Straße, jeder Straßenabschnitt ihre eigene Geschichte haben.

Natürlich verändern sich alle diese Orte schnell und neigen dazu, sich untereinander anzugleichen. Aber sie wandeln sich dadurch nicht unbedingt zum Schlechten, sondern rücken auch zusammen. Ich finde es fantastisch, mich über Politik, Umwelt, Musik mit Menschen in allen Ecken des Planeten austauschen zu können, ganz gleich, ob sie in einem kleinen Dorf in Südost-asien aufgewachsen sind oder in einer Megalopolis der Vereinigten Staaten. Und noch fantastischer, dass eine Protestbewegung gegen politisches und so-ziales Unrecht in Madrid ihr Echo in San Francisco oder Bogotá findet und dann Hunderte weiterer Proteste auf allen Kontinenten nach sich zieht. Und dies verdanken wir zum Teil Facebook, dem Internet, dem *global village,* der *global city* oder wie immer Du es nennen magst. In den Internet-Cafés von Rangun tun die Menschen übrigens alles nur Erdenkliche, um die Zensur zu umgehen, die Facebook und Hotmail betrifft.

Ja, *papa,* ich habe 239 Facebook-Freunde, und mit mindestens der Hälfte von ihnen unterhalte ich mich nie, ich erinnere mich kaum, wer sie eigentlich sind, aber durch sie habe ich Zugang zu Informationen, Ideen, musikalischen und künstlerischen Werken, auf die ich ohne Facebook nie gestoßen wäre. Und Facebook ist ja nur eins von vielen Netzwerken, die mich zu der Ansicht verleiten, dass die Globalisierung trotz all dem Negativen, das sie hervorbringt – oder vielleicht sogar gerade aufgrund dieser schlechten Nebeneffekte –, das Zustandekommen einer supranationalen Zivilgesellschaft ermöglicht und erfordert hat: das Sich-Annähern von Milliarden von Menschen, die ihre Ängste, Hoffnungen und Ziele teilen können.

Voilà. Unter meinem leuchtend gelben Parka fließen inzwischen die Schweiß-ströme. Es wird Zeit, dass ich mich seiner entledige und in mein kleines Hotel zurückkehre. Außerdem ziehen gerade ein paar bedrohliche Wolken über Bang-kok auf, kann sein, dass ich mit der nächsten himmlischen Sturzflut um die Wette laufen muss. Ich werde Dir bald wieder schreiben, entweder von Vienti-ane aus oder bei meiner Rückkehr nach Bangkok.

Je t'embrasse fort, papa, prends bien soin de toi et surtout n'oublie pas à quel point je t'aime, même si tu as du mal à t'adapter aux temps qui changent (hahaha)!

Ta grande fille Liora

Ma chère Liora …

Danke für Deine rasch aus Bangkok zurückgemailte Bereitschaft, mir meine prähistorischen Ansichten zum Weltdorf nachzusehen. Ich weiß, Du meinst es scherzhaft. Dennoch will ich darauf achten, Dich heute mit allzu vielen Thesen zu verschonen. Lieber möchte ich Dir eine Geschichte erzählen. Du siehst, zwischen uns beiden hat sich kaum etwas verändert. Obwohl die folgende Geschichte weniger gut ausgeht als jene in Deinem Kinderzimmer, die mit dem Nordwind und dem Blümchen. Aber immerhin könnte sie Dir dabei helfen, meine wachsende Ratlosigkeit im Umgang mit der Welt zu verstehen.

Denn warum, könntest Du fragen, mache ich jetzt so viel Aufhebens um mein altes Dorf, statt einfach umzuziehen in ein neues? Warum nicht Paris den Rücken kehren und übersiedeln in die Bretagne oder in die Provence? Dorthin, wo aus den ehemaligen Heimatorten von Fischern und Winzern Ferien- und Ruhestandsdörfer für Holländer, Engländer, Deutsche und französische Großstädter werden?

Ja, warum eigentlich nicht? Weil es nichts nützen würde! Unser zeitgenössisches Landleben, befürchte ich, würde weder mein Problem mit der städtischen Neuzeit lösen noch meine Sehnsucht nach einem authentischen Dorf stillen. Außerdem möchte ich Paris nicht verlassen, solange Lou hier noch zur Schule geht.

Es gibt auch noch einen anderen Grund. In mir wirkt die lähmende Erinnerung an ein Dorf, das mir bereits vor über zwei Jahrzehnten das Gefühl eingeimpft hat, alle Dörfer dieser Welt seien zum Untergang verdammt. In

jenem fernen Ort, das ist mir heute klar, liegt einer der Grundsteine für das Dorf in meinem Kopf.

Dieser Ort, von dem ich Dir jetzt erzählen möchte, heißt San José de las Flores, das Dorf des Heiligen Joseph der Blumen. Es liegt im Norden von El Salvador, in Mittelamerika. Die Handlung – denn es ist eine richtige Abenteuergeschichte – beginnt wenige Monate vor Deiner Geburt. Ich erzähle sie Dir – ihren Anfang zumindest – genauso, wie sie damals in einer deutschen Wochenzeitung erschienen ist. Wundere Dich also nicht über den reißerischen Stil! Die Sache liegt ein Vierteljahrhundert zurück. Ich darf sie guten Gewissens als journalistisch verjährt betrachten:

Langsam nimmt der Offizier die Sonnenbrille ab. Sein Blick bohrt sich in die Menge auf der Plaza Mayor. Die Stimme wird hart: »Die Väter unserer Unabhängigkeit heißen Pedro Pablo Castillo und Manuel José Arce! Nicht etwa Lenin oder Carlos Marx! So heißen nur die Idole der Terroristen.«

15. September 1986, Unabhängigkeitstag in El Salvador, ein großer Tag für Oberst Navedad de Jesus Cáceres Cabreras. Die Militärkapelle spielt, knackige Majoretten marschieren im Takt, und am Rande des Platzes, zwischen Kaserne und Kirche, ziehen blauweiß uniformierte Schulkinder an applaudierenden Honoratioren vorüber. Heute ist Fiesta, ein Fest für alle salvadorianischen Patrioten.

Die meisten auf dem Platz sind *campesinos,* Kleinbauern und Landarbeiter, die der seit sechs Jahren wütende Bürgerkrieg in die Stadt getrieben hat. Sie sind noch immer leicht zu erkennen. Ihre Haut ist dunkler als die der Stadtleute, ihr Haar borstiger. Und an ihren Wangen rinnen jetzt kleine Schweißströme hinab auf die Kragen ihrer einzigen weißen Hemden. Nicht einmal ein unwissender Gringo hätte sie mit den Reichen verwechseln können, die, eingehüllt in importierte Eleganz, auf den Bänken im Schatten vor der Kirche sitzen.

Oberst Cáceres, *el Colonel,* ein schlanker Mann um die 40, ist bekannt für seine Vorliebe für hartes Durchgreifen. Deshalb hat ihn das Vaterland, aus seiner Sicht also die Heeresführung, mit der *pacificación* der Provinz Chalatenango im Norden El Salvadors, an der Grenze zu Honduras, beauftragt. Die Gegend braucht eine besonders starke Hand.

Denn mit der »Befriedung« ist es nicht so einfach. In regelmäßigen Abständen überschwemmen die Truppen des Obersts die Hügel und Dörfer in der Umgebung von Chalatenango-Ciudad, dort, wo die »Terroristen« der Nationalen Befreiungsfront Farabundo Martí (FMLN) ihre Lager haben. Aber immer wieder ist es dasselbe. Die 500-Pfund-Bomben der Armeeflieger zerfetzen Maisfelder und Bauernhütten, den Feind treffen sie fast nie. Wenn die Soldaten aus den nachfolgenden Helikoptern springen, durchwühlen sie vergeblich die Bombenkrater nach toten Guerilleros.

Bei großangelegten Armee-Einsätzen lassen sich die »Terroristen« nicht vor Einbruch der Dunkelheit blicken. Im Schutz der Nacht verminen sie das Gelände um den Lagerplatz der Truppe. Und wenn am Morgen Soldaten auf die Minen treten, eröffnen Guerilleros das Feuer. Für Oberst Cáceres ist dies dann meist schon das Ende der Operation und der Auftakt zum Rückzug.

Gegen die Minen könnten nur zwei Dinge helfen, belehrt Cáceres nach seiner Ansprache auf der Plaza drei aus Europa angereiste Journalisten: *»Dios y el amor de la patria!«* – allein Gott und die Liebe zum Vaterland. Doch an diesem Tag will der Kommandeur von Chalatenango nichts mehr von den Gräueln dieses Krieges hören, denn *»hoy es fiesta!«*

Ein Clown tritt auf. Die glühende Hitze hat ihm die Schminke im Gesicht verschmiert. Tapsig tanzt er um *el Colonel* herum und singt dazu ein groteskes Liedchen: »Kommt mein Oberst Cáceres, freut sich das Volk und machen sich die Guerilleros aus dem Staub …«

An dieser Stelle, liebe Liora, muss ich Dir ein paar historische Hintergründe erklären: Mit dem Amtsantritt von Ronald Reagan hatten die USA 1981 de facto das Kommando über die Streitkräfte El Salvadors übernommen. Von »psychologischer Kriegsführung« war plötzlich die Rede. *Hearts and minds* – der Kampf um die Herzen und Hirne von Reisbauern – war ja schon das Leitmotiv im Vietnamkrieg gewesen. »Das einzige Gebiet, das wir erobern müssen«, lehrten jetzt die amerikanischen Militärberater in El Salvador, »sind die sechs Daumenbreiten zwischen den Ohren des *campesinos*.«

Es sollte bedeuten, dass der Krieg gegen die FMLN-Guerilla nicht militärisch gewonnen werden konnte. Vielmehr gelte es, durch praktische Alltagshilfe – etwa den Bau von Schulen und Krankenhäusern, die Zuteilung von Feldern an regierungstreue Bauern, die Beschaffung von Saatgut, etc. – die Unterstützung der Landbevölkerung zu gewinnen. Um den Feind, ähnlich wie durch einen überzeugenden Wahlkampf, auf politischem Terrain zu schlagen.

»Wer die Unterstützung des Volkes gewinnt, gewinnt diesen Krieg«, resümierte Oberst Cáceres die neue offizielle Wahrheit für die anwesenden Journalisten aus Europa im Anschluss an seine Festtagsansprache an die *campesinos* von Chalatenango. Es war ein einleuchtender Plan. Theoretisch würde die Armee fortan entwicklungspolitisch auf dem Lande wirken. Und den *campesinos* bescheren, was die Guerilla ihnen nur versprechen konnte: ein besseres Leben.

Praktisch jedoch führte dieses Konzept zu einem gnadenlosen Krieg gegen die Dörfer. In der Nacht nach der Fiesta riss mich der Lärm von Artillerie-Feuer aus meinem Schlaf in der Herberge von Chalatenango-Ciudad. Der Strom war ausgefallen. Ich knipste die Taschenlampe an, studierte meine Landkarte. Deutete ich den Lärm richtig, flogen Granaten vom Stadtrand in Richtung auf ein *no man's land,* in dem auf der Karte der Name eines einzigen Dorfes verzeichnet war: San José de las Flores.

Am Morgen fragte ich *el Colonel* nach dem Grund für das nächtliche Getöse. »Wir haben Leuchtraketen abgefeuert, damit sich die Terroristen der Stadt nicht im Schutz der Dunkelheit nähern können«, sagte er. Wer in San José de las Flores lebe, hakte ich nach. »Niemand«, antwortete der Oberst schroff. »Der Ort ist seit Jahren verlassen.« Cáceres verbot uns, selbst nachzusehen. Aus Gründen unserer eigenen Sicherheit: »Den Weg nach San José haben Terroristen vermint!«

Drei Tage später erreichten wir das Dorf unbeschadet. Ich war mit zwei Kollegen unterwegs, einem Franzosen und einem Belgier. Der Franzose war Eric Venturini, mein bester Freund in jenen Tagen und Dein angehender Patenonkel, Liora. Wir reisten oft zusammen in Kriegsgebiete, bevorzugten gewöhnlich die Rebellenseite. Als Sohn italienischer Einwanderer in den Eisen- und Kohlegebieten Lothringens war Eric in Frankreichs Kommunistische Partei hineingeboren worden. Seine Reportagen erschienen in *Révolution,* der Wochenzeitung der Kommunistischen Jugend Frankreichs. Zum Glück mangelte es ihm an dogmatischer Festigkeit. In erster Linie war Eric ein toller Reporter und ein noch besserer Freund.

Die Bevölkerung von San José de las Flores erwartete uns am Dorfeingang. Ein paar hundert *campesinos,* die Guerilla hatte ihnen das Kommen der Gringos angekündigt. Ein kleines Mädchen überreichte uns Blumensträuße, der Kinderchor sang ein Volkslied. Dann führten Mitglieder des »Bürger-Komitees« uns durch ihr Dorf, zeigten stolz die Schule, stolzer noch die Kirche, in der ein Küchentisch den Altar ersetzte. Strom gab es nicht. Immerhin ermöglichte ein System ineinander gesteckter Schilfrohre, dass Wasser aus einem Bach in einige der Hütten gelangte.

Das »neue« San José de las Flores war erst wenige Monate alt. Offiziell hatte die Existenz des Ortes vier Jahre zuvor mit der Zwangsevakuierung seiner Bewohner nach Chalatenango-Ciudad geendet. Von dort waren sie mit Hilfe des Roten Kreuzes in ein Auffanglager in der Hauptstadt San Salvador gelangt, wo internationale Hilfsorganisationen sie wenigstens teilweise vor der Armee und deren Todesschwadronen schützen konnten.

Denn die Dörfler galten als *masas.* Dieser Ausdruck, ein Import aus China, war in Mittelamerika sehr in Mode gekommen. Beide Seiten benutzten ihn, die Guerilla wie auch die Armee. Amerikanische Militärexperten verwandten ihn folgendermaßen: Da – laut Mao Tse-Tung in den Zeiten des Langen Marsches – der Guerillero in den »Massen« schwimme wie der Fisch im Wasser, müsse der salvadorianischen FMLN eben das Wasser abgelassen werden. Denn gäbe es keine mit der Guerilla sympathisierenden Dörfer mehr, wären die »Terroristen« von jedem Nachschub abgeschnitten und befänden sich isoliert in einem ansonsten menschenleeren Raum, bereit zur Vernichtung durch die überlegene Feuerkraft der Armee.

Dies erklärt, warum in jenem Jahr 1986 über eine halbe Million der insgesamt fünf Millionen Salvadorianer in offiziellen Statistiken als »interne Kriegsvertriebene« auftraten. In der neuen Freiheit gab es für sie keinen Platz mehr, also wurden sie interniert.

Doch war ihr Leben im Dorf auch voller Gefahren gewesen, der hoffnungslose Alltag im Lager war schlimmer. »Wir hatten alles verloren«, berichtete ein Mann namens José Lisandro Monge: »Unsere Felder, unsere Häuser, einen Teil unserer Familien. Und jetzt sollten wir nutzlos in einem Lager herumsitzen und das Ende des Krieges abwarten? Da beschlossen wir, lieber auf eigene Faust zu handeln.«

Monge gehörte zu den Ersten, die in ihr altes Dorf heimkehrten. Mit Hilfe der Katholischen Kirche, des Roten Kreuzes und ausländischer Journalisten stellten sie im Frühjahr 1986 eine Karawane zusammen und zogen zurück in die Provinz Chalatenango. Aus Angst vor Negativ-Werbung – immerhin hatte es Wahlen gegeben, war El Salvador offiziell zur »Demokratie« übergetreten – ließen Regierung und Armee die Gruppe gewähren. Doch sowie niemand mehr hinschaute, schnitten sie das Dorf von der Verpflegung mit Lebensmitteln und Arzneien ab.

Darum ging es an dem Tag unserer Ankunft bei einem Gottesdienst in der Kirche von San José. »Wir danken Dir, Herr, dass Du unsere acht Schwestern aus der Kaserne von Chalatenango-Ciudad befreit hast«, predigte der *padre,* ein italienischer Missionar, in dem seine Gemeinde schon einen künftigen Märtyrer zu erkennen glaubte. »Und wir flehen Dich an, Oberst Cáceres auf den Weg der Erleuchtung und der christlichen Barmherzigkeit zu führen.«

Die acht »Schwestern«, Bauersfrauen aus dem Dorf, standen neben dem Küchentisch-Altar. Sie waren am selben Morgen aus der Provinzhauptstadt zurückgekehrt. Das Bürger-Komitee hatte sie losgeschickt, um Arzneien zu besorgen. Sie waren den weiten Weg zu Fuß gegangen. Autos gab es keine im Dorf, und die *mulas,* Maultiere, wurden für die Feldarbeit benötigt. An der Straßensperre vor der Stadt wurden die Frauen von Soldaten festgenommen und zum Oberst in die Kaserne geschleppt. »Ihr wollt Medikamente für Terroristen beschaffen!«, brüllte *el Colonel* sie an.

Die Bäuerinnen hatten mit dem Schlimmsten gerechnet. Doch dann war es dem Erzbischof von San Salvador gelungen, bei der Armeeführung die Freilassung der Frauen zu erwirken. Ein wahres Wunder, für das die Gemeinde ihrem Herrgott nun aus vollem Herzen dankte: »*Gracias a tí, Señor, Dios de los pobres!*«

Die meisten Geschichten in San José de las Flores gingen nicht gut aus. Seit Oberst Cáceres das Dorf in Quarantäne hielt, waren sieben Kinder verhungert. Blinder Artillerie-Beschuss wie jener, dessen Lärm mich in der Herberge von Chalatenango-Ciudad aufgeweckt hatte, verwüstete die Felder und dezimierte die Ernten. Ich nahm die Berichte der Dörfler auf Tonband auf und bat sie, ihre Namen zu verschweigen. Durch diese Maßnahme glaubte ich, meine Gesprächspartner vor Oberst Cáceres zu schützen.

Eine Greisin, die sich vor ihrer Hütte in der Morgensonne wärmte, lud mich ein zu *tortillas* und schwarzen Bohnen, dem täglich Brot salvadorianischer *campesinos.* Während sie aus dem »alten« San José de las Flores erzählte, fiel mir das Schlucken schwer: »Die Soldaten schlossen uns in der Kirche ein. Sie verhörten die Männer, die Jüngeren wurden gefoltert. Soldaten schnitten ihnen mit dem Messer Jesus-Kreuze in den Bauch, sechs der Jungen starben. Wir übrigen mussten zusehen. Oberst Cáceres war auch da. Alle jungen Männer im Dorf seien Guerilleros oder Kollaborateure, sagte er. Wir hätten kein Recht hätten dazu, im Dorf zu bleiben.«

Die alte Frau hatte ihre Tochter und eine Enkelin verloren. Sie sprach leise, oft gerieten ihre Worte zu einem Wimmern. Bis ihre Stimme gänzlich in dem Brummen eines Flugzeugmotors unterging. Panikschreie drangen aus den Hütten der Nachbarschaft. Einige Frauen rannten mit Kindern auf dem Arm zum Dorfrand. Dort hatte das »Bürger-Komitee« Gräben zum Schutz gegen Bombenangriffe ausheben lassen. Über San José zog eine mit Bordraketen bestückte Maschine vom Typ *Push-and-Pull* ihre Kreise. Wie ein Geier kreiste sie. Immer tiefer, immer bedrohlicher, immer hungriger.

Ein atemloser José Lisandro Monge kam herbeigerannt: »Sie dürfen die Gringos nicht sehen!« Er zog uns in den Schatten, schleuste uns von Haus zu Haus zum Dorf hinaus, bis unter das Blätterdach eines Eukalyptus-Wäldchens. Nun rannten auch die Übrigen von San José in Deckung.

Nur die alte Frau nicht. Als ich mich ein letztes Mal nach dem Dorf umblickte, saß sie noch immer reglos auf der Bank in der Sonne. Ihre Nachbarn erzählten, die Alte sei nur nach San José zurückgekehrt, um nicht im Flüchtlingslager von San Salvador zu sterben. Im Grunde würde sie schon seit Jahren keinen Sinn mehr in ihrem Leben sehen.

Der Rest ist schnell erzählt, meine Liora. Bei unserem Versuch, unbemerkt aus dem *no man's land* wieder in den von der Regierung kontrollierten Teil von El Salvador zu gelangen, fielen wir einer Armee-Patrouille in die Hände. Inmitten einer kahlen Hügellandschaft kamen, aufgefächert zu einer breiten Front, Dutzende von Soldaten mit vorgehaltenen Gewehren auf uns zumarschiert. Es war kein Zufall. Oberst Cáceres tobte vor Wut, der Trupp war auf der Suche nach drei »kriminellen« Journalisten, die ihre »Artikel mit dem Blut des salvadorianischen Volkes« schrieben.

Ein kritischer Augenblick. Die Soldaten durchwühlten unsere Rucksäcke, fanden problemlos, was sie »Beweise« nannten: Tondbandkassetten, Filmrollen, Notizbücher. Der befehlshabende Offizier, ein junger Leutnant, diskutierte mit seinen Männern unbeschwert die Möglichkeit, uns an Ort und Stelle zu erschießen.

Tatsächlich war dies die für ihn naheliegendste Option. Die amerikanischen Berater hatten erklärt, die Schuld am Vietnam-Debakel trügen in erster Linie die Journalisten. Durch weinerliche Berichterstattung über Vorfälle wie das Massaker von My Laï – ein Reisdorf, in dem US-Soldaten 1968 rund 500 Zivilisten ermordet hatten – hätten sie die moralische Widerstandskraft des amerikanischen Volkes ausgehöhlt. Danach habe die politische Entschlossenheit zum Einsatz aller zum Sieg in Vietnam notwendigen Mittel gefehlt.

Die sich daraus ergebende Lehre für vergleichbare Konflikte in der Zukunft war klar: Die Kräfte der »Demokratie« mussten das Informationsmonopol für sich sichern und den »Terroristen« jeden Zugang zur öffentlichen Meinung abschneiden. Wie? Durch warnende Exempel: Im März 1982 kamen die vier Mitglieder eines niederländischen Fernsehteams ums Leben. Nachdem sie Kontakte zur Guerilla aufgenommen hatten, wurden sie von der Armee in einem Hinterhalt erschossen. Das wirkte. Binnen kurzer Zeit erreichte die Zahl der in El Salvador »verunglückten« Journalisten Rekordhöhen. Bevor sie rapide wieder zurückging: Weil kein Journalist mehr wagte, die Guerilla zu besuchen.

An jenem Tag hatten wir pures Glück. Der Leutnant ließ sich von mir überzeugen, dass wir nicht mehr waren als naive Gringos auf Abwegen. Statt uns zu erschießen, nahm er uns mit in seine Kaserne. Noch mehr Glück: Es war nicht die Kaserne von Oberst Cáceres, sondern die eines anderen *colonel.* Als der Offizier erfuhr, dass ich Deutscher war, begrüßte er mich mit »Heil Hitler« und gestand mir, in einem ausgiebigen Gespräch unter vier Augen, seine Bewunderung für den »Führer«. Schließlich bedankte er sich und ließ uns per Helikopter in die Hauptstadt zurückfliegen.

Dort landeten wir im Knast. Die kommenden drei Tage verbrachten wir in einer Zelle der *policía de hacienda,* der »Finanzpolizei«, die sich auf die Bekämpfung politischer Verbrechen spezialisiert hatte. Auch sie mit den Waffen »psychologischer Kriegführung«: In unserer Zelle war das Kloloch verstopft, Fäkalien umspülten die Füße der Feldbetten. Nachts weckten uns Pistolenschüsse, die vor unserer Zellentür abgefeuert wurden.

Unsere Stimmung war dennoch gut. Wir waren nicht voneinander getrennt worden. Wussten, dass unsere Botschaften uns da herausholen würden. Brauchten also nur abwartend auf den Betten zu sitzen, Zigaretten zu rauchen und uns die Zeit mit coolen Kommentaren und Witzen zu vertreiben.

Man behandelte uns korrekt, schließlich waren wir keine *campesinos*. Einmal sah ich im Korridor einen Gefangenen, der gerade von einem Verhör zurückkam. Blut schwappte in kleinen Schüben über seine Unterlippe, Fliegen machten sich den Platz um die breite Wunde an seiner Schläfe streitig. Ob dieser Mann zu den *masas* gehöre, fragte ich. Der Wärter sah mich verständnislos an: »Das ist ein Terrorist!«

Daheim in Europa erwartete uns der Neid von Kollegen, erfüllte uns das Lob unserer Chefs mit der üblichen Mischung aus männlichem Stolz und beruflicher Arroganz. Was zählte, war die »tolle Story«!

Und die meine wurde immer besser: Zwei Wochen, nachdem die salvadorianische Regierung uns wegen »Gefährdung der nationalen Sicherheit« des Landes verwiesen hatte, suchte ein Erdbeben die Hauptstadt San Salvador heim: 15 000 Tote, 300 000 Obdachlose, das Gefängnis der Finanzpolizei in Trümmern. Und wir waren mit heiler Haut davongekommen! Was konnte einem Reporter mehr nützen als der Ruf, zum rechten Zeitpunkt nicht am falschen Ort gewesen zu sein?

Nur eines ging schließlich schief. Zum Jahresende erhielt ich einen Anruf von Amnesty International: Oberst Cáceres, erfuhr ich, war eines Morgens an der Spitze von 500 Soldaten in San José de las Flores einmarschiert. Sofort hatten sie die Schule besetzt, die Lehrer aus den Klassenräumen gezerrt und die Schüler zu einem Wettbewerb aufgefordert: Wer als erster die Stimmen der Erwachsenen auf einer von Cáceres mitgebrachten Tonbandkassette identifizieren könne, dem sollten 100 Pesos Siegesprämie zustehen.

Natürlich war es meine Kassette. Mit Leichtigkeit erkannten die Schulkinder die Stimmen von José Lisandro Monge, der alten Frau und weiterer Dorfbewohner. Gegen Mittag zog *el Colonel* wieder aus San José ab – mit sieben Gefangenen.

Zum Glück reagierten die gewohnten Schutzengel – allen voran die Katholische Kirche und das Rote Kreuz – in Eile. So wurde die böse Kunde schnell publik. Und dank diplomatischer Interventionen Deutschlands, Frankreichs und Belgiens gelang es denn auch, die *campesinos* fürs Erste wieder frei zu bekommen. Die »internationale Solidarität mit El Salvador« fühlte sich von diesem Ausgang sehr ermutigt. Schließlich triumphierte das Gute nicht jeden Tag, schon gar nicht in einer Welt von kleinen Salvadorianern.

Doch je häufiger die Erinnerungen an San José de las Flores in meinem Bewusstsein auftauchten, desto klarer wandelte sich ihre Bedeutung für mich. Hatte ich sie zunächst als Argumente für mein »politisches Engagement« eingeordnet, drängten sie zunehmend nach einer glaubwürdigeren Erklärung. Ja, woher stammte er wirklich, dieser üble Nachgeschmack? Bestätigten mir doch meine Freunde, einschließlich jene in der Pariser Vertretung der salvadorianischen Guerilla, dass ich mir in dieser Angelegenheit absolut nichts vorzuwerfen hätte.

Es war kurz vor Weihnachten, die berüchtigten Tage unserer »Besinnlichkeit«. Ich dachte an meine verstorbene Mutter, an meine verstorbenen Großeltern, an den Teutoburger Wald. Und dann dämmerte es mir: Was mich in El Salvador wirklich erschüttert hatte, war nicht das ewige, tragische, fast nie gut ausgehende Ringen zwischen Gut und Böse, Sanftmut und Gewalt, Armut und Gier. Nein, es war die Hilflosigkeit der Landleute gewesen, die Zerbrechlichkeit ihrer Dörfer – jener Welt, aus der ich selber kam.

Zum ersten Mal seit Langem fragte ich mich, was wohl aus Pivitsheide geworden sei. Mein letzter Besuch lag Jahre zurück, und damals hatte ich das Dorf kaum wahrgenommen. Meine Mutter hatte im Sterben gelegen, nach der Beerdigung hatte ich mich um meinen 12-jährigen Bruder kümmern müssen. Sobald die Möglichkeiten gegeben waren, hatte ich den Jungen zu mir nach Paris geholt. Welche Zukunft hätte ihm schon ein Ort wie Pivitsheide bescheren können?

Doch nun, zur Weihnachszeit 1986, zog es mich zurück. Ohne konkrete Erinnerungen, doch mit klaren Erwartungen: Wie bedrohlich würden mir, dem nun Erwachsenen, noch die dunklen Fichten am Postteich erscheinen? Da, wo wir Pivitsheider an Sommer-Sonntagen zum Baden und Bootfahren hingegangen waren – bevor ein verchlortes Freibad gebaut und der Postteich amtlich für vergiftet erklärt worden war. Und die Hasselbieke? Jener glasklare Bach, der, gesäumt von Weiden, durch die immer feuchten Wiesen hinter Fieges Elektroladen mäanderte? Und den wir Kinder oft mit hochgekrempelten Hosenbeinen durchwatet hatten? Wäre sein Wasser noch immer so eisig, dass es meine Füße taub werden ließe? Und würde Nebel auf den gepflügten Äckern liegen? Und unser Nachbar Hüttemann? Würde er mir meine einstigen Raubzüge durch seine Obstgärten verziehen haben?

Die Rückkehr wurde zur Ernüchterung. Die Sandwege, auf denen einst mein Vater, der Zimmermeister, mit den Nachbarn geklönt hatte, waren asphaltiert. Die neuen Pivitsheider schienen sich überwiegend mit ihren Fernsehgeräten zu unterhalten. Die Felder waren bebaut, allerdings nicht mehr mit Roggen und Spargel, sondern mit Fertighäusern für Leute, die mit dem alten Dorf nichts zu tun hatten. Die meisten arbeiteten in der Stadt. Morgens staute sich auf der Straße nach Detmold der Verkehr.

Nun, vieles davon habe ich Dir schon in meinem ersten Brief erzählt. Das alte Pivitsheide war wie weggefegt. Und dazu hatte es nicht einmal der Zerstörungswut eines Mannes wie Oberst Cáceres bedurft. Vernichtend hatte in unserem Fall nur die Neuzeit gewirkt, der verständliche Wunsch nach Wohlstand und »Fortschritt«.

Deprimiert kehrte ich nach Paris zurück. Tröstete mich mit dem Gedanken, eine feste Adresse sei gleichbedeutend mit Heimat. Ja, Paris war meine Wahlheimat. Selbst gesetzt den Fall, das alte Pivitsheide hätte noch existiert: Würde ich dort leben wollen? Bestimmt nicht!

Aber es war das Bild der alten Frau von San José, das wieder und wieder in mir auftauchte. Wie eine Metapher. Ein Sinnbild für den ewigen Konflikt zwischen Stadt und Dorf, Macht und Ohnmacht. Sah ich in meinem Innern jene Greisin, wie sie vor ihrer Hütte saß und reglos hinnahm, was ihr drohte, fühlte auch ich mich wieder als Dörfler. Und spürte Hass auf jene, die für das Leid dieser Frau, für die Ermordung ihrer Tochter, ihrer Enkelin und vieler ihrer Nachbarn verantwortlich waren. Und mit meiner Wut wuchs der Wunsch nach Vergeltung.

Genau in dieser Zeit wurdest Du geboren, Liora, am 28. Dezember 1986. Ich glaube, es war der Gründungstag des Dorfes in meinem Kopf, jenes Ortes, in den ich mich bis heute vor meinem Paris-Überdruss zurückziehe. Nur konnte ich dies damals noch nicht sofort verstehen. Fürs Erste war ich noch damit beschäftigt, nach möglichen Dorf-Beschützern zu suchen.

Oder auch nur nach Rächern? Das war schwer auseinanderzuhalten. Auf jeden Fall verbrachte ich viel Zeit in Rebellenlagern. Auch sie waren Dörfer, wiesen dieselbe Armut auf, allerdings gepaart mit Hoffnung. Was einen großen Unterschied machte: Ohne Angst und Unterwürfigkeit zählten die Guerilla-Camps im Dschungel von Kolumbien zu jenen Orten ihres Landes, wo mir ein Leben für Arme noch am erträglichsten erschien. Neben dem Töten gab es dort noch Musik, Liebe, das Gefühl von Nähe unter jenen, die sich für frei hielten.

Davon erzählt die nachfolgende Geschichte aus dem Wald von Antioquia. Der Ort liegt relativ nahe dem Orinoco-Gebiet, sofern Dir diese philosophisch-geografischen Koordinaten inzwischen etwas bedeuten. Mehr davon in meinem nächsten Brief.

A bientôt, ma fille chérie …

… et fais attention aux moustiques et autres emmerdeurs qui guettent les pêcheurs dans les noirs oceans de Bangkok! Héhé, en avant tous, moussaillon …

Ton papa qui pense toujours à toi

Das Dorf
der sieglosen Krieger

Kolumbien, November/Dezember 1991

Ein Schuss. Das Kreischen der Vögel verstummt, das Schnarchen auch. Nur der Regen prasselt auf die Plastikplanen über den Hängematten. Aber Sekunden später ist es mit der Ruhe vorbei. Stimmen ertönen: *»Los chulos!«* Die Armee! Sie hat das Lager gefunden! Und greift jetzt an. Mitten in der Nacht, mitten im kolumbianischen Urwald.

El Ejército de Liberación Nacional (ELN), das Nationale Befreiungsheer, sucht den schnellen Rückzug. Ein dumpfer Aufprall; Ho Chi Minh ist aus der Hängematte gefallen. *»Qué hubo?«* Was ist los?, fragt eine Stimme. Keine Antwort. Ho Chi Minh sucht seine Stiefel. Aus allen Ecken des Dunkels klacken Magazine, die in Gewehre geschoben werden. Ho Chi Minh rennt hinunter zum Fluss. Taschenlampen blitzen auf. Lichtkegel kreuzen über dem Wasser und den dicht bewaldeten Steilhängen zu beiden Seiten. Aber der Feind bleibt in Deckung. Ho Chi Minh, der zur *grupo de protección* gehört, muss mit fünf weiteren Kampfgenossen den Rückzug der übrigen 30 decken. Er hebt das Gewehr vor die Brust, watet los. Aufs andere Ufer zu, wo er *los chulos,* die Soldaten, aufhalten wird. Solange es geht.

Aber dann brüllt einer: »Falscher Alarm!« Es ist Flavio, der Schwarze. Er kommt vom Wachposten auf dem Hügel gegenüber. »Der hier hat auf Glühwürmchen geballert«, sagt er böse und richtet den Strahl seiner Lampe ins bleiche Gesicht des kleinen Esteban. Der Junge grinst nervös, weiß nicht, was er zu seiner Entschuldigung vorbringen kann. Er ist erst seit zwei Wochen in der Guerilla. Dies war seine erste Nachtwache, und er hat die tanzenden Lichter für Taschenlampen gehalten. »Abwechslungsreiches Leben«, kommentiert Ho Chi Minh.

Er würde sich gern wieder schlafen legen, aber zuerst muss geprüft werden, ob im Dunkeln keiner verloren gegangen ist. Jorge, ein kurz geschorener Kommisskopp mit hervorquellenden Augen, ruft die Namen, die sich die *compañeros* ausgesucht haben, als sie in die Guerilla eintraten: Rodrigo! – *Presente!* Esperanza! – *Presente!* Tomás! – *Presente!* Weil sie hübsch klingen: Gloria! – *Presente!* Iván! – *Presente!* Oder nach Abenteuer: Osneider! Davidson! – *Presente! Presente!* Biblische Namen für die Gläubigen: Israel! – *Presente!* Abraham! – *Presente!* Und einen Spitznamen für José Manuel, weil er Schlitzaugen hat und eingefallene Wangen: Ho Chi Minh! – *Presente, compañero!* Alle anwesend: 36 ELN-Guerilleros. 32 Jungen, vier Mädchen, genauso viele Gewehre. Macht zusammen eine *frente,* einen von 100 ELN-Stoßtrupps, die zwischen Amazonas und Karibik operieren. Jorge nickt zufrieden. Zurück in die Hängematten. »*Buenas noches, compañeros, y hasta mañana!*«

Morgen? Morgen wird wie heute sein, wie gestern, wie immer. Ho Chi Minh hat recht. Die Guerilleros haben ein abwechslungsreiches Leben. Und ein ödes zugleich. Weil sie immer die gleichen Abwechslungen haben: die Natur, sich selbst. Und als Zeitvertreib die Armee, die Soldaten, die im Grunde auch zur Fauna dieses Landes gehören: wenn nicht als *chulos,* Aasgeier, dann einfach unter dem Sammelbegriff *plaga,* Ungeziefer.

Vorige Woche drang eine Armee-Patrouille fast bis zum Lager vor. Iván, Wilma, Ricardo und Ho Chi Minh banden Grasbüschel in die Baumwollschlaufen, die sie an ihre olivgrünen Uniformen genäht hatten. Dann legten sie sich auf die Lauer, das Gesicht nach unten, das Gewehr unter dem Körper begraben. Und als die Patrouille vorbeitrabte: »Bumm! bumm! Sie starben, ohne zu begreifen, woran«, behauptete Iván später im Lager und mimte einen Sprecher der Armee: »Vier Soldaten von Grasbüscheln erschossen!« Darüber haben sie noch Tage gelacht. Abwechslung.

Kommt der Feind nicht von allein, gehen ihn die Guerilleros suchen. Denn manchmal sind es die Offiziere der Armee schon leid, das Leben ihrer Soldaten bei Offensivaktionen im Dschungel zu vergeuden. Eigentlich ist es ihnen egal, welchen Zipfel Armut die Rebellen gerade besetzt halten. In 40 Jahren *violencia* hat sich die Armee an die ewige Unruhe im Land gewöhnt. Sie verteidigt nur das Wertvolle: Städte, Goldminen, Kaffee-Plantagen, Öl-felder, Kasernen, die Reichen. Aber wenn Ho Chi Minh, Iván und die ande-ren die große Überlandstraße sperren, die zwei Tagesmärsche südlich ihres Lagers von Medellín nach Cartagena führt, schickt die Brigadekommandan-tur in Tarazá Truppen los. Ein paar Kilometer vor der Straßenblockade gera-ten sie meist in einen Hinterhalt. Die Guerilleros erschießen dann zwei, drei, vier Soldaten und verschwinden wieder im Dschungel. Abwechslung.

Ansonsten ist der ELN-Alltag ein monotoner Regelkreis: Morgens, nach dem Exerzieren, lernen die neu zur Truppe gestoßenen Kämpfer lesen und schreiben, die Älteren marxistisches Denken und Argumentieren. Danach schrubben sie mit Zahnbürsten den Matsch aus ihren Gewehren, basteln Tel-lerminen zur Deckung des nächsten Rückzugs, schaffen auf Maultieren Boh-nen, Reis und Kochbananen von den *fincas,* den kleinen Urwaldbauernhöfen der Umgebung, herbei. Und wenn Christina, die Lagermutter, dreimal in die Hände klatscht, sieht's fast aus wie geordnetes Pfadfinderleben: Dann stellen sich die Revolutionäre artig zum Essenfassen an, vor der Küche, einer offenen Feuerstelle unter einem Palmendach.

Beim Essen reden sie meist über die *chulos.* Manchmal streiten die Jungen auch über Fußball. Wer gewinnt die Meisterschaft? *El America de Cali? Los Mil-lionarios de Bogotá?* Mannschaften, die sie nie zu Gesicht bekommen, die nur sonntags in Ho Chi Minhs altem Transistor kicken. Und wenn es gar nichts mehr zu tun und zu bereden gibt, klimpert Jiver, der 19-Jährige ohne Zähne, auf der Gitarre die ewig gleichen Lieder, in denen die wilde Romantik des Gue-rillalebens gefeiert wird. Doch sie selbst gehorchen eher den Geboten bürger-lichen Anstands. Das allabendliche Bad im Fluss nehmen die Mädchen keusch in Schlüpfer und Büstenhalter, die Jungen mit bis zum Bauchnabel hochgezo-

genen Unterhosen. Freie Liebe gibt es nicht. Sie würde doch nur zu Eifersüchteleien führen, zu einem Nachlassen der Disziplin. Jeder weiß, wer mit wem schläft. Wenn zwei dann heiraten, tun sie das weniger vor Gott als vor der Revolution: Nicht der Himmel, das irdische Elend hat sie vereint. Vor der Fahne schwört das Brautpaar Treue, tauscht statt Ringen die Gewehre, erhält vom *comandante* den Segen, dazu Kondome und eine Doppelhängematte.

Der graue Morgen bringt neue Abwechslung. Die ganze Nacht hat es in Strömen geregnet, auch nach Estebans Krieg mit den Glühwürmchen noch. Schäumend ist der Fluss bis unter die Hängematten der schlafenden Männer und Frauen gekrochen. Eine wilde, rotbraune Soße, die mit sich riss, was auf dem Boden lag: Sombreros, Teller, Stiefel, drei Zahnbürsten, Pachos Patronengurt. Jetzt stehen die *compañeros,* die Genossen, am Ufer Spalier, breitbeinig, mit verschränkten Armen. Sträucher und Äste treiben vorbei, plötzlich ein ganzer Baum. Euklides wirft seinen Sombrero in die Luft, die anderen lachen, pfeifen, johlen. Oft, wenn die Elemente ihre Macht zeigen, geraten die Rebellen in diesen Zustand fassungslosen Staunens und wilder Freude. In der Gewalt, der völligen Maßlosigkeit der Natur, entdecken sie ihr eigenes Spiegelbild. Und sind fasziniert davon.

Halb sieben. »*For-ma-ción!*« Militärisch zerhackt Jorge die Order. In drei Reihen baut sich seine Truppe vor ihren Märtyrern auf: Camilo Torres und Ché Guevara, dem Befreiungstheologen und dem Berufsrevolutionär, auf Bettlaken gemalt und zwischen krummen Holzpfosten am Waldrand aufgespannt. Camilo und Ché haben gelehrt, woran die ELN noch immer glaubt: an die gemeinsame Revolution von Christen und Marxisten, an Land für kleine Bauern und ordentliche Löhne für Arbeiter, an Schulen für die Kinder der Armen und das gleiche Gesetz für alle, auch die Reichen. »*Ni un paso atrás*«, brüllt Jorge, nicht einen Schritt wird die Revolution weichen, und »*Liberación o muerte*«, Befreiung oder Tod!

Lino tritt aus der ersten Reihe vor zur Fahnenstange. Seine knochigen Hände ziehen am Strick, langsam und zeremoniell, bis die schwarzrote Fahne als nasser Lappen in fünf Meter Höhe hängt. Jorge lässt die Hymne anstimmen. Über der mächtigen Dschungelwand im Rücken der Truppe zieht schwarz das nächste Gewitter auf. Donner grollt, ferne Blitze explodieren wie Leuchtkugeln hinter hoch getürmten Wolken. Regenzeit. Die *compañeros* beeilen sich mit dem Singen: »Rotschwarz ist der Horizont, und der Morgen bringt die Freiheit.«

Es ist dasselbe Ritual wie eh und je, es sind dieselben Parolen aus den Hälsen braunhäutiger Bauernkinder, seit 20 und noch mehr Jahren. Generationen schnell verbrauchter Guerilleros sind ihnen vorangegangen, Camilo und Ché seit einem Vierteljahrhundert tot. Die hier auf dieser Lichtung exerzieren, sind vielleicht die letzten. Denn von den sechs Guerillagruppen, die noch 1989 für *la nueva Colombia,* das neue, brüderliche, sozialistische Kolumbien, kämpften, sind nur zwei übrig geblieben. Neben der ELN, der ältesten Untergrundarmee Kolumbiens, noch die FARC, die Fuerzas Armadas

Revolucionarias de Colombia; insgesamt ein paar tausend Mann, die revolutionären Restbestände.

Die anderen haben die Gewehre abgegeben, haben sich von der bürgerlichen Regierung amnestieren lassen, um in der Politik die Weiterführung des Krieges mit anderen Mitteln zu suchen. Am erfolgreichsten ist die M-19, die 1985 mit Waffen den Justizpalast von Bogotá besetzte. Bei der Wahl zur Verfassungsgebenden Versammlung im Dezember 1990 wurde sie stärkste Partei, mit 27 Prozent. Ihr Führer, Jaime Navarro Wolff, nähert sich in jeder seiner Parlamentsreden ein wenig mehr dem konservativen Lager und schimpft die Guerilleros nun »Feinde der Demokratie«.

Neue Zeiten. In Lateinamerika geht ein Stück Geschichte ihrem Ende zu, die olivgrüne: Auf Kuba ist die Revolution in Armut gealtert, in Nicaragua wurde sie abgewählt. Guatemalas einst starke Rebellenfront hat sich nicht vom schmutzigen Krieg der achtziger Jahre erholt. Und El Salvadors Frente Farabundo Martí musste nach zwölf Jahren Kampf und 80 000 Toten einen Kompromissfrieden mit den regierenden Rechtsextremisten schließen. Der Aufstand urugayischer Tupamaros, argentinischer Montoneros, des chilenischen MIR ist in den Archiven siegreicher Militärs verzeichnet, als »Subversion«. Und in Brasilien und Venezuela erinnert sich kaum noch jemand an jene frühen siebziger Jahre, als eine Handvoll Guerilleros dort den *foquismo* probte, Ché Guevaras Rezept für den Sieg der Massen durch eine kleine schießende Avantgarde.

In seinem Befehlsstand an einem Steilhang über dem Dschungel-Lager denkt auch der 35-jährige ELN-Chef für Nordkolumbien, *comandante* Ezequiel, laut über Krieg und Frieden nach. »Wir verhandeln mit der Regierung«, gibt er zu. »Aber die Gründe, die uns 1964 in den bewaffneten Kampf getrieben haben, bestehen noch immer. Hinter der demokratischen Fassade herrschen Ausbeutung und Gewalt. Das Volk lebt im Elend. 90 Prozent der Kolumbianer sind vom Gesundheitswesen ausgeschlossen, 70 Prozent sind unterernährt, und jedes Jahr sterben 45 000 Kinder vor ihrem ersten Lebensjahr.« Mit einer abgebrochenen Transistorantenne zeigt Ezequiel auf der Karte das Ziel des nächsten Großangriffs: eine Militärbasis. Die muss fallen, damit

Feind wie Freund spüren, dass Kolumbien noch eine Guerilla hat. Auch wenn – oder gerade weil – es derzeit, wie der *comandante* meint, *algunas dificultades,* ein paar Schwierigkeiten, gebe.

Das aber sind Probleme, die Ezequiel nicht einfach aus dem Weg räumen kann wie ein paar *chulos* oder eine Kaserne. Ihr Ursprung liegt in Osteuropa, liegt in den Trümmern des realen Sozialismus. Ezequiel nimmt ein Buch vom Tisch, ein Werk von Dissidenten, und findet auf Anhieb die Seite, die ihm wehtut: »Angesichts der Feststellung, dass in den sogenannten sozialistischen Staaten die Macht nicht in den Händen des Volkes lag; angesichts der tiefen Spaltung zwischen den Massen und der Linken ist das Konzept der revolutionären Avantgarde nicht länger vertretbar.«

Die Massen können sich selbst organisieren, in Gewerkschaften, Parteien, Vereinen und Komitees. »Das Volk glaubt nicht mehr an die Guerilla«, gesteht Ezequiel. »Aber auch nicht an die Regierung. Bei den letzten Wahlen gab es 70 Prozent Stimmenthaltung. Diese Menschen können wir auf unsere Seite bringen. Wir werden weiterkämpfen.«

Die Hände auf dem Rücken gefaltet, tritt Ezequiel vor die Hütte. Sein melancholischer Blick wandert zum *compañero* Raúl hinüber, der dabei ist, auf einem Tischchen zwischen zwei Bäumen eine Mine zu basteln. Dann hinab auf den Fluss, wo die Elitekommandos für den geplanten Angriff trainieren. Das Gesicht und den nackten Körper mit Asche und Schlamm geschwärzt, waten sie wie Kraniche in den wieder zahmen Wassern; bereit, für die analphabetischen Massen Kolumbiens zu kämpfen, für 60 Millionen Lateinamerikaner, die am Rande des Verhungerns sind. Ezequiel gibt sich einen Ruck: »Das Volk braucht die Guerilla doch«, macht er sich wieder Mut. »Aber wir müssen uns neu legitimieren, dürfen nicht immer nur von der Zukunft reden. Wir müssen den Leuten zeigen, dass wir ihnen auch in der Gegenwart helfen können.«

Später Nachmittag. Aus den türlosen Eingängen der Hütten lugen die Gesichter der Frauen und Kinder von San Pablo. Die Männer wühlen um diese Zeit noch nach Gold, weiter unten, im Geröll und Schlamm der Mine. Christina tritt als erste aus dem Urwald, den Karabiner lässig über die Schulter gelegt. Kaum ist die Armee fort, marschiert die Guerilla wieder ein. Winkend, grüßend, schwitzend. *Viva la guerilla! Viva el socialismo!*

Eine Alte kommt aus ihrer Hütte gerannt, umarmt die Genossin: »*Hijita,* warum trägst du denn jetzt ein Gewehr?« Zwei Jahre lang hat Christina in Zivil unter den 600 Goldgräbern von San Pablo gelebt, hat den Massen die kleine Revolution beschert. Sie organisierte eine Kooperative, richtete eine Schule ein, ließ eine *Junta directiva,* einen Minenrat wählen, gründete und leitete den Frauenverein. Die *compañeros* sammelten Geld, um Medikamente gegen Malaria zu kaufen, sie verboten den Ausschank von Zuckerrohr- und Maisschnaps; keiner klaute mehr. Finanziert wurde das ganze Unternehmen von den unfreiwilligen »Steuern«, die Jorge Correas zahlen musste, der »Reiche«, dessen *compañía minera* aus drei japanischen Baggern besteht. Es war das Paradies im Dschungel.

Bis eines Morgens schießende Soldaten aus dem Wald gestürmt kamen, dröhnende Hubschrauber Elitetruppen in den roten Schlamm absetzten. Sie hatten den von der ELN zur Armee übergelaufenen Noë dabei. Der half nun Guerilleros fangen und foltern. Christina floh in den Dschungel, die Mitglieder des Minenrats wurden verhaftet, ihre Regierung durch einen Leutnant ersetzt. Die Armee blieb acht Monate, von der Revolution blieb nichts. Wer eine Pistole hat, besitzt das Land.

Jetzt, wo die ELN neuerlich einrückt, findet sie die uralten Zustände vor: Es wird wieder gestohlen und gesoffen in San Pablo, die Schule ist geschlossen, auch die Kinder müssen bei der Goldsuche ran. San Pablo – ein gammeliger Haufen Hütten inmitten einer aufgerissenen Mondlandschaft, in der kleine *mineros* nach dem großen Glück suchen. Sieben Tage in der Woche, von morgens bis nachts, graben sie niedrige Höhlen in den Hang, schaufeln die Erde aufs Sieb und waschen ihre Ladung Hoffnung in einer Lache oder im Fluss, dem Río Tinto. Sie verdienen fünfmal so viel wie die Bauern der Umgebung, zahlen dafür aber einen hohen Preis. Alle zwei oder drei Monate bekommen sie einen Malaria-Schub, liegen dann acht Tage flach.

»Gibt es irgendwelche besonderen Probleme?« *Compañero* Abraham, ein bärtiges Indianergesicht mit einem kleinen, runden Mund, blickt hinab auf die Menge der unter praller Sonne schwitzenden Minenarbeiter. Generalversammlung auf dem Fußballplatz. Es wird Bilanz gezogen, der Wiederaufbau beschlossen. Abraham steht auf einem aus der leeren Schule herbeigeholten Schreibpult. Christina sitzt zu seinen Füßen, führt Protokoll.

Zu klagen gibt es viel. Die Minengesellschaft hat die von der Junta erlaubte Abbauquote überschritten. Statt drei stehen nun fünf Bagger in der Mine. »Sie betreiben Raubbau«, ruft einer der Goldgräber, ein Alter mit tief liegenden Augen und pergamentener Haut. »Und die Miete, die wir für ihre Maschinen bezahlen, haben sie auch erhöht, um 2000 Pesos.« Abraham nickt: Die Guerilla wird den Armen zu ihrem Recht verhelfen.

Aber auch das Misstrauen gegen die Kämpfer ist zurückgekehrt. »Was ist aus Pablito und Raul geworden?«, fragt ein junger Mann in der ersten Reihe. Ein Raunen geht durch den schwitzenden Haufen. Pablo und Raul waren *mineros* wie all die anderen auch, Volk der Guerilla. Aber Rauls Frau, Berta, ließ sich von der Armee als Informantin anwerben. Natürlich zog sie dann auch mit dem Feind aus San Pablo ab. Und plötzlich verschwanden

Pablo und Raul, spurlos. Von der Guerilla umgebracht, glauben die Goldgräber.

Abraham steigt vom Pult. Iván übernimmt. Er ist der Experte für Sicherheitsfragen, in diesem Fall Exekutionen. Beschwörend hebt er die Hände, schüttelt den Kopf: »*Compañeros!* Wenn wir jemanden hinrichten, lassen wir die Leiche auf dem Weg, damit die Familie sie findet. Danach geben wir eine Erklärung ab. Und meistens fragen wir euch vorher, welches Urteil wir fällen sollen. Ihr wisst, wie wir verfahren. Erinnert euch!«

Einige nicken. Ja, sie erinnern sich. Zum Beispiel an Jaime Betancur alias El Cacho. Ein Viehdieb und Arme-Leute-Schinder, den die Guerilla eines Tages mit seinem Komplizen einfing und vor das »Volkstribunal« stellte. Das beschloss einen Kompromiss: Freiheit für den Komplizen, Tod für Betancur. Seine Hände auf den Rücken gefesselt, ließen sie El Cacho am Wegesrand niederknien und schossen ihm drei Kugeln in Kopf und Genick. »Aber einfach jemanden verschwinden lassen«, empört sich Iván, »das ist barbarisch.«

Und noch eine Frage dringt aus der Menge hinauf zur Avantgarde auf dem Schreibpult: Wer wird San Pablo verteidigen im Fall des Falles? Die Armee weiß, dass die Leute in den Minen ein Nährstoff der Guerilla sind. Es ist wahrscheinlich, dass sie Spione zurückgelassen hat, auch Waffenverstecke im Dschungel. In Caucasia, einem Provinznest nur einen Tagesmarsch von der Mine entfernt, liegt das Hauptquartier der Todesschwadronen. Eine Strafexpedition gegen die aufrührerischen Goldgräber sei dort schon beschlossen, heißt es.

Vor drei Jahren haben die Schwadronen ein Exempel in der nahen Goldgräberstadt Segovia statuiert. Mit Rückendeckung der Armee. 43 Menschen haben sie dort an einem Abend erschossen. »Dem Fisch das Wasser ablassen«, ist die Devise solcher Aktionen. Ist die Guerilla vom Volk getrennt, so das Kalkül, kann sie gegen einen in Anzahl und Ausrüstung überlegenen Feind nicht bestehen. In Guatemala, wo dieses Konzept am konsequentesten verfolgt worden ist, erklärte unlängst ein ehemaliger Verteidigungsminister in Generaluniform: »Man muss nicht alle umbringen. Seit 1982 gewährten wir 70 Prozent der Bevölkerung Entwicklung, während wir 30 Prozent töteten.«

Abraham (links) und Iván

»Wir werden ein Sicherheitssystem einführen«, versucht Iván das Volk auf dem Fußballfeld zu beruhigen. »Alle, die mit oder nach der Armee hier eingetroffen sind, müssen registriert werden.« Ein Dicker drängelt sich vor zum Pult. Er trägt eine lange Machete am Gürtel und auf seinem bulligen Kopf eine Schirmmütze, die ihm die krausen Haare an den Schädel drückt. »Ich habe keine Papiere«, protestiert er, fügt vorsichtig noch ein *compañeros* hinzu. 100 scheele Blicke richten sich auf ihn. »Die Bestimmungen sind klar«, sagt Iván eisern. Der Dicke stammelt etwas vom Unrecht in dieser Welt und dass er selbst einen Bruder in der Guerilla habe. Aber keiner hört mehr zu. Das Thema Sicherheit ist abgeschlossen. Auch wenn sich niemand sicher fühlt.

Am nächsten Morgen trifft ein Funkspruch vom ELN-Geheimdienst ein: Die Armee ist über die Rückkehr der Guerilla nach San Pablo informiert. Sie bereitet einen Hinterhalt vor. Schneller Aufbruch. Die Gesichter der Guerilleros sind gespannt, ihre Finger krampfen sich um den Abzug der Gewehre. In langer Reihe durchqueren sie die Sohle der Mine. Im Schlamm zu beiden Seiten des Weges schürfen die Goldgräber. Ihre Haut hat wieder die Farbe der Erde angenommen. Sie schauen kaum noch auf zur vorbeiziehenden Avantgarde der Revolution.

Osneiders Lippen bewegen sich stumm, er betet im Gehen. Bevor ihn die Guerilla rief, war er Messdiener. Er mag es nicht, wenn seine Leute großspurig behaupten, sie glaubten weder an Gott noch an die Gottesmutter. Wenn die Angst über sie kommt, so wie jetzt, beten sie doch alle heimlich, weiß Osneider. Sein hellhäutiges Gesicht ist fahl wie Friedhofsmarmor: »Lieber Gott, hilf mir, hilf mir.« Aber am Grubenrand wartet die Armee noch nicht.

Nach zwei Tagen kommt der Trupp nur noch langsam voran. Christina steigt nicht mehr vom Maultier, ihre Füße sind geschwollen. Osneider fühlt sich schlaff, schwitzt und friert: Malaria. Iván hat wieder vom Tod seiner Mutter geträumt und ist mitten in der Nacht vom eigenen Weinen aufgewacht. Conrado hat Durchfall, hofft, dass es nicht Cholera ist.

Am Abend des dritten Tages haben sich die Guerilleros verirrt. Sie wollen haltmachen, ein Feuer anzünden, die Hängematten aufspannen. Aber es gibt kein Wasser. Also stolpern sie weiter den Berg hinauf, immer tiefer hinein ins Dunkel, immer verlorener auf der Suche nach dem revolutionären Weg. Im Tal zur Rechten fallen Schüsse. »*Los chulos?*« Iván schüttelt den Kopf: »Nein, das sind Pistolenschüsse.« Tief unten flackern winzige Lichter zwischen den Bäumen. Mühsam machen sich die Revolutionäre an den steilen Abstieg. Christinas Maultier rutscht, stürzt. Die Schüsse werden lauter. Flavio und Ho Chi Minh entsichern ihre Gewehre. Sie laufen voraus, auf die Lichter zu.

Eine halbe Stunde später betritt der Rest der Gruppe die *finca* im Tal. Die Hütte hat keine Wände, nur ein Dutzend Holzpfähle, die ein mächtiges Palmendach abstützen. In der Mitte modert ein Haufen brauner Kokablätter. Auf einem Betonsims, der den Hüttenboden gegen einen tiefer liegenden Schweinestall abgrenzt, brennen 30, 40 Kerzen; geisterhaft wie bei einer Voodoo-Messe. Oder einer Totenwache. Sechs Kokabauern sitzen stumm auf den Benzinkanistern. In der Kochnische unter dem Vordach steht ein Bauernmädchen. Auch sie zu einer Säule erstarrt. Stumme Panik blickt aus ihren weit aufgerissenen Augen. Ihre Hand liegt auf dem Rand einer Hängematte. Darin röchelt ein Kind.

»*Buenas noches, compañeros!*« Ho Chi Minh und Abraham schütteln die Hände, die ihnen die Männer wie ein Stück Holz hinhalten. Von den Pistolen, aus denen die Schüsse abgefeuert worden sind, ist nichts zu sehen. Einer der Bauern entschließt sich zum Reden: »Wir feiern. Heute ist das Fest der Kerzen.« Iván lächelt. Richtig, der 7. Dezember. Im Urwald weiß er manchmal kaum noch, welcher Monat überhaupt ist.

Conrado betritt die Hütte. Er hat die Nachhut gebildet. Mit übertriebener Lässigkeit streift er sich die Stiefel von den Füßen, hängt sein Gewehr an den Haken einer am Dachbalken befestigten Koka-Waage. Ein Wortschwall begleitet seine Ankunft: »*Hola compañeros!* Wie steht es hier? Läuft das Geschäft? Kommt nicht mal genug Geld rein, um den Kleinen zum Arzt zu bringen, wie? Wir Armen sind doch immer die Beschissenen. Deshalb führt die Guerilla diesen Krieg ...« Eine Stunde später redet Conrado immer noch. In einem zweimonatigen Kurs in der ELN-Kaderschule hat er das kleine Einmaleins im Umgang mit den Massen gelernt: das Wichtigste überhaupt.

Denn die Guerilla und ihr Erzfeind, die *yankees,* spielen heute nach denselben Regeln, wenn auch unter verschiedenen Voraussetzungen. Die US-Experten, die Lateinamerikas Regierungen im Anti-Guerilla-Krieg beraten, setzen inzwischen auf psychologische Kriegsführung; auf der Basis der Erkenntnis, dass jeder tote Bergbauer den Hass auf die Armee nährt und die Guerilla wachsen lässt. Ein US-Berater in El Salvador:»Das einzige Territorium, das wir besetzen müssen, sind die zehn Zentimeter zwischen den Ohren eines *campesinos.«*

Daran glauben auch die Rebellen. In kleinen Gruppen ziehen sie deshalb von Bauernhof zu Bauernhof, um die Herzen der Leute mit Worten zu gewinnen. An Conrados Seite sitzt der jüngste der Koka-Pflanzer, ein untersetzter Bauernjunge. Er schielt, und wegen seiner vorstehenden Schneidezähne steht ihm der Mund leicht offen. Doch dies wird sein großer Tag, der erste in einem neuen Leben. Er hängt an Conrados Lippen, nimmt begierig jedes der komplizierten Worte auf. Fremde Worte, unverständlich zunächst, bis der Guerillero sie ihm in derbe Bauernsprache übersetzt:

Explotación? – Ausbeutung, erklärt Conrado mit erhobenem Zeigefinger, »das ist, wenn der Besitzer der *finca* dir, dem kleinen Tagelöhner, 20 Pesos für jedes Kilo Kokablätter zahlt. Du machst die Arbeit, vom Losreißen der Blätter bluten dir die Hände. Am nächsten Tag lässt er dich die Blätter stampfen. Von morgens bis abends marschierst du im Benzingestank, immer im Kreis, wie ein Maultier, bis du vor lauter Ekel kotzt. Und er, der Besitzer, verkauft den Süchtigen vielleicht 50 Pfund im Monat, steckt sich 100 000 Pesos in die Tasche. Was er umsetzt, ist deine Arbeit. Der Besitzer beutet dich aus.«

Die größten Schwierigkeiten hat der Junge mit dem *socialismo.* Sozialismus ist Kuba, und Kuba ist schlecht. »Woher weißt du das?«, fragt Conrado freundlich. »Das Radio sagt, in Kuba nehmen sie den Eltern ihre Kinder weg. Und die Alten schlachten sie mit einem Messer, um Seife aus ihnen zu machen«, sagt der Kleine. Conrado weiß Bescheid: der Armee-Sender. Er lehnt sich zurück, holt weit aus. Erzählt, erklärt, arbeitet bis spät in die Nacht. Für die Revolution. Bald wird auch dieser Junge zur Guerilla kommen.

Aus den Tiefen seiner Hängematte blickt Ho Chi Minh schläfrig zu den Bauern hinüber. Das Kind hustet, röchelt wieder. Seine Mutter beugt sich über das fiebrige Bündel, tupft ihm mit einem feuchten Lappen das Gesicht. Die Männer schlafen. Lang ausgestreckt liegen sie auf dem Boden, neben dem stinkenden Blätterhaufen. Die Massen – verarmte, verlauste, von der Regierung der Reichen vergessene Massen. Ho Chi Minh schließt die Augen. Er macht sich um die Zukunft keine Sorgen: Generationen von Guerilleros werden folgen. Das Elend wird sie gebären, Unrecht und Gewalt werden ihre Taufpaten sein. Die Revolution wird triumphieren, und sollte es noch 100 Jahre dauern. Ho Chi Minh schläft ein.

Tage später im Urwald-Lager wird die Rückkehr des Stoßtrupps gefeiert. Die Mission ist erfüllt. Am Flussufer brummt der Generator, unter der Glühbirne der Versammlungshütte singt Lino einen Tango. Mit hitzeroten Wangen kommt plötzlich Jiver hereingerannt, erstattet Ezequiel im Flüsterton Bericht. Das bärtige Gesicht des *comandante* hellt sich auf. »*Compañeros*«, unterbricht er Linos Tango, »ich muss euch eine tragische Mitteilung machen: Heute, gegen zwei Uhr nachmittags, haben zwei Unbekannte« – er grinst, wiederholt: »zwei mit Macheten bewaffnete Unbekannte im Dorf Cáceres einem Mann den Kopf abgeschlagen. Dieser Mann« – Kunstpause, Ezequiel lässt genüsslich die Spannung steigen – »dieser Mann war Noë!«

Die ganze Bande kreischt vor Freude. Christina und Euklides fallen sich in die Arme. Noë, den Verräter von San Pablo, hat die Gerechtigkeit ereilt. »Die Massen haben ihn hingerichtet«, glaubt Ho Chi Minh, grinst so breit, dass seine schmalen Augenschlitze nur noch einen einzigen horizontalen Strich bilden. Gute Nachrichten sind selten. Noë, der 19-jährige Judas, ist tot. Die Fiesta dauert bis in die Nacht.

Mon petit papa …

Heute Morgen bin ich aus Laos nach Bangkok zurückgekehrt, habe hier meine kleine Pension, mein überklimatisiertes Internet-Café, meinen leuchtend gelben Parka und sogar eine Nachricht von Dir vorgefunden. Das fühlt sich schon fast an wie ein zweites Zuhause. Unsere Laos-Reise war kurz und intensiv. Tania und ich hatten nur zwei Wochen Zeit, sind deshalb im Norden des Landes geblieben: von Vientiane nach Luang-Prabang, dann über die Grenze nach Thailand. Die beiden letzten Tage verbrachten wir auf einem Schiff, auf Holzbänken oder auf dem Boden sitzend, mein Rücken schmerzt noch immer.

Die Geschichte, die Du mir in Deinem Brief erzählst, ist schön, aber auch wirklich traurig. Ich habe noch lange nicht so viel erlebt wie Du – bin ja zum Glück auch noch lange nicht so alt wie Du! Immerhin kann ich mir vorstellen, wie weh es getan haben muss zu erkennen, dass sich Dein altes Dorf fast spurlos im Bauch der Stadt und der Modernität aufgelöst hatte. Deshalb verstehe ich auch, dass San José de las Flores, so sehr es sich auch von Pivitsheide unterscheiden mochte, Dich an das verlorene Dorf Deiner Kindheit erinnert hat.

Was ich Dir nun sagen möchte, hat mit Deiner Geschichte vielleicht nicht direkt zu tun. Aber ich glaube, ich verspüre dieselbe Art von Traurigkeit wie Du, wenn ich heute an Orten vorübergehe, wo ich einmal viel Zeit verbracht habe: etwa mein altes Gymnasium oder der kleine Platz hinter dem Rathaus des XIX. Arrondissements oder auch Berlin, wo ich ein tolles Jahr mit meinen besten Freundinnen in einer WG verbracht habe. Bestimmt haben sich diese Orte nicht so gründlich gewandelt wie Dein Dorf, und es trennt mich ja auch viel weniger Zeit von ihnen als das halbe Jahrhundert, das zwischen Dir und Pivitsheide liegt. Doch manchmal befällt mich diese Traurigkeit sogar an Orten, die noch immer Teil meiner Gegenwart sind. Plötzlich – zweifellos, weil ich an diesem Tag aufmerksamer bin als gewohnt – fällt mir auf, wie sich ein Ort verändert hat. Dann kommt es vor, dass ich, verstört und beunruhigt, einfach nur reglos dasitze und vor mich hinstarre – als könnte es meinem Blick gelingen, das von ihm Fixierte auch im Fluss der Zeit festzuhalten.

Erinnerst Du Dich an die Eindrücke, die ich von meiner Syrien-Reise heimbrachte? An jenes Gefühl, dort die letzten Augenblicke einer versinkenden Welt miterlebt zu haben? Deshalb wollte ich bei meiner Rückkehr alles hastig zusammentragen, aufschreiben, notieren. Weil ich mir sagte, die einzig mögliche Verteidigung gegen die zersetzende Wirkung von Zeit könne nur in einer besonders präzisen Erinnerung liegen. Am liebsten hätte ich auch Geräusche und Gerüche in konservierenden Alkohol eingelegt. Besser noch, ich stellte mir ein Notizbuch vor, in dem – dank eines magischen Verfahrens – mit Fotos und Texten auch Töne und Düfte abgeheftet werden könnten. Begreiflicherweise ist daraus nichts geworden. Also begnügte ich mich mit Aufschreiben und Fotografieren. Und mit dem Notieren der Titel jener Lieder, die wir in Syrien oft hörten. Anfangs stellte mich diese Methode zufrieden. Ein Bild, ein Lied, ein Satz ließen in mir den matten Glanz der Lichter auferstehen, die wir sahen, wenn wir nachts vom Berg Kassiun auf Damaskus hinabblickten. Und mir schien, als hörte ich den Gebetsruf eines Imams in der Frische des schwindenden Tages zu uns aufsteigen, um sich im harmonischen Tumult unserer Nachbarschaft aufzulösen. Und lag mir nicht plötzlich auch wieder das Gemisch von Feuchtigkeit und Staub in der Nase – genau wie in jenem Innenhof, wo wir, umgeben von kaputten Radiogeräten und Tischen ohne Füße, unsere Abende mit Teetrinken und einem Backgammon-Spiel aus wurmstichigem Holz verbrachten?

Doch dann, erschreckend schnell, nutzten sich die Stützen meiner Erinnerungen ab. Gerüche, Farben, Gefühle vergangener Augenblicke wurden überlagert von Sinneseindrücken weniger lang zurückliegender Momente. Am Ende ähnelte mein syrisches Notizbuch einer reizlosen Fotokopie – eher schwarz-weiß als in Farbe, behaftet mit dem Geruch von Tinte und Papier, ein entstelltes Echo ferner Klänge, unbefriedigend, irritierend. Mir fiel nichts Besseres ein als den komplizierten Prozess wieder von vorne zu beginnen, mithilfe bislang unverbrauchter Bilder, Gerüche und Töne.

Ja, ich bin noch immer auf der Suche nach dem Zaubertrick, der es mir ermöglichen würde, vergangene Eindrücke zu fixieren und abzurufen. Wie könnte das funktionieren? In seiner »Suche nach der verlorenen Zeit«, glaube ich, sprach Proust von der Möglichkeit, Erinnerungen in den Schnörkeln eines besonderen Schreibstils zu fesseln. Mir ist das noch nie gelungen. Vielleicht liegt es daran, dass ich nicht gut genug schreiben kann. Vielleicht ist es aber auch einfach so, dass diese Idee besser klingt als funktioniert. Zu meinem Trost habe ich immerhin eines feststellen können: Aus meinen missglückten Versuchen, Erinnerungen zu retten, ist etwas Neues entstanden, das den Widerhall jener verlorenen Töne, Düfte und Bilder in sich trägt. Lese ich heute in meinem syrischen Notizbuch, finde ich darin weniger das damals Erlebte wieder als dessen Vermischung mit Eindrücken aus den Zeiten vor und nach meiner Syrien-Reise.

Warum ich Dir alle diese Gedanken aus einem tropischen Internet-Café zukommen lasse? Um Dir zu zeigen, in welchem Maße auch Deine älteste (und dabei doch noch recht junge) Tochter bereits von dem Problem Erinnerung besessen ist. Und weil ich glaube, Deinen diesbezüglichen literarischen Prozess nachvollziehen zu können: Indem Du, der Du die Geschichte Deines eigenen Dorfes in Dir trägst, nun Geschichten in anderen Dörfern erlebst und aufschreibst, erschaffst Du einen Ort, der weder Pivitsheide noch San José de las Flores ist, sondern ein Dorf in Deinem Kopf – ein Ort, der die beiden »Urknall-Dörfer« Deiner Erinnerung gleichermaßen beinhaltet und über sie hinausführt auf eine andere Ebene. Obwohl physisch nicht existent, ist das Dorf in Deinem Kopf dennoch real, insofern es seine Wirkung auf Dein heutiges Leben betrifft.

Tröstet Dich dieser Gedanke? Kannst Du Dir vorstellen, dass in diesem aus Erinnerungen heraus gewachsenen »Etwas« die Menschen von San José de las Flores und jene aus den Roggen- und Spargelfeldern von Pivitsheide letztendlich den Sieg erringen über *el Colonel* und den Fortschritt? Welche

Wahrheit könnte mächtiger sein als die in uns selbst? Reicht dies aus, um den Rachedurst zu stillen, den Du in Deinem Brief erwähnst? Wie auch immer, das ist der Weg, den Du gewählt hast. Was hättest Du schon anderes tun können? Nach El Salvador zurückkehren, um die Armen zu schützen? Zu den Waffen greifen, um *el Colonel,* den perfekten Bösewicht, exemplarisch zu erschießen? Und dann? Gegen die ganze salvadorianische Armee anmarschieren? Oder gegen die Vereinigten Staaten von Amerika? Gegen sämtliche Divisionen des Kapitalismus und der Modernität? Nicht sicher, dass Dir ein solcher »Dschihad« Genugtuung verschaffen würde. Ist es nicht vielmehr so, dass jeder auf seine Art kämpfen sollte, entsprechend dem, was er/sie kann und wer er/sie ist? Der eine greift zu den Waffen, der andere zur Feder. Es sei denn, wir suchten lediglich nach einer Ausrede für die Feigheit, die uns daran hindert, dem Weg zu folgen, der uns irgendwann als der richtige erscheint.

Niemand kann gegen sein eigenes Wesen ankämpfen, ohne sich selbst zu verlieren oder gar zu zerstören. In Syrien, in Laos, in Burma habe ich Menschen getroffen, die ihr früheres Leben aufgegeben hatten, um sich für die Schwachen und Schutzlosen einzusetzen. Manche hatten gefunden, wonach sie gesucht hatten. Aus den Blicken anderer hingegen sprachen Zweifel und Verwirrung. Vielleicht glaubten sie noch an ihre gute Sache. Aber das neue Leben, mit dem sie nicht fertig wurden, nahm ihnen den Glauben an sich selbst.

Was Dich betrifft, *mon petit papa,* so bezweifle ich, dass Du dazu geschaffen bist, Menschen in fernen Ländern zu töten, egal, wie gerechtfertigt Dir dieser Kampf erscheinen mag. Gehe lieber Deinen Weg durch die Dörfer; erzähle uns von den versteckten Ecken der Welt; klage an, wenn Du glaubst, Zeuge von Unrecht zu sein! Und natürlich, rette Unschuldige, wo immer, wann immer Du kannst! Aber verfalle bitte nie dem Irrtum zu glauben, in Dir stecke das Zeug zum Rächer. Wir, Deine Kinder, wissen, wie wenig Du für ein solches Vorhaben taugst.

So, ich glaube, das war, was mir seit dem Lesen Deines Briefes durch den Kopf ging und auf den elektronischen Weg nach Paris musste. Jetzt erwarten mich eine kleine Pension, ein langer Abend, ein noch leeres Heft. Um einmal mehr zu versuchen, Geräusche und Gerüche abzuheften. Erinnerungen an Laos. Oder auch nicht. Manchmal frage ich mich, ob meine Angst vor dem Vergessen nicht eine Furcht vor der Gegenwart verbirgt. Vielleicht wäre es besser, ich würde mich weniger einmischen wollen in die natürlichen Mechanismen des Gedächtnisses. Bewahrt unsere Erinnerung nicht automatisch das Wesentliche – das, was es braucht, um sich täglich neu zu erfinden und dadurch auch uns zu ermöglichen, uns neu zu erfinden?

Jetzt muss ich aber wirklich los. Über Bangkok wird der Himmel schwarz, die nächste Sintflut ist im Anmarsch. Wenn ich mich nicht beeile, bleibe ich wieder stundenlang unter dem Vordach eines Handy-Ladens oder einer Autowerkstatt hängen. Literarisch verwertbar zwar, aber eben doch sehr langweilig.

Je t'embrasse très fort, mon petit papa, tu me manques.

Früher Morgen in Paris bedeutet später Abend in Bangkok. Bestimmt sehnst Du Dich gerade nach Rückzug in die kleine Pension, wo unfertige Notizbücher auf die Magie abzuheftender Geräusche und Gerüche warten. Aber ich brauche Deine Aufmerksamkeit jetzt für Manuel Pérez, einen spanischen Priester, der seiner Gemeinde – den »Ärmsten der Armen«, wie er sie nannte – in deren irdische Hölle folgte und dort, im Dschungel von Kolumbien, zum Mörder wurde. Also bleibe noch ein Weilchen in Deinem unterkühlten Internet-Café. Als Lohn dafür kann ich Dir versprechen, dass die folgenden Zeilen Dich von jeglicher Furcht befreien werden, Dein Vater könnte sich auf seine alten Tage noch als Rächer versuchen.

Zunächst einmal: *Padre Manuel* war weiß Gott kein schlechter Mensch. Nur verkörperte er das Gegenteil dessen, was gläubige Christen von einem Priester erwarten. Er war ungeduldig und wie besessen von dem Gedanken an ein Paradies für Arme im Diesseits. Die meisten seiner Schäfchen waren Bauernkinder, die vor der Armee und den Todesschwadronen der Großgrundbesitzer und Kokain-Mafiosi zur Guerilla geflohen waren. Ihnen versprach Pater Manuel keine Erlösung, sondern militärischen Beistand bei dem Versuch einer dörflichen Selbstverteidigung.

Es war im Jahr 1987, wenige Monate nach meinem Besuch in San José de las Flores. Als Redakteur bei der *Agence France-Presse* in Paris hatte ich mich seit meinem Abenteuer in El Salvador fast nur noch mit Kriegsgebieten in der Dritten Welt befasst. Dabei war mir aufgefallen, dass die Situationen in so unterschiedlichen Ländern wie Afghanistan, Guatemala und Angola sich zumindest in einem Punkt ähnelten: Immer richtete sich der Krieg in erster Linie gegen die Dörfer, vielleicht, weil sie das leichteste Ziel abgaben. Kolumbien machte da keine Ausnahme. *La violencia* – jener Zustand ständig schwelender Bedrohung und heimtückisch ausbrechender Gewalt, der 1952 auf einen vierjährigen Bürgerkrieg zwischen Liberalen und Konservativen gefolgt war – hatte bis Mitte der 1980er Jahre schätzungsweise 300 000 Tote gefordert. Die meisten waren *campesinos*. Guerilla-Gruppen, besonders die kommunistischen FARC, behandelten die Bauern nicht viel besser als Armee und Todesschwadronen es taten. Wer den Genossen verdächtig erschien, oft nur dadurch, dass er die Rebellen nicht aktiv genug unterstützte oder sich über die Abgabe von »Revolutionssteuern« beklagte, den zwangen sie zur Flucht oder brachten ihn um.

Als ich 1984 zum ersten Mal nach Kolumbien kam, ging ich zur M-19, einer Rebellen-Bewegung mit städtischen Wurzeln. In ihren Lagern stieß ich auf Guerilleros, die kurz zuvor noch an den Universitäten von Bogotá, Medellín oder Cali studiert hatten. Bauern waren in ihren Reihen selten. Auch war die M-19 eine sehr medienbewusste Organisation, die durch originelle Experimente wie die Rekrutierung von Straßenkindern von sich reden machte. Später schloss sie Frieden mit der Regierung und wechselte über in die Welt der bürgerlichen Parteien und Parlamente. Ganz anders die ELN. Das *Ejército de Liberación Nacional* war die mysteriöseste Guerilla-Gruppe jener Tage. In ihren Reihen war 1966 der »Befreiungstheologe« Camilo Torres gefallen. Sein Tod, gefolgt vom Tod Ché Guevaras in Bolivien, stürzte die ELN in eine Krise. Genauer gesagt, die Organisation verschwand einfach im Dschungel! Ihre Restbestände, meldeten Abtrünnige, seien mit *canibalismo,* blutigen Fraktionskämpfen, beschäftigt und befänden sich auf dem Weg zur Selbstauslöschung.

Doch zwei Jahrzehnte später tauchte die ELN wieder auf, in geordneter Kampfstellung, wie es schien. Im Norden Kolumbiens sorgte sie für Unruhe auf den Ölfeldern der Provinz Arauca, die der deutsche Mannesmann-Konzern gerade durch die Verlegung einer Pipeline mit dem Atlantik zu

verbinden suchte. Die Rebellen sprengten mehrfach die Ölleitung, überfielen Baulager, entführten einen deutschen Ingenieur. Sie forderten nicht nur Lösegeld, sondern auch höhere Löhne für die Arbeiter in Arauca. Ein großes Geheimnis umgab den *comandante* der Guerillatruppe. Jenen Mann, dem es gelungen war, die im Urwald versprengten Fraktionen der ELN wieder zu vereinen. Konnte es sich wirklich um den Spanier Manuel Pérez Martínez handeln? Um jenen Mann, den Kolumbiens militärischer Nachrichtendienst schon mehrfach als tot gemeldet hatte? Und den Kolumbiens Zeitungen oft als *el cura loco,* den verrückten Priester, bezeichneten? Niemand wusste es mit Sicherheit. Denn seit über einer Generation von Guerilleros pflegte die ELN keinen Umgang mit der Außenwelt mehr.

So begann meine aufregendste Reise als Reporter in Sachen Rache. Manches daran wird Dich an Joseph Conrads »Herz der Finsternis« erinnern. An eine Reise, deren Ziel ein einziger Mann war. Verloren in einer Wildnis, wo die Schatten seiner Seele mit der Dunkelheit des Waldes zu verschmelzen schienen. Wie fing die Reise an? Mit dem Klingeln des Telefons an einem Winterabend. Der Anrufer sprach spanisch und fragte, ob ich ihn – aus Gründen, die er nur unter vier Augen erklären könne – am nächsten Morgen in einem Café an der *place du Châtelet* treffen könne.

So geschah es. Der Mann, ein Latino mit Afrofrisur, kam an meinen Café-Tisch und stellte sich als José vor: In Wahrheit sei er kein Peruaner, wie am Telefon behauptet, sondern Kolumbianer und vertrete das *Ejército de Liberación Nacional* in Paris. Genau genommen sei er der einzige ELN-Repräsentant außerhalb des kolumbianischen Dschungels. In dieser Eigenschaft habe er Monate zuvor das von Eric Venturini und mir verfasste Buch »L'Amérique centrale – la quatrième frontière?« in das Hauptquartier seiner Organisation gesandt. Und nun sei die Antwort eingetroffen: Manuel Pérez Martínez sei gewillt, uns zu empfangen!

Ich war einen Augenblick verwirrt. José sah ein, dass es weiterer Erklärungen bedurfte. *Comandante* Manuel, fuhr er fort, habe einmal in Paris gelebt. Als Arbeiterpriester habe er dort nachts Fußböden im Verteidigungsministerium geschrubbt, wenige Monate vor den Mai-Unruhen 1968. Heute könne er das Französische zwar nicht mehr sprechen, aber immerhin noch lesen: »Ihr Buch hat dem *comandante* gefallen! Er hält Sie und Monsieur Venturini für ehrliche Journalisten. Mehr verlangt er gar nicht, Ihre Ehrlichkeit würde ihm genügen!«

Ich begriff: Nach 20 Jahren im Wald suchte die ELN Anschluss an die Öffentlichkeit. Mittels ausländischer Journalisten, die bereit wären, die Botschaft der Guerilla in die Welt hinauszutragen. Um zu erklären, für wen, für was die guevaristische Truppe noch immer kämpfte. Und auch, warum sie derzeit Vertreter westlicher Konzerne entführte. »Warum suchen Sie sich nicht kolumbianische Journalisten?«, fragte ich. »Denen können wir nicht trauen«, betonte José. »Wir können nur Ihnen und Monsieur Venturini trauen!« Um zu diesem Schluss zu gelangen, dachte ich, musste die Ratlosigkeit der Nationalen Befreiungsarmee Kolumbiens schon gewaltig sein.

Drei Wochen später waren Eric und ich auf dem Weg zu Manuel Pérez. In Bogotá schickte uns ein Verbindungsmann der ELN weiter nach Medellín, der Kapitale der Koka-Kartelle, wo uns der nächste Verbindungsmann in einem Bordell der unteren Preisklasse versteckte. Als Kunde getarnt, klopfte am dritten Abend der dritte Verbindungsmann an unsere Tür. Zu lautloser Eile drängend, führte er uns durch den Hinterausgang des Freudenhauses hinaus zu einem unbequemen Kleinwagen.

Als wir sicher angeschnallt im Wagen saßen, kam der ELN-Gesandte ins Reden. Wie zu Touristen sprach er blumig von Medellín. Von der tropischen Schönheit seiner Heimatstadt, die viel wärmere Gefühle erwecke als das kühle Bogotá. Von den medellinischen Frauen, auch sie tropisch und warm. Und von der Schande, dass eine solche Stadt derart in Verruf geraten konnte. Aber wem könne man es schon verdenken, schlecht von einer Stadt zu reden, wo vor Anbruch jedes neuen Tages die Leichen ermordeter Bürger vom Asphalt aufgelesen werden müssten? Schuld daran seien die Mafia, das leicht verdiente Geld, der Verfall der Sitten.

Es waren die Tage von Pablo Escobar, dem König unter Kolumbiens Koka-Baronen. Jeder in Medellín kannte die Straßenecken, wo *sicarios*, Berufskiller auf Motorrädern, auf Kundschaft warteten. Ihre wachsende Anzahl hatte zu einem rapiden Absinken der Tarife geführt. Ein gewöhnliches Menschenleben in Medellín auslöschen zu lassen, kostete Mitte der 1980er Jahre nur noch 20 Dollar. »Unter der Führung von *comandante* Manuel kämpfen wir für ein neues Kolumbien«, glaubte der Fahrer.

Als Medellín endlich hinter uns lag, war es schon fast Mitternacht. Ich hatte vermutet, Manuel Pérez würde in einem Versteck am Rande der Stadt auf uns warten. Schließlich sollte unser Treffen nur die Gelegenheit zu einem Interview bieten. Dafür hätten einige wenige Stunden ausgereicht. Aber nun führte die Fahrt in die Kordilleren, so hoch hinauf, dass wir irgendwann im Nebel steckenblieben. Es war kühl, und das Licht der Autoscheinwerfer reichte keine zwei Meter weit. Eric und ich mussten aussteigen, um den Verlauf der Straße abzutasten. Bis wir den Pass erreichten, verging über eine Stunde.

Kennst Du jenes Gefühl von Geborgenheit, Liora, das ein Passagier empfindet, dessen Zug, Wagen, Flussdampfer die nächtliche Einsamkeit eines fremden Landes durchkreuzt? Diesen Wunsch, sich der gleichmäßigen Vorwärtsbewegung anvertrauen zu können, nicht anhalten zu müssen, beruhigt die Augen schließen zu dürfen? Genau an diesem Punkt waren wir angelangt, als unser Auto seine Fahrt verlangsamte, noch ein Weilchen mit ausgeschalteten Scheinwerfern weiterrollte und dann anhielt. *»Hemos llegado!«,* behauptete der Fahrer.

Angekommen? Wo denn, bitte schön? Nirgends ein Lichtlein zu sehen. Ich kurbelte die Fensterscheibe herunter. Draußen war es jetzt wieder heiß. Folglich mussten wir uns in einem Tal befinden. Wie zur Bestätigung dieser Vermutung rauschte in der Nähe ein Fluss. Der Fahrer, zum ersten Mal seit Medellín wieder angespannt, erklärte hastig die Fortsetzung unserer Reise ohne ihn: Aussteigen, Rucksäcke nehmen, die Böschung neben der Straße hinabklettern! Dann nach links, am Flussufer entlang. Bis zu einer Hängebrücke. Auf der anderen Seite würden wir erwartet. Und ganz wichtig: »Keine Taschenlampen!«

Er fuhr davon, immer noch ohne Scheinwerferlicht. Eric und ich blieben einen Moment ratlos in der Nacht stehen, lauschten dem abflauenden Motorengeräusch, dem zunehmenden Summen vieler Insekten. Der Himmel war verhangen. Kein Mond, nicht ein einziger Stern leuchtete über unseren Köpfen. Auch nachdem sich unsere Augen an die Dunkelheit gewöhnt hatten, sahen wir nichts. Zu unserem Glück zog jenseits des Flusses ein Gewitter auf. Wenn es blitzte, in immer kürzeren Abständen, konnten wir für den Bruchteil einer Sekunde Details erkennen. Zum Beispiel, dass die Landschaft am anderen Flussufer aus Bergen und Wald bestand, während auf unserem Ufer Felder lagen. Der Fluss – es muss der Río Cauca gewesen sein – war eine von Kolumbiens zahlreichen Grenzen zwischen Zivilisation und Wildnis.

Wir folgten den Anweisungen unseres verschwundenen Fahrers. Fanden die Böschung dadurch, dass wir plötzlich ins Rutschen gerieten. Erst ein Uferpfad fing unsere Sturzfahrt auf. Vom anderen Ufer her grollte Donner. Der Regen würde nicht lange auf sich warten lassen. Im Licht eines Blitzes tauchte vor uns die Brücke auf. Zehn Meter über die tobenden Wasser des Río gespannt, diente sie wohl in erster Linie *campesinos* und deren Maultieren. Sie schwankte, als wir uns, die Händen an einen Geländerstrick geklammert, behutsam auf ihr vorantasteten. Und plötzlich riss der Himmel auf. Kein wirklicher Regen, eher ein Wasserfall. Als würde der Fluss, den wir doch eigentlich überqueren, auf einmal von oben nach unten fließen. Noch ein mächtiger Blitz. Sein Licht wurde von etwas Metallenem am Ende der Brücke reflektiert. Der nächste Blitz zeigte uns, was es war: sechs Gestalten mit vor die Brust gehobenen Gewehren.

Sowie wir uns im Schutz des Waldes befanden, knipsten alle ihre Taschenlampen an. Der bärtige Anführer unserer Eskorte hieß Rodrigo. 35 Jahre alt, davon die letzten 15 im Wald verbracht. Freundliche Augen und ein Lachen, das ihm leichtfiel. Von den fünf übrigen, darunter ein Mädchen namens Cristina, schien keiner älter als 20 zu sein. Sie alle schüchtern und schweigsam, mit kräftigen Beinen und den groben Gesichtszügen von Bauernkindern. Natürlich fragten wir nach ihrem *comandante*. Wann würden wir Manuel Pérez treffen? Und wie weit wäre es noch bis zu seinem Lager? Mehr als eine Stunde? Seit Überschreiten der Brücke war der Weg zusehends beschwerlich geworden. Genau gesagt gab es gar keinen Weg mehr.

Nur noch ausgetretene Spuren im Schlamm, was erklärte, weshalb alle Guerilleros Gummistiefel trugen. In unseren Turnschuhen hatten wir ständig nasse Füße, rutschten häufig aus, fielen ab und zu der Länge nach in den Matsch und sahen dementsprechend aus. Auch funktionierte schon bald meine Taschenlampe nicht mehr. Die von Eric überlebte kaum länger. Danach stolperten wir blindlings den *compañeros* hinterher, in panischen Gedanken an Schlangen und Spinnen, unsichtbar in unserer Nähe.

Das Gelände machte uns sehr zu schaffen. Entweder ging es steil bergauf oder es ging genauso steil bergab. Um an den Abhängen nicht wegzurutschen, hielten wir uns an Sträuchern und dünnen Ästen fest. Mut machte nur die in regelmäßigen Abständen wiederholte Behauptung Rodrigos, wir würden Manuel Pérez *muy pronto,* ganz bald, sehen. So schleppten wir uns weiter, Stunde um Stunde, Berg um Berg. Als der graue Tag anbrach, machten wir endlich halt. Die Guerilleros spannten Hängematten auf, darüber Moskitonetze und Plastikplanen zum Schutz gegen den Regen. Rodrigo sagte, wir sollten unsere durchschwitzten Klamotten ausziehen, im nächsten Bach baden gehen und uns dann in trockener Kleidung zum Schlafen in die Hängematten legen. Irgendetwas, fand ich, fehlte in seiner Botschaft: Und der *comandante?* Sollten wir nicht längst bei ihm angekommen sein? Hatten wir uns etwa im Dschungel verlaufen?

Rodrigo schenkte uns sein kameradschaftliches Lachen und gestand, die unschönen Details seiner Mission verschwiegen zu haben. *Comandante* Manuel erwarte uns in einem Lager drei Nachtmärsche von der Hängebrücke entfernt. Dies geschehe zu unserer Sicherheit. Tagsüber sollten wir uns in Hängematten ausruhen. Nachts, wenn sich weder Soldaten noch Spione in den Wald wagten, würden wir marschieren.

Über den Rest unserer Anreise gibt es nicht viel zu berichten, meine Tochter. Dein Vater und Dein Patenonkel taumelten weiter durch den nächtlichen Regenwald, fielen in den Matsch, fluchten auf die Guerilla und die ganze Welt.

All dies zählte nicht mehr, als wir Manuel Pérez trafen. Natürlich war ich beeindruckt von ihm, Liora. Weil er so ganz offensichtlich dem Idealbild

entsprach, das ich mir in den langen Marschnächten von ihm zusammenge-
bastelt hatte. Manuel war das perfekt Gegenstück zu Oberst Cáceres. Ein
ruhiger Mann von dörflicher Herkunft, 45 Jahre alt. Sein kastilianischer
Akzent war selbst in Kolumbien nicht aufgeweicht. An sechs Nachmittagen
saßen Eric und ich an einem aus Holzstangen gebauten Tisch und lauschten
fasziniert den harten *jota*- und *ceta*-Lauten des Spaniers. Die Morgen verbrachten wir auf dem Exerzierplatz. Übten dort so nützliche Dinge wie
Kriechen im Schlamm unter Stacheldraht.

Unsere Gespäche mit Manuel, meine Liora, gestalteten sich anfangs wie
ein Spiel um Verkaufsinteressen. Manuel bemühte sich um Marketing: Aus
Guerilla-Aktionen sollte politisches Kapital werden, dabei sollten wir helfen. Auf dem Medienmarkt war Manuel leicht zu verkaufen. Die Regierung
in Bogotá hatte ihn zum meist gesuchten Terroristen Kolumbiens erklärt
und Kopfgeld – *vivo o muerto!* – auf ihn ausgesetzt. Dann war da die Man-
nesmann-Affäre. Bei dem ersten von der ELN gekidnappten Ingenieur
hatte es sich, wie gesagt, um einen Deutschen gehandelt. Drei Monate später war der Mann auf freien Fuß gekommen, zur Entrüstung der kolumbianischen Regierung. Sie beschuldigte Mannesmann, Lösegeld an die ELN
gezahlt und damit die »Subversion finanziert« zu haben. Der Konzern hatte
sich zu dem Vorwurf nie geäußert. Anschließend waren weitere Vertreter
westlicher Multis gekidnappt worden. Und auch sie waren nach monate-
langer Haft von Manuel Pérez freigelassen worden. Doch in allen diesen
Fällen, dies behaupteten sowohl die Konzerne als auch die Regierung in
Bogotá, seien keine Lösegelder gezahlt worden. So bestand zumindest von
deutscher Seite Interesse daran, die Ehre von Mannesmann wiederherzu-
stellen. Anfangs verweigerte uns Manuel jegliche Auskunft zum Thema
Lösegelder. Irgendwann gab er nach und zeigte uns sein Bilanzbuch. Darin waren Millionen-Beträge verzeichnet, sofort wieder angelegt in Waf-
fenkäufen, meistens direkt bei korrupten Offizieren der kolumbianischen
Armee. Und ja, Mannesmann hatte gezahlt – aber ebenso alle übrigen in
Arauca tätigen Konzerne, etwa Occidental Petroleum, Shell und Bechtel.

Bist Du noch wach, Liora? Ich befürchte, die Details dieser Geschichte beginnen, Dich zu langweilen. Die Kassetten, auf denen unsere Gespräche mit Manuel Perez aufgezeichnet sind, fand ich neulich zwischen Gerümpel wieder. Überbleibsel aus einem vergangenen Jahrhundert. Kein Hahn kräht heute mehr nach Guerilleros im Urwald Südamerikas. Interessant geblieben ist für mich auch nicht die Geschichte von Mannesmann, sondern allein jene von Manuel Pérez. Weil ich ihn bewunderte. Weil auch er aus einem Dorf kam. Und weil ich mir vorstellen konnte, so zu werden wie er. Deshalb wollte ich alles über sein Leben erfahren. Welche Wege hatten einst den jungen Seminaristen aus der Gegend bei Saragossa in die Position eines Rebellenführers im Urwald geführt? Und wie hielt er es mit dem fünften Gebot? Manuel tötete, sowohl durch Befehle für Überfälle und Hinterhalte als auch von eigener Hand im Kampf. Er war stolz auf seine Schießkünste, führte sie uns im Wald vor. Wie konnten sich solche Widersprüche mit dem Gewissen eines Geistlichen vertragen?

Ja, Manuel erzählte sein Leben. Das Leben eines Dörflers in einer Welt von Kain und Abel. Alfamén, sein Geburtsort, zählte wenige Hundert Seelen. In seinem Geburtsjahr 1936 brach der spanische Bürgerkrieg aus, den die Republikaner drei Jahre später verloren, militärisch gegen den Diktator Franco, moralisch gegen Spaniens Katholische Kirche, die zu den reaktionärsten Kräften Europas zählte. Für das Abel-Dorf Alfamén brachte all dies nur Leid und Armut. Manuels Eltern, einfache Bauern, schickten den Jungen ins Priesterseminar, da wurde er wenigstens ernährt. Im Seminar freundete sich Manuel mit zwei weiteren Dorfjungen aus der Provinz Aragón an: Domingo Laín und José Antonio Jiménez. Die drei, fortan unzertrennlich, erlebten in jugendlicher Begeisterung das *aggiornamento* der Katholischen Kirche durch Papst Johannes XXIII. und das Zweite Vatikanische Konzil. Ein neuer Lebensplan, sagte Manuel im Wald von Kolumbien, habe damals für die drei Freunde Gestalt angenommen: *encarnarse en la vida de los mas pobres* – ihre fleischliche Verschmelzung mit dem Leben der Allerärmsten!

Die nächsten Stationen kannte ich bereits: Wie die drei als Arbeiterpriester nach Lateinamerika gingen, Manuel und José Antonio zunächst in die Dominikanische Republik des Diktators Trujillo, Domingo direkt nach Kolumbien. Wie ihr Engagement an der Seite der Armen sie immer wieder in einen unlösbaren Konflikt mit Kain, das heißt den Herrschenden, brachte. Wie sie 1969 in Kolumbien des Landes verwiesen und zurückgeschickt wurden in das Spanien der Franco-Diktatur. Und wie sie schließlich im Oktober 1969 mit kubanischer Hilfe zur ELN gelangten, der Selbstverteidigungstruppe Abels.

Dann kamen die Rückschläge. José Antonio starb nach acht Monaten. Woran genau, ließ sich nicht herausfinden. »Er brach auf einem Patrouillengang zusammen«, sagte Manuel. »Einfach so.« Domingo fiel im Februar 1974 als »Märtyrer«. Zu jenem Zeitpunkt stand die ELN vor ihrem Ende. Die Armee umzingelte die Guerillagruppe im Dschungel und rieb sie völlig auf. Manuel überlebte wie durch ein Wunder. Infolge eines jener verlorenen Gefechte war er von seiner Einheit getrennt worden und irrte durch den Wald. Im Nachherein erschien ihm seine Rettung als eine göttliche Offenbarung. Nur, dass Gott dabei die Gestalt kolumbianischer Bauern annahm:

»100 Tage irrte ich durch den Dschungel. Ich ernährte mich von Beeren und Wurzeln, fürchtete nachts die Raubtiere. Als ich mich schon verloren glaubte, haben die Armen mich gerettet. Es waren einfache Bauern, die aus den fruchtbaren Gegenden Kolumbiens vertrieben worden waren und jetzt auf Lichtungen im Wald Koka pflanzten. Ihre Ernten verkauften sie an die Medellín-Mafia, das brachte ihnen gerade genug zum Überleben. Sie waren wirklich sehr arm. Hätten sie mich für ein Kopfgeld an die Armee verkauft, hätte dies für sie einige materielle Probleme lösen können. Aber sie verrieten mich nicht. Sie nahmen mich auf, pflegten mich, ernährten mich, trösteten mich mit Worten wie *No te preocupes, compañero. Te vamos a cuidar. Estás en tu casa, Manuel!* Schließlich fanden sie heraus, wo sich meine überlebenden Kameraden versteckt hielten und brachten mich zu ihnen.«

Natürlich fragte ich ihn, ob er an Gott glaube. »*Creo en el Dios que está en el hombre*«, antwortete Manuel: Er glaube an jenen Gott, der im Menschen stecke. Was ich als Paraphrase für Gottlosigkeit verstand. Es erschien mir ohnehin nicht mehr als wichtig. Damals wollte ich in ihm den Dorfpfarrer sehen. Seine wahre Gemeinde, dachte ich, waren nicht etwa die Unterdrückten dieser Welt, ja nicht einmal die Ärmsten der Armen Kolumbiens. Es waren die Dorfkinder, die vor dem Unrecht und der Gewalt zu ihm in den Wald geflüchtet waren. Und es war das kleine Landvolk von Arauca, dem er durch die Sprengung einer Pipeline oder die Entführung eines Mannesmann-Ingenieurs das Leben zu erleichtern hoffte: über die Beschaffung von Arbeitsplätzen, bessere Löhne, den Bau einer Schule, eines Spitals, einer Brücke.

Ja, Manuel war mein Held. Es schmeichelte mir, wenn er behauptete, in mir stecke ein »guter Guerillero«. Wer weiß, hätte es Dich, Liora, damals nicht gegeben, vielleicht wäre ich tatsächlich im Wald von Kolumbien geblieben. Mein Hass auf Kain, bildete ich mir ein, wäre groß genug zum Töten. Ein Jahr nach meinem ersten Besuch reiste ich erneut zu Manuel, blieb länger bei ihm. Die GEO-Reportage, die diesem Brief vorausgeht, hätte meine dritte Reise zum *comandante* der ELN sein sollen. Sie führte nicht zum Ziel. Im Dschungel von Antioquia kam mir eine Armee-Offensive in die Quere. Drei Wochen blieb ich in jenem anderen Lager. Mit Manuel sprach ich nur einmal kurz über Funkradio. Ich fragte, wie es ihm gehe; er wünschte mir Erfolg bei meiner Arbeit.

Es waren die letzten Worte zwischen uns. Im Februar 1998 starb Manuel Pérez an Gelbsucht. Es hieß, er habe lange gelitten. Doch ich hörte auch, es sei ihm gelungen, seinen Dschungel noch einmal zu verlassen, das erste und einzige Mal in 30 Jahren. Und dass er eine weite Reise unternommen habe. Bis nach Alfamén, seinem Geburtsdorf in der Provinz Aragón. Was mag er da nur gesucht haben?

Seit jenen Tagen hat sich meine Interpretation der Geschichte von Kain und Abel geändert. Habe ich mich früher eher auf ein Detail aus der Thora konzentriert – nämlich, dass Kain, der Mörder, auch der Gründer der ersten Stadt gewesen sei –, bevorzuge ich heute eine Version, die ich meinem alten Freund Jean-Jacques Grunspan verdanke. Demnach wusste Abel, dass sein Bruder ihn erschlagen würde und sprach zu ihm: »Ich weiß, was du vorhast, und könnte dich daran hindern. Ich könnte mich wehren, dich besiegen. Doch die Mittel, derer ich mich dafür bedienen müsste, würden mich zu einem dir ähnlichen Menschen machen!« Natürlich gibt es das Recht auf Notwehr. Aber Töten aus Überzeugung, sogar mit guten Gründen, ist nicht dasselbe. Bis heute kann ich die Logik in Manuels Leben nachvollziehen, verehre ihn für seinen Mut, sich vor die Schutzlosen zu stellen. Nur: Was wäre aus ihm geworden, hätte er diesen Kampf überlebt und am Ende gar mit Kains Mitteln gesiegt?

Jetzt, meine erschöpfte Tochter, darfst Du endlich zu Deinen Notizbüchern in der vielleicht kleinsten Pension von Bangkok zurückkehren. Wenn Du zu so später Stunde noch denken kannst, so nimm bitte diese eine Frage mit auf den Weg in Deinen Schlaf: Wer soll unsere Dörfer schützen? Was ja automatisch die Frage nach der Legitimierung von Macht aufwirft: Wie muss ein Mensch beschaffen sein, damit die Übrigen sich ihm anvertrauen können? Wie weit darf seine Macht wachsen, ohne dass sie Gefahr läuft, in Unterdrückung auszuarten? Und wie ist zu vermeiden, dass Macht nur immer wieder in die Hände jener fällt, die ihr nachjagen, und dies aus Gründen, die selten Vorteile für das Dorf in sich bergen.

Auf einer Dorfinsel im Tschadsee habe ich zumindest eines gelernt: Ein guter Bürgermeister ist kein Rechthaber! Er besteht nicht unbedingt auf Gesetzen, die ihn selbst überzeugen, sondern bevorzugt Lösungen, die seine Dörfler vereinen. Weil er weiß: Kein Dorf kann ohne das Gefühl geteilter Gerechtigkeit auskommen. Davon handelt die folgende Geschichte aus dem Tschad, einem Flecken Erde, wo tagtäglich klar wird, dass die Menschheit nur von Kain abstammen kann. Soviel ich weiß, war Abel ja auch gar nicht mit Kindern gesegnet. Anders als ich.

Je t'embrasse comme je t'aime, ma Princesse Lumière.
Ton papa

Das Dorf
des Sultans

Tschad, April 2005

Abakar Adoum Mbodou Mbami, der Herrscher von Kinasserom, sitzt auf seinem Thron und wartet. Es ist Dienstag, Markttag auf seiner Dorfinsel im Tschadsee, an der Grenze zwischen Sahel und Sahara. Ganz Kinasserom wartet auf die Ankunft der Großhändler. Sie kommen aus der tschadischen Hauptstadt N'Djamena, von den nahen Ufern Kameruns und, zahlreicher noch, aus dem reichen Nachbarland Nigeria, um die Bäuche ihrer bis zu 20 Meter langen Pirogen mit Räucherfisch aus Kinasserom zu füllen. Wichtige Leute also.

Und sie alle werden an diesem Morgen den Weg benutzen, der die Bootsanlegestelle am Ostufer mit dem Marktplatz am Westufer verbindet. Das heißt: Sie müssen am Palast vorbei! Dort, wo sich Abakar seit Sonnenaufgang fragt, wer unter all den angereisten Händlern wohl auf die kluge Idee kommen könnte, ihm, dem Herrscher von Allahs Gnaden, seine Aufwartung zu machen.

»Wir empfangen Besucher mit offenen Armen«, mahnt Abakar die 14 Berater zu seinen Füßen. »So ist es«, ruft Ibrahim Adam, der Wesir, mit rauer Stimme aus, während Adam Saïd, der Palastschreiber, das Gesagte mit ernstem Nicken bestätigt. Wahrscheinlich aber richten sich die Worte des Herrschers in erster Linie an mich, der ich ebenfalls auf der Matte hocke und zu ihm aufschaue. Weise lächelnd fügt der Herrscher hinzu: »Käme uns niemand besuchen, würde dies doch bedeuten, dass wir für niemanden wichtig sind, oder?« Ich nicke. Schließlich hat er auch mich mit offenen Armen in seinem Reich empfangen.

Auf jeden Fall ist Abakar empfangsbereit. Der Herrscher trägt sein bestes Gewand, einen weißen Boubou mit Stickereien am Halsausschnitt, dazu echte Socken und Lederschuhe. Er ist der einzige, der im Palast Schuhe tragen darf. Alle anderen müssen sich, wie beim Betreten der Moschee auf der gegenüberliegenden Seite des weiten Sandplatzes, ihre Sandalen abstreifen, bevor sie mit einem winzigen Schritt die Palastmauer überschreiten.

Der Palast? Eigentlich besteht er nur aus dem Schatten einer Akazie. Da diese einzige Oase im grellen Tag von Kinasserom jedoch längst nicht mehr ausreicht für die Bedeutung des Herrschers und die Anzahl seiner Berater, hat Abakar den Schatten durch ein von 17 Pfählen gestütztes Schilfdach erweitern lassen. So entstand ein durchsichtiger Thronsaal von sechs mal zehn Metern. Zur Rechten ist er begrenzt von einer rissigen Hofmauer, auf der, einer Sphinx ähnlich, ein zahmer Fischadler wacht. Die übrigen Mauern des Palastes bestehen aus drei Reihen auf dem Boden aneinandergelegter Lehmziegel.

Jeden Morgen wird der Palast gefegt und mit Seewasser getränkt, damit sich der Staub in Schlamm verwandeln kann. Kurz darauf, gegen halb sieben, erscheint der Herrscher und lässt sich auf seinem Thron nieder: ein Campingstuhl aus weißem Plastik, den Abakar mit seinem Gewicht etwa zehn Zentimeter tief in den aufgeweichten Boden drückt. Dank der Hitze trocknet der Stuhl rasch fest und garantiert dem Herrscher für die kommenden Stunden Stabilität.

Palast? Thron? Ortsfremde könnten die Szene unter der Akazie von Kinasserom für eine dubiose Satire halten. Für derben Spott, der Afrikas Gegenwart mit Vokabeln aus einer Vergangenheit schmückt, die so fern wirkt wie ein Märchen vom Hofe des Harun al-Raschid. Zu bodenlos scheint hier der Abgrund zwischen verbalem Glanz und der Armseligkeit dessen, was er bezeichnet.

Dennoch kann sich der Mann auf dem Plastikstuhl in der Tat fürstlicher Abstammung rühmen. Abakar Adoum Mbodou Mbami ist der älteste Enkel des letzten Sultans vom Tschadsee, der noch in Amt und Würden regieren konnte, bevor ihn die Franzosen zu einem subalternen Beamten in der Verwaltung ihres Kolonialreiches degradierten. Sein Herrschergeschlecht blickt auf Jahrhunderte zurück. Auf Zeiten, in denen es in dieser Gegend keine Staaten wie Tschad, Niger, Kamerun oder Nigeria gab.

Das Sultanat Tschadsee, bewohnt vom Volk der Buduma, »Jene vom Schilf«, umfasste einst den See mit all seinen Inseln sowie das Westufer mit der Stadt Bol, wo bis heute der Palast des Herrschers steht. Im Osten grenzte das Sultanat an das Kalifat Kanem, im Westen ans Königreich Bornu. Für die Menschen im Abendland war Bornu der klarste Bestandteil einer sagenhaften Sahel-Geographie. Das im Mittelalter zum Islam bekehrte Land war durch den Transsaharahandel arabischer Karawanen mit Sklaven, Gold und Straußenfedern zu Reichtum gelangt. Der Herrscher von Bornu, berichtete der Entdeckungsreisende Heinrich Barth, der die Reichshauptstadt Maiduguri 1853 erreichte, throne, unsichtbar für seine Untertanen, in einem Käfig aus Schilf. Und mächtig sei Bornu einst gewesen: Im 13. Jahrhundert habe seine Kavallerie 40 000 Reiter umfasst.

800 Jahre später besitzt Abakar Adoum Mbodou Mbami nicht einmal ein Moped. Acht Uhr, und noch immer macht kein Großhändler seine Aufwartung. Der Herrscher strengt sich an, in Würde zu warten. Mit durchgedrücktem Kreuz sitzt er auf dem Campingstuhl, stoisch wie der Adler auf der Mauer, den Blick in die flirrende Hitze über dem Sandplatz getaucht. Zaghaft schlage ich ein Thema vor: »Sage, Abakar, wie bist du nach Kinasserom gelangt?« Mit einer leichten Kopfbewegung wendet sich der Herrscher seinem Wesir zu: »Ibrahim! Erzähle von den Anfängen!«

Ibrahim Adam, der sein Alter auf 80 Jahre schätzt, ist von erstaunlich kräftiger Statur. Seine breiten Hände ruhen majestätisch auf dem Knauf seines geschnitzten Gehstocks, auch wenn dieser flach vor ihm auf der Matte liegt. »Vor langer Zeit«, hebt der Greis an, »besaß ich einen Laden für Netze und

Ibrahim Adam, der Wesir

Angelhaken am Nordufer. Aber dann ließ Allah den See vor meiner Tür austrocknen. Ich verließ meinen Laden und folgte dem fliehenden Ufer.«

Dem Verständnis abendländischer Zuhörer soll hier mit dem Hinweis gedient sein, dass die Sahel-Dürren der 1970er und 80er Jahre sowie massive Wasserabfuhr für landwirtschaftliche Zwecke an seinem Hauptzufluss Chari den Tschadsee auf ein Zehntel seiner Fläche der 1960er Jahre haben schrumpfen lassen. Wo einst Ibrahim Adams Laden für Fischereizubehör stand, ziehen heute Kamele durch den Sand. An seiner tiefsten Stelle ist der See noch gerade sieben Meter tief.

»Mit Restbeständen aus meinem Laden machte ich mich selbst zum Fischer«, fährt Ibrahim fort. »Eines Tages paddelte ich weit hinaus, da entdeckte ich neues Land.« Eine Insel, die sich durch das Sinken des Wasserspiegels aus dem Wasser hob. »Ich beschloss, mich niederzulassen und baute eine Schilfhütte.«

So nahm Ibrahims Leben eine neue Richtung, die eher seinem zweiten Namen, Adam, gerecht wurde. Mit seiner Frau und einem Kind lebte er wie allein auf der Welt, als erster Mann in einem Garten, der kein Eden war – dazu gab es zu viele Schlangen und Mücken –, aber weit entfernt lag von jener Hölle am Nordufer, wo der Sahel zur Sahara verkam. Das war ein großes Glück, zumal sich in der Nähe seiner neuen Hütte reiche Fischgründe befanden. Ein Triumph sozusagen, weshalb Ibrahim die Insel Kinasserom taufte: »Das ist der Sieg!« in der Sprache der Buduma.

Nach überliefertem Recht gehört »Jenen vom Schilf« alles Land im Tschadsee. Vorausgesetzt natürlich, man versteht die Welt noch so, wie sie war, bevor sie modern wurde. Für Ibrahim Adam, den die Annehmlichkeiten neuzeitlichen Komforts ohnehin nie erreicht hatten, war das kein Problem. In einem Gefühl sanfter Vertrautheit richtete er seine neue Wohninsel nach alter Ordnung ein: im Namen des Sultans und als dessen Willensvollstrecker auf Kinasserom.

Binnen kurzem zog die Insel des Sieges zahlreiche Fischer an. Sie kamen aus verschiedenen Regionen des verbrannten Sahel, sogar aus dem fernen

Mali siedelte ein Mann vom Nigerfluss nach Kinasserom über. Bald standen auf der Insel 14 voneinander getrennte Hüttenhaufen, konnte man an ihrer Anlegestelle 14 verschiedene Idiome hören, und das tschadische Arabisch als verbindende Lingua franca. Denn Ibrahim wies jedem Volk eine Parzelle zu, damit die Leute ihr Leben nach eigenem Brauch und Gutdünken gestalten konnten. Verstieß jemand gegen die für sie alle gültigen Vorschriften, legte Ibrahim den Schuldigen gefesselt ins Boot und brachte ihn zum Palast nach Bol. Auf dass der Sultan Recht sprechen möge.

Für das Sultanat wurde das Schrumpfen des Sees zu einer lohnenden Katastrophe: Immer mehr Inseln tauchten im Laufe der Jahre auf, und ihre Siedler waren, ob Buduma oder nicht, Untertanen des Sultans vom Tschadsee. Als schwierig erwies sich nur, dass der Palast weit entfernt lag von den wichtigsten seiner neuen Besitzungen. Gewiss, manche Aufgaben konnten Statthalter erledigen, resolute Männer vom Schlage eines Ibrahim Adam. Doch zeigten nicht die Erfahrungen verflossener Jahrhunderte, dass die Ausübung von Macht zwangsläufig die Frage der Legitimität aufwarf? Und dass es den Untertanen oft nicht ausreichte zu wissen, dass ihr ferner Sultan von Allahs Gnaden herrschte? Brauchten die Bewohner der neuen Inseln nicht die Präsenz eines weisen Führers in ihrer Mitte?

»Monsieur Saïd«, ruft der Herrscher im Schatten. »Erzähle, wie Kinasserom regierbar wurde!« Adam Saïd, ein dünner Mann in weißem Boubou und mit weißem Käppi auf dem Kopf, ist Erster Palastsekretär, einen zweiten gibt es nicht. Auf der Beratermatte zur Linken von Abakars Füßen hockend, öffnet er mit feierlich langsamer Geste die in säuberlicher Schulschrift gefüllte Schulkladde in seiner Hand: die Palastarchive! Sie beschreiben die wesentlichen Ereignisse im Leben von Kinasserom, beginnend mit der Ankunft von ... Adam Saïd. »Vor 18 Jahren«, resümiert der Palastsekretär nach flüchtiger Lektüre der ersten Seiten, »entsandte mich der Sultan vom Tschadsee nach Kinasserom. Meine Mission: die Schaffung einer Administration. Damals sah es hier ganz anders aus. Es gab keine Gemeinde, nur 14 nach Ethnien getrennte Hüttensiedlungen. Um sie zu vereinen, musste ich zunächst ein Zentrum schaffen.«

Mit ausgestrecktem Arm weist Monsieur Saïd auf den sonnendurchflu-
teten Sandplatz jenseits der knöchelhohen Palastmauer. Gerade rennt eine
Bande dürftig gekleideter Kinder über das öde Feld, einem vor Angst brül-
lenden Jungen hinterher. Als die Bengel zwischen den Hütten zu unserer
Linken verschwinden, blicken wir in einen gelben Schleier aus aufgewir-
beltem Staub. Bevor er sich legt, werden mehrere Minuten vergehen.

»Das Zentrum des Dorfes«, fährt Adam Saïd unbeirrt fort, »musste
auch das Zentrum der Zivilisation darstellen: eine Welt, wie sie Allah gefällt. Auf der Ostseite des Platzes errichteten wir die Moschee; die West-
seite blieb dem neuen Palast vorbehalten. Die noch freien Grundstücke
auf den übrigen Seiten teilte ich fremden Händlern zu, damit sie Läden
eröffnen. So ließ ich zubauen – bis nur noch der große Platz frei war, auf
dem sich alle Bewohner nach Einbruch der Dunkelheit zusammenfinden
können.«

Es ist beeindruckend, den Worten des Palastsekretärs zu lauschen. Abgesehen von seinem Herrscher ist Adam Saïd der einzige auf Kinasserom, der fließend Französisch, Tschads Amtssprache, spricht. Sein Vater hatte im Zweiten Weltkrieg in der Armee der Kolonialherren gedient und danach eine Anstellung als Übersetzer im Sultanspalast von Bol gefunden. Der junge Adam wuchs bei Hofe auf, in Fühlweite der Macht und den aus ihr resultierenden Versuchungen, wie Geschäftemacherei. Das hat ihn für seine Zivilisierungsmission auf Kinasserom prädestiniert: »Als erstes habe ich den Dienstag zum Markttag erhoben. Von da an verfügte unsere Insel über einen Etat!«

Für jede auf dem Markt erstandene Bootsladung Fisch müssen die angereisten Großhändler Exportsteuer zahlen, in nigerianischen Naira oder in CFA-Francs, der Währung aller übrigen an den See grenzenden Länder. An manchen Markttagen bringt dies umgerechnet 50 Euro ein, nicht wenig in einem Land, dessen Durchschnittsbürger pro Jahr weniger als 200 Euro verdienen. Zwei Drittel der Steuereinnahmen entfallen auf den Herrscher. Der Rest bleibt in den Taschen seines ergebenen Eintreibers, Monsieur Saïd.

1996, verraten die Palast-Archive, schlug Kinasseroms große Stunde: Auf Geheiß seines Onkels, des amtierenden Sultans vom Tschadsee, siedelte Abakar Adoum Mbodou Mbami aus dem Palast von Bol in den Palastschatten der Siegesinsel über. Und schon seine ersten Maßnahmen bewiesen Klugheit und Weitsicht: Ibrahim Adam, den Pionier, ernannte der neue Herrscher zum Wesir, den weltgewandten Adam Saïd zum Palastschreiber, den Kreis seiner Berater formte er aus den Oberhäuptern der 14 Insel-Ethnien.

Offiziell trägt Abakar seither den Titel *chef de canton,* Kantonsvorsteher. Es ist derselbe subalterne Rang, den die Franzosen einst seinem Großvater zuwiesen. Doch eines Tages, so Gott will, wird Abakar Adoum Mbodou Mbami über den gesamten Tschadsee herrschen. Als Sultan! Der Einfachheit halber nennen ihn seine Untertanen auf Kinasserom daher »Yerima« – der Erbe.

Im Reich des Erben passiert nicht viel. Und das Wenige betrifft schätzungsweise 6000 Fischer und Bauern, deren Dasein sich zwischen der Weite des Sees und der Enge von Hütten aus Schilfstroh abspielt. Höhepunkt eines jeden Tages ist das Abendgebet. Dann eilen die Männer in die schmucklose, von Saudis gestiftete Moschee und beugen ihre Häupter – ordentlich aufgereiht hinter den Gesäßen ihres Herrschers und des Imam – gen Mekka, was auf Kinasserom der Richtung der Bootsanlegestelle entspricht.

Fremden mag dieses Leben langweilig erscheinen. Aber ist dies nicht ein Zustand, nach dem sich die Bürger der Republik Tschad heute inständig sehnen? Eines Staates, der, noch keine 50 Jahre alt, schon völlig zerschlagen am Boden liegt: zerstört von Bürgerkriegen, ausgelaugt von Dürren, verstrickt in ein System chronischer Armut, das ebenso auf der Unfairness von Nord-Süd-Beziehungen beruht wie auf der Unfähigkeit lokaler »Eliten«.

Eine letzte glühende Hoffnung war vor Jahren mit der Entdeckung von Öl aufgeblüht. Die aus seiner Förderung geschöpften Gewinne sollten unter Aufsicht eines internationalen Komitees in die Entwicklung des Tschad fließen, in den Bau von Straßen, Schulen, Krankenhäusern, statt, wie üblich, in die Taschen des Präsidenten, seiner Minister und Verwandten. Manche sprachen euphorisch von einem »Tschad-Modell«. Doch realisiert hat es sich wieder nicht: teils wegen der Auswirkungen der Darfur-Krise, größtenteils aber aufgrund der institutionalisierten Korruption. Nun wagt niemand mehr, sich eine attraktive Zukunft für die Republik Tschad auszumalen. Zuviel ist zu schief gelaufen.

Kinasserom hingegen erinnert an ein entrücktes Afrika – an den Sahel, wie er war, bevor die Weißen kamen. Als ich vor drei Wochen an seinen Ufern landete, fühlte ich mich um Generationen und Weltbilder zurückversetzt. Die Zufahrt zur Insel liegt in einer sich verengenden Schneise zwischen hohen Schilfwänden. Ich lugte über den Rand unserer langen Motorpiroge, ein wenig ängstlich, das Schilf könnte uns verschlucken. Doch plötzlich lichtete sich der Wasserdschungel. Im selben Moment schnitt der Bug in einen grauen Sandstrand, und unser Boot beendete seine Fahrt abrupt vor den Füßen eines hageren Alten.

Abba Mahamad, der »Herr der Schlüssel«. Über 50 davon hingen an einem ausgefransten Bindfaden unter seinem Gewand, passend zu 50 Vorhängeschlössern, die der Greis in seiner Hütte aufbewahrte. In hastloser Würde machte er unser Boot mit Kette und Schloss an einem in den Sand gerammten Holzpfahl fest. Obwohl seine Hütte nur knapp hundert Meter vom Seeufer entfernt liegt, verbringt Abba Mahamad fast seine gesamte Zeit am Strand. Nachts hält er dort Wache, döst auf einer dünnen Matte auf ebener Erde, umsummt von Mücken und anderen fliegenden Plagegeistern. Sie scheinen ihn nicht zu stören. Wichtig ist nur: Sollte jemals eine ihm anvertraute Piroge verloren gehen, müsste Abba Mahamad mit seinem Besitz – einer schiefen Hütte unter einem Mangobaum – dafür haften. Und dann würde er auf der Matte im Freien übernachten, nicht mehr, weil er es so wollte, sondern weil er es müsste.

An diesem Morgen begrüßt der Herr der Schlüssel mit leichter Verbeugung die eintreffenden Händler, bevor er sich nach dem Wohlbefinden ihrer Familien erkundigt. Die kennt er zwar nicht, doch das spielt im sahelischen Höflichkeitsprotokoll keine Rolle: Einen Fremden begrüßt man, als wäre man mit ihm vertraut. Denn das macht ihn weniger fremd. Abba Mahamad versteht es, seine Kundschaft mit einem Blick abzuschätzen. Fischgroßhändler steigen mit leeren Händen und vollen Geldbeuteln an Land. Die anderen, bei denen es umgekehrt ist, kommen zum Verkaufen. Mit schweißglänzenden Gesichtern hieven sie Fischkörbe auf das Ufer und pralle Säcke mit Zwiebeln, Mangos, Mais, Orangen. Ihnen allen wünscht Abba Mohamad einen gesegneten Tag: Möge Allah sie mit Gold überhäufen!

Dann bewegt sich die Menge in Richtung Markt. Staub hängt in der Luft, die Männer ziehen sich die untere Windung ihres Turbans über den Mund. Kinasseroms Hauptstraße ist ein ausgetretener Sandweg, von dem festere Trampelpfade ins Hüttengewirr zu beiden Seiten abzweigen. Im Gedränge begegnen sich die alten Völker des Sahel: Kanembu, Sara, Haussa, Buduma, dunkelhäutige Araber. Schlanke Fulbe-Frauen, in knallbunte Tücher gehüllt, balancieren Kalebassen mit Kuhmilch durch die Menge. Ihre Herden grasen auf einer Nachbarinsel. Ständig müssen die Milchfrauen den Karren der Wasserträger ausweichen. Diese sind Ibo, sehnige Männer aus der nigerianischen Provinz Biafra. Ihre zweirädrigen Gefährte transportieren eng verstaute Kanister, gefüllt mit einer an der Anlegestelle geschöpften Brühe: Trinkwasser fürs Volk, Mineralwasser trinkt auf Kinasserom nur der Herrscher.

Die Hütten am Wegrand liegen verborgen hinter Schilfpalisaden, durch deren Ritzen abends der Schein offener Küchenfeuer dringt. Tagsüber locken die Läden. Ihre Besitzer hocken auf dem Boden vor Fischereigerät, Kochtöpfen, Batterien, Zigaretten im Einzelangebot, durcheinandergewühlten Haufen von Sandalen, Palmöl, Säcken mit Hirse, Zucker, Salz. Das Nötigste eben. Wer Geld für Luxus übrig hat, etwa für ein Transistorradio, muss es sich aus der zwei Tage entfernten Hauptstadt N'Djamena mitbringen lassen.

Am Ende der Hauptstraße liegt der Markt. Jetzt am Morgen steht die Sonne noch nicht hoch. Erst 30 Grad, bald werden es 40 sein, dann flieht, wer kann, in den Schatten. Die stinkenden Fische, schwarzbraun vom Räuchern, sind zu Haufen gestapelt. So hoch, dass sie fast die Hüften von Adam Saïd erreichen, der würdevoll zwischen ihnen einherschreitet und im Namen des Erben Steuern erhebt.

Zehn Uhr, im Palastschatten wartet Yerima noch immer vergeblich. Keine Persönlichkeiten sind unter der Akazie vorstellig geworden, nur Militärs. Ihr Kommandant hat beim Betreten des Palastes seine Stiefel angelassen und sich einen Stuhl bringen lassen, um mit Abakar auf gleicher Höhe zu sitzen. »Wir jagen eine Bande von *coupeurs de route*«, erklärt der Offizier seine Mission. »Vorige Woche haben sie einen Bus am Südufer überfallen und Leute umgebracht.«

Den Namen »Wegabschneider« verdienen sich die Banden dadurch, dass sie Überlandstraßen absperren und alle ausrauben, die ihnen dabei in die Falle geraten. Aus den Überbleibseln verschiedener Bürgerkriege, Rebellionen und gescheiterter Putschversuche bestehend, verkörpern sie das Hauptproblem der afrikanischen Neuzeit: die fehlende Legitimität der Regenten. Nicht Tra-

dition oder Volkswille bestimmt die Besetzung der Staatsspitze, sondern meist Willkür und Gewalt. 1960 wurde der erste Staatspräsident des Tschad von den scheidenden Kolonialherren ausgewählt. Seine Nachfolger erkämpften sich die Macht militärisch, während die jeweiligen Verlierer zum »bewaffneten Widerstand« übergingen, also zu Plündern und Morden.

»Wir verfolgen die Wegabschneider«, wiederholt der Kommandant, bevor er sich wieder zu seinen im Ort flanierenden Leuten gesellt. Hält er sich wirklich für so wichtig, wie er tut? Wahrscheinlich geht es ihm wie all den anderen Rädchen im Uhrwerk einer auf sie selbst gerichteten Zeitbombe: Ihre Vertrautheit mit dem herrschenden Chaos versperrt ihnen den Blick auf dessen monströsen Charakter. Und damit auf die eigene Schwäche. Da sie den Bürgern ihres Staates weder Schutz noch andere Vorteile verschaffen können, wird ihre parasitäre Existenz zu einer ständig wachsenden Belastung und Bedrohung, ja zum Kern des Chaos selbst. Niemanden wird es wundern, sie eines Tages als *coupeurs de route* am Straßenrand wiederzutreffen.

Die Ohnmacht der Republik erklärt das Erstarken der traditionellen Herrscher. Ohne Männer wie Abakar Adoum Mbodou Mbami wäre der Alltag im Tschad nicht mehr ertragbar. Umgeben von seinen Beratern, sucht er Lösungen für die praktischen Probleme seiner Untertanen. Tag für Tag, von Sonnenaufgang bis Sonnenuntergang, thront er im Schatten des *palais cantonal* und empfängt Bittsteller, fällt Urteile, schlichtet Streitigkeiten und erteilt Ratschläge im Namen nicht der Republik Tschad, sondern des Sultanats Tschadsee.

Und immer öffentlich. Gegen Mittag erscheinen zwei junge Männer auf der Palastschwelle, begleitet von vielen Schaulustigen. Yerima blinzelt schläfrig in die Hitze, dem Adler auf der Hofmauer sind die Augen längst zugefallen. Aber die Angelegenheit scheint keinen Verzug zu dulden. Yerima nickt, die Leute schlüpfen aus ihren Sandalen, treten einen Schritt vor und lassen sich vor dem Thron nieder. Kein leichter Fall. Die beiden Männer waren Freunde, jetzt ist einer von ihnen ein Betrüger. Der Kläger klopft sich Staub vom T-Shirt, beginnt sein Plädoyer: »Wir sind nach Libyen gereist, dort ist uns das Geld ausgegangen.« Die Berater brummen Verständnis: Hätte ihnen ebenso ergehen können, wer bräuchte hier schon eine Brieftasche? »Zum Glück habe ich einen Onkel in Libyen. Er lieh uns Geld für die Rückreise. Jetzt müssen wir es zurückzahlen, aber jener da weigert sich.« Der Angeklagte, ein Mann in orangefarbenem Boubou, bestätigt: »Ich zahle nicht! Ich habe mir kein Geld geborgt, sondern bin aus eigenen Mitteln nach Kinasserom zurückgekehrt.«

Yerima schweigt, die Berater tuscheln. Man müsste wohl den libyschen Onkel befragen. Der Herrscher besitzt zwar ein Handy, aber eher als Statussymbol. Da er nie genügend Kredit hat, kann er sich nur anrufen lassen. Und wie sollte jener Mann in Libyen jetzt ganz von allein auf die Idee kommen, die einzige Nummer auf Kinasserom zu wählen? Also lässt sich wohl kein Zeuge auftreiben. Außer Allah. »Ich bin bereit zu schwören!«, ruft der Angeklagte. Das Berater-Gemurmel verstummt schlagartig. Alle starren gespannt auf den Herrscher. Yerima gibt dem Palastwächter ein Handzeichen. Der Mann springt auf, verschwindet hinter der Adlermauer. Als er wieder auftaucht, hält er ein Tablett, darauf liegt ein in abgewetztes Leder gebundenes Buch: der Koran.

Feierlich steht der Angeklagte vor dem Herrscher. Er schiebt die rechte Hand unter das Tablett, hebt die linke zum Schwur: »Ich habe mir in Libyen kein Geld geborgt. Allah ist mein Zeuge!«. »Das Verfahren ist eingestellt«, verkündet Yerima. Die Spannung verfliegt. Kläger und Angeklagter treten zurück ins gleißende Sonnenlicht, die Zuschauer verziehen sich zum Mittagsschlaf in ihre Hütten.

Ich kann meine Überraschung schlecht verbergen: Hält Yerima den Angeklagten etwa für unschuldig? »Natürlich nicht«, erklärt der Herrscher, »aber jetzt obliegt seine Strafe nicht mehr meinem Urteil, sondern dem Gottes.« Und warum schlägt der enttäuschte Kläger Yerimas Entscheid nicht in den Wind? Immerhin besitzt der Tschad auch staatliche Gerichte. Gewiss, meint der Erbe: »Aber dort brauchst du einen Anwalt. Und Recht bekommt, wer sich das Ohr des Richters erkaufen kann. Wer von uns könnte sich das schon leisten?«

Es gibt noch einen anderen Grund: Yerimas Justiz basiert auf der Scharia. So mangelhaft seine Richtsprüche mir auch erscheinen mögen, in den Augen seines Volkes steht ihre Legitimität außer Frage. Schließlich ist der Islam nicht über die Missionare der Kolonie in den Sahel gelangt. Er kam mit den arabischen Händlerkarawanen des Mittelalters, brauchte die Seelen hier nicht einmal zu erobern, sondern sickerte in sie ein wie der ersehnte Regen in den Boden am Wüstenrand. Seit tausend Jahren regeln die Lehren des Propheten den Alltag der Gläubigen in frommen Orten wie Kinasserom.

Bis in den Schlaf hinein. Vergangene Nacht haben wir davon nur wenig bekommen. Gegen drei Uhr kam es dem Imam in den Sinn, sich über den von Batterien gespeisten Lautsprecher seiner Moschee an die ruhenden Gewissen zu wenden. »Wenn ihr etwas Schlechtes tut, müssen eure Gedanken zu dieser Tat zurückkehren und Allah um Vergebung anflehen«, donnerte seine Stimme durch die Stille von Kinasserom. »Es ist, als würdet ihr in den See steigen, um eure Kleider zu waschen. Nachher sind sie sauber. Ebenso rein ist euer Gewissen, wenn Allah euch verziehen hat.«

Außer mir hat sich am Morgen keiner über nächtliche Ruhestörung beklagt. Weil das Gebrüll des Predigers die Gläubigen im Grunde beruhigt: Gott, sagt es, wacht über uns wie Abba Mahamad, der Herr der Schlüssel, über die Pirogen am Ostufer. Allahs Wort hält die Gemeinschaft zusammen, auf einer Insel der Geborgenheit. Weil der Islam ewig ist und nicht, wie die Republik, nur eine flüchtige Laune der Geschichte.

Auch Yerimas Dasein verlöre seinen Sinn, würde er die von Gott festgelegten Bahnen in Frage stellen. Obwohl vieles in seinem Leben, zumindest aus der Sicht eines Ungläubigen, nicht gerade wie ein Beweis von Allahs großer Gnade wirkt. Sein Vater, Sultan Adoum, nahm ihn mit acht Jahren von der Schule, um ihn auf eine Koranschule in Nigeria zu schicken. Eine Woche lang wanderte der Junge durch die glühende Savanne, bis nach Maiduguri, der Hauptstadt des einstigen Königreiches Bornu.

Dort geriet Yerima unter die Fuchtel eines grausamen Marabu, eines Schriftgelehrten, der die Kinder mehr mit der Peitsche als mit dem Wort erzog. Drei Jahre lang musste der Kleine für sein Essen auf der Straße betteln, zwei weitere schuftete er als Träger auf dem Markt, um seinem Meister jeden Abend einen Naira abliefern zu können. Anfangs weinte er oft und sehnte sich nach seinem Vater. Und einmal wäre er fast an Malaria gestorben, weil sich niemand um ihn kümmerte. Von 20 Kindern, die jener Marabu erzog, haben zwei ihre Schulzeit nicht überlebt.

Mit 14 riss Abakar aus und lief zurück zum Sultanspalast am Tschadsee. Da lag sein Vater im Sterben, den Sohn erkannte er nicht wieder. Sein Onkel, der neue Sultan, sandte den Jungen zum Studium an die islamische Universität nach Kairo. Doch Yerima, in klassischem Arabisch nicht bewandert, konnte dem Unterricht nicht folgen. So ließ er sich, weil er nichts Besseres zu tun fand, auf illegalen Wegen nach Italien schleusen, um sich als Hilfsarbeiter bei der Weinernte ein paar Lira zu verdienen. Erst mit 24 kehrte er zurück nach Bol.

Und nun, im Alter von 35, glaubt Yerima, dass alles kommt, wie es kommen müsse. Weil der Allmächtige es so eingerichtet habe. Seine Lehr- und

Wanderjahre haben ihn in die Gosse geführt. Aber dort habe er Härte gelernt, ohne die Fähigkeit zum Mitleid zu verlernen, meint der Herrscher: »Ich weiß, was es heißt, ohnmächtig zu sein. Deshalb weiß ich heute auch, wie es in den Köpfen meiner Untertanen aussieht.«

Am Nachmittag tauscht Yerima seinen Stuhlthron gegen ein Klappbett aus. Die Hitze drückt erbärmlich, drückt den Körper nach unten. Auf der Hauptstraße ziehen die Händler vorüber, nun vom Markt zurück zu ihren Booten. Der Herrscher schließt die Augen. Heute werden wohl keine wichtigen Besucher mehr kommen.

Ein neuer Morgen, Yerima geht auf Reisen. Sein Reich umfasst noch Dutzende weiterer Inseln, weniger bedeutend als Kinasserom zwar, aber wichtig für das Sultanat. Der Herrscher lässt sich im Bauch seiner Piroge nieder, auf einem aus Säcken gefertigten Thron, ein trichterförmiger Hut mit breiter Krempe ersetzt den Palastschatten. Zwei mit Gewehren ausgerüstete Leibwächter steigen zu, auch einige Berater sind dabei. Einer von ihnen schaltet einen Kassettenrekorder ein, um die Reise mit den Klängen der *algaita,* einer traditionellen Klarinette, und dem dumpfen Pochen der »Königstrommel« zu begleiten. Yerima lächelt wie ein Kind. Ging sein Großvater einst auf Reisen, nahm er sein Orchester mit. Und wenn er eine Insel erreichte, kamen Männer vom Ufer ins Wasser, um das Boot mit dem Sultan darin aufs Trockene zu hieven.

Das Schrumpfen des Sees hat die Navigation erschwert. Wegen der vielen Untiefen kann Ali, der Steuermann, der den Außenborder bedient, fast nie den direkten Weg wählen. Er muss sich an die Anweisungen des Lotsen Amidou halten, der, mal stehend, mal hockend, am Bug nach Hindernissen Ausschau hält. Die sind nicht immer leicht auszumachen. In der Trockenzeit, von März bis Mai, füllt der Nordwind die Luft mit dem Staub der Wüste. Die Sonne bleibt verschleiert, der Himmel ist graugelb, eine Farbe, die der Tönung des Sees gleicht und den Horizont kaum erkennen lässt. Erst später am Tage, wenn sich die Sonne nach Westen neigt, wird das Blau im Zenith sichtbar.

Yerima (in weißem Gewand)

Gegen Mittag erschüttert ein Ruck die Passagiere aus Kinasserom, ihre Piroge ist aufgelaufen. Amidou rammt eine lange Stange in den Seeboden, stemmt sich mit seinem ganzen Gewicht darauf und schiebt das Boot stöhnend durch das Schlammbett. Zur Rechten durchbricht ein Schilfwald die monotone Fläche des Sees. Reiher und Marabus staksen an seinem Rand. Über dem Wasser schwirren Seeschwalben. Die Möwen, die dem Boot seit Stunden folgen, flattern aufgeregt über den Köpfen der Passagiere.

»Amidou!«, ruft der Herrscher und zeigt auf einen sich schnell nähernden Strich im Wasser. Eine Schlange, vom selben Graugelb wie Himmel und See. Die Reptilien greifen, keiner weiß warum, Pirogen an, indem sie den unteren Teil ihres Körpers als Sprungfeder nutzen und das Boot entern. Sie sind giftig, nicht einmal die kräftigen Zebu-Rinder, die auf der Suche nach frischen Weiden von einer Insel zur nächsten schwimmen, überleben ihren Biss. Amidou lässt die Stange mit voller Wucht auf die Schlange niedersausen. Dann schiebt er gelassen das Boot weiter.

Bald kann Ali den Motor wieder anwerfen, die Piroge tuckert weiter auf den Horizont zu. Bis Nilpferde die Fahrrinne versperren. Fünf Tiere, die vor den Ufern einer Insel warten, um nachts die Bohnenfelder der Bauern zu plündern. Gerät ein Boot in ihre Reichweite, beißen sie es durch. Vorigen Monat habe ein Bulle acht Fischer getötet, erzählt Yerima: »Ich musste meinen Palastjäger ausschicken und das Tier mit der Lanze töten lassen.« Der Jäger hatte sich für diese Mission extra ein Boot aus Papyrus gebaut, weich wie Kaugummi, so dass Nilpferde es nicht durchbeißen können.

Katila kommt in Sicht, schon von Weitem als Weide-Insel zu erkennen. Rauch steigt über ihr auf, die Hirten haben Feuerkreise aus Kuhdung angelegt. Das Vieh steht dicht gedrängt im Innern der Kreise, die Köpfe in den Qualm gestreckt, der tagsüber Fliegen, nachts Mücken vertreibt. Ohne diese Vorkehrung würden die Insekten die Rinder zum Wahnsinn treiben. Die Tiere würden keinen Schlaf mehr finden, abmagern und ihren Wert verlieren.

Ali und Amidou ziehen das Boot aufs Ufer. Hinter einem Vorhang aus Schilf erstreckt sich baumloses Land, platt wie eine Scheibe. Eine Viertelstunde lang gehen Yerima und sein Hofstaat auf die Rauchsäulen zu. Dann stehen sie vor einer Reihe aus Stangen und Bastmatten errichteter Zelte. Wie Säbel ragen die Hörner der Zebu aus den Qualmwolken.

Es ist die einsame Welt zweier Fulbe-Klans, die seit Ewigkeiten gemeinsam nomadisieren. Nach den Sommerregen weiden ihre Rinder nordöstlich des Tschadsees, am Rande der Sahara. Wenn sie dort kein Gras mehr finden, treiben die Hirten ihre Tiere zum See. Rund 2000 Rinder überleben auf Katila die Trockenzeit. Die Insel existiert nur während dieser einen Jahreshälfte. Im Juni, wenn der Regen kommt, sinkt sie zurück unter die Wasseroberfläche.

»Als Katila vor 25 Jahren zum ersten Mal auftauchte, hat mein Vater den Fulbe erlaubt, die Insel als Weide zu benutzen«, erklärt Yerima. »Der Häuptling, mit dem er dieses Abkommen getroffen hat, ist vor drei Monaten gestorben. Jetzt statte ich seinem Nachfolger einen Kondolenzbesuch ab.«

Vor einem der Zelte wartet Al-Hadsch Dogal Salet, der neue Klanführer. Ein hoch gewachsener Greis mit lächelnden Augen, die Klugheit seines Volkes steht ihm im Gesicht geschrieben. Als Nomaden ständig auf der Hut, beherrschen die Fulbe die Kunst der Beschwichtigung. Dennoch scheint ihr Überleben ständig an einem dünnen Faden zu hängen. Die fortschreitende Verwüstung ihrer traditionellen Weidegründe treibt sie immer weiter nach Süden, wo sie mit sesshaften Bauern in Konflikt geraten. Zertrampeln Herden Felder, rächen sich deren Besitzer an den Hirten. Manchmal verbrennen sie einige Fulbe.

Der Klanführer bittet Yerima ins Zelt, der Herrscher präsentiert sein Kondolenz-Geschenk: grüner Tee, ein Sack Zucker, ein Beutel Kola-Nüsse. »Dein Vater war ein weiser Mann«, sagt der Fulbe mit sanfter Stimme. Yerima lächelt. Er versteht, an welche Lehren des alten Sultans er sich nun erinnern soll. Damals forderten die Buduma die Weiden von Katila für ihre eigenen Herden und wollten die Fulbe verjagen. Aber der Sultan entschied anders. »Gewähre Fremden Schutz«, erklärte er seinem kleinen Sohn Abakar. »Auf diese Weise machst du sie zu Verbündeten.«

Natürlich entstehen aus diesem Bund auch materielle Vorteile für das Sultanat. Jedes Jahr bezahlen die Fulbe von Katila mit einem Jungstier für die Nutzung der Weiden. »So wollen wir es weiterhin halten«, betont Yerima. Al-Hadsch Dogal Salet versucht nicht, seine Erleichterung zu verbergen: »Möge der Allmächtige dich und die Deinen vor allem Übel schützen, mein Sohn!«, ruft der alte Fulbe. Yerima reicht ihm die Hand: »Und mögest du, Vater, immer genug Weiden für deine Rinder finden!«

Am nächsten Morgen verlassen sie die Nomaden. Al-Hadsch Dogal Salet besteht darauf, dass der Herrscher, seiner erheblichen Wichtigkeit entsprechend, per Pferd zum Boot zurückkehrt. Eine braune Stute, neben der die Leibwächter nun mit langen Schritten einherschreiten. Von ihren Schultern baumeln Kalaschnikows. Als wollten sie damit andeuten, dass Yerima, der Erbe, das alte und das neue Afrika geerbt hat. Eine Welt mit großen Problemen und kleinen Lösungen.

Ein weiser Herrscher, doziert Abakar Adoum Mbodou Mbami vom hohen Ross, muss drei Gebote befolgen: »Erstens, halte deine Zunge im Zaum, beleidige niemanden! Zweitens, hilf jenen, die in Not sind! Und drittens« – Yerima denkt wohl schon an den nächsten Markttag – »empfange deine Besucher mit offenen Armen! Denn käme dich niemand besuchen, würde dies doch bedeuten, dass dich niemand für wichtig hält. Oder?«

Mon petit papa chéri,

unnötig, Dir nochmals im Detail zu beschreiben, wo ich mich gerade aufhalte, was ich trage, welche klimatischen Bedingungen draußen herrschen und welche Temperaturen hier drinnen, wohin ich mich im Anschluss an diese Mail an Dich begeben werde. Ich bin sicher, die folgenden Stichworte reichen aus: Internet-Café, gelber Parka, Regen, Kühlschrank, die kleinste Pension von Bangkok (der Welt?), wo ich allmählich mit dem Packen meiner sieben Sachen beginnen muss. In zwei Tagen breche ich auf in Richtung Vietnam, Hongkong, Japan, Neuseeland ... Keine Sorge, auch dort gibt es Internet-Cafés (mit guten Gründen für gelbe Parkas!), die den Weitergang unseres Dialogs rund um den Planeten garantieren. Deshalb sollen die folgenden Zeilen kein Schlusswort darstellen, sondern lediglich mein persönliches und gewiss etwas konfuses (ja, ich bin mal wieder todmüde!) Resümee zu dem von Dir angeregten Thema »Das Dorf im Kopf«.

Also: Gemeinsam mit euch, meiner Familie, sind *les copines,* meine Freundinnen, der Kern meines »Dorfes«. In erster Linie besteht diese innere Gefühlsheimat aus Caroline, Marianne, Olinka, Viviane und Sophie. Diese fünf kenne ich seit Beginn meiner Schulzeit. Damals, mit fünf oder sechs Jahren, spielten wir gemeinsam auf dem Schulhof und im Park unseres Viertels. Später hat sich dieser Kreis um Freundinnen und Freunde vom Gymnasium und von der Uni erweitert, etwa Elsa und François. Und einige andere, zu denen ich heute engen Kontakt halte. Alle gemeinsam bilden eine Gruppe von ungefähr zwanzig Gleichaltrigen.

Aber wie gesagt, am wichtigsten sind mir die fünf *copines.* Man kann sogar behaupten, dass wir zusammen durchs Leben gehen. Natürlich gibt es auf diesem Weg Abweichungen, etwa dann, wenn eine von uns glaubt, einen besonders vielversprechenden männlichen Anhang gefunden zu haben und für ein Weilchen das amouröse *tête-à-tête* vorzieht. Aber mit der Zeit hat die Erfahrung gezeigt, dass ein Lover als solcher nicht lange aktuell bleibt, wenn er nicht zu unserer Gruppe passt. Und schon gar nicht, wenn er versucht, eine von uns durch Besitzansprüche aus der Clique zu lösen. Solche Verhaltensmuster funktionieren nicht mehr. Die Zeiten klassischer Ehen und patriarchalisch geführter Familien sind endgültig vorüber, zumindest in unserer Gesellschaft. Was absolut nicht bedeutet, dass ich gegen eine feste Zweierbeziehung wäre. Auch möchte ich Kinder haben, und nicht etwa von einem x-beliebigen Samenspender, sondern von jemandem, den ich liebe und achte und der fähig ist, ein (fast) ebenso guter Vater zu werden wie Du. Doch in die Tiefen der ehelichen Zweisamkeit absinken? *Jamais de la vie!* Dazu sind mir meine Freunde zu wichtig. Nicht, weil ich sie für besser hielte als den Rest der Welt. Eher im Gegenteil: Meine Freunde schmieden mich mit der Welt zusammen. Ohne sie würde ich mich isoliert fühlen, würden mir die Anderen nur wie Fremde erscheinen.

Du könntest einwerfen: »Ist doch ganz normal, auch ich habe viele Freunde und Kumpel, sonst wäre das Leben langweilig!« Dennoch glaube ich, dass es in dieser Hinsicht einen Unterschied zwischen Deiner und meiner Generation gibt. Versuche einmal, Dich zu erinnern! Wie hat Deine Welt ausgesehen, als Du so alt warst wie ich jetzt? Wovon hast Du als 26-Jähriger geträumt und geschwärmt? Welche Ideale hattest Du? Und welche Vorstellungen von der Zukunft? Kommt in unserem Freundeskreis die Sprache auf die Jugend der Eltern, führt dies automatisch zu Heiterkeit. Wer von uns könnte eure »68er-Revolution« heute noch ernst nehmen? Das Gerede von der »Befreiung« der Gesellschaft durch die »freie Liebe«? Und eure »Erleuchtung« durch die Philosophen der Frankfurter Schule, gefolgt von »politischem Engagement« in Mao-Fraktionen und Spartakus-Gruppen? Ganz zu schweigen von euren »Bewusstseinserweiterungen« auf psychedelischen Pfaden? Wie wir euch beneiden um soviel Jugendnaivität! Unsere Generation durfte sich nicht der geringsten Zukunftsillusion hingeben. Dazu wurden wir zu früh konfrontiert mit eurem neuen »Pragmatismus« angesichts der sich verändernden »Realitäten«. Konfrontiert vor allem damit, dass auf die meisten von uns kein Traumberuf wartet, trotz unserer vielen Diplome nicht, sondern in der Regel nur die Wahl zwischen Gelegenheitsjobs und gar keinem Job. So reifte in unseren Kinderköpfen anstelle von Utopien nur die frühe Vernunft. Damit wir rechtzeitig ein paar für uns unausweichliche Probleme begreifen konnten: marode Wirtschaft, gespaltene Gesellschaft, ein kaputter Planet und so fort. Ja, sogar über die Liebe wurden wir oft nur in Zusammenhang mit der Warnung vor Aids aufgeklärt.

Keine Angst, *mon petit papa*. Aus meinen Worten spricht weder Verbitterung noch Angst vor der Zukunft. Und schon gar keine Vorwürfe an *mamam* und an Dich. Ihr habt euren drei Kindern wunderbare Kindheiten beschert, habt uns nicht zuletzt auf fantastischen Reisen den Umgang mit der Welt und einer vielfältigen Menschheit beigebracht. Wir sind das dankbare Ergebnis eurer Erziehung, gleichzeitig aber auch Angehörige unserer eigenen Generation, mit der wir uns diese komplizierte Welt nun teilen müssen.

Worauf ich hinaus will? In Deinem letzten Brief hast Du mir zwei Fragen gestellt: Wer soll unsere Dörfer schützen? Und: Wem können wir Macht anvertrauen? Darauf habe ich keine bessere Antwort als diese: Schutz findet das Dorf nur in sich selbst, in der größtmöglichen Harmonie unter »Nachbarn« – *copains et copines!* –, die sich im Alltagsgeschehen engagieren und gemeinsam darauf achten, die in uns allen angelegten Neigungen Kains bereits im Ansatz zu »entschärfen«.

Darin erkenne ich heute den Sinn unserer Freundesgruppe: Die gemeinsam verbrachten Jahre haben uns zu einem »Dorf« vereint, das unserer Vorstellung von der Keimzelle einer besseren Gesellschaft entspricht. Das Leben in dieser Gruppe wird bestimmt von Regeln, denen alle folgen – freiwillig zwar, das ist sehr wichtig –, aber auch wohl wissend, dass Kompromisse im Interesse aller wichtiger sind als das Durchsetzen persönlicher Wünsche. Zusammenleben beruht auf Harmonie und auf weitgehend identischen Werten. Natürlich sind wir sechs Mädchen individuell verschieden, zum Glück! Aber wir sind uns einig, was die Notwendigkeit des Teilens unter Gleichwertigen betrifft. Eine Gruppe kann nur funktionieren, wenn alle Mitglieder das Gemeinwohl als oberstes Ziel anerkennen.

Unser Lohn für eine solche gemeinsame Disziplin ist »wertvolle Zeit«. Voriges Jahr zum Beispiel flogen Caroline, Sophie, Viviane und ich nach Chicago und mieteten uns einen Wagen, um auf ungewöhnlichen Wegen Amerika zu entdecken. Unsere Reise führte über so touristenfeindliche Etappen wie Detroit und Oklahoma-City! Dank *couch surfing* (wie gut, dass es Internet gibt, *n'est-ce pas, papa?!*) übernachteten wir gratis bei Unbekannten, die auch ihrerseits einfach nur Fremde kennenlernen wollten. In einem Drei- bis Vier-Tage-Rhythmus wohnten wir als Gäste auf Farmen, in Vorort-Häuschen, in City-Apartments. Glaube mir, das war ebenso abenteuerlich und lehrreich wie eine Entdeckungsfahrt auf dem Tschadsee. Wir machten Bekanntschaft mit Amerikanern, denen wir unter gewöhnlichen Umständen nie begegnen würden. Und machten die Erfahrung, dass man alle irgendwie begreifen kann, sogar Evangelisten und *Tea-Party*-Anhänger. In welcher Hinsicht uns diese Lektion nützen kann? Ganz einfach: Sie zeigt, dass die heute über die klassischen Medien schwierig bis unmöglich erscheinende Verständigung zwischen entgegengesetzten Lagern auf der Nachbarschaftsebene durchaus möglich bleibt.

Gleichzeitig bestätigte unser amerikanisches *road movie* einmal mehr die Solidität unserer Freundesgruppe. Sämtliche Reiseausgaben wurden aus einer Gemeinschaftskasse finanziert, in die jede von uns entsprechend ihren Möglichkeiten einzahlte. Geld ist nie ein Problem unter uns. Das mag sich banal anhören, beweist jedoch gegenseitiges Vertrauen und ist unverzichtbar für das Gelingen gemeinsamer Unternehmungen wie Reisen oder wie unsere damalige WG in Berlin.

Ich könnte Dir noch einen Haufen solcher Beispiele nennen, *papa*. Sie alle sollen Dir etwas Grundsätzliches über das Leben Deiner ältesten Tochter erklären: Meine Freunde und ich, wir gehören zu den vielen in unserer Generation, die ohne Illusionen den Weg einfacher Menschen gehen. Auch wir werden vermutlich keine große Revolution zustande bringen, dafür aber vielleicht ein paar kleine Revolutionen in unserem »Dorf«. Wir tun, was wir für richtig halten in alltäglichen Interaktionen mit Anderen, fühlen uns (dank Internet!) verwandt mit Gleichgesinnten in Bewegungen wie »Solidarische Landwirtschaft« oder mit den Betreibern spontaner Proteste auf der *plaza del sol* in Madrid, vor dem Kongress in Washington, auf den Straßen von Tel Aviv, São Paulo und anderer »Dörfer« der globalen Welt. Wir befürworten Aktionsformen, die sich der Kontrolle politischer Parteien entziehen und nur ein Ziel verfolgen: ein lebenswertes Leben in eigener Verantwortung – eines, das niemandem schadet und für uns selbst Sinn macht!

Ich weiß, *papa,* wir beide sind uns in vielen Fragen einig. Auch ich misstraue den Mächtigen, wünschte, sie könnten wenigstens so volksnah sein wie Yerima, der Herrscher von Kinasserom. Aber wir beide leben nicht auf einer Insel im Tschadsee, sondern im Herzen der Ersten Welt. Deren gegenwärtige »Krise« zeigt die Grenzen eines Systems, das auf *laisser-faire* beruht und dessen fanatischste Verfechter die Gier zu einer Tugend erhoben haben. Auf die schwindende Mittelschicht hingegen wirkt die Theorie von der absoluten Notwendigkeit des Wachstums immer unattraktiver. Sogar manche unserer Uni-Kommilitonen, die wir vor ein paar Jahren für hoffnungslos »reaktionär« hielten, predigen inzwischen die »Entschleunigung«. Und noch nie habe ich so viele Pariser meiner Generation vom Umzug aufs Land schwärmen hören, von eigenen Hühnern und selbst gezüchteten Tomaten. Manche sind dabei, ihren Traum zu verwirklichen. Sie sind 25 Jahre alt und keine Hippies, nur »Dörfler« in einem schwierigen 21. Jahrhundert.

A bientôt, mon petit papa villageois. Je t'aime très fort!

Postskriptum: Ich habe es unterlassen, Dir eingehend meine Gedanken zu den mir geschickten Dorf-Geschichten mitzuteilen. Was nicht heißt, dass ich sie nicht mit Interesse gelesen hätte. Jetzt nur so viel: Ob in Laos, in Kolumbien oder im Tschad, was ich beim Lesen neben dem eigentlichen Geschehen stets im Sinn behielt, war Deine Rolle als Reporter. Natürlich fiel mir auf, dass Du nie jene »journalistische Distanz« bewahrst, ohne die es angeblich keine »Objektivität« geben kann. Auf mich wirkt Dein Stil erfrischend und viel wahrhaftiger als der gewöhnliche Zeitungsstil.

Aber er zeigt auch, wie sehr Du bei allen diesen Geschichten involviert gewesen bist. Du stehst nicht stumm beobachtend neben dem Geschehen, sondern nimmst an ihm teil. Was sich vor Deinen Augen abspielt, wird für die Dauer einer Reise zu Deinem eigenen Leben. Ich erinnere mich, wie Du mir vor langer Zeit einmal von einer mit Deinem Beruf verbundenen Gefahr der »Schizophrenie« erzählt hast. Es war ein Vergleich mit zwei Zügen: Der erste Zug ist Dein Pariser Leben mit uns. Wenn Du auf Reportage gehst, steigst Du aus diesem Zug um in einen zweiten Lebenszug, auf dem Du dann wochenlang irgendwo in Afrika, Asien oder Südamerika mit ganz anderen Menschen unterwegs bist, während der Pariser Zug ohne Dich weiterfährt. Und wenn Du zurückkommst, geschieht es oft, dass Dein Kopf noch eine Weile in jenem zweiten, nun fernen Zug verweilt und es Dir schwer fällt, daheim den »Strecken-Vorsprung« der Dagebliebenen aufzuholen ... Manchmal, sagtest Du damals, würdest Du nachts aufwachen, ohne sofort zu wissen, wo Du Dich befändest.

Aber mit der Zeit hast Du auch dieses Problem in den Griff bekommen. Auf jeden Fall bist Du nicht »schizophren«. Aber vielleicht hat Dein zerstückeltes Leben als »Weltreporter« dazu beigetragen, dass Du Dich heute so wurzellos fühlst. Ich hoffe, wir werden Dir Deine dörfliche Heimat immer ersetzen können.

Ta grande fille Liora

Nachbar

SCHAFTEN

Drei Briefe an Rafael

Mon Rafael …

Gewiss hat Liora Dir schon von meinem gegenwärtigen Interesse an ungewöhnlichen Dörfern erzählt, die teils in meiner Vergangenheit liegen, teils in
unseren Köpfen. Aber das Ganze ist gar nicht so kompliziert, wie es sich zunächst anhört. Wichtig zu wissen ist, dass es mir dabei nicht um die Suche
nach meinen Wurzeln geht. Ich weiß, woher ich komme. Weiß auch, was
meine dörfliche Herkunft in Bezug auf meine heutigen Werte bewirkt hat.

Deshalb noch einmal ganz klar für Dein Verständnis meiner Briefe und
jener Erwartungen, die ich mit euren Antworten verbinde: Meine Suche
gilt nicht dem Pivitsheide meiner Kindheit. Sie gilt jenem anderen Dorf,
das in mir steckt und dessen Kern ich euch und mir selbst begreifbar machen möchte, um meinen wachsenden Widerwillen gegen die Verstädterung unserer Existenzen einordnen zu können. Das ist nicht ganz leicht.
Immerhin ist Paris der Ort, an dem wir zusammenleben. Und ich weiß, wie
fest diese Stadt und ihr Flair in euren Herzen verankert ist.

Doch zurück zu dem Dorf in meinem Kopf. Seine Bewohner sind jene
Wenigen, die zu verschiedenen Zeiten entscheidende Rollen in meinem Leben gespielt haben. Ich habe mich an ihrer Seite heimisch gefühlt, habe
mich an ihnen orientiert. Deshalb nenne ich sie nun »meine Nachbarn«.

Natürlich kannst Du sagen, Dorf und Nachbarn seien in diesem Zusammenhang nur Metaphern. Vielleicht. Aber sie ergeben einen realen Sinn für
mich. In meinem letzten Brief an Liora habe ich ihr den »Pfarrer« dieses
Kopf-Dorfes vorgestellt. Damit wollte ich sagen, dass Manuel Perez damals in
meinem Leben eben jene Funktion erfüllt hat, die religiöse Menschen ihrem
Seelsorger zuschreiben. Und auch, dass so manches von diesem Glauben in
mir erhalten bleibt, vor allem sein oberstes Gebot: Schützet die Dörfer!

Lass mich Dir, Rafael, nun von dem »Bürgermeister« des Dorfes in meinem
Kopf erzählen. Du weißt, was ich von Politikern halte. Wie könnte ich Menschen
trauen, die sich die Politik zu ihrem Beruf machen? Zeigt uns doch die Erfahrung
mit Berufspolitikern, dass sie sich in der Regel weniger durch ihre »Bereitschaft,

Verantwortung zu übernehmen« auszeichnen als durch ihren Willen zur Macht. Sie wollen herrschen, fühlen sich dazu befugt. Weil sie sich für die Besten halten.

Das erinnert mich an den inzwischen verstorbenen Journalisten David Halberstam. Deiner Generation, Rafael, wird sein Name kaum noch etwas bedeuten. Halberstam, der für die *New York Times* schrieb, wurde durch seine Berichterstattung während der Kennedy-Ära berühmt: als ein Meister im Erkennen von Wahrheiten, die im Nachherein wie selbstverständlich wirken, von ihren Zeitgenossen jedoch oft zu spät erkannt wurden.

John F. Kennedy, der charismatischste US-Präsident des 20. Jahrhunderts, strahlte umso heller in den Augen seiner Zeitgenossen, als er sich mit brillanten Ministern und Beratern zu umgeben verstand. Lauter Klassenerste, die in ihren Schulen, Universitäten, Anwalts-, Bank- und Börsenjobs nicht nur immer die Besten, sondern auch die Jüngsten im Erlangen von Spitzenpositionen gewesen waren. Smarte Frühstarter wie McGeorge Bundy, Walter Rostow, Robert McNamara. Was immer sie analysierten und erklärten, erschien ihren Zuhörern durchdrungen von messerscharfer Logik.

Und doch waren es gerade diese brillanten Köpfe, die ihr Land in den Morast des Vietnamkrieges hinabzogen. Der Schwachpunkt in ihrem System, schrieb Halberstam, erklärte sich aus dem Unterschied zwischen Intelligenz und Weisheit. Aus der Diskrepanz zwischen einerseits dem Eindruck gedanklicher Schnelligkeit und verbaler Leichtigkeit, welche die Elite um Kennedy verströmte. Und andererseits der echten Weisheit, die meist das Ergebnis hart errungener und gelegentlich auch bitterer Erfahrung ist.

Das ist der entscheidende Punkt, Rafael: Wie können wir die Weisen unter uns finden? Jene, denen, gerade weil sie nicht zur Macht drängen, die

Macht übertragen werden sollte? Wie einst dem Lyriker Solon, der Athen eine neue Verfassung gab und seine Heimat daraufhin verließ – um nicht der Versuchung zu erliegen, das von ihm geschaffene Gesetz dank seiner errungenen Vormachtstellung im Staat zu brechen. Darin liegt der Beweis für Solons Weisheit: Die Macht darf den, der sie ausübt, nicht selbst belohnen. Sie gebührt den Erfahrenen. Jenen, die nicht nur Siege errungen, sondern auch Niederlagen erlitten haben. Jenen, die den Geschmack von Schmerz und Enttäuschung kennen.

In dem Dorf in meinem Kopf finde ich nur einen »Nachbarn« , der diesen hohen Ansprüchen gerecht werden könnte: Mano Dayak, jener Tuareg, dessen Gästen *»Lalalala«* einst in Agadez die Tomaten weggegessen hat. Erinnerst Du Dich noch an Mano, Rafael? Als er starb, warst Du fünf Jahre alt. Wahrscheinlich siehst Du in Deiner Erinnerung einen Märchenprinzen mit blauem Turban und langem Gewand, der, kam er nach Paris, dort wie ein echter Prinz umschwärmt wurde von den Film- und Fernsehstars der Lichterstadt. Oft habe ich befürchtet, auch Mano würde als »Promi« enden.

Was unseren Freund an den Ufern der Seine so berühmt machte, war der damals in Mode gekommene Mythos des Neuzeit-Nomaden. In Mano sahen viele Pariser das Symbol einer grenzenlosen Welt, der sie sich auch selbst zuordneten. Der Welt eines unbeschwerten Wanderers, der die Einsamkeit seines Wadis hinter sich gelassen hatte, um weltweit nach frischen Weiden für seine Neugier und Lebenslust zu suchen. Ethnische, soziale und kulturelle Barrieren waren für ihn ebenso gegenstandslos geworden wie Schlagbäume in der Wüste. Ein *passe-partout,* dessen Freunde, so unterschiedlich sie auch waren, eines gemeinsam hatten: den Glauben, jener Nomade aus der Sahara sei im Grunde »genauso wie ich« – ein Bruder im Geiste, *une âme soeur!*

So viel zum Mythos. Tatsache war, dass Mano nicht zum modernen Nomaden geworden war, sondern zu einem modernen Städter. Doch manchmal packte ihn Unruhe. Dann fuhr Mano hinaus in den Ténéré, um unter freiem Himmel zu schlafen. Oder nach Tiden, einem Wadi im Aïr-Gebirge, zwei Autostunden nördlich von Agadez. Dort lebte seine greise Mutter noch immer in einem Nomadenzelt. Wie einst auch Mano. Bis zu jenem Tag, als ein Kolonialgendarm nach Tiden gekommen war, den Jungen zu sich aufs Kamel gezogen und ihn fortgeschleppt hatte in die »Nomadenschule«. Lange war Manos Mutter weinend hinter dem Kamel hergelaufen.

So wurde Mano Dayak zum modernen Menschen. Nach dem Abitur trampte er durch die Sahara nach Europa, reiste weiter nach Amerika, kehrte irgendwann heim in den Niger mit dem Vorsatz, im Rahmen einer Doktorarbeit ethnologische Studien über sich selbst zu betreiben. Als er sich der Absurdität dieses Unternehmens bewusst wurde, gründete er *Temet Voyages,* eine Tuareg-Reiseagentur für vermögende Wüsten-Fans. Und machte damit selbst ein Vermögen. In jenen Jahren lernte ich ihn kennen und bewundern, misstraute dabei jedoch seinen blumigen Beschreibungen von den Tuareg und ihrer »schönsten Wüste der Welt«.

Manos *dolce vita* ertrank in einem Blutbad. Im Mai 1990 richtete Nigers Armee ein Massaker unter Tuareg an, die vor der Dürre in den Jahren 1984/85 nach Algerien geflüchtet waren und nun mit internationaler Hilfe in ihrer alten Heimat neu angesiedelt werden sollten. Doch in Tchin-Tabaraden, einem Auffanglager im Busch, warteten Tausende vergeblich. Die versprochenen Hilfsgüter kamen nicht an, die Regierung verkaufte sie auf dem Markt der Hauptstadt Niamey. Als es in dem Lager zu Unruhen kam, rückte die Armee an, eröffnete das Feuer, vergiftete die Brunnen. Die Zahl der ermordeten Tuareg wurde auf 1700 geschätzt.

Dass dieses Verbrechen Folgen haben müsse, scheint im Rückblick unvermeidbar. Mano versuchte zunächst, das Problem vor seiner Tür zu ignorieren. Bis zu jenem Tag, als ein in Lumpen gekleideter Tuareg ihn in seinem Büro in Agadez aufsuchte. Der Mann kam aus Tchin-Tabaraden. Zwei Söhne waren vor seinen Augen erschossen worden.

Über Mano schnappte eine Falle zu. Seinem Besucher standen Tränen in den Augen. Für einen Tuareg gibt es nichts Schlimmeres, als vor Anderen zu weinen. Es entehrt ihn, zwingt aber auch die Zeugen seiner Schande zum

Handeln, sofern sie dazu in der Lage sind. Deshalb wohl hatte der Greis seine Tränen zu Mano Dayak getragen. Weil dieser nach Einschätzung der Nomaden der einzige Tuareg im Niger war, der es zu etwas gebracht hatte in der Welt der Sesshaften.

Und es stimmte ja: Mano allein besaß die Fähigkeit zum Handeln, wenn es um das Schicksal der Tuareg ging, um die Verteidigung der Nomaden gegen Regierungen und Armeen.

Auf diese Weise, lieber Rafael, ist unser Freund Mano in meinen Augen zum »Bürgermeister« geworden. Sein Dorf? Die Gemeinschaft aller Nomaden aus Nigers Wüsten und Wadis, wie jenem Wadi Tiden, dem er im Alter von acht Jahren gewaltsam entrissen worden war. Und vergiss nie: Mano hat sich nicht um diese Führungsposition beworben. Sie wurde ihm aufgenötigt – von den Opfern eines Massakers, von seinem eigenen Ehrgefühl.

Und noch etwas erscheint mir wichtig: War Manuel Pérez ins Lager des Kain übergewechselt, so blieb Mano Dayak doch weitgehend der Haltung des Abel treu. Was immer er auch tun musste, er tat es stets für den Frieden im Niger. Wie an jenem Tag, als Du Deinen Beutezug über die Tomatenteller der Nomadenführer in Manos Haus unternahmst. Auch da rief Mano die alten Krieger zum Frieden auf. Versprach, zwischen der Militärregierung in Niamey und den Tuareg-Rebellen im Aïr zu vermitteln, um Blutvergießen zu verhindern.

Aber die Lage wurde von Tag zu Tag komplizierter. Das Massaker von Tchin-Tabaraden hatte weitere Tuareg aus der Wüste zurückgelockt in ihre alten Heimaten im Norden von Niger und Mali. Sie waren aus libyschen Kasernen desertiert, hatten ihre Kalaschnikows mitgebracht. Nun verschanzten sie sich in den Gebirgen Aïr und Ifoghas. Und die Kunde von einer *rébellion touarègue* wuchs wie ein orientalisches Märchen, das von Mund zu Ohr wandert und mit jedem Erzählen großartiger wird.

Dabei handelte es sich anfangs nur um einen kleinen Haufen. Die ersten Rebellen im Aïr-Gebirge habe ich selbst gezählt: 17 Mann, die so taten, als wären sie 170. Sie stammten aus Oberst Gaddafis Islamischer Legion, hatten dem Libyer als Kanonenfutter für Kriege im Tschad und auch als Leihgabe an die Palästinenser-Guerilla PLO im Libanon gedient. Nun aber wollten sie Rache für Tchin-Tabaraden und einen eigenen Staat für die Tuareg.

Die Rebellen nannten sich »Ishomar« – abgeleitet von *chômeurs,* dem französischen Wort für Arbeitslose. Diesen Namen hatten ihnen die Nomaden verpasst. Das libysche Kasernenleben, so fanden die alten Hirten und Kameltreiber in den Wadis, hatte ihre Söhne entfremdet. Hatte sie zu arbeitslosen, sprich nutzlosen Menschen gemacht. Die Rebellen jedoch akzeptierten den Namen voller Stolz. In ihren Ohren klang er nach Abenteuer und Spaß. Drei Dinge machten fortan den echten Ishomar aus: seine Kalaschnikow, die zerbeulte Teekanne im Rucksack und die Gitarre zum romantischen Tagesausklang am Lagerfeuer.

Die Regierung in Niamey verdächtigte Mano, hinter den Unruhen im Aïr zu stecken. Wer, wenn nicht der Chef von *Temet Voyages,* besäße die logistischen Mittel, um eine Rebellentruppe in der Wüste mit Lebensmitteln zu versorgen? Vergeblich appellierte Mano an die Vernunft aller Beteiligten. Versuchte er zu vermitteln zwischen Norden und Süden, Sahara und Sahel. Für das Militär war das Tuareg-Problem identisch mit dem Problem Mano Dayak. Und wie ließ sich wohl am besten ein Problem lösen, das aus einer einzigen Person bestand?

Wir zogen die notwendigen Schlüsse: Als die Truppen in Manos Haus in Agadez einmarschierten, war er schon mit euch – eurer Mutter, Liora und Dir – im Flugzeug unterwegs nach Paris. Ich blieb noch eine Weile in Agadez. Sah, wie das Leben dort verkam. Die Soldateska tobte in den Straßen, ab Sonnenuntergang herrschte Ausgangssperre, viele Tuareg flohen in die Wüste. Und im Aïr begann der Krieg.

Es war eine abenteuerliche Geschichte, in die wir da Anfang 1992 verwickelt wurden. Darin spielten nicht nur Soldaten und Rebellen eine Rolle, sondern auch Frankreichs Geheimdienst DGSE. Er unterstützte Mano, während der Elysée-Palast offiziell hinter der Regierung in Niamey stand. Das schien widersprüchlich. Aber die Strategen der *Françafrique* waren überzeugt, dass Mano zu einer Trumpfkarte im Spiel um den Frieden im Sahel werden könnte. Weil er nichts hielt von einem unabhängigen Tuareg-Staat. Und weil er die Fähigkeit besaß, die Ishomar von seinem Standpunkt zu überzeugen.

Als Mano im Januar 1993 auf ungeklärten Wegen – der DGSE setzte ihn per Flugzeug im Ténéré ab – in den Niger zurückkehrte, hatte er im Gepäck ein Sprechfunkgerät dabei. Er schloss sich bei *Radio Saint-Lys* an, einer nahe Toulouse befindlichen Relaisstation für Seeleute. Meist rief Mano abends in Paris an. Als Sprecher der Rebellen-Organisation FLAA diktierte er seine Kommuniqués, die eure Mutter per Fax an die Medien weiterleitete. Außerdem gab er Grüße von Leuten durch, die wir von früher aus Agadez kannten.

Im März beschloss ich, Mano zu besuchen. Ich flog nach Tamanrasset, im Süden Algeriens. Dort sollte mich jemand abholen. Der Mann hieß Ati ag Moussa. Er besaß einen klapperigen Pick-up, der für eine 600 Kilometer lange Fahrt durch die Wüste völlig ungeeignet schien. Wir verließen Tamanrasset mit ausgeschalteten Scheinwerfern in einer mondlosen Nacht. Wie sich Ati orientierte, blieb mir ein Rätsel. Er behauptete, er könne sich unmöglich verfahren. Als Kind habe er oft seinen Vater, einen Karawanenführer, in dieser Gegend begleitet. Und später, als »Geschäftsmann«, habe er illegale Passagiere durch die Sahara transportiert. Einmal sei sein Pick-up mit Motorschaden stehen geblieben: Fünfzehn Passagiere seien verdurstet.

Das waren keine beruhigenden Nachrichten. Doch dieses Mal hielt Atis Wagen durch. Nach zwei Tagen erreichten wir das Hauptquartier der Rebellen am Nordrand des Aïr. Ich sah Mano schon von Weitem. In Kommandantenpose stand er auf einem Felsen, mit lässig verschränkten Armen und jenem weiten Tuareg-Blick, der sich irgenwo im Horizont verhakte. Seit seiner Zeit in Paris hatte er fünfzehn Kilo abgenommen. Nun trug er Khaki-Uniform, einen grünen Turban, einen Bart und, seitlich von der Schulter hängend, ein französisches Schnellfeuergewehr. Ché Guevara in der Wüste! Wir haben noch oft darüber gelacht.

Doch nachts am Feuer gestand mir Mano seine Sorgen. Die Rebellen waren gespalten. Ein Teil der Truppe war zu der üblen Tuareg-Sitte der Razzia zurückgekehrt: feige Überfälle auf ungeschützte Siedlungen. Sie fanden nicht einmal im Gebiet des Feindes statt. Sondern im Aïr! Und die Opfer der Raubzüge waren fast immer schwarzhäutige Tuareg, Abkömmlinge ehemaliger Sklaven. Die Banditen machten keinen Hehl aus ihrem Rassismus. Das »Dorf« war gespalten, Rafael. Tribalismus, der älteste und mächtigste aller Tuareg-Dämone, war zu neuem Leben erwacht. Und im Grunde ging es nur um den »Bürgermeister«-Posten. Die Spaltung der FLAA war aus politischem Kalkül heraufbeschworen worden. Für manche war es die einzige Chance, Chef zu bleiben, wenn auch nur ein kleiner. Für Mano aber war die Lage katastrophal. Eine gespaltene Guerilla hatte politisch kaum noch Gewicht.

Ich weiß, Rafael, einige Details dieser Geschichte hätte ich Dir vielleicht ersparen können. Aber so war unser Leben, als Du noch auf Deinen vierten Geburtstag gewartet hast. Das Meiste drehte sich um Liora und um Dich, danach kamen gleich Mano und seine Rebellen.

Während der vier Wochen, die ich bei Mano verbrachte, lernte ich eine Menge über die Probleme der Ishomar. Das größte bestand darin, dass die Rebellen – in der Annahme, Mano vermöge alles – ihm blind vertrauten. Dies führte zu Verantwortungslosigkeit bei der Truppe. Was Mano nicht selbst machte, wurde meist überhaupt nicht gemacht. Er kümmerte sich um alles persönlich: war politischer Stratege, Organisator für Logistik, Kontaktmann zu den Nomaden, ohne deren Hilfe die Rebellen nicht überleben konnten. Lange Zeit war er sogar der Einzige, der mit dem Sprechfunkgerät umgehen konnte.

Im Oktober 1993 schlossen sich Nigers Tuareg-Rebellen, inzwischen in drei Fraktionen aufgespalten, unter Manos Präsidentschaft zu einer *Coordination de la Résistance Armée* zusammen: ein pompöser Name, an den kein Geschichtsbuch je erinnern wird. Alle Gruppen und Grüppchen akzeptierten die von Mano vorgeschlagenen Friedensverhandlungen mit Nigers Regierung. Sie sollten im Februar 1994 in Ouagadougou beginnen.

Ich nutzte den Waffenstillstand für einen weiteren Besuch in der Wüste. Das Magazin GEO hatte mich beauftragt, ein Kamerateam ins Aïr und in den Ténéré zu begleiten, um dort einen Dokumentarfilm über die Tuareg zu drehen. Vielleicht waren die sechswöchigen Dreharbeiten die beste Zeit, die Mano und ich je zusammen verbracht haben. Zwar stand der Frieden noch auf wackeligen Beinen. Doch im Aïr kehrten die Nomaden bereits zu ihrem normalen Leben zurück. Und Karawanen mit Hunderten von Kamelen zogen erneut durch den Ténéré zur Salzoase Bilma. Mano sprach von dem Frieden, der bald kommen würde. Davon, wie er sein staubiges Agadez in eine »Oasen-Universität« verwandeln würde.

Tatsächlich machten die Verhandlungen Fortschritte. Und im April 1995 schlossen Regierung und Rebellen im Niger offiziell Frieden. Die Tuareg hatten eine Menge erreicht: vor allem das Recht, ihre Zukunft im Rahmen einer Dezentralisierung selbst zu gestalten. Es war Manos Sieg. Und er gab seinen Rivalen das Gefühl, ihn nicht länger zu brauchen. Ein Rennen auf Posten und Pöstchen setzte ein. Die Führer der kleinen Rebellen-Fraktionen zogen um nach Niamey, widmeten sich dort nun eingehend dem klimatisierten Müßiggang, fern von der Wüste und ihren Problemen.

Mano blieb im Aïr. In Erwartung darauf, dass die Regierung einige ihrer Versprechen wahr machen würde. In erster Linie die Entwaffnung jener arabischen Milizen, die, unterstützt von Nigers Armee, Tuareg-Nomaden ermordeten. Aber nichts geschah. Da beschloss Mano, mit dem Premierminister in Niamey zu reden. Eine kleine Cessna sollte ihn im Gebirge abholen. Tagelang schundeten sich die Rebellen die Hände blutig, um in der 2000 Meter hohen Steinwüste des Bagsan eine Landebahn anzulegen.

Am Vorabend des geplanten Treffens sprach ich mit Mano über *Radio Saint-Lys*. Wir vereinbarten, dass seine Leute uns am nächsten Tag gleich nach dem Start der Maschine anrufen sollten, damit Judith und ich unsererseits die Kontaktpersonen in Niamey benachrichtigen könnten. Es war unser letztes Gespräch.

Der Anruf aus der Wüste erfolgte wie geplant am Nachmittag des 15. Dezember. Die Verbindung war schlecht. Der Sprecher am anderen Ende musste seine Nachricht mehrmals brüllend wiederholen, bevor wir verstanden: Das Flugzeug war beim Start nicht hochgekommen und gegen eine Felswand gerast. Der Tank war explodiert. Sich der brennenden Maschine zu nähern, war unmöglich. Hilflos sahen die Rebellen zu, wie die Insassen der Cessna verbrannten. Einmal hörten sie Schreie. Und glaubten, Manos Stimme zu erkennen.

So, mein Rafael, endete die Geschichte jenes Mannes, den ich mir zum Bürgermeister des Dorfes in meinem Kopf auserkoren habe. Er besitzt alle für dieses Amt notwendigen Qualifikationen: Er hat sein Leben für die Dörflichkeit geopfert, hat sich nicht von den Städtern korrumpieren lassen (denn natürlich hat die Regierung in Niamey auch versucht, ihn durch einen Ministerposten einzukaufen!) und hatte lauter ehrliche Absichten für die Zukunft.

Nach dem Krieg, so hatte Mano gesagt, sollten im Aïr »Nomadendörfer« entstehen. Damit die Tuareg gegen die Dürren ausharren, vielleicht sogar die Wüste zurückdrängen können. Damit sie sich nicht gezwungen fühlten, schlagartig sesshaft werden zu müssen. Aus all dem ist nichts geworden. Für Manos »Nachbarn« , die Tuareg des Aïr, hat sich die Rebellion im Endeffekt nicht gelohnt. Und seine Mutter musste länger leben als ihr genialer Sohn. Bis zu ihrem Tod hauste sie in ihrem kleinen Zelt nahe der Stelle im Wadi Tiden, wo Mano Dayak begraben liegt.

Natürlich widme ich Dir, Rafael, meinem Wüstenkind, die folgende Reportage über die Oase Zoo-Baba. Eine jener Reisen, die ich damals nicht mit euch habe teilen können. Ich bin sicher, Du hast es mir inzwischen verziehen und folgst mir hier jetzt als Leser auf den Pfaden saharischer Dörflichkeit.

Ich würde mich sehr über einen Antwortbrief freuen. Ich weiß, Du hast wenig Zeit, hast eine Freundin und viele Freunde, die ständig Partys schmeißen. Und ab und zu tust Du ja sogar etwas für Deinen Master in Europäischer Kulturpolitik. Aber glaube mir, Deine Gedanken zu diesem Thema (wie natürlich auch zu anderen Themen!) sind mir wichtig: Also erkläre mir, wie Du Dein Leben im Zusammenhang mit den Anderen siehst. Wer sind die »Nachbarn« in Deinem Kopf?

En attendant, je t'embrasse mille fois, mon fils généreux!
Ton papa

Husseini in seiner »Moschee«

Das Dorf
in der Wüste

Niger, Mai/Juni 2001

Vor ein paar Jahren habe ich einen Mann getroffen, der allein in der Wüste lebte. Er hieß Kader und verfügte über einen höhlenartigen Unterstand, den er sich zum Schutz gegen Wind und Sonne aus einer alten Decke und Fetzen von Plastik gebastelt hatte. Dieses »Zelt«, wie er es nannte, stand zwischen einem Brunnen und rund 30 Bäumchen, deren Wurzeln in zerbeulten, mit Erde gefüllten Ölfässern steckten, um sie vor Springmäusen zu schützen. Jeden Morgen und jeden Abend schöpfte er Wasser aus dem Brunnen und begoss die Bäumchen.

In gewisser Weise konnte man in dem Ort den Embryo einer Oase sehen. Auf Sahara-Karten ist er sogar verzeichnet, als *Arbre du Ténéré,* als Baum des Ténéré. Seit Jahrhunderten ist dieser Brunnen der letzte, an dem die Karawanen der Tuareg aus den Aïr-Bergen vor ihrem Eintauchen in die Sandwüste des Ténéré Wasser fassen. Die nächste Möglichkeit bietet sich erst fünf bis sechs Tagesmärsche weiter östlich.

Natürlich hat der Name des Brunnens nichts mit den bescheidenen Bäumchen in den Fässern zu tun. *L'Arbre du Ténéré* – das war einst eine stolze Akazie, die hier, wo die wahre Wüste beginnt, wie ein botanisches Wunder wirkte. Sie stand völlig allein, fernab jeder Vegetation. Mitte der 1970er Jahre fiel sie angeblich dem achtlosen Wendemanöver eines libyschen Lastwagenfahrers zum Opfer. Da wurden Stimmen laut, die Regierung des Niger möge Ersatz finden für den verlorenen Schatten am Brunnen des Ténéré-Baumes. Deshalb schickte die Präfektur Agadez, der am nächsten gelegenen Stadt, schließlich die 30 Bäumchen in den Ölfässern. Für eine so arme Region stellte dies ein aufwendiges Unternehmen dar.

Das größere Problem lag freilich woanders: Wo sollte man einen Begießer finden? Jemanden, der in der Lage wäre, dort draußen auszuhalten? Allein gegen die Starre der Wüste? Gegen das Schweigen im Kopf? Man verfiel darauf, einen Mann vom Volk der Tubu um die Pflege der Bäume zu bitten. Es war das erste Mal in der Geschichte der Sahara, dass eine Administration einen Tubu suchte, ohne ihn als Karawanen-Plünderer, Kameldieb oder Mörder zu jagen. Die Tubu sind schwarze Nomaden von zweifelhaftem Ruf: Sie gelten als jedem Staatswesen unzuträglich. Als zu individualistisch, jeder einzelne nur auf seinen persönlichen Vorteil bedacht, als skrupellos in der Wahl der Mittel. Die meisten Tubu leben im Tschad, in den Wadis des Tibesti-Gebirges. Aus den Höhen der nigrischen Zivilisation betrachtet, befinden sich die Tubu jenseits des Ténéré und der Menschenwürde. Die letzten Wilden der Wüste. Für die Einsamkeit geschaffen.

Kader, ein Tubu aus der Oase Fachi, erschien von Anfang an als der ideale Kandidat für den neuen Posten bei den Bäumchen. Ein Mann mit den Stigmata seines Volkes: der Körper hart und dünn wie ein Nagel, das Gebiss zerbröckelt von zu vielen Datteln und zu wenig Vitaminen, der Blick ein irres, flackerndes Brennen. Jahre zuvor hatte ihn eine Ölgesellschaft nach Aufgabe ihrer Konzession im Ténéré als Wärter auf einer stillgelegten Baustelle zurückgelassen. Um Geräte und Baracken zu bewachen, die niemand mehr abzuholen gedachte und die bis heute wie ein gigantisches Mülldepot aus der Ebene ragen. Irgendwann gab Kader den Job auf.

Die Stelle am Brunnen sagte ihm mehr zu. Morgens und abends schöpfte er Wasser und begoss die werdende Oase. Die übrige Zeit saß er im Schatten seines »Zeltes«. Nur eines brachte ihn schließlich in Aufruhr. Sein Arbeitgeber, der Staat, vergaß, ihn zu entlohnen. Oder auch nur zu verpflegen. Hätten ihm nicht Freunde aus Agadez ab und zu einen Sack Hirse vorbeigebracht, Kader hätte seiner Verantwortung gegenüber den Bäumen nicht lange gerecht werden können. Drei Jahre lang versah Kader seine Arbeit, gratis, dann ging er 1993 enttäuscht zu Fuß zurück nach Fachi.

Als er den Brunnen verließ, lebten 15 Bäumchen. Heute sind es noch zwei. Und selbst wenn irgendwann auch der letzte eingeht, so wird doch die Geschichte von Kader weiterleben. Als Beweis dafür, dass Tubu andere Menschen sind. Dass sich keiner mit ihnen messen kann, wenn es um die Lust an Entsagung und die Liebe zum Alleinsein geht.

Allerdings beneidet sie auch niemand um diese Qualitäten. »Wie kannst du es hier aushalten?«, fragte ich Kader bei unserem Treffen. »Jeder normale Mensch würde in dieser Einsamkeit wahnsinnig.« Er verstand nicht. Ein Mann vom Volk der Tuareg, der mich begleitete, musste es ihm erklären. »Weil ich Tubu bin«, sagte Kader. Es war nicht die Art von Antwort, mit der ich etwas anfangen konnte. Ich beschloss, eines Tages nach einer besseren zu suchen.

Ende Mai. Die schlimmste Jahreszeit. Höllische Tage, an denen die Wüste ihre Kinder frisst. Vor drei Wochen sind 140 Schwarze aus dem Süden an der libyschen Grenze verdurstet; illegale Wanderarbeiter, ihr Lastwagen war mit Motorschaden liegen geblieben. Im Winter können es Saharer fünf, sechs Tage ohne zu trinken aushalten. Wem aber im Mai oder Juni das Wasser ausgeht, der hat noch einen Tag zu leben.

Seit unserem Aufbruch aus Agadez sind wir niemandem mehr begegnet. Keine Tuareg-Karawane würde sich in dieser Jahreszeit noch hinauswagen. Unser Ziel ist Zoo-Baba, eine Oase im Erg von Bilma, einem Dünenmeer am Südostrand des Ténéré. Ich hatte nie zuvor von ihr gehört – bis zu dem Tag, als ich zwei Tuareg aus Agadez nach dem entlegensten Ort der Wüste fragte. Nach einem Ort, in dem die Lebensbedingungen so extrem seien, dass dort nur Tubu wohnen könnten. »Zoo-Baba!«, sagten die beiden. Sie sind Sahara-Führer, gebürtige Nomaden, niemand kennt den Ténéré, diese totalste aller Wüsten, besser als sie. Ihre Antwort kam ohne Zögern: »Zoo-Baba!«

Keine Reise mit leichtem Gepäck. Zwei Geländewagen und ein Pick-up, der Berge von Brennholz für die Küche schleppt, Verpflegung für drei Wochen, 1000 Liter Diesel, allein für den Hinweg. Und 600 Liter Wasser. Nicht genug, um den Ténéré zu durchqueren, wo man zehn Liter pro Tag und pro Person berechnen muss. Doch ausreichend, wenn man die Brunnen auf unserer Strecke ins Kalkül einbezieht. Wir kommen nur langsam voran. 200 Kilometer pro Tag, selten mehr. In einem der Wagen hängt ein Thermometer; es zerteilt unsere Zeit: Morgens gegen neun kriecht das Quecksilber auf über 40 Grad Celsius, zwischen elf und nachmittags um vier kocht die Luft im Schatten bei 46 Grad, bei Anbruch der Nacht kühlt sie ab auf 30 Grad.

Am Nachmittag des dritten Tages erreichen wir Bilma. Das Ziel der Salzkarawanen; außer Dattelpalmen beherbergt die Oase einige in Tümpeln angelegte Salinen. Sonst nur flache Häuser aus *banco,* einem Gemisch aus Lehm, Stroh und Mist, manche bröckelnd, andere fensterlos. Land der Tubu. Hinterste Ecke des Niger, der zu den ärmsten Ländern der Welt zählt. Außer Reichweite aller Entwicklungsbudgets. Niamey, die Hauptstadt am Niger-Fluss, liegt mehr als 1300 Kilometer entfernt. Es gibt keine Flugverbindung. Nur Lastwagen kommen, Jeeps und Karawanen. Bilma ist auch Strafkolonie. Das berüchtigtste Gefängnis des Niger. Ein Ofen. Wo der Wind im Sommer so erfrischend bläst wie ein Schweißbrenner. Einige der Gefangenen laufen frei umher. Wohin sollten sie auch fliehen? In den Ténéré? Zu den Tubu?

»Sie wollen wirklich nach Zoo-Baba?«, fragt der Händler, ein Haussa, bei dem wir unsere Dieselbestände auffüllen. »Ich verstehe nicht, weshalb die Leute den Ort nicht aufgeben. Früher, als Karawanen von 10 000 Kamelen auf der Sklavenstraße von Borno nach Libyen zogen, da war jeder Brunnen auf dieser Strecke eine wichtige Oase. Jetzt finden Sie nur noch Tubu-Karawanen. Das sind fünf Kamele mit zwei Typen ohne Geld! Wie wollen Sie da Geschäfte machen? Die übrigen Karawanen-Stationen sind längst verlassen. Nur die in Zoo-Baba wollen nicht fort.«

Die Oase liegt 60 Kilometer südlich von Bilma. Da man jedoch mehrere Dünenketten überqueren muss, sei die Strecke für Autos fast doppelt so lang, meint der Händler: »Verlieren Sie bei der Kurverei in den Dünen nicht die Richtung! Im Erg von Bilma findet Sie niemand wieder. Am besten, Sie fahren bis Anbruch der Nacht, dann sind Sie morgen früh in Zoo-Baba. Inschallah!«

Tatsächlich, am nächsten Morgen ist unser Ziel in Reichweite. In den letzten Dünen vor Zoo-Baba begegnen wir einem Pick-up. Drei Männer kochen in der Kabine, fünf braten auf der Ladefläche. Wir halten. Feierliche Begrüßung, alle sind gerührt. »Wir arbeiten für die Regierung«, sagt der Fahrer des anderen Wagens. »Wir machen eine Volkszählung.« Ob sie wüssten, wie viele Menschen in Zoo-Baba lebten, frage ich. Der Volkszähler grinst: »So zwischen 25 und 125.«

Dann sehen wir Zoo-Baba. Und da dieser Anblick nicht auf Anhieb zum Aussteigen motiviert, fahren wir erst einmal darum herum. Die Oase ähnelt einem welligen Strand mit Gruppen von Dattelpalmen, Dum-Palmen und Stechakazien. Rund zwei Quadratkilometer groß. Im Osten begrenzt durch einen Berg: einen dieser typischen Wüstenberge aus Schichten glühenden Sandsteins, gekrönt von einem kahlen Plateau, auf dem sich Skorpione wohl fühlen. Zoo-Babas übrige Ausgänge – Fluchtwege möchte man sagen – sind durch Dünenketten versperrt, deren Ausläufer wie Gletscherzungen in die Oase fließen. Als hätte die Wüste diesen Ort in endloser Geduld umzingelt.

Die Hütten vor uns wirken wie Oasen in der Oase. Nie mehr als fünf oder sechs auf einem Haufen, oft mehrere Hundert Meter vom nächsten Haufen entfernt. Sechs Haufen im Ganzen. »Sechs Familien«, sagt El Hadj Bachir, ein Experte für diese Region, der uns begleitet. »Tubu halten es nie lange in der Nähe von Nachbarn aus.«

Die Hütten? Vertrocknete, im Sand steckende Palmwedel, mit groben Baststricken zu vier im Rechteck stehenden Wänden gebunden. Graue Strohquader, deren Komfort sich einzig auf ihren Schatten zu beschränken

scheint. Und die nicht länger als zwei oder drei Jahre halten, ehe sie in den Sandstürmen wegknicken. »Ist Zoo-Baba wirklich ein Dorf?«, frage ich. »Ja«, behauptet El Hadj. »Seine Einwohner zahlen sogar Steuern. 1200 Francs CFA für jeden Erwachsenen. Einmal im Jahr schicken sie jemanden nach Bilma, um das Geld an der Kasse der *souspréfecture* abzugeben.«

1,75 Euro Einkommenssteuer? Wie lächerlich wenig. Und doch übertrieben viel gemessen am absehbaren »Einkommen« eines Einwohners von Zoo-Baba. Hier gibt es nur Wasser und Datteln. Nicht einmal Wege, nur Spuren im Sand. Keinen einzigen Laden, Zoo-Baba hat nichts zu verkaufen. Auch keine Werkstätten, weder eine Schmiede noch eine Tischlerei.

Aber das Merkwürdigste: Es scheint auch keine Einwohner zu geben. »Da!«, ruft El Hadj und deutet mit ausgestrecktem Arm nach Westen. Aus dem Schatten einer Hütte löst sich die Gestalt eines Mannes. Gefolgt von einem Hammel. Mit kleinen, flinken Schritten eilen die beiden hinaus in die Glut, 50 Meter weit, dann bleiben sie stehen und durchblicken angestrengt die 200 Meter, die uns trennen. El Hadj winkt. Der Mann winkt zurück, setzt sich erneut in Bewegung.

So treffen wir Abaza Habib und seinen Hammel. Der Greis – er ist mindestens 70 – begrüßt uns mit einem Dolch. Die Waffe steckt in einer Scheide unter der Achsel. Die Absicht der daneben liegenden Hand ist schwer zu erraten. Ruht sie auf dem Herzen? Zum Zeichen der Gastfreundschaft? Oder nur in Reichweite des Knaufes? Die Augen blitzen aus den Tiefen rot entzündeter Falten. »Mein Großvater hat dieses Dorf gegründet«, sagt der Alte. »Ihr seid willkommen.« Abaza weist uns eine der grünen Schatteninseln zu, verschwindet dann wieder in Richtung Hütte. Der Hammel schaut uns noch einen Augenblick an, bevor er blökend seinem Herrn nachläuft. Wir stellen die Wagen ab, schlagen unser Lager unter Palmen und Akazien auf. In einer Atmosphäre zielstrebiger Geschäftigkeit.

Doch irgendwann sind alle Küchenutensilien installiert, sind Brennholz und Wasserkanister ordentlich arrangiert, ist das letzte Feldbett aufgestellt. Und dann kann nichts mehr die Einsamkeit zurückdrängen. Ein seltsames

Gefühl, anders als in der offenen Wüste, wo die *solitude* wie organisch aus der Grenzenlosigkeit erwächst. Zoo-Baba hingegen besteht nur aus Grenzen: Der Berg, die Dünen, ja selbst die Hütten wirken eher trennend als vereinend.

Manchmal hört man Stimmen und schaut automatisch in die Richtung, aus welcher der Wind bläst. Aber nichts rührt sich, außer streunenden Ziegen. Nur einmal tritt ein junges Mädchen aus einer Hütte, eine Schüssel in der herabhängenden Hand. Es geht zum Brunnen und ist schon einige Minuten später wieder auf dem Rückweg, die Schüssel auf dem Kopf, mit einer Hand abgestützt. Wieder folgt es derselben Diagonale durch das gelbe Trapez: vom Palmengrün unten links bis zur Hütte, die rechts oben auf einem Dünenrücken an das Blau des Himmels stößt.

Das ist eines der Dinge, die dem Fremden in Zoo-Baba sofort auffallen: Er sieht die Welt wie durch ein Weitwinkelobjektiv. Wo er sich auch befindet, das Wenige, das geschieht, scheint sich nie in seiner Nähe zu ereignen. Immer nur als eine einzelne, isolierte Bewegung in der Tiefe eines ungeheuren Raumes. Erschöpft legen wir uns in den Sand. So vergeht der erste Tag in Zoo-Baba.

In der Frühe besucht uns Abaza. *»Salam alaikum!«* Sein Gesicht noch zerknitterter als gestern. Ihm auf den Fersen trippelt der weiße Hammel. Abaza hockt sich zu uns auf die Bastmatte. »Es wäre gut, ihr würdet heute Abend ein *méchoui* essen.« Ein einfacher Satz, in dem ein komplettes Programm steckt. Denn wollten wir wirklich einen Hammel braten, könnten wir nur auf Abazas Gefährten zurückgreifen, das einzige Schaf in diesem Teil der Wüste. Kein sehr schönes Exemplar, mit glasigen Glubschaugen und krummen Hörnern.

Ein Karawanier, erfahren wir, hat das Tier im vergangenen Jahr aus Bilma mitgebracht, noch ganz klein und auf ein Kamel gebunden. Abaza hat es mit den Abfällen von Zoo-Baba großgezogen. Während ich seinen Vorschlag überdenke, greift der Alte in unser Teekännchen und pult eine

Handvoll matschiger Blätter von deren Grund. Er hält sie dem Hammel hin – dankbar blökend frisst das Tier seinem Herrn aus der Hand.

»Einverstanden«, sage ich. Abaza stößt die Schnauze des Hammels weg und rappelt sich vom Boden hoch: »35 000 CFA!« Über 50 Euro? Ein kräftiger Preis. Aber konkurrenzlos. Ich zahle. Ahmed, unser Koch, zieht den Hammel mit sich fort unter die Küchenpalme. Abaza geht. Ohne seinem ehemaligen Haustier auch nur einen letzten Blick zu schenken.

Minuten später kommt Ahmed zurück, einen unbefleckten Dolch in der Hand: »Dieser Hammel besteht nur aus Fell und Rippen. Es lohnt sich nicht, ihn zu schlachten.« Erleichtert stimme ich zu. Da taucht mit unbegreiflicher Plötzlichkeit Abaza wieder in unserer Mitte auf. Suchend schaut er in die Höhe. Als hätte er etwas im Geäst der Bäume verloren. Ahmed lässt den Hammel frei. Freudig reibt das Tier seinen Kopf an den Knien des Tubu.

»Wir können ihn nicht schlachten, Abaza«, sage ich. »Er ist zu mager. Nimm ihn zurück!« Gleichgültig zuckt der Greis mit den Schultern, taucht seine Hand in die Tasche seines *boubou* und reicht mir das Geld. Allerdings nur vier Scheine, vorhin waren es sieben. Wortlos zieht er davon, seinen Gefährten auf den Fersen. Ich begreife: Abaza und der Hammel sind Geschäftspartner.

Wir gehen auf Erkundung. Von einem Hüttenhaufen zum nächsten. Die meisten Behausungen sind leer. Machen auch nicht den Eindruck, als könnte man ihre Bewohner heute noch zurück erwarten. In einer Hütte hockt reglos eine blinde Frau. Abwartend dreht sie den Kopf in unsere Richtung, scheucht uns dann fort, sobald sie unsere Stimmen vernimmt. In der Regel zeichnen sich afrikanische Dörfer dadurch aus, dass sich eine laute Kinderschar auf Fremde stürzt. In Zoo-Baba gehen uns sogar die Kleinsten aus dem Weg.

Nur Chegou Abdelaye winkt uns einladend zu. Er ist groß und kräftig, sein Gesicht offen und entspannt. Zu seinen Füßen liegt der Koran. Er sei Oberhaupt einer Neun-Hütten-Familie, erklärt Chegou, und besitze einen

Ausweis. Ein zerfleddertes Dokument, welches das Geburtsdatum seines Besitzers mit *vers 1939* angibt: um das Jahr 1939. Neben ihm im Sand sitzt sein Bruder Husseini. Ein Greis mit amüsiertem Fledermausblick und einer klaffenden Lücke anstelle der oberen linken Zahnreihe.

Chegou breitet eine Kameldecke für uns auf dem Boden aus. Husseini gräbt mit der Hand eine flache Mulde in den Sand, füllt sie mit Holzkohle und schickt sich an, in einem winzigen Emaille-Kännchen süßen Tee zu brauen. Also birgt der Alltag dieser Menschen doch ein wenig Luxus? Aber nein, es ist nur der Tee und der Zucker, den wir gestern bei unserer Ankunft verschenkt haben. Abaza hat jedem in Zoo-Baba eine Ration zugeteilt.

Und dann erzählt Chegou. Im Präsens. Denn die Welt mag sich verändern, nicht aber die seine! Mitte März, um das Jahr 1947. Ein französischer *méhariste,* Offizier der kolonialen Kamel-Kavallerie, reitet in den Schatten von Zoo-Baba. Er steigt vom Dromedar, lässt das Tier von einem seiner *goumiers,* einem Soldaten der eingeborenen Hilfstruppen, zum Brunnen am Rande der einstigen Sklavenstraße führen. Der Offizier ist müde, der Zwei-Tage-Ritt von Bilma herüber hat ihn zermürbt, und der Anblick einer Handvoll Tubu trägt nicht zu seiner Erfrischung bei. Einmal im Monat muss er sich hierher schinden. Um nachzusehen, ob die Tubu nicht wieder einen ihrer sinnlosen Kriege angezettelt haben. Wegen der Kamele. Dauernd stehlen sie Kamele. Absurd! Da jeder bei jedem stiehlt, gleicht es sich doch am Ende aus, und es dürfte keine Kriege geben.

Zoo-Baba, das gottverlassenste Nest in der riesigen französischen Sahara. Am Brunnen steht ein Kind und begutachtet eingehend das Kamel des Franzosen. »Warum lebt ihr hier?«, fragt der Offizier missmutig den Jungen. Der heißt Chegou und versteht kein Französisch. Einer der *goumiers* übersetzt, doch der junge Tubu versteht noch immer nicht.

»Wie weit ist es bis Birnin Kazoé, dem Haussa-Markt im Süden, wo ihr eure Hirse kauft?« »15 Tage«, sagt der Junge. »Wie weit ist es bis Agadez, der nächsten Stadt?«»15 Tage.« »Und wie weit bis zur libyschen Grenze, wohin ihr die Diebe verfolgt, die eure Kamele stehlen?« »15 Tage«, antwortet Che-

gou, der trotz seiner erst acht oder neun Jahre einige dieser Strecken schon selber gelaufen ist. »Alles, was ihr braucht, liegt 15 Tage entfernt«, resümiert der Offizier. »Warum also lebt ihr hier?« Jetzt versteht der Junge: »Weil wir hier zu Hause sind!«

Der alte Chegou schweigt eine Weile, lässt Husseini Zeit, den Tee auszuschenken. In kleinen Gläsern, die noch von ihrem letzten Gebrauch kleben. Lautes Schlürfen. Um das starke Gebräu im Mund mit Luft zu verdünnen. Ob sich seither wirklich nichts in Zoo-Baba verändert habe, frage ich. »Nein«, sagt Chegou. »Außer dass es keine Meharisten mehr gibt. Deshalb kommen jetzt wenige Weiße. Vielleicht einmal im Jahr. Oder noch seltener. Sie kommen in Autos. Oft steigen sie nicht einmal aus. Sie fragen auch nicht mehr nach gestohlenen Kamelen.«

Seine Geschichte gefällt mir. »Sie stimmt nicht ganz«, gesteht Chegou. »Auch wenn ich nur die Wahrheit gesagt habe. Aber der Grund, weshalb wir hier leben, sind natürlich die Datteln und das Wasser. Und die Kamele. Wir brauchen sie, um Hirse zu holen. In der Wüste gibt es keine Hirse. Aber sonst gibt es hier alles. Siehst du nicht die Vorteile von Zoo-Baba?« Gesehen habe ich bisher nur drei Greise, ein paar Frauen und Kinder. Zweifellos jene 25, die der Volkszähler im Pick-up als untere Einwohnergrenze Zoo-Babas in seine Tabelle eingetragen hat. »Wo sind die Übrigen?«, frage ich. Chegou blickt verständnislos in die sich verdichtende Hitze. Es geht ja schon auf Mittag zu. »Bei den Kamelen. Wir können doch nicht einfach alle hier auf die Palmen aufpassen. Wer soll denn sonst die Kamele bewachen?«

Wir schleppen uns zurück zu unserer Schatteninsel. Es müsste ein neues Wort für Hitze geben. Eines mit sieben oder acht aufeinander folgenden Konsonanten, das ausschließlich zur Beschreibung der Sahara im Sommer benutzt werden dürfte. Wir versuchen vergebens, die Temperatur außerhalb des Schattens zu messen – unser Thermometer reicht nicht so weit. Doch ist es nicht in erster Linie die Hitze, die uns so zusetzt. Sondern vielmehr das Brennen auf der Haut, sobald man den Schatten verlässt, das Austrocknen der Augen, das Sieden in Nase und Lunge. Die Sonne über Zoo-Baba ist nicht »unangenehm« oder »lästig« – nein, sie trägt sich mit Mordabsichten.

Den Nachmittag verbringen wir auf den Feldbetten. Reglos im Schweiß der Hemden, die, setzt man sich auf, eisig am Rücken kleben bleiben. Ich versuche, Zoo-Babas Wirtschaft zu begreifen. El Hadj Bachir hilft mir. Sein Volk, die Kanuri, sind den Tubu ähnlich. Wenn auch weniger extrem. El Hadj kennt das Leben in der Wüste. Er wuchs als Nomade an deren Rand auf, sein Bruder ist im Ténéré verdurstet. Zoo-Baba, erklärt El Hadj, sei nicht wirklich der kleine verlorene Punkt, den wir auf unserer Karte sehen. Gewiss, der Name bezeichne einen realen Ort mit einem Brunnen und mehreren Dattelpalmen. Als menschlicher Lebensraum jedoch erstrecke sich Zoo-Baba über Hunderte von Kilometern: »Was du im Ténéré zum Leben brauchst, findest du nie an einem einzigen Ort. Hier wird ein Mann nicht an seinem Geld gemessen. Sondern an seiner Fähigkeit, Distanzen zu überwinden. So sehen es die Tubu: Was du mit deinem Kamel erreichen kannst, das gehört dir.«

Im Umkreis dieser Oase zum Beispiel gebe es kein Gras, nicht einen Büschel. Die »Weiden« lägen bei der verlassenen Oase Dibella, zwei Tagesmärsche weiter südlich. Oder, je nach Intensität der Regenzeit zwischen Juni und August, bei Agadem, einer weiteren verlassenen Oase, fünf Tagesmärsche entfernt. »Die anderen«, sagt El Hadj und meint jene 100 Bewohner, die der Volkszähler nicht angetroffen hat, »verbringen acht Monate im Jahr draußen bei den Kamelen. Als Nomaden oder Karawaniers.«

Das Jahr von Zoo-Baba beginnt im Juli. Mit der Dattelernte. Dann wächst die Zahl der Dorfbewohner tatsächlich auf 125. Jede der sechs Familien hat ihre eigenen Palmen. Nach der Ernte packen sie den größten Teil ihrer Datteln in Säcke, verstauen sie auf Kamelen und schicken die kleinen Familien-Karawanen nach Süden, ins Land der Haussa an der Grenze zu Nigeria. 15 Tage Marsch. Erst über die Dünen, dann über die ausgedörrten

Ebenen des Sahel. Zehn Tage für den Handel, bei schwankenden Kursen: In der Regel bekommen sie für eine Tasse Datteln eine Tasse Hirse, in schlechteren Jahren müssen sie die zwei- oder gar dreifache Menge an Datteln hergeben. Dann 15 Tage Rückmarsch. »Hin und wieder sind die Karawaniers Frauen«, sagt El Hadj. »Manchmal zieht nur eine einzige Tubu an der Spitze ihrer Kamele durch die Wüste.« Bewaffnet mit einem Dolch und einer an Unverschämtheit grenzenden Courage.

Am Abend gehe ich noch einmal zu Chegou. Seit unserem Gespräch hat er die Hütte nicht verlassen. Was er den Tag über getan hat, ist im Sand verzeichnet – als Abdruck eines auf der Seite liegenden Körpers: die Knie leicht angewinkelt, oben das spitze Loch eines Ellenbogens, weil er mit abgestütztem Kopf dagelegen hat, stundenlang. Aber jetzt ist Chegou beschäftigt. Eine Szene wie aus dem Alltag eines Steinzeitmenschen. Der Tubu kniet vor einem platten Stein, in der Hand einen spitzen Stein, mit dem er eine hellbraune Knolle zu Pulver zerklopft. »Soobo«, sagt er – die Frucht der Dum-Palme. Trocken und hart wie Holz. Gut gegen Hunger. Chegou leckt das Pulver aus der hohlen Hand. Zwei oder drei Soobo, dann ist der Hunger zwar noch da, aber man spürt ihn nicht mehr.

Hat er nichts anderes zu essen? Doch, natürlich, wehrt der Greis ab. In Zoo-Baba gebe es immer genug zu essen. Nur müsse man eben die Reserven klug einteilen: »Zu dieser Jahreszeit ist die Tonne fast leer. Das ist normal.« Er deutet auf ein zerbeultes 200-Liter-Fass. Früher muss es dem Transport von Benzin gedient haben. Jeder Familienchef in Zoo-Baba besitzt eine solche Tonne. Im Oktober, wenn die Hirse-Karawanen aus dem Süden nach Zoo-Baba zurückkehren, werden die Fässer in den Hütten gefüllt. Für ein ganzes Jahr.

Jetzt, Anfang Juni, klingt es schon recht hohl, wenn Chegou den Blechdeckel von der Tonne zieht. Er muss sie schon zu sich hinkippen, um seine Tasse in die letzte Schicht Körner tauchen zu können. Behutsam schüttet er die ungeschälte Hirse auf einen Teller aus Palmenbast. Etwa 250 Gramm. In normalen Zeiten die Tagesration für eine Person. Nun wird sie durch fünf geteilt. »Wir müssen vorsichtig sein«, erklärt Chegou. »Im vergangenen Jahr hat es kaum geregnet. In Gouré, 25 Tagesmärsche von hier, essen die Leute schon wieder die Blätter von den Bäumen.« Und wenn es gar nichts mehr zu essen gibt? Er antwortet verärgert: »In Zoo-Baba ist noch niemand verhungert!«

Chegou erzählt. Wieder im Präsens: 1984/85, die schlimmste aller Dürren. Die Weiden verdorren, die Herden gehen ein. Ein Mann reitet auf einem Esel in den Schatten von Zoo-Baba, bringt Nachricht aus dem Süden: »Ich habe einen Fulbe gesehen, der bringt seine Frau und vier Kinder zum Brunnen. Der Mann hat alle seine Rinder verloren und kann die Familie nicht mehr ernähren. Er nimmt seine Kinder und wirft sie in den Brunnen. Eines nach dem anderen. Die Frau reißt sich los und flieht. Der Mann versucht nicht, sie einzuholen. Er springt in den Brunnen.« Chegou schüttelt den Kopf: »Nie würde jemand aus Zoo-Baba so etwas tun. Wir halten durch.« Auch sie verlieren in jenen Tagen viele Kamele. Und die überlebenden Tiere sind zu schwach für eine Reise nach Süden, um Hirse zu holen. Wenn es überhaupt noch welche gibt.

Ein ganzes Jahr lang liegen die Leute von Zoo-Baba vor ihren leeren Tonnen in den Hütten. Sie essen verdorrte Datteln. Lecken sich irgendwann nur noch Soobo-Pulver aus der Hand. Bis zum Tage des Wunders: Hirse, die vom Himmel fällt! Gewiss, sie befindet sich in Säcken, die an Fallschirmen über der Oase abgeworfen werden. Aber es bleibt dennoch ein Wunder, allein wegen seiner historischen Bedeutung. Denn nach all den Monaten des Herdensterbens und der Nomadenflucht in die Städte hat die Regierung in Niamey Nachricht erhalten, in einem unendlich fernen Ort gebe es Überlebende. Ein paar Tubu. Damit beschäftigt, durchzuhalten. »Als die Hirse vom Himmel fiel«, sagt Chegou, »da hatten wir zum ersten Mal das Gefühl, dass der Niger eine Regierung hat.«

Tage im Schatten. Stunden, die in der Hitze quälend zerrinnen, auf den Abend zu, ihrem einzigen Ziel. Die Zeit des Durchhaltens. Die Zeit der

langen Tage, an denen Zoo-Baba verlassen wirkt, weil seine Bewohner reglos in den Hütten liegen, den Kopf in die Hand gestützt und den Ellenbo-
gen in den Sand. Die wenigen notwendigen Handlungen werden von
Frauen und Kindern verrichtet und lassen sich an einer Hand abzählen:
Hirse stampfen, ihn zu Brei kochen, Wasser und Holz holen. Frauen flech-
ten Teller und Stricke aus Palmenblättern. Und abends gehen die Kinder
die Gärten gießen.

Die Gärten sind uns zunächst gar nicht aufgefallen. Aber eines Morgens
erscheint Husseini, Chegous Bruder, vor unseren Feldbetten. Noch keine
sechs Uhr! Aber der alte Tubu hat ein Programm. Wichtige Dinge, die er
uns zeigen möchte. Damit wir keinen falschen Eindruck von Zoo-Baba be-
kämen. Es scheint ihm sehr am Herzen zu liegen. Während wir Husseini
zum Westrand der Oase folgen, bereitet er uns auf das Ereignis vor: »In der
Wüste gibt es nur sehr wenige Gärten!« Einige Schritte weiter: »Wir haben
Glück!« Und fast am Ziel: »Zoo-Baba hat nicht nur einen, sondern drei
Gärten!« Dann zeigt er uns den ersten. Und ich verstehe, weshalb uns so
viel Pracht bislang verborgen bleiben konnte: Der Garten ist angelegt wie
eine Hütte, ohne Dach allerdings: Im Sand steckende Strohwände umschließen ein Beet, etwa sechs Quadratmeter groß.

»Ein schöner Garten, Husseini.« Er strahlt, nickt bescheiden. Zeigt auf
ein mageres Kraut, das im Sand ums Überleben kämpft. »Meist pflanzen
wir Tomaten und Gombo«, – ein Malvengewächs. »Die zerstampfen wir
und rühren sie in Ziegen- oder Kamelmilch zu Soße für den Hirsebrei.« Er
spitzt die Lippen wie ein verwöhnter Gourmet. »Natürlich nicht alle Tage!«
Husseini zeigt uns auch die beiden anderen Gärten. Sie sind eher noch kleiner. Vielleicht sind sie sogar die kleinsten Gemüsegärten der Welt. Aber der
größte Luxus von Zoo-Baba.

Sonst lässt sich in dieser Oase nichts entdecken, was den Alltag versüßen
könnte. In seiner Hütte hat Husseini eine Petroleumlampe stehen, nur zum
Schmuck, denn Petroleum hat er nie. Auch besitzt niemand im Ort eine
Taschenlampe. In Zoo-Baba endet der Tag bei Sonnenuntergang, dann le-

Chegou

gen sich alle schlafen. In der heißen Jahreszeit einfach draußen in den Sand, vor dem Türloch ihrer Strohquader. Im Winter, wenn der Wind eisig weht, kriechen sie ins Innere und wickeln sich in eine Decke.

Niemals habe ich Leben gesehen, das nackter, minimaler, archaischer war als das in Zoo-Baba. Hier sind Menschen noch immer allein auf der Welt. Dabei weiß ich, es hätte auch anders kommen können. Durch Kantana, Husseinis Vetter: ein Mischling, Sohn einer Tubu und eines französischen Offiziers. In Bilma aufgewachsen, hatte er dort die Schule besucht und sich dann das Ziel gesteckt, den Tubu eine Zukunft im Niger zu bauen. Durch Integration. Sie brauchten Schulen. Um sich Zugang zur Verwaltung zu schaffen. Und damit Gehör in Niamey.

Die Regierung ließ Kantana tatsächlich Schulen für die Nomaden bauen. Sie ernannte ihn sogar zum Schulinspektor. Mit Büro in Agadez und einem eigenen Geländewagen. Kantana befreite eine Oase nach der anderen aus der Einsamkeit. Auch Zoo-Baba stand auf seiner Liste. Aber im Sommer 1977 kam ein Wagen der *souspréfecture* über die Sklavenstraße und brachte schlimme Nachricht. Kantana sei aus Agadez abgefahren, aber nicht in Bilma angekommen. Chegou, Husseini und Abaza machten sich auf die Suche. Stiegen auf ihre Kamele und folgten ihrem Instinkt. Nach drei Stunden fanden sie die Leiche. Steif und trocken wie eine Mumie, ausgestreckt neben einem leeren Plastikkanister. Dem Wagen war das Benzin ausgegangen, und Kantana hatte versucht, Zoo-Baba zu Fuß zu erreichen. Aber bis dahin war es einfach zu weit.

An jenem Tag endete die Zukunft von Zoo-Baba. Bis heute gibt es in der Oase keine Schule und auch kein *dispensaire,* keine jener Basis-Kliniken, die anderswo dem Bau einer Schule folgen. Wird in Zoo-Baba jemand krank, wartet er ab. Bis er aus eigener Kraft gesundet. Oder schwer krank wird. Dann bindet man ihn aufs Kamel und transportiert ihn in zwei Nachtmärschen nach Bilma. In der Hoffnung, dass er lebend dort ankommt.

Aber unverdrossen führt uns Husseini den Komfort von Zoo-Baba vor. Das gute Leben in der Öde. Spürt er unsere Zweifel? Fürchtet er unser Mitleid? »Ein Tubu«, betont er, »braucht vor allem Sand und Stein. Sand für die Bequemlichkeit, den Stein zum Verstecken.« Der Sand von Zoo-Baba, gebe ich zu, hat Qualität. Weich und sauber ist er, schließlich sind wir mitten in der Wüste. Mit »Stein« meint Husseini den breiten Berg auf der gegenüber liegenden Seite der Sklavenstraße. Eine einzige Passage führt da hinauf. Kurz bevor sie das Gipfelplateau erreicht, mündet sie in einen Felsvorsprung. Dessen Rand ist mit hochgestellten Steinplatten abgegrenzt. Eine Verteidigungsstellung. Husseini nimmt einen Felsbrocken vom Boden, stemmt ihn mit beiden Armen über den Kopf und wirft ihn in die Tiefe. »Hier kommt kein Feind vorbei!«, triumphiert er.

Wir klettern weiter. Das Plateau ist mit schwarzen Steinen übersät. An einigen Stellen sind sie zu runden, brunnenähnlichen Gebilden aufgeschichtet. »Das sind Häuser«, erklärt Husseini. Sie haben kein Dach, bieten nur Schutz gegen den Wind. Mehr als eine Person passt nicht hinein. »Sogar eine Moschee haben wir«, ruft Husseini und zeigt auf einen aus spitzen Steinen markierten Halbkreis.

Das Versteck am Berg bestand schon, als Husseinis Großvater aus dem Tibesti kam und Zoo-Baba verlassen vorfand. Es stammt aus einer Zeit, als die Oasen ständig von Tubu-Banden angegriffen wurden. Und als es noch ausreichte, Steine auf die Köpfe emporkletternder Verfolger zu werfen. Gegen heutige Waffen aber böte der Berg kaum Schutz. »Doch!«, widerspricht Husseini. »Wenn du es bis hier oben schaffst, bist du gerettet.«

Diese Gewissheit braucht er für den Komfort in seinem Kopf. Tubu haben einen ausgeprägten Fluchtinstinkt. Da sie nie ein eigenes Reich besaßen, nie in der Lage waren, einen gemeinsamen militärischen, geschweige denn einen politischen Oberbefehlshaber zu akzeptieren, sind sie fremden Eroberern stets ausgewichen. Durch chaotische Flucht einzelner Familien. In Gebiete, die so abweisend und menschenfeindlich waren, dass sich Verfolgung gar nicht lohnte. Und so entkamen sie auch der Zivilisation.

Nein, in der ganzen Sahara gibt es keinen einsameren Ort als Zoo-Baba. Seine Armut lässt sich nicht schmälern, nicht verleugnen. Doch seine Kraft liegt im Gegensatz zwischen Armut und Elend. Armut zehrt am Körper, Elend frisst die Seele. Ein Clochard in Paris ist *misérable*, niemals jedoch ein Tubu in Zoo-Baba. Wer wollte Husseini einreden, er führte kein beneidenswertes Dasein? Und dass Glück mehr erfordere als Sand und Steine?

»Was würdest du tun, wenn du viel Geld hättest?«, frage ich Husseini. Er braucht nicht nachzudenken: »Viele Kamele kaufen!« Und auch das würde sein Leben nicht verändern. Denn ob einer in Zoo-Baba 50 Kamele besitzt oder nur fünf, ist weder zu sehen noch zu spüren. Alle wohnen in den gleichen Hütten, tragen die gleichen Lumpen, lecken sich die Finger nach dem gleichen Hirsebrei mit Soßen aus den Lilliput-Gärten am Oasenrand.

Wir verlassen den Berg – es wird Zeit fürs tägliche Durchhalten. »Noch nie sind Fremde so lange bei uns geblieben wie ihr«, sagt Husseini zum Abschied dieses Tages, denn niemand wird sich mehr aus dem Schatten rühren. »Ihr werdet hier immer willkommen sein. Ich werde meinen Kindern und Enkeln Anweisungen geben für den Fall, dass ich, wenn ihr kommt, nicht mehr leben sollte.« Dass seine Nachfahren bis dahin aus Zoo-Baba fortziehen könnten, kommt ihm gar nicht in den Sinn.

Und noch eine Gnade ist ihnen beschieden: Die Menschen in Zoo-Baba wissen nur, was in Zoo-Baba von Interesse ist. Die einzigen Nachrichten, die den Ort erreichen, kommen mit den kleinen Tubu-Karawanen über die Sklavenstraße. Meist sind es Botschaften nomadisierender Söhne an ihre Väter daheim. Nachrichten wie: »Vorrat aufgebraucht. Schick Hirse!« Und immer ist es eine gesprochene Nachricht. Denn selbst wenn jener, der sie schickt, schreiben könnte: Niemand in Zoo-Baba wäre imstande, sie zu lesen.

Hat ein Karawanier einem Einwohner von Zoo-Baba etwas zu berichten, nähert er sich der betreffenden Hütte möglichst geräuschvoll. »*Salam aleikum!*«, ruft er, wenn er noch mindestens zehn Meter entfernt ist. Und wartet, bis es aus der Hütte zurückschallt: »*Aleikum salam!*« Dann folgen die immer gleichen Formeln: »*Ouassara?*« (Ist alles gut?) – »*Kelahalei.*« (Ja, alles gut.) – »*Inilabar?*« (Wie sind die Neuigkeiten?) – »*Kelahaleije.*« (Sie sind gut.) Selten vergehen zwei Tage, ohne dass Zoo-Baba eine Nachricht erhält. Heute früh lagert wieder eine Karawane am Brunnen. Fünf Kamele und zwei dünne Männer. Von unserem Lager aus sehe ich sie undeutlich. Die ganze Nacht hindurch hat der Wind in den trichterförmigen Dünen-Tälern geröhrt. Ein seltsames Brummen, wie von einem fernen Flugzeug. Jetzt ist die Luft voller Sand und die Sonne nur eine blasse Scheibe. In milchigem Licht verschwimmen die Umrisse der Hütten und Palmen zu Schemen. Geisterstimmung. Einer der Karawaniers geht auf Abazas Hütte zu. Mit langen Schritten, denen seine kräftig pendelnden Arme zusätzlich Schwung verleihen. Auch ich marschiere los, den noch müden El Hadj im Schlepptau. Er glaubt nicht, dass es einen Grund zur Neugier geben könnte.

»Was gibt's Neues?«, frage ich, als wir unhöflich in die Hütte Abazas platzen, jenes Mannes, der uns seinen unessbaren Hammel verkaufen wollte. Zum ersten Mal sehe ich sie von innen. An einer Strohwand hängen zwei Taschen aus Rindsleder. Die eine enthält Abazas persönliche Schätze: Zucker, Tee, Trockenfleisch, ein zweites Gewand für besondere Tage. Die zweite eine komplette Karawanenausrüstung: alles von Maul- und Fußstricken bis zu Behältern für Milch, Datteln und Hirse. Von der Decke hängt eine *guerba,* eine ausgehöhlte Ziegenhaut, die 25 bis 30 Meter Liter fasst. Auf dem Boden liegt ein aus Reifenschlauch gefertigter Eimer, daneben ein aufgewickelter Baststrick von 50 bis 60 Meter Länge.

Abaza und der Karawanier beenden ihr Begrüßungsritual: »Wie sind die Neuigkeiten?« – »Sie sind gut.« Was in diesem Falle nicht stimmt: Die Karawane ist in den Dünen auf zwei Verdurstete gestoßen. Sie haben die Toten oberflächlich mit Sand zugedeckt. Nun müssen deren Familien benachrichtigt werden, sagt der Karawanier. Damit sie einen Marabut holen, um die beiden nach islamischen Geboten beizusetzen. »Die sind nicht von hier«, antwortet Abaza ärgerlich. Noch nie sei jemand aus Zoo-Baba verdurstet.

»*Salam aleikum!*«, meldet sich draußen die Stimme von Chegou. Auch er kommt mit übler Kunde: Zwei Kamele, die ein befreundeter Karawanier vor Tagen in Zoo-Baba untergestellt hat, sind verschwunden. Gestohlen! Chegou hat die Ereignisse im Sand nachgelesen. Zwei Männer, zweifellos Tubu, sind gestern auf Reitkamelen aus Richtung Bilma gekommen, haben sich bis zum Einbruch der Dunkelheit am Berg versteckt, sind dann ins Dorf geschlichen, haben den beiden Tieren die Fußfesseln gelöst und sie fortgeführt.

El Hadj, mein Experte für die lokalen Traditionen, federt die Dramatik des Geschehens ab. Dies seien nun einmal Menschen, erklärt er mir, für die das Stehlen von Kamelen zur Lebensart gehöre. Noch vor nicht allzu langer Zeit hätte kein Tubu eine anständige Frau gefunden, ohne einen soliden Ruf als Kameldieb nachweisen zu können. Welche Eltern hätten ihre Tochter schon einem Faulpelz anvertrauen wollen? Und auch heute noch sei Kamelraub für einen Tubu kein Vergehen: »Von zehn Kamelen, die er zum Markt treibt, ist höchstens eines nicht gestohlen!«

Abaza protestiert heftig. Er habe zwar gehört, dass so etwas vorkomme, aber nicht in Zoo-Baba. »Schau, die Diebe sind bewaffnet«, argumentiert er. »Wir können nichts machen. Wir haben keine Kamele für die Verfolgung, wir haben keine Waffen.« Die bei den Herden weilenden Söhne allerdings verfügen über Kalaschnikows, Relikte des jüngsten der vielen Tubu-Kriege: Nachdem die geschlagenen Soldaten des tschadischen Präsidenten Hissen Habré 1990 in den Niger geflohen waren, tauschten sie ihre Gewehre gegen Kamele ein. Manchmal auch gegen Hirse und Datteln.

»Und jetzt sollen eure Söhne die Verfolgung aufnehmen?« Chegou nickt. »Aber wie willst du sie rechtzeitig benachrichtigen?« »Die Karawane! Sie bricht gleich auf. Mit der Nachricht an unsere Kinder. Wir werden die Diebe finden. Auch sie können nur von Brunnen zu Brunnen fliehen. In dieser Jahreszeit gibt es keinen anderen Weg.«

Ich folge dem Karawanier zurück zum Brunnen. Auch Chegou kommt dazu. Und Abaza mit seinem Hammel. Der zweite Karawanier hat schon die Kamele getränkt. Jetzt füllt er die *guerbas* auf, die Wasserbeutel. Der Mann schuftet in praller Sonne – und schwitzt nicht! Ich stelle mich neben

ihn. Als wollte ich seine Kamele bewundern. Und schnüffle angestrengt. Er trägt den Geruch seiner Tiere. Nicht den von Schweiß. Er hat auch keine weißen Ringe unter den Achseln. Obwohl sein Gewand schon seit geraumer Zeit nicht mehr gewaschen worden ist.

Vielleicht stimmt es ja, was Sahara-Forscher behauptet haben: Dass sich die Wüste im Tubu ihren eigenen Menschen geschaffen hat. Einen Menschen, der weniger Energie braucht, weil er selten mehr als 60 Kilo wiegt. Und der nicht schwitzt, weil er weniger trinkt. Der deutsche Forscher Gustav Nachtigall, der 1869 als erster Europäer den Tibesti erreichte und die Tubu von ihrer übelsten Seite beschrieb, war dennoch beeindruckt von ihrer physischen Kondition. Als der Deutsche einmal die letzten Liter Wasser unter den dürstenden Männern seiner Karawane verteilte und deren Führer, einen Tubu, als letzten bediente, wies dieser seine Ration zurück. Für ihn sei es noch nicht an der Zeit zu trinken, sagte der Mann. Wie alle Tubu trank er zweimal am Tag – eine Tasse am Morgen, eine Tasse am Abend.

Auch Jean Chapelle, bis 1960 Frankreichs Präfekt im Tibesti, rühmte die phänomenale Anpassung der Tubu an ihre natürliche Umwelt: »Ihre Ausdauer gegen Müdigkeit, Hunger und Durst ist ganz außerordentlich und jener aller anderen Nomaden überlegen«, schrieb der Franzose, der den Grund dafür in der langen Präsenz dieser Menschen in der Wüste vermutete: Die Tubu seien eine »homogene Rasse«, die ihren gegenwärtigen Lebensraum seit Urzeiten bewohne.

Die Karawane bricht auf. Mit kurz erhobener Hand ziehen die beiden dünnen Männer los. Eine wahnwitzige Idee überfällt mich: Wie wäre es, sie ein wenig zu begleiten? Er komme auch mit, verkündet Abaza freudig. Sein Hammel, nun doch klüger, macht kehrt und trottet zurück zur Hütte.

Nach einer halben Stunde reicht es mir. Aber ich will vor einem 70-Jährigen nicht das Gesicht verlieren. Bleibe ein wenig zurück, wenn ich wieder mal zur Wasserflasche greifen muss. Die Karawane beginnt den Anstieg zum Kamm der ersten Dünenkette. In gerader Linie zieht sie empor, direkt in den Himmel hinein. Auf der anderen Seite ist der Abstieg steil. Karawanen von Tuareg oder Mauren ziehen nur über flaches Terrain. Um ihre Kamele über solche Dünen zu bringen, müssen die Tubu sie dressieren. Dennoch sträubt sich das erste Tier. Der Karawanier zieht heftig am Maulstrick. Mit steifen Vorderbeinen stakst das Kamel im abwärts rieselnden Sand. Schafft es unversehrt bis nach unten. Das zweite Tier verliert das Gleichgewicht, fällt auf die Seite, wirft seine Ladung ab. Säcke, Bündel, Taschen rollen den Abhang hinunter. Mit erhobenen Händen und gellenden Rufen versuchen die beiden Tubu, das Chaos in den Griff zu bekommen. Ein deprimierender Augenblick. Und der Gedanke ist fürchterlich, dass diese Karawane zwei Tage bis zum nächsten Brunnen brauchen wird. Und zehn Tage bis zu ihrem Ziel.

»Abaza«, ergebe ich mich, »lass uns umkehren!« Er hört nicht. Seine »schönste« Karawane, erzählt der Greis, habe acht Monate lang gedauert. Im Oktober, es muss um das Jahr 1966 gewesen sein, hat er unten im Süden nicht nur seine Datteln gegen Hirse getauscht, sondern sich auch Stoffe aus Nigeria besorgt. Auf dem Rückweg lud er die Hirse in Zoo-Baba ab und zog mit den Stoffen und zwei Ziegen weiter nach Norden. Bis Tajarhi, der ersten Oase auf libyschem Boden. Dort tauschte er seine Ladung gegen

Datteln, die besser waren als die aus Zoo-Baba, und transportierte sie wieder nach Süden, 1500 Kilometer weit bis nach Nigeria, wo er die Datteln abermals gegen Hirse und Stoffe eintauschte.

Bei seiner Rückkehr nach Zoo-Baba hatte Abaza mehr als 4000 Kilometer zurückgelegt. Die Sonne hatte ihm die Iris verbrannt, der Wind die Schleimhäute ausgetrocknet. »Auf einem Auge bin ich seither blind«, sagt er und deutet auf das rechte. Geblieben ist die Erinnerung an die bezwungene Distanz. »Wenn du dich nachts verirrst«, sagt er, »gibt es ein einfaches Rezept: Du hältst an, schließt die Augen, drehst dich im Kreis und legst dich auf den Boden. Wenn der Schwindel im Kopf aufhört, machst du die Augen auf und schaust in die Sterne. Dann weißt du sofort, wo du dich befindest.«

Ich bezweifle, dass mir sein Rat jemals von Nutzen sein wird. Aber wie kommt er mit der Einsamkeit zurecht? »Woran denkst du, Abaza, wenn du monatelang allein durch die Wüste läufst?« »An nichts, das ist sehr wichtig.« »Aber an irgendetwas denkt man doch immer.« »Dann denke nur das, was du siehst! Nur daran allein!«

Wie einfach. Das letzte Geheimnis jener, die in Zoo-Baba geboren werden: nur zu denken, was sie sehen. Wenn sie durch die Leere marschieren. Und auch, wenn die Hirsefässer hohl klingen und sie ausgestreckt im Sand der Hütten durchhalten. Immer in der Gegenwart bleiben. Wie in Chegous Präsens-Geschichten. Ohne Hoffnung auf Zukunft, ohne Sehnsucht nach Vergangenheit. So, glaube ich, muss es auch Kader gehalten haben, mit seinen drei Jahren am Brunnen des *Arbre du Ténéré*. Was war seine Einsamkeit schon anderes als ein langer Marsch durch die Zeit? Eine Kleinigkeit für jeden Tubu. Abaza zieht mich am Hemd. Wir gehen zurück zum Schatten von Zoo-Baba.

Mon cher papa …

Es ist 2h08. Zwischen meiner nicht vorankommenden Masterarbeit und den auf mich zukommenden Uni-Prüfungen, ohne dass mir Zeit bliebe, mich auf sie vorzubereiten; zwischen den »Beziehungspflichten« gegenüber meiner Freundin – auch in meiner Generation gibt es noch so etwas wie Galanterie – und meinen Schwächeanfällen infolge meiner Schlaflosigkeit; inmitten von all dem also nehme ich mir dennoch die Zeit, Deinen Brief zu beantworten. Sollte es meine große Zuneigung zu Dir sein, die meine Müdigkeit zurückdrängt? Oder vielleicht die Aussicht künftigen Ruhms auf den Seiten Deines Buches? Wir werden ja sehen. Sollte ich für diese Zeilen den Literaturnobelpreis erhalten, sei bitte nicht neidisch! In meiner Stockholmer Dankesrede wirst Du einen Ehrenplatz einnehmen, das verspreche ich. Doch zunächst müssen sich die folgenden Seiten noch mit der Liebe eines Sohnes zu seinem Vater füllen, Liebe, die sich in Briefen, Worten, Sätzen ausdrückt.

Es schmeichelt mir, dass Du in Deinem Brief an mich von Mano Dayak erzählst. Als er starb, war ich noch klein. Dennoch sind mir Erinnerungen von ihm geblieben, vor allem zwei: die Erinnerung an den Tuareg-Rebellen, der für sein Land den Lauf der Geschichte ändern wollte; und die Erinnerung an einen Tuareg, der sich über den Whisky in seinem Glas freute. Immer wenn er uns in Paris besuchen kam, schicktest Du mich zum Laden an der Ecke, um eine Flasche von Manos geliebtem »Johnny Walker« zu kaufen. Ein Fünfjähriger, der Whisky kauft? Heute würde das die meisten in unserem Viertel schockieren; damals, hatte ich das Gefühl, scherte sich niemand darum.

Wenn es mich nun mit Stolz erfüllt, dass Du im Rahmen dieses literarischen Familienunternehmens gerade mir, Deinem einzigen Sohn, die Erinnerung an Mano widmest, dann deshalb: In meinen Augen war Mano ein vollkommener Mann. Weil er sich ein Ziel setzte, für das er bereit war, sein Leben zu geben. Nicht etwa ein Ziel jener Art, für die sich heute viele aus meiner Generation begeistern können, wohl mehr aus Langeweile als aus Leidenschaft, befürchte ich. Ja, das stört mich an der Pariser Welt der heute 20- bis 30-Jährigen: *l'ennui,* die Langeweile, in der wir versinken und uns gefallen. Ich zähle zu denen, die unter diesem Zustand der Lethargie leiden. Manchmal wünschte ich mir gar, einen Krieg zu erleben, der *Résistance* anzugehören, in Situationen zu geraten, die mich dazu zwingen würden, mein Leben zu riskieren, um es verteidigen zu können.

Ich möchte nicht werden wie diese vielen Frustrierten, *ces malbaisés,* wie ich sie nenne. Dieser unschöne Ausdruck hat sich mir neulich aufgedrängt, als Eva Joly, die Kandidatin der Grünen bei den letzten Präsidentschaftswahlen, in meine Uni kam, um einen Vortrag zu halten. Was sie sagte, war wirklich sehr interessant. Danach kamen leider Fragen aus dem Publikum. Eine junge Frau, deren aufgesetzte Vehemenz bestenfalls noch mit der Künstlichkeit ihres Blond konkurrierte, begann ein langes, ermüdendes Blablabla. Ihr Thema an jenem Tag: der Einsatz für die Palästinenser! Ich glaube, ebenso gut hätte sie zur Verteidigung der Zebras im Kongo aufrufen können. Frei von allen Zweifeln entfaltete sie ihre Gedanken bezüglich eines Problems, über das sie sich in den Spalten einer »progressiven« Presse informiert haben musste. Und nun schenkte sie uns von dem einsamen Gipfel ihrer 20 Jahre einen manichäischen Ausblick auf die geopolitische Weltlage und deren Unannehmbarkeiten.

Du magst mich für arrogant halten, aber ich empfand Mitleid für die Frau. So verloren schien sie inmitten einer für sie feindlichen Welt. Ich wusste nicht, was sie studierte; womöglich wusste sie es selber nicht. Aber sie verkörperte eines der schmerzvollsten Übel meine Generation: den Verlust unserer Courage, wenn nicht gar den freiwilligen Verzicht darauf, hinter dem Schutzmantel verbaler Ergüsse zugunsten irgendeiner heiligen Sache. Wie jene, die dem guten Gewissen zuliebe ihre Facebook-Seite mit Fotos eines von üblen Krankheiten befallenen Kindes aus Hinterindien dekorieren. Fürwahr, ein trauriges Schicksal hat dieser Junge. Aber was sollten die Fotos noch zum Ausdruck bringen? Nicht viel, außer der damit bereiteten Gewissensqual für abendländische Postkolonialisten, die ihre Trauer tragen wie andere ihr Banner auf dem Schlachtfeld.

Der Einzige aus meiner Generation, den ich kenne und der tatsächlich eines Tages alles in Paris stehen und liegen ließ, um Kindern in den Slums von Kalkutta gratis Englisch beizubringen, ist Stan. Mein bester Freund und Bruder im Geiste. Die Übrigen begnügen sich damit, unter fröhlichem Gefasel wahlweise auf die USA, die Juden, die Weißen, die Schwarzen, die Araber, die Chinesen, die Zigeuner zu spucken. Unfähig, sich der Welt zu stellen, begegnen sie ihr lieber in rührseligen Bildern auf virtuellem Terrain. Aber was für einen Unterschied macht es für den kleinen Hungerleider in Kalkutta, dass sein Schicksal irgendeinen Bobo-Nachwuchs in Paris zum Heulen bringt? Wird er sich an Deinen Tränen ergötzen, so wie Du Dein Gewissen durch vorgetäuschten Mut aufbläst?

Mano hat auch studiert, Anthropologie und Soziologie glaube ich, danach forderte er seine Träume und damit sich selbst heraus. Das machte ihn zu einem außergewöhnlichen Menschen, zu einem *honorable man*, wie die Engländer sagen. Solch ein Mut ist selten geworden. Ich behaupte nicht, dass ich mehr davon besäße als andere, weiß Gott nicht! Es ist ja auch viel leichter, seine Zeitgenossen zu kritisieren als sich selbst. Aber manchmal erzähle ich meinen Altersgenossen von Deinen afrikanischen Abenteuern, als Du so alt warst wie wir jetzt. Davon, wie Du mit 23 als diplomloser Lehrer irgendwo im äquatorialen Busch verschwunden bist, an den Ufern des Kongo oder des Ogoué. Und dann bekomme ich gewöhnlich zu hören: »Toll, das waren eben noch andere Zeiten!« Was für eine erbärmliche Entschuldigung! Klar, die Zeit läuft, Umstände ändern sich ständig, so ist es halt auf unserem Planeten. Aber was hält uns davon ab, den Rucksack zu packen und das Abenteuer zu suchen? Vielleicht sogar mit dem Ziel, unsere Ideale zu verwirklichen. Aber wer von uns hat denn überhaupt welche? Dazu braucht es Mut. Ja, immer wieder ist es dieser verfluchte, dieser herrliche Mut, der unserer Generation abzugehen scheint.

Ich weiß, *papa,* dem Schwung meiner Gedanken folgt oft ein Schwall von Worten, die radikaler klingen als sie im Grunde meines Herzens gemeint sind. Dennoch: Ich bin es so satt, mir die Phantastereien von Typen anzuhören, deren Hintern sich nur nach einem Sessel in Nähe der Heizung sehnt. Es ist nicht schwer, sich für eine Sache zu ereifern, solange diese nur auf dem Bildschirm Formen annimmt. Was ist denn der Mittelpunkt des wahren Lebens der meisten von uns? Alkohol etwa? Das so und sovielte Glas am Abend, das die Illusion eines spannenden Daseins und nie endender Feten schenkt? Versteh mich nicht falsch, mein Väterchen, ich wäre der Letzte hier auf Erden, der ein Fass Bier oder einen guten Whisky wegschütten würde. Aber darum geht es gar nicht mehr. Sondern darum, wer am meisten säuft, am häufigsten vögelt, am längsten feiert! Ist das unser Ersatz für Leidenschaft? So verfliegen doch nur Träume, die sich nicht verwirklichen.

Erinnerst Du Dich an die Zeit, als ich neben dem Studium für die SNCF auf Pariser Bahnhöfen jobbte und Hunderte aus der Provinz eintreffende Passagiere nach ihrer Meinung zum Zugfahren befragen musste? Ein Mädchen, mit dem ich damals oft zusammenarbeitete, sagte einmal etwas, das in meinem Kopf hängenblieb: »Früher bedingte das familiäre Umfeld die Zukunft der Söhne und Töchter. Der Sohn begnügte sich oft damit, denselben Beruf wie sein Vater auszuüben, und die Tochter folgte dem Vorbild ihrer Mutter, was Ehe und Familie betraf. Aber jetzt, da wir alle die freie Wahl haben, verlieren sich immer mehr Jungen und Mädchen schon gleich zu Anfang ihres Weges. Sie wissen nicht, was sie studieren sollen, was sie im Leben erreichen wollen, wie sie sich lebenspraktisch orientieren könnten. Irgendwann versuchen sie nur noch, ihren Identitätsverlust im Alkohol zu ertränken. Ich habe einen Cousin, der ist 28 und hilflos wie ein Kind.«

Vielleicht ist es ja so, dass Menschen in der Regel Angst haben, zu wählen und Entscheidungen zu treffen, weil sie sich den Folgen eines eventuellen Scheiterns nicht gewachsen fühlen. Und mag sein, dass dies besonders auf eine Generation zutrifft, der man von Kindheit an die Hoffnung auf

Massen von Wundern, Grenzenlosigkeit ohne Langeweile und fürs spätere Leben nur Aussicht auf das Allerbeste eingeimpft hat. Natürlich braucht die Welt auch weiterhin Bäcker, Straßenfeger, Buchhalter und Lehrer. Nur scheinen diese Berufe heute weniger ruhmreich zu sein als der eines Musikers, Sportlers, Filmschauspielers oder Finanzunternehmers. Warum eigentlich? Wiegt nicht jedes Menschenleben gleich schwer? Und verdient nicht jede Arbeit ihren Lohn? Und könnte nicht selbst die Hölle zum Paradies werden – vorausgesetzt, wir investierten genug Mut und Leidenschaft in ihre Umgestaltung?

Aber diese Eigenschaften scheinen nicht allen Menschen angeboren zu sein. Darin liegt womöglich der tiefere Sinn von Rousseaus Gesellschaftsvertrag: Die Menschen opfern einen Teil ihrer Freiheit, um sich von dem Mut und der Leidenschaft anderer abhängig zu machen. Ein fairer Tauschhandel! Derjenige aber, der diesen Vertrag bricht, hat ihn im Grunde am besten verstanden. Er will sich eines Systems entledigen, das den Menschen einlullt, will womöglich den Lauf der Geschichte ändern, sei diese nun »lokal« oder »international«. Dafür, im Hinblick auf eine von ihm neu definierte Freiheit, stellt er sich gegen das durch den Gesellschaftsvertrag besiegelte Gesetz. Und setzt sein Leben bedingungslos aufs Spiel. Wie Mano Dayak.

Was meine eigene Zukunft betrifft, strebe ich fürs Erste nach genug Mut und Leidenschaft, um als Französisch-Lehrer in die Welt hinauszugehen. Auf meinen Reisen, da bin ich sicher, werde ich Gründe und Anlässe finden, mich im Einklang mit meinen Überzeugungen für eine gute Sache einzusetzen. Und eines Tages werde ich diesen Brief wiederfinden und mir beim Lesen sagen, »damals« sei ich kaum mehr gewesen als ein frustrierter Junge, dessen Ehrgeiz nur noch seine Arroganz übertroffen habe. Aber vielleicht werde ich mich auch mit einem gewissen Stolz erinnern, wie schwer es mir gefallen ist, alles mir Vertraute zu verlassen, um es mit der Ferne aufzunehmen. Meine Freundin wird mir fehlen, aber andere Arme werden mich trösten. Meine alten Freunde werden nicht mehr für mich da sein, aber neue Freunde werden mir mein Glas mit Lachen und Tränen füllen. Meine Familie wird mir fehlen, aber mein Weg als *honorable man* kann endlich seinen Lauf nehmen. Gut leben kann nur, wer bereit ist zu sterben. Deshalb hatte Mano, trotz seines frühen Todes, ein wunderbares Leben.

So, mein Vater, jetzt wird es draußen bald hell über Paris. Und ich denke mir: Sollte dieser Brief wirklich in Deinem Buch veröffentlicht und einer Leserkritik zugänglich gemacht werden, dann könnte es sein, dass einige Leser mich gern auf dem Marktplatz lynchen würden. Aber dann werden Deine zauberhaften Geschichten und Deine leichte Feder sie wieder mit dem Buch versöhnen und man wird Dir das üble Geschreibsel Deines Sohnes nachsehen. Auch dafür liebe ich Dich, *papa:* Deine Geschichten, entstanden aus Mut und Leidenschaft, erfüllen die Menschen mit Träumen. Ich, mit meinen großspurigen Sätzen, meinem überzogenen Zynismus, werde vielleicht nie an Dich heranreichen können. Aber zum Glück hast Du ja noch zwei kluge Töchter, hahaha!

Ton fils qui raconte n'importe quoi ...

Mon petit Rafael courageux …

Ahnst Du, wie sehr mich Dein jüngster Brief beruhigt? Wie erlösend es auf einen Vater wirken kann, wenn sein 23-jähriger Sohn mehr davon hält, das Ungewisse zu wagen, als davon, nur ständig zu theoretisieren und sich schon in der Jugend die Entschuldigungen für eine lebenslange Bequemlichkeit auszudenken? Wie altmodisch von mir, mein Rafael, aber ja, ich bin stolz auf Dich, begeistere mich für Deinen klugen Hang zur vermeintlichen Unvernunft. Führe durch, was Du uns beiden da versprichst! Gehe hinaus in die Welt, nicht als satter Tourist, sondern als einer, den es nach Abenteuer, Wahrheit, Schönheit hungert!

Was nicht bedeutet, dass ich meiner »Dorf-Idee« abschwören würde. Du verstehst doch meine Gedanken zu diesem Thema, nicht wahr? Nie käme es mir in den Sinn, irgendjemanden, schon gar nicht meine eigenen Kinder, zu einem Aussteigerleben in ländlicher Abgeschiedenheit überreden zu wollen. Unsere Dörfer von einst sind fast alle tot; sind zugrunde gegangen an ihrer Bedeutungslosigkeit für die moderne Wirtschaft, an der Verzweiflung und der Langeweile unter den Zurückgelassenen; wurden begraben auf dem Friedhof der Opfer des Fortschritts.

Was heute noch für uns Romantiker zählen kann, ist das Dorf im Kopf – jene in vielen von uns angelegte Festung, wo unzeitgemäße Ansichten, unbequeme Überzeugungen und die unwissenschaftlichen Wahrheiten des Herzens standhalten gegen die Plattitüden eines urbanen Zeitgeistes, möge dieser sich uns auch im Gewand »politisch korrekter« Klischees oder der trügerischen Freiheit der Spaßgesellschaft präsentieren.

Aber natürlich gab es einmal eine Zeit der Dörfer, zu denen wir uns hätten bekennen können oder müssen. Eine Zeit, in der man in ein Dorf hineingeboren wurde und – zählte man nicht zufällig zum Landadel, wie unsere verehrte Baronin George Sand – dem damit verbundenen Schicksal nicht leicht entkommen konnte. Materielle Zwänge begrenzten die Möglichkeiten, sich den Alltag individuell zu gestalten. In meiner Kindheit sah es bei uns zu Hause ganz ähnlich aus wie bei den Nachbarn. Weil die meisten Pivitsheider in vergleichbaren materiellen Umständen lebten. Und niemand konnte sich einfach davonmachen und sich anderswo aus eigener Kraft neu erfinden. Weil eben auch dazu Mittel und Möglichkeiten fehlten.

In Deutschland endete die Ära der Dörfer, aus denen kaum je ein Weg hinausführte, mit der Generation meines Vaters, Deines Dir unbekannt gebliebenen Großvaters Hans. Sein Name wurde Dir als zweiter Vorname mit auf den Lebensweg gegeben, Rafael. Ansonsten weißt Du fast nichts von ihm. Er starb im November 1989, vier Monate vor Deiner Geburt. Sein Leben ist schwer zu resümieren, aber welches Leben ist das nicht? Also lass es mich in willkürlicher Kürze versuchen: Hans-Hermann Stührenberg, einfach nur Hans genannt oder im Dorf auch »Torte« (wahrscheinlich, weil er davon meist nur träumte und selten welche zu essen bekam), wuchs in Pivitsheide auf. Trotz seiner auffallend guten Noten in der Schule kam der Besuch des Detmolder Gymnasiums nicht in Frage. Niemand aus Pivitsheide ging damals zur »Oberschule«.

Stattdessen wurde mein Vater von seinen Eltern – in Wahrheit Adoptiveltern, aber das wusste er zu diesem Zeitpunkt noch nicht – in eine Zimmermannslehre gedrängt. Er lernte bei einem Meister im Dorf, einem jähzornigen Säufer, der ihn oft verdrosch, solange bis Hans zurückschlug.

Die beste Zeit seiner Jugend, erzählte er mir ein halbes Leben später, seien seine Gesellenjahre gewesen. Damals gingen Handwerker noch auf Wanderschaft, um bei verschiedenen Meistern zu lernen, dann erst durften sie selbst ihre Meisterprüfung ablegen. Als Zimmergeselle reiste Hans bis in

das ferne München, was, gemessen an den Distanzen meines eigenen Be-
rufslebens, wohl in etwa der Reise nach Zoo-Baba entsprach. Als er aus der
Ferne zurückkehrte, erinnerte sich mein Vater, habe er sich in Pivitsheide
über Monate sehr einsam gefühlt. In der Dunkelheit der elterlichen Stube
habe er sich des Abends vorgestellt, wie die Welt im selben Augenblick im
Schein von Münchner Straßenlaternen aussehen mochte.

Der Anlass für die weiteste Reise Deines Großvaters war der Zweite
Weltkrieg. Den hat er anfangs sehr genossen. Weil Hitlers Überfall auf Polen Bewegung in sein Leben brachte, wenn auch überwiegend im Gleich-
schritt einer Kompanie. Die Abenteuer eines Pivitsheider Jungen! Zuerst im
besetzten Frankreich, in Deauville, wo es noch keinerlei Kämpfe gab außer
auf dem Fußballfeld. Später dann an der »Ostfront«. Sogar dort fand er die
Situation »spannend«, wie er mir später erzählte, und »interessant«, insofern
es die russischen Dörfer betraf, in denen er eine größere Abgeschiedenheit
als in Pivitsheide zu entdecken glaubte.

Natürlich hatte der Krieg auch eine militärische Seite für Hans. Nach
einer Kurzausbildung zum Sprengmeister eilte er der noch siegenden Wehrmacht voraus, um vom »Feind« deponierte Minen zu entschärfen. Im Verständnis seiner Zeit und seiner Heimat war Hans gewiss ein Held.

Aber irgendwann war es mit den Siegen vorbei, wurde es in Russland
zunehmend kühler, begann für die Deutschen der Rückzug im Kopf und
auf dem Feld. Überhaupt zeichnete sich das Ende des 1000-jährigen Rei-
ches erheblich früher ab als versprochen, und Hans musste sich fragen, ob
er die ihm vertrauten Spargelfelder am Rand des Teutoburger Waldes jemals wiedersehen würde. Da kam ihm ein aus der neuen Not der deutschen Truppen geborener Umstand zugute. An der Ostfront fehlte es
plötzlich an Offizieren. Ein Hauptmann schlug vor, Hans, den ranglosen
Helden, zu befördern.

An dieser Stelle, Rafael, muss ich Dir eine Verständnishilfe nachreichen.
Wie schon zu Anfang dieses Briefes erwähnt, habe ich euch die Geschichte
meiner Eltern nie erzählt. Vielleicht, weil es nie einen besonderen Grund

dafür gegeben hat. Beide waren schon verstorben, als Du geboren wurdest. Und selbst die Reste meines alten Pivitsheide sahst Du zum ersten Mal im Alter von 21 Jahren.

All dies gehörte nicht wirklich zu unserer familiären Pariser Welt. Als Du in der Kindheit anfingst, Dich für Deine »Wurzeln« zu interessieren, fandest Du sie vor der Haustür, bei Baba und Mamie, Deinen marokkanisch-jüdischen Großeltern mütterlicherseits. So schien es nur natürlich, dass auch Du Dich zunehmend als den Zweig eines sefardischen Stammbaums verstanden hast. Deine Mutter Judith sorgte dafür, dass Du eine solide jüdische Erziehung bekamst: Mit 13 feiertest Du die Bar Mitzwa und jeden Freitagabend wurden und werden noch immer die ehernen Gesetze des häuslichen Sabbats eingehalten.

Ich kann mir vorstellen, wie exotisch sich daher nun die Geschichte von Hans aus Pivitsheide in Deinen Ohren anhören muss. Ich kann nicht für ihre unbedingte Wahrhaftigkeit einstehen, erzähle sie Dir genauso, wie mein Vater sie mir und meinen drei Brüdern oft während unserer Kindheit im Dorf erzählt hat. Und da gibt es in der Geschichte meines Vaters einen Punkt, der vieles bedingt hat in seinem Leben.

Gerade erzählte ich Dir, dass Hans gegen Kriegsende zum Leutnant befördert werden sollte. Die logische Frage, die ja auch wir unserem Vater stellten, lautete: »Warum warst Du nicht schon längst Offizier, wenn Du doch ein Held gewesen bist?« Worauf er antwortete: »Weil ich keinen Arier-Nachweis hatte!« Zu Offizieren beförderten die Nazis nämlich nur solche Soldaten, in deren Adern nachweislich seit drei Generationen kein jüdisches, slawisches oder auf andere Weise »verunreintes« Blut geflossen war.

Da lag das Problem für Hans. Er war unehelich zur Welt gekommen, im Juni 1918. Die Stührenbergs, arme Bauern in Pivitsheide, hatten ihn adoptiert. Erst mit 16 erfuhr er, wer seine leibliche Mutter war. Da schwang sich Hans aufs Fahrrad und fuhr los, um ihre Bekanntschaft zu machen. Die Frau hieß Mathilde und lebte in Lüneburg, 250 Kilometer nördlich vom

Teutoburger Wald. In welcher Beziehung sie zu den Stührenbergs stand, ist von jenen im Dorf, die es wohl wissen mussten, verschwiegen und mit in ihr Grab genommen worden.

Hans bekam von seiner Mutter nur ein einziges Mal eine Antwort auf die Frage, wer sein Vater sei. Im Herbst 1917 sei sie in einem Kartoffelfeld in der Lüneburger Heide von einem entflohenen russischen Kriegsgefangenen vergewaltigt worden, erklärte Mathilde. Danach hat sie sich geweigert, je wieder über dieses Thema zu sprechen. Auch mir wurde erst im Alter von 16 Jahren mitgeteilt, dass »Tante Mathilde« in Wahrheit meine Großmutter war, ich sie aber niemals »Oma« nennen dürfe, sondern weiterhin nur »Tante«. Laut einer anderen Version jener Zeugungsgeschichte soll mein Vater der Liebe Mathildes zu einem gefangenen französischen Offizier entsprungen sein, der noch vor Ende des Ersten Weltkriegs in seine Heimat zurückgekehrt sei. Wie auch immer. Die Folge für Hans war jedenfalls, dass er ohne »Arier-Nachweis« auskommen musste.

Dass sich die Lage an der Ostfront für Deutschland zur Katastrophe entwickelte, hat meinem Vater damals womöglich das Leben gerettet. Zu seiner späten Beförderung zum Offizier sollte er nach Berlin fahren. Er stieg auch irgendwo in Polen in den Zug, stieg jedoch kurz vor der Ankunft in der Reichshauptstadt schon wieder aus. In Fürstenwalde nämlich, wo seine Verlobte Anneliese, meine künftige Mutter, auf ihn wartete. Ja, Hans, der Held, desertierte, wurde nie zum Offizier, durchschwamm stattdessen eines Nachts mit Anneliese den Oder-Fluss, um beim Reichszusammenbruch nicht den Russen in die Hände zu fallen. So gelangte er unbehelligt zurück ins alte Dorf, das ihm nun attraktiver schien als während seiner gesamten Kindheit und Jugend.

Mein Rafael! Vergiss jetzt nicht das Wichtigste im Zusammenhang mit diesen Briefen und Geschichten, die Dir und Deinen Schwestern das Dorf in meinem Kopf beschreiben sollen: dass nämlich das Pivitsheide meiner Kindheit, die Heimat meines Vaters, ein noch aus eigener Kraft lebendes Dorf war. Der Grund, weshalb ich nun davon erzähle, liegt in Deiner erklärten Abneigung gegen das in Deiner Generation verbreitete Zuviel-Reden und Zuwenig-Handeln. Denn es liegt ja tatsächlich auf der Hand, dass das Leben in einem im Wesentlichen auf sich selbst gestellten Dorf dem Einzelnen mehr Selbständigkeit und Verantwortung abverlangt, als wir sie heute bei einem durchschnittlichen Pariser oder Berliner vorfinden können.

Die gegenwärtige Alltagshilflosigkeit von uns Städtern geht oft einher mit Sensationsgier und Feigheit. In einem Thai-Krimi fand ich folgenden Satz, gesprochen vom buddhistischen Polizei-Inspektor: »Der Westen pflegt eine Notstandskultur: Tornados in Texas, Erdbeben in Kalifornien, Windchills in Chicago, Dürre, Flut, Hunger, Epidemien, Drogen, Krieg gegen alles und jeden – behalten Sie den Meteor im Auge, und wie lange wird es die Sonne noch geben? Aber wenn man nicht glaubt, alles kontrollieren zu können, gibt es auch keinen Notfall, oder?«

Wie klug. Dem möchte ich hinzufügen, dass diese Worte nicht nur fernöstliche Lebensweisheit, sondern auch eine länder- und kulturübergreifende »Dorfhaltung« widerspiegeln. Denn bevor sogar wir Pivitsheider aufgrund unserer Wehrlosigkeit gegen die Bilderwelten des Fernsehens der Illusion erlagen, bei allen Sensationen – wie Flugzeugabstürze, Zugunglücke, Schiffsuntergänge, Raketenfehlstarts, Kriege, Massaker und Naturkatastrophen – präsent zu sein, pflegten auch wir keine Notstandskultur. Stattdessen nahmen wir die Dinge, wie sie kamen: vor unserer Haustür, mit einem deutlich spürbaren Bezug zu uns selbst.

Und in der Regel handelte es sich um eine Art Notstand, der mit der Pivitsheider Normalität nie ernsthaft in Konflikt geriet. Stets waren es Ausnahmezustände, die es in nicht allzu ferner Vergangenheit schon einmal gegeben hatte. Etwa ein besonders harter Winter, mit solchen Massen von Schnee, dass sie unser Dorf von der Stadt abschnitten. Oder ein durch Blitzschlag ausgelöster Scheunenbrand. Oder ein leichtes Hochwasser, bedingt durch ein Überschwappen der Hasselbieke.

Mit solchen Katastrophen wussten die Pivitsheider wohl umzugehen. Schließlich waren wir Nachbarn. Und ohne Fernsehen konnte es für uns nur Nahsicht geben, die auch Nachsicht war, sowohl mit den Nachbarn als auch mit uns selbst. Was nützt es schon, wie die Pariser ständig zu mäkeln und zu kritisieren? Sollten wir nicht lieber versuchen, gemeinsam so schlau zu sein wie die Schlauesten unter uns, sofern diese sich als zuverlässige Nachbarn bewährt haben?

Manchmal denke ich noch an das Haus, in dem ich einst aufwuchs. Mein Vater hatte es bei seiner Rückkehr aus dem Krieg gebaut. Als Zimmermeister schaffte er das Meiste allein. Um jedoch Bruchstein und Bauholz aus dem Teutoburger Wald zu holen, brauchte er Hilfe. Deshalb borgte er sich von unserem nächsten Nachbarn, dem Fuhrunternehmer Willi Runte, dessen Pferdewagen und dazu ein, zwei kräftige Helfer, um jene für den Hausbau notwendigen Materialien herbeizuschaffen.

Solange im Dorf keiner vermögend war, konnten nur Nachbarschaften besorgen, was aus eigener Kraft und Tasche nicht erschwinglich war. Auch Walter Hüttemann fasste oft mit an. Er war Tischler von Beruf, hielt sich in seinem Hof Hühner und Gänse und im Stall ein paar Schweine, bewirtschaftete zudem einen Obst- und Gemüsegarten sowie das Roggenfeld, das sein Haus von dem unseren trennte.

So funktionierte die Wirtschaft im Dorf: Ein jeder übte nicht nur seinen Beruf aus, sondern erledigte einen Haufen verschiedener Aufgaben und Arbeiten, um Tag für Tag die Kochtöpfe zu füllen und für den Winter die Einweckgläser im Keller. Nichts von alldem wäre heute noch notwendig. Was du brauchst oder auch nicht brauchst, findest Du im Supermarkt oder bestellst es Dir *online*. Unser Konsummodell hat viele der alten Handwerke überflüssig gemacht.

Aber was, Rafael, soll ich von unserer städtischen Gegenwart halten, bewerte ich sie nach Berufen, die sie zur Befriedigung ihrer Bedürfnisse hervorgebracht hat? Berufe, für die es oft nicht einmal einen deutschen Namen gibt, weil er sich zu blöd anhören würde. Wie »Event Manager«, »Location Scout«, »Key Account Manager« oder gar »Key Account Manager Assistant«. Was ist ein »Stylist«? Jemand, der Menschen in unserer Gesellschaft zu ihrem »persönlichen Stil« verhelfen will! Ein »Infobroker«? Jemand, der Antwort weiß auf die Frage: Wie kommen wichtige Leute an für sie wichtige Informationen? Nicht, weil es zu wenig Infos gäbe, sondern weil es viel zu viel davon gibt. Erkläre mir nur, Rafael: Wozu dieses verbale Aufblähen? Dient es dazu, die Sinnentleertheit, die viele dieser Begriffe verdecken, zu vertuschen?

In meinem nächsten Brief möchte ich Dir von Kalakoa erzählen. Du kennst ihn gut, wir haben ihn ja einige Male gemeinsam in seiner Wüste besucht. Du weißt viel über sein Leben, weißt auch, auf welch grausame Weise es enden musste. Aber diese Ereignisse sollen nicht im Mittelpunkt meines Briefes stehen. Vielmehr möchte ich dir Kalakoas »Beruf« erklären, den Beruf eines Nomaden.

Wie kann Umherziehen ein Beruf sein, magst Du fragen. Das will ich Dir gern erklären. Gleichzeitig möchte ich Dich bitten, auch mir eine Frage zu diesem wichtigen Thema zu beantworten: Wie stellst Du Dir eigentlich Deinen künftigen Beruf vor? Gegenwärtig strebst Du einen doppelten Master in Europäischer Kulturpolitik und Französisch als Lehrfach im Ausland an. Dabei scheint es sich, zumindest was das zweite Fach betrifft, nur um ein Mittel zum Zweck zu handeln. Auch Du verstehst Dich als »Nomade«, willst fürs Erste nur umherziehen. Kurzzeit-Jobs als Französischlehrer in Salzburg, Irkutsk, Quito oder anderswo sollen Dir die finanzielle Grundlage für Deine Reisen liefern.

Aber ist das alles? Erschöpft sich Deine »Berufung« in Weltwanderschaften zur Befriedigung von Neugier? Ich bin sicher, es steckt mehr dahinter. Vielleicht findest Du ja einen Anstoß zum Nachdenken in meiner folgenden Geschichte über Busok-Busok, ein Fischerdorf auf den Philippinen. Da seine Bewohner fast unentwegt in Lebensgefahr schweben, muss sich dieses Dorf sehr auf das Können jedes Einzelnen und auf die Solidität ihrer aller Nachbarschaft verlassen können.

Auf seine Art weist Busok-Busok also durchaus Ähnlichkeit mit dem Pivitsheide Deines Großvaters Hans auf. Und es wird Dir beim Lesen kaum entgehen können, dass Endoy, der »Held« dieser Dorf-Geschichte, mich an meinen Vater erinnert hat. Nicht allein dadurch, dass dieser Bootstaxifahrer sich das Dach über dem Kopf stets selbst bauen musste. Darüber hinaus, denke ich, vertraten Hans und Endoy dieselbe Haltung im Leben: Welchen »Stürmen« sie sich auch ausgesetzt sahen, sie hielten ihnen stand und waren in der Lage, unter den zahllosen Dingen des Alltags die wesentlichen zu erkennen.

Je t'embrasse mille fois, mon Rafael.
Ton papa reconnaissant

Das Dorf
der Schatzsucher

Philippinen, August 2006

In Busok-Busok, einem Fischerdorf im Nordosten der Philippinen, bin ich der »*Amerikano*«. Natürlich habe ich versucht, es den Leuten auszureden. Dass ich aus Europa komme, habe ich ihnen erklärt, und dass ich hier nicht auf Schatzsuche bin. Vergeblich, Busok-Busok bleibt bei seinem Verdacht: »Hier gibt's kein Gold«, betont Vicente Caparas nun schon zum zweiten Mal an diesem schwülen Nachmittag. »Du brauchst gar nicht weiter zu suchen, *Amerikano!*«

Wir sitzen auf der Bettkante in seiner Hütte, einer für Busok-Busok typischen Behausung, mit faulenden Brettern und einem löchrigen Strohdach, unter dem drei Steine eine Feuerstelle abgeben. In den Boden aus grauem Sand hat sich ein Mosaik aus Hühnerkrallenspuren eingedrückt. Ich beschließe, seine letzte Bemerkung zu überhören, und kehre zu unserem eigentlichen Thema zurück: »Wie bist du eigentlich in die Grube gefallen, Vicente?« Caparas erzählt noch einmal von Anfang an: Wie er neulich seine Hütte verließ und sich bis zu seinem Garten im Waldberg hinter dem Dorf tastete. Der 74-Jährige ist blind. Da er jedoch seit einem halben Jahrhundert hier an der Gumacas-Bucht lebt, kennt er alle deren Pfade auswendig. Er weiß um mögliche Hürden, wie Stolpersteine, tief hängende Äste, brückenlose Bäche.

An jenem Tag aber verlor der »alte Vicente«, wie sie ihn, den Dorfältesten, respektvoll nennen, den Boden unter den Füßen: »Ich stürzte in eine tiefe Grube und prellte mir drei Rippen. Die Nachbarn haben Stunden gebraucht, um mich zu finden und aus dem Loch zu ziehen.« Ich warte noch auf die Pointe seiner Geschichte: »Wieso war diese Grube in deinem Garten?« Einen Moment lang scheint sich Caparas zu fragen, wieviel Wahrheit er einem *Amerikano* zumuten kann. Schweigend hält er meine Hand, damit das Gefühl ihrer Wärme den fehlenden Kontakt unserer Blicke ersetzen möge. Dann wendet er mir sein zerfurchtes Gesicht mit den toten Augen zu und flüstert: »*Treasure hunters!*«

Da sind wir wieder: die Schatzsucher! Auf sie stoße ich ständig in Busok-Busok. Nicht physisch, nur in Gestalt des verheerenden Eindrucks, den sie in den Köpfen einfacher Menschen wie Vicente Caparas hinterlassen. In Geländewagen brausen sie in die autolose 200-Hütten-Ortschaft und fordern deren Bewohner zum Ausheben von Gruben auf. Sollten die Dörfler auf Gold stoßen, würden sie ihren Anteil abbekommen, versprechen die »Jäger«. Aber nie finden die Leute von Busok-Busok etwas; immer bleiben sie mit leeren Taschen und wunden Händen zurück.

Den Schatz, »Yamashitas Gold«, gibt es tatsächlich, und er soll über 100 Milliarden Euro wert sein. Als die Japaner im Zweiten Weltkrieg die Philippinen besetzt hielten, benutzten sie das Archipel als Hort für Raubbeute aus Java, Sumatra, Malaysia, Singapur, Thailand, Burma und Nord-Indien. Natürlich war das Gold nicht für die Filipinos bestimmt. Es sollte nach Japan transportiert werden und den Krieg gegen die *Amerikanos* gewinnen helfen. Doch dann geriet Kaiser Hirohitos Armee in die Defensive. Feindliche U-Boote beherrschten die Seewege im Ostpazifik. Einige der japanischen Goldtransporte hatten sie schon auf den Boden des Ozeans geschickt, als Japans Kommandeur auf den Philippinen, General Tomoyuki Yamashita, beschloss, den Schatz zu vergraben: in unterirdischen Tunneln, deren Zugang er verminen ließ. Die Männer, die die Tunnel hatten graben müssen, ließ der General vorsichtshalber erschießen.

So hätte am Ende wohl nur Yamashita selbst sagen können, wo sein Schatz vergraben lag. Aber auch der General nahm sein Geheimnis mit ins

Grab. Im September 1945 ergab er sich den auf den Philippinen landenden US-Truppen, fünf Monate später hängten ihn die Sieger auf.

Seither scheint die halbe Welt nach dem verlorenen Schatz zu suchen, des Öfteren auch in Busok-Busok. Nur ist mir von dessen rund 1800 Einwohnern bisher nicht einer aufgefallen, der aus eigener Lust, also unbedrängt von *Amerikanos,* nach Gold suchen würde. Das Dorf hat andere Prioritäten. Seinen Bewohnern geht es um Geborgenheit, um einen sicheren Platz zum Leben. Sie suchen keinen Schatz, sie suchen Schutz.

Am Anfang war es Schutz vor Armut. Wie für Vicente Caparas, den Pionier. In städtischer Armut aufgewachsen, ohne Schulbildung und sonstige Qualifikationen, die ihn zur Hoffnung auf ein geregeltes Auskommen berechtigt hätten, schlug er sich als »Stadtfischer« durchs Leben: »Ich fischte leere Gin-Flaschen aus den Mülleimern reicher Viertel und lebte vom Pfandgeld. Eines Tages traf ich einen Mann mit einem Fischernetz und folgte ihm an die Gumacas-Bucht. Als der Mann weiterzog, überließ er mir sein Netz, und ich blieb.«

Aus heutiger Sicht betrachtet, war Vicente Caparas seiner Zeit weit voraus. Damals, zu Beginn der 1960er Jahre, lag die Bevölkerungszahl der Philippinen bei 30 Millionen, einem Drittel des heutigen Standes. Aber die Armut in den Dörfern, verbunden mit den vermeintlichen Reizen des Stadtlebens, zog immer mehr Menschen in die urbanen Zentren. So geschah es in den meisten Ländern des Südens. Mit dem weltweiten Ergebnis, dass ab 2008 erstmals mehr Menschen in Städten als auf dem Lande leben: 3,3 Milliarden. Wobei »Stadt« für die vom Land Hinzugezogenen meist »Slums« bedeutet. Elendsviertel beherbergen inzwischen ein Sechstel der Erdbevölkerung.

Und einige der schlimmsten faulen im Herzen von Manila, der Hauptstadt der Philippinen. Im Tondo District etwa pferchen sich auf jedem Quadratkilometer 80 000 Menschen zusammen – ohne sauberes Wasser, Strom und Aussicht auf bessere Zeiten. Wüssten sie noch wohin, würden

viele von ihnen heute wohl den umgekehrten Weg wählen, den Weg des
Vicente Caparas: von der städtischen Misere in die ländliche Armut.

Lange Zeit lebte Caparas allein am Ostufer der Gumacas-Bucht. Wobei
er die materielle Knappheit dort nicht als Armut empfand. »Hier stirbt niemand mit offenen Augen«, pflegt der Greis zu sagen. Eine Redensart in der
Landessprache Tagalog. Sie bedeutet: »Hier findest du, was es zum Leben
braucht; schau nur richtig hin!«

An der Gumacas-Bucht lockte nicht allein ein reicher Fischgrund, sondern
auch, wenige Meter vom Ufer entfernt, ein üppiger Waldberg, in dem sich
Land roden und ein *kaingin* anlegen ließ, ein Garten für Bananen, Maniok,
Kartoffeln und anderes Gemüse. Es war der perfekte Ort zum Leben aus eigener Kraft. Nur die Einsamkeit wirkte mitunter bedrückend. Sobald er sie ernähren konnte, suchte sich Caparas eine Frau und gründete eine Familie. Was
hätte der ehemalige Stadtfischer sich Schöneres wünschen können?

Einige Jahre darauf rückten Holzfäller an und schlugen eine Schneise in
den Uferwald hinter Caparas' Hütte. Der Weg sollte ihr Camp mit einer
Landungsbrücke verbinden, wo Lastwagen die gerodeten Stämme ins Meer
kippten. Schlepper zogen sie dann über die Bucht zu einem Sägewerk in der

Stadt Casiguran. Die Holzfäller nannten die Piste »*Feeder Road*«, Fütterweg, weil über ihn ja auch ihre Versorgung mit Nahrungsmitteln lief.

Als die Holzfirma weiterzog, blieben Dutzende von Arbeitern zurück,
bauten Hütten und schulten um. Aus Holzfällern wurden Fischer, Gärtner,
Zimmerleute, Taxiboot-Fahrer, Kopra-Bauern, Hühner- und Entenzüchter,
Kleinkrämer – und allesamt Nachbarn von Vicente Caparas. So entstand
Busok-Busok: im Grunde aus der Idee heraus, dass Landflucht selten in ein
besseres Leben führt. Und sollte es einem *Amerikano* dennoch in den Sinn
kommen, am Schutzpotenzial von Busok-Busok zu zweifeln, kontert der
alte Vicente gelassen mit seinem ewigen »Bei uns stirbt niemand mit offenen Augen!«

Manche Zweifel bleiben trotzdem. Denn Busok-Busok soll seine Bewohner nicht nur vor Elend bewahren, sondern sie obendrein auch noch gegen entfesselte Naturgewalten schützen. Das Dorf liegt in der Provinz
Aurora, mitten im »Typhoon Belt«. Keine Region der Erde wird bestän-
diger, gründlicher, gnadenloser von Stürmen heimgesucht als diese hier.
In jeder Monsunzeit, zwischen Juni und Dezember, wird Aurora zur Ziel-
scheibe von rund zwei Dutzend tropischen Tiefs. Diese brauen sich im
Osten über dem Pazifik zusammen und erreichen die Gumacas-Bucht wie
Vorboten des Weltuntergangs: mal als stürmische Himmelsfluten,
schlimmstensfalls als »Supertaifun«, der sich mit höllischem Heulen und
einer Wucht von 250 Kilometern pro Stunde auf krumme Hütten wie
jene von Vicente Caparas stürzt.

Auf den ersten Blick ist schwer erkennbar, wie Busok-Busok gegen die
Macht solcher Angreifer bestehen kann. Nähert man sich dem Dorf per
Taxi-Boot aus Casiguran, sieht man am Ost-Ufer der Bucht zunächst nicht
mehr als einen kleinen Hütten-Klumpen, der sich zu seinen beiden Enden
hin verdünnt, bis das gefräßige Grün des Tropenwaldes die letzten Stroh-
dach-Flecken von Busok-Busok verschlingt, wohl eher versehentlich als aus
Gier, wie es angesichts solch magerer Beute scheint.

Einzelheiten fallen erst kurz vor dem Anlegen ins Auge. In der Regel sind es skurrile Details im desolaten Gesamtzustand mancher Behausungen, etwa das Fehlen von Dachteilen, umgeknickte Bretterwände, ein gähnendes Loch an der Stelle der herausgerissenen Tür. Es sind jene Hütten, die vom jüngsten Taifun gezeichnet worden sind. Die Schwere eines Sturmes misst Busok-Busok nicht nach Windgeschwindigkeit; es berechnet sie anhand der Fülle von Zerstörung, in letzter Instanz nach der Anzahl gefällter Häuser.

Die ungeschütztesten Schutzsucher von Busok-Busok sind derzeit die Maraños. Das junge Paar und seine beiden kleinen Kinder wohnen direkt am Strand, wo ihre Hütte sofort auffällt: die einzige ohne Dach. Ein ansonsten fast harmlos wirkender Taifun hat es drei Wochen zuvor abgedeckt und das zerfetzte Stroh in die Bucht hinausgeworfen. Nun schützt sich die Familie, so gut sie kann. Ihr Bett, in dem alle gemeinsam schlafen, steht neben der Feuerstelle, dem letzten Flecken, der noch von einem Stück Wellblech überdacht ist. Der Rest der Wohnung ähnelt einem leeren Schuppen. In der Nacht hat es geregnet, die Kinder spielen zwischen Pfützen auf dem Hüttenboden. »Ich weiß nicht, wie lange wir hier noch aushalten können«, meint der Vater realistisch.

Wahrscheinlich wird der nächste Taifun ihre Hütte fällen. »Und dann?«, frage ich mit betroffenem Blick auf die Kinder. Maraño grinst: »Dann ziehen wir zu meinen Schwiegerelten in den Wald.« Wir setzen uns neben die Pfütze im Wohnzimmer, der Mann erzählt. Davon, wie ihm eigentlich gar nichts Schlimmes zustoßen könne. Habe er doch, anders als die *treasure hunters* im Garten von Vicente Caparas, im Wald von Busok-Busok einen wahren Schatz gefunden – seine Frau Myla!

Eines Tages, als Maraño – auch er damals noch Holzfäller – mit der Motorsäge im Dickicht an der Gumacas-Bucht schuftete, sah er sie zum ersten Mal. Eine Gestalt so herrlich, als wäre sie aus derselben tropischen Üppigkeit erwachsen wie die Orchideen, die sie gerade pflückte. Und Maraño, der ihr durch ein Chaos abgesägter Stämme und Äste nachstarrte, fühlte, wie sein Herz diesem Blick folgte.

Familie Maraño in dachloser Hütte

Seine Liebe blieb nicht unerwidert, allerdings auch nicht unproblematisch. Myla stammt von den Agta ab, einem den Pygmäen ähnlichen Ureinwohnervolk, das von Filipinos mit hellerer Haut abfällig als *»Negritos«* betitelt wird. Bis vor einer Generation nomadisierten die Agta noch als Jäger, Fischer und Sammler in den Wäldern an der Gumacas-Bucht. Als Behausungen dienten ihnen einfache, knapp einen Meter hohe Strohdächer, die sie mehrmals am Tage umstellten, je nach Regen, Wind und Sonnenstand. Gegen Sturm waren diese Dächer natürlich machtlos. Kam ein Taifun, kroch Myla, als sie noch Kind war, mit ihren zahlreichen Verwandten in den hohlen Stamm eines umgestürzten Urwaldriesen.

Heute hausen die zum Christentum bekehrten Waldmenschen in einer Hüttensiedlung im Busch bei Busok-Busok. »Aber sie verstehen noch immer, mit Taifunen umzugehen«, sagt Maraño, der das Know-how seiner Agta-Verwandtschaft inzwischen als Mitgift begreift: »Bricht uns hier im

Dorf die Hütte zusammen, suchen wir bei Mylas Eltern Unterschlupf. Hab'
ich ein Glück, diese Frau gefunden zu haben!«

Eine kürzlich durchgeführte Untersuchung soll ergeben haben, Filipinos
seien das fünftglücklichste Volk der Erde. Seit ich in Busok-Busok bin, wundere ich mich, wer wohl die vier noch besseren Rangplätze belegt haben
könnte. »Den Geschützten schützt Gott«, behauptet ein russisches Sprichwort. Hier mag es zutreffen. Weil die örtlichen Schutzsucher energisch ihren
Teil dazu beitragen, nicht im Unglück zu versacken. Ihre Abwehrkräfte sind
charakterlicher Natur: Unerschrockenheit vor dem Unausweichlichen; Entschlossenheit, sich selbst – komme, was da wolle! – als ausgemachte Glücks-
pilze zu begreifen.

»Wir denken positiv«, weiß Vicente Sindac, mein Vermieter im herbergs-
losen Busok-Busok. Er runzelt die Stirn, hebt warnend die Hand. Um anzudeuten, dass er, der »*Kapitan*«, der Ortsvorsteher, den klügsten Kopf im
Dorf auf seinen Schultern trage. Und dass ihm daher kluge Vorsicht gebiete, schnell Gesagtes noch im selben Atemzug einzuschränken: »Natürlich haben auch wir Probleme. Ja, wir haben sogar Konflikte!«

An diesem Morgen zieht sich der *Kapitan* nach dem Frühstück den Seitenscheitel gerade, pfeift nach seinem Hund und tritt hinaus auf den Strand.
Dieser bietet den schnellsten Weg zum Gemeindehaus, dem einzigen Steingebäude im Ort. Und Sindac hat es ja fast eilig. Gleich wird der Gemeinderat tagen, wie an jedem zweiten Montagmorgen.

Ein herrlicher Tag, kein Taifun weit und breit. Im goldenen Licht der
Monsunzeit liegt die Gumacas-Bucht glatt wie ein Tischtuch vor dem *Kapi-
tan*. Über das Wasser tuckert der Schulbus dahin, die Banka Nr. 34, die
Busok-Busoks begabteste Schüler zum Gymnasium nach Casiguran bringt.
Metaphorisch mutet dem Ortsvorsteher ihr Anblick bei klarem Wetter an:
als wären diese Kinder unterwegs in eine ungetrübte Zukunft.

Aber jetzt soll ja von Busok-Busoks »Konflikten« die Rede sein. Im Gemeindehaus wartet eine schnatternde Menge. Das Dorfgericht tagt, mit

Sindac als Friedensrichter. Der *Kapitan* setzt sich hinter den Schreibtisch neben der philippischen Flagge, sein Hund legt sich ihm knurrend zu Füßen. »Die Sitzung ist geöffnet«, erklärt der *Kapitan* feierlich, und »wer Schimpfwörter benutzt, fliegt raus.« Der zu verhandelnde Fall scheint klar zu sein: Alberto Encallado hat Bananen aus dem Garten von Alejandro Baceras gestohlen. Das haben die meisten in der Gemeinde längst geahnt. Aber jetzt gibt es einen Zeugen. Dieser hat den Angeklagten mit zwei Bündeln Bananen auf den Schultern direkt vom Grund des Klägers im dörflichen Waldberg kommen sehen.

Der *Kapitan* schaut in die Runde. Hat der Kläger etwas hinzuzufügen? Ja: »Alberto Encallado ist ein Trottel!« Der Ortsvorsteher runzelt die Stirn, hebt seine warnende Hand. Baceras nickt einsichtig, zieht den »Trottel« zurück. Und der Angeklagte? Encallado: »Es tut mir leid.« Der Richter verkündet das Urteil: 1000 Pesos (16 Euro) Entschädigung, zahlbar binnen 30 Tagen. »Reicht euch die Hände!«, ordnet der *Kapitan* an. Von draußen ist ein dumpfer Aufschlag zu hören. Eine Kokosnuss hat sich im aufkommenden Wind von ihrem Ast gelöst und ist zehn Meter tiefer auf dem Boden explodiert. »Die Sitzung ist geschlossen«, erklärt der *Kapitan*, pfeift nach seinem Hund und spaziert über den Strand wieder nach Hause.

Ich nehme diesmal lieber die *Feeder Road*. Busok-Busoks ungeteerte, von Kokospalmen gesäumte und daher bei Wind nicht ungefährliche Hauptstraße folgt dem Ufer der Gumacas-Bucht auf einer Länge von zweieinhalb Kilometern: über teils klobige Steine und durch Senken, die der Monsunregen zu Tümpeln füllt. Der »Fütterweg« reicht von der Grundschule auf einem Hügel am Dorfeingang bis zu der Karaoke-Kneipe von Julio Matas, dem konkurrenzlosen, da einzigen Ort der Zerstreuung in Busok-Busok. Ein Horde johlender Drittklässler – »*Amerikano! Amerikano!*« – rast an mir vorüber. Dann ist es wieder still.

Zeit für einen Gedankengang: Taifune sind schlecht, bewirken aber offenbar auch Gutes. Wer braucht schon echte Konflikte mit Nachbarn, wenn ihm jedes Jahr mindestens ein Supertaifun ins Haus steht? Und wer könnte übersehen, dass Busok-Busok das genaue Gegenteil zu Taifunen darstellt? Gerade so, als wollten die Schutzsucher dieses Dorfes ein magisches Antidot zu den mörderischen Stürmen erzeugen: durch eine fast übertriebene Rücksichtsnahme und Freundlichkeit, durch das völlige Fehlen von Ungeduld und Streitsucht. Philosophisch ausgewertet, führt diese Überlegung zu einem altbekannten Verdruss: Bedarf es Kriege, damit es Helden geben kann? Können immer erst schlechtere Umstände auch das Bessere aus uns hervorbringen?

Am Abend sitze ich mit Sindac vor dessen Hüttentür, um mir von größeren Problemen als Bananendiebstählen berichten zu lassen. Noch nicht lange her, dass auf der Insel Leyte 200 Kinder einer Grundschule von einer Schlammlawine verschüttet wurden. Dass eine weitere von Taifun-Regenfällen ausgelöste Lawine acht Dörfer zu Füßen des Mayon-Vulkans begrub. Und dass die Philipinen am Ende dieses einen Jahres über 1000 Taifun-Opfer zu beklagen hatten. Wie kann ein Gemeindevorsteher im »Taifungürtel« solche Situationen in den Griff bekommen?

Der *Kapitan*, sein durchschwitztes Unterhemd bis zur Brust hochgerollt, sein Seitenscheitel unverwüstlich gerade, holt eine Flasche Rum der Lokalmarke »Matador« aus dem Schrank. Er hat keine Lust auf nüchterne Erklärungen. Eher auf blumige Vermutungen: »Oft hilft uns der himmlische Vater!« Vor ein paar Jahren, erzählt er, konnte sich ein Holzfrachter vor einem aufziehenden Taifun in die Gumacas-Bucht retten. Doch dann trieb ihn der Sturm wie ein Papierbötchen aufs Ufer zu, genau vor das Haus des *Kapitan*, wo das Schiff auflief und sein hoher Ladekran sich im Winde bog wie eine Kokospalme. Entsetzt verfolgte der *Kapitan* das Schauspiel durch eine Ritze in seiner Hüttenwand. Es schien nur eine Frage von Sekunden zu sein, bis der Kran umschlagen und mit voller Wucht auf das Haus niedersausen würde.

»Aber dann betete ich zu Gott und schlief ein«, fährt der *Kapitan* fort. Es muss die richtige Entscheidung gewesen sein: »Als ich am nächsten Morgen

aufwachte, lag das Schiff auf der Flanke und der Bordkran harmlos im Schlamm. Gott sei Dank!« Bedeutet dies, dass sich im »Typhoon Belt« die Klugheit eines *Kapitans* in seinem Flehen zum Schöpfer ausdrückt? Dass er im Grunde ähnliche Kompetenzen besitzt wie ein Dorfpfarrer?

Doch fürs Erste sorgt nun Babi Coralde für Stimmung. Ein Mann aus der Stadt, der gerade Freunde in Busok-Busok besucht. Nur mit Shorts bekleidet, lässt er seinen gewaltigen braunen Bauch im Rhythmus einer unhörbaren Melodie vor uns kreisen. Nach verdientem Applaus sinkt Coralde erschöpft auf einen Gartenstuhl. »In Busok-Busok«, betont er, »würde ich mich nie unter eine Palme setzen.«

Und was würden wir tun, fiele statt einer Kokosnuss das Dach auf uns nieder, frage ich ernst in die angeheiterte Runde: »Müssten wir uns bei einem Taifun in der Schule verschanzen?« Das Schulhaus besitzt zwar auch nur ein Dach aus Wellblech, liegt aber auf einer vor Überschwemmung sicheren Anhöhe. Jede Klasse hat einen *taga-bukas,* einen Schlüsselwart, der vor dem Eintreffen eines Taifuns sein Klassenzimmer aufschließt, damit es den Eltern und Nachbarn als Zufluchtsort dienen kann. Seit er blind ist, geht auch Vicente Caparas bei Taifunen lieber in die Schule.

Andere halten gar nichts von dieser Lösung. »Bloß nicht evakuieren!«, brüllt Babi Coralde. Auch in Casiguran, seiner Stadt, rufe die Polizei bei sich nähernden Taifunen dazu auf, die Häuser zu verlassen und auf einen Hügel zu klettern. »Aber ich steige lieber auf meinen Küchentisch.« Er steigt auf den Gartenstuhl, spielt uns die Szene vor: die braune Brühe, auf der sein Bauch wie eine Boje tanzt; sein scharfer Blick, der über die Fluten im Flur gleitet, um zu prüfen, dass keine Möbel zur Haustür hinaus treiben. »Das ist unsere Devise«, grölt Coralde: »Nie nachgeben, nie aufgeben!« Er springt vom Stuhl und vollführt noch einen Bauchtanz.

Die Lage in der Stadt ist indes schwer mit jener im Dorf zu vergleichen. Anders als die Bewohner von Casiguran können Taifun-Opfer im schwer zugänglichen Busok-Busok nie mit Decken und Esspaketen seitens des philippinischen Roten Kreuzes oder aus internationaler Nothilfe rechnen. Im

Dorf gibt es nur die Dorfhilfe: »Wer seine Hütte im Sturm verloren hat, kommt bei Nachbarn unter«, sagt der *Kapitan*. »Gegen Hunger nach dem Sturm haben wir einen Reservefonds aus Konserven eingerichtet. Außerdem haben wir dann ja noch das übrig gebliebene Gemüse aus den verwüsteten Gärten.«

Kein Grund zur Aufregung also. Sobald sich die Dörfler ein wenig vom Taifun erholt haben, besorgen sie sich Holz und Blätter im Waldberg und reparieren ihre Hütten. Oder bauen neue. Wenige Tage später gleitet ihr Leben zurück in seinen normalen, hastlosen Lauf. »Könnt ihr nicht wenigstens eure Hütten etwas besser gegen Taifune wappnen?«, frage ich den *Kapitan*. Sindac überlegt. Doch offensichtlich kreisen seine Gedanken nur noch um die nun leere »Matador«-Flasche: »Gute Nacht!«, ruft er vorwurfsvoll.

Später, unter meinem Moskitonetz, lausche ich dem Krabbeln der Einsiedlerkrebse auf dem Kieselboden vor dem Bett, dem Summen der Mücken, dem Kratzen der beiden verflohten Haushunde, ihrem Balgen mit der Hauskatze, dem Zirpen von Grillen, dem Rauschen der Brandung, dem Aufprallen der Kokosnüsse, dem Schnarchen des *Kapitan* in einem türlosen Nebenraum.

Und denke dabei über die Geschichte von Babi Coralde nach, über die Not der Leute von Casiguran. Auch für sie scheint sich der Lauf der Geschichte aus einer Unterteilung der Menschheit in Schatz- und Schutzsucher zu erklären. Casiguran, 1609 von Missionaren gegründet, leitet seinen Namen von *kasiguruhan* her, dem philippinischen Wort für Sicherheit. Unter der spanischen Kolonialherrschaft diente die Stadt vor allem als Zufluchtshafen. Gerieten Galionen, die von Manila aus das spanische Vizekönigreich Mexiko ansegelten, im »Typhoon Belt« in einen Sturm, konnten sich manche Kapitäne noch in den Schutz der Gumacas-Bucht und ihres Hafens retten.

In der Neuzeit hingegen kann sich die Stadt nicht einmal mehr selbst schützen. Ein mächtiger Schatzsucher, der japanische Holzmulti »Industries

Development Corp.«, beutet das von wertvollen Wäldern überzogene Gebirge im Rücken von Casiguran aus. Rund 40 Prozent der Baumbestände dort sind schon gefallen. Und wo die Vegetation nicht mehr imstande ist, Boden und Wasser festzuhalten, folgen auf Taifunschauer »Flash Floods«: Fluten, die, wie im Jahre 2004, auf einen Schlag 70 000 Menschen obdachlos machen können.

Die Regierung sah sich damals gezwungen, einen Rodungsstopp zu verhängen. Zu groß, zu gefährlich wirkte plötzlich das Leid im fünftglücklichsten Volk der Welt. Wenige Monate später, als sich die Wut anscheinend aufs Neue der Einsicht von Ohnmacht untergeordnet hatte, durfte der Raubbau weitergehen. Die »Corporation«, so der allgemeine Verdacht, hatte die Politiker gekauft. Was konnte man dagegen schon machen? Doch da beschloss das Volk von Casiguran, mit der Demokratie Ernst zu machen, und wählte zu seinem obersten Schutzbeauftragten einen 1,65 Meter kleinen Mann von 75 Jahren.

Vor zwei Tagen traf ich Bürgermeister Reynaldo Bitong draußen auf der Bucht, auf halber Strecke zwischen Casiguran und Busok-Busok. Wie es schien, hatte er seine Banka in ein Kriegsschiff verwandelt. Mit Gewehren und Pistolen bewaffnete Leibwächter standen auf dem Bootsrand und starrten drohend auf die Ufer. Sogar aus Bitongs Gürtel lugte der Knauf einer Pistole. Ob er eine Seeschlacht plane? »Nein, Amerikano«, entgegnete der Bürgermeister. »Ich erhalte nur sehr viele Morddrohungen. Letzte Nacht hat ein Dutzend Motorradfahrer endlos Runden um mein Haus gedreht. Ich habe kaum geschlafen.«

Bitong ist überzeugt, dass die Schatzsucher ihn zum Schweigen bringen wollen: »Weil ich einen endgültigen Rodungsstopp fordere! Aber ich lasse nicht locker. Nie nachgeben, nie aufgeben, das ist unsere Devise!«

Ein Schutzengel vom Format eines Don Quijote. Jeden Tag rufen anonyme Windmühlen-Betreiber im Rathaus an und erklären im Detail, welche Körperteile des Reynaldo Bitong sie demnächst abzuschneiden gedenken, sollte der Bürgermeister nicht endlich seine Verbohrtheit gegen den »Fort-

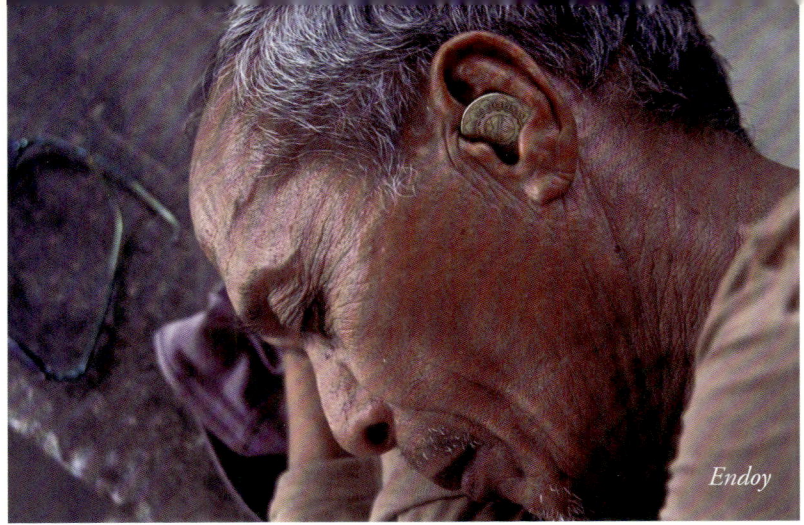

Endoy

schritt« aufgeben. Ob er denn nicht begreife, dass es ohne die »Corporation« keine Arbeitsplätze, kein Geld, keinen Komfort gäbe? Und dass es den Leuten in der Stadt dann ebenso dreckig ginge wie jenen im Dorf? Schatzsucher zählen zu den humorlosesten Anrufern der Welt.

Der renommierteste Schutz-Mann von Busok-Busok ist Pedro Beltran, bekannter unter seinem Rufnamen »Endoy«. Meistens treffe ich ihn an der ehemaligen Holzfäller-Landungsbrücke, von der nach vielen Stürmen nur noch einige Pfähle wie Baumstümpfe aus dem Wasser ragen. Endoy ist auch von ferne leicht auszumachen: Weil seine Ohren, die er mit Pesos-Münzen, dem Wechselgeld für seine Kundschaft, vollstopft, oft wie Blitzlichter in der Sonne aufblinken. Der 67-Jährige ist »Taxifahrer«, ein Fährmann zwischen Dorf und Stadt. Gewöhnlich wartet er mit seiner *Banka* Nr. 15, bis sich acht Fahrgäste für Casiguran eingefunden haben, was Stunden dauern kann. Sieben Pesos, 12 Euro-Cents pro Person, kostet die Fahrt in die Stadt.

Doch in diesem Augenblick ist Endoy anderweitig beschäftigt. In schlabberiger Unterhose entsteigt er der Gumacas-Bucht, dem Dorf-Badezimmer mit Toilette. Ich winke. Er setzt sich zu mir auf den Strand, pult sich ein paar Münzen aus dem linken Ohr, um meine Fragen besser zu verstehen. Was er tue, um die Taifune zu überstehen? Immer dasselbe, antwortet Endoy: Komme Sturm auf, ziehe er sein Taxi aus dem Wasser und binde es an einer kräftigen Palme fest. Dann werfe er ein großes Fischernetz über seine Hütte und binde auch die Netzenden an Bäumen fest: »Das ist wichtig, *Amerikano,* du musst Haus und *Banka* immer ganz sorgfältig verschnüren!«

Und dann? »Dann«, sagt Endoy, »gehe ich hinüber zum blinden Vicente Caparas und halte ihm eine Zeit lang die Hand. Er ist mein bester Freund!« Und wenn der Sturm eintrifft? »Dann kehre ich zurück in meine Hütte, schließe Fenster und Türen. Und bitte Gott um Schutz.« Irgendwie bleibt seine Antwort hinter meinen Erwartungen zurück. Immerhin gilt Endoy als Busok-Busoks Katastrophen-Experte. Niemand führe seine Verteidigungsschlachten gegen Taifune so geschickt und so verbissen wie Pedro Beltran, heißt es in der mündlichen Dorf-Chronik:

Seine erste Hütte in Busok-Busok errichtete Endoy im Jahre 1968. Er fällte einen Mangatsapoy-Baum, zersägte dessen Stamm zu Brettern und zimmerte daraus Wände, Tisch, zwei Stühle und ein breites Bett. Als 1970 der Supertaifun »Pitang« heranzog, krochen Endoy, seine Frau Eleutiria und ihre zwei Kinder unter dieses Bett, das, als die Hütte über ihnen zusammenbrach, wie ein zweites Dach die Familie schützte. Sein nächstes Haus baute der fromme Endoy neben die katholische Kirche. Trotzdem wurde es zerschmettert, 1980, vom Taifun »Aring«. Während des Sturmes krochen die Eheleute wieder unter ihre Schlafstelle, wo der Platz knapp wurde, denn inzwischen hatten sie drei Kinder.

Seine dritte Hütte errichtete Endoy auf Stelzen am Strand. Eines Tages – er hat das Jahr und den Namen des Taifuns vergessen – knackte die Hütte in allen Fugen. Die Beltrans verstanden, dass es keinen Sinn haben würde, sich mit ihren nunmehr fünf Kindern unter dem Bett zu verkriechen. Also flohen sie hinaus in den Sturm, der einen Augenblick später die Hütte packte, sie samt Stelzen in die Höhe hob und in die Bucht hinauswarf. Sein viertes Heim stellte Endoy wieder auf festen Boden, unter Kokospalmen neben der *Feeder Road*. Es hielt so lange, dass sein Besitzer beschloss, die Hütte nach ihrer Zerstörung durch den nächsten Supertaifun an selber Stelle wieder aufzubauen. Nachdem aber auch Haus Nummer 5 eines Morgens zerschlagen unter umgeknickten Palmen lag, zogen Herr und Frau Beltran mit ihrem Bett und sechs Kindern abermals um.

Und jetzt gehen wir zu Haus Nummer 6 der Familie. Endoy noch immer in Unterhose, das Gesicht aber voller Stolz. Denn diese Hütte ist sein entscheidender Beitrag zur Untermauerung der Schutzidee in Busok-Busok. »Schau!«, sagt er und weist auf das Dach. Ein Doppeldach! Das untere aus Stroh, das obere aus Wellblech. Wie hat sich Endoy, der in seiner Sieben-Tage-Woche nicht mehr als 700 Pesos, 11 Euro 50, verdient, einen solchen Luxus leisten können? »Als vor zwei Jahren das alte Dach wegflog«, erklärt er, »besaß ich noch eine große Taxi-*Banka* für 20 Passagiere. Ich habe sie für 14 000 Pesos verkauft und stattdessen für 10 000 Pesos die kleine *Banka* gekauft. Die übrigen 4 000 Pesos haben das Wellblech bezahlt.«

Aber warum ist es ihm nach all den Taifunen und Umzügen plötzlich so wichtig gewesen, ein solideres Dach zu besitzen? Wenn er doch dafür im Gegenzug weniger als Taxifahrer verdient und nun beim Essen sparen muss? Endoy zieht mich vor seine Haustür. Auf der Veranda sitzt eine Greisin in einem verrosteten Rollstuhl. Eleutiria. »Sie hatte einen Schlaganfall«, sagt Endoy und hebt seine Frau die drei Treppenstufen hinab in den Hof. »Bei Taifunen kann sie nicht mehr unters Bett kriechen. Jetzt braucht sie wirklich ein starkes Dach über ihrem Kopf.«

Oh Endoy! Dann hast du wohl den größten Schatz von Busok-Busok gefunden: die Fähigkeit, unter den unzähligen Dingen des Lebens die unverzichtbaren zu erkennen. Wie ich ihn bewundere: »Hast du je nach Yamashitas Gold gesucht?« Lachend stopft sich Endoy seine Pesos zurück ins Ohr.

Postskriptum: Nach meiner Abreise haben in kurzer Folge zwei Supertaifune die Gumacas-Bucht getroffen. Babi Coralde, den ich auf dem Küchentisch seines überschwemmten Hauses in Casiguran per Handy erreichen

konnte, meldete, »*Flash Floods*« hätten in der Stadt 140 Häuser beschädigt und deren Bewohner in die Hügel getrieben.

Und im Dorf? Auch Busok-Busok, so Coralde, sei von »*Flash Floods*« verwüstet worden. Zuviele Rodungen im Waldberg! Zwölf Hütten seien zerstört worden, darunter die vom blinden Vicente Caparas, der seither bei seiner Tochter wohne. Von der Hütte der Maraños fehle jede Spur, der Sturm habe sie im Meer versenkt. Das junge Paar sei mit seinen Kindern zu den »*Negritos*« in den Busch gezogen. Aber niemand sei getötet oder verletzt worden, fügte Babi Coralde hinzu. Und Endoy? Hat sein Doppeldach den Taifunen standgehalten? »Endoy geht es gut. Er und Eleuteria lassen grüßen.«

Mon papa!

Ich habe Deinen Brief mit Verspätung gelesen, umso eiliger habe ich es mit der Antwort. Wie Du weißt, bin ich derzeit in der Schweiz, in Leysin, und arbeite in einem amerikanischen *village camp*. Jedem hier scheint täglich mehrmals aufzufallen, *how French I am*. Alles in allem macht der Job Spaß, ist aber auch ziemlich ermüdend. In den vergangenen vier Wochen habe ich 500 Kinder an mir vorüberziehen sehen, habe 500 Mal der Zukunft ins Gesicht geblickt, wobei keine dieser *futures* allzu sehr von den übrigen abweichen dürfte. Zwei Wochen Ferienkolonie kosten hier 3500 Euro, Transport nicht inbegriffen! Klassenkampf zählt nicht zu den beherrschenden Themen meiner jungen Kundschaft, glaube ich. Ausbeutung auch nicht, sollte es aber vielleicht: damit die reichen Kids begreifen, weshalb ich unter meiner doppelten Arbeitslast als unterbezahlter Rezeptionist und Französischlehrer am Ende des Tages nicht nur *French* wirke, sondern auch ziemlich *fatigué*.

Aber keine Sorge, die für mich völlig neue Geschichte meines Großvaters väterlicherseits hat mich wachgerüttelt. Bisher wusste ich von ihm nur, dass er Zimmermann war und nach dem Krieg euer Haus in Pivitsheide gebaut hat. Was Du in Deinem Brief erzählst, hört sich wirklich beeindruckend an und macht mich stolz, sein Enkel zu sein. Dem Ideal Platons nach zu urteilen, zählt er zu den »Höheren« unter den Menschen. Zu jenen, die einer großen Eigenständigkeit fähig sind. Menschen, die sich ein Ziel setzen und alle ihre Kraft aufbringen, um es zu erreichen, ohne Zaudern, ohne Klagen, ohne Gewissheit – einzig in der Hoffnung, das Ergebnis ihrer Anstrengungen möge zufriedenstellend ausfallen.

Ein solcher Optimismus, oder wie man diese Eigenschaft auch nennen mag, erscheint mir als lebensnotwendig. In meinem letzten Brief an Dich habe ich von Mut und Leidenschaft als den nötigsten Qualitäten des Menschen gesprochen. Allein, sie reichen nicht aus, sofern Optimismus ihnen nicht zur Entfaltung verhilft. Natürlich verwende ich dieses Wort nicht so, wie es heute oft gebraucht wird, im Sinne von *la vie en rose* durch Scheuklappen und systematisches Leugnen von Schwierigkeiten. Vielmehr geht es darum, sich von der Zukunft nicht einschüchtern zu lassen. Man muss ihr mit festem Schritt entgegentreten, so wie Herakles und Odysseus sich ihren zahlreichen Prüfungen stellten. So gesehen war auch Hans ein Held. Seine unausweichlichen Prüfungen? Eine schwere Kindheit mit armen Adoptiveltern, ohne Wärme, ohne Liebe, ohne zu wissen, von wem er abstammte. Dann der Krieg, die Niederlage, das Wieder-Aufbauen-Müssen aus eigener Kraft. Und in all diesen Wirren blieb sein Blick klar genug, um die Wahl seines Herzens zu erkennen. Er desertierte, um seine Liebe zu retten, die sanfte Anneliese. Auch sie, meine Großmutter, habe ich nicht kennenlernen können; sie starb früh an Krebs. Doch aus Deinen Erzählungen weiß ich, wie einzigartig sie gewesen sein muss. Im Untergang 1945 war sie jedenfalls die Priorität im Leben von Hans, und sieben Jahre später gebar sie ihren dritten Sohn in einem Haus am Rand eines Roggenfelds. Was für eine Odyssee, die Geschichte dieser beiden!

Und was für ein Glück habe ich, meine familiären Wurzeln zu kennen! Wundert man sich, wohin die Reise geht, hilft es zu wissen, woher man kommt, *n'est-ce pas, mon papa voyageur?* Glaube mir, manchmal ist mir schon ein bisschen mulmig zumute, wenn ich daran denke, dass ich im kommenden September in ein anderes Land übersiedeln werde. Oder wenn ich mir zum x-ten Male die Frage stelle: Und was, wenn ich plötzlich feststellen muss, dass ein Leben als rastloser Französischlehrer und Kulturberater überhaupt nicht meinen wahren Wünschen und Fähigkeiten entspricht? In der Regel gelange ich stets zu demselben Schluss: Na und? Ich bin 23. Wovor sollte ich mich fürchten, solange ich ehrlich mit mir selbst bin und nicht die geläufigen Ausflüchte meiner Altersgenossen zu den meinen mache? Krise? Arbeitslosigkeit? Globalisierung? *So what,* wie man in den amerikanischen Ferienkolonien der Schweiz zu sagen pflegt. Ja, was soll's schon? – messe ich meine möglichen Probleme an jenen, die meine Großeltern meistern mussten.

Meine beiden Großväter, finde ich, waren sich verblüffend ähnlich. Dabei schien sie alles zu trennen: Hans war Deutscher, kam vom Dorf, kämpfte mit der Wehrmacht an der »Ostfront«. *Mamans* Vater Baba, mit richtigem Namen Henri Assaraf, war marokkanischer Jude, wuchs wie ein verwahrlostes Waisenkind auf dem Pariser Pflaster auf, tauchte aus Gründen, die »zwingend« gewesen sein mussten, in der Fremdenlegion unter, kämpfte Anfang der 1950er Jahre in Indochina, wurde dort wegen Befehlsverweigerung degradiert und repatriiert, zum Glück, denn so entkam er dem französischen Desaster in Dien Bien Phu. Beide, Hans und Henri, haben »klein« angefangen, scheinbar ohne Aussicht auf sozialen Erfolg, haben dann eine Menge aus ihrem Leben gemacht. Ihr größter Lohn waren Töchter und Söhne, die denselben Weg auf andere Weise weitergingen. Aus Henris Tochter Judith, *ma maman,* ist die klügste Mutter von Paris geworden; *mon papa,* der Zimmermannssohn, marschiert mit Guerilleros im Dschungel, sucht mit Tuareg nach Schatten in der Wüste und ist in den seltsamsten Dörfern der Welt willkommen. Was mich zu einem dankbaren Sohn und Enkel macht: Schwankt gelegentlich doch einmal der Boden unter meinen Füßen, kann ich mich stets an den Ästen eines soliden Stammbaums festhalten, *pas vrai?*

Bleibt Deine Frage nach dem »Dorf in meinem Kopf«. Darüber habe ich, ehrlich gesagt, noch nicht viel nachgedacht. Auf Anhieb würde ich sagen, dass mein Dorf eher kulturelle Ausmaße besitzt. Klar, der menschliche Kern dieses Gebildes seid ihr, meine Familie, sind meine Freunde und Freundinnen. Darüber hinaus, glaube ich, setzt sich meine innere Heimat vor allem aus unterschiedlichen kulturellen Sphären zusammen, die sich in mir ergänzen. Da ist zunächst einmal meine jüdische Erziehung mit der in ihr enthaltenen Erkenntnis, dass man nicht als »Mensch« geboren wird, sondern durch Weisheit und Mut erst dazu reifen muss. Dann sind da verschiedene Sprachwelten in mir. Je nachdem, ob ich Deutsch, Englisch, Hebräisch oder (ein bisschen) Spanisch spreche, erfüllt mich das berauschende Gefühl, in eine andere Haut zu schlüpfen, ja Teil einer anderen Kultur zu werden. Ähnlich ist es mit der Musik, besonders mit der klassischen. Höre ich etwa Bach oder manche der Lieder von Schubert, ist mir, als würde sich mein Inneres zu einer Landschaft so endlos wie die Wüste ausdehnen. Und natürlich wird der Marktplatz meines Dorfes immer die französische Kultur sein: von der fantastischen Tiefe ihrer Reflektion und Subtilität bis hin zum oberflächlichen, aber attraktiven Schein des *parisianisme*.

Ich lebe in dem Bewusstsein, dass mein sich ständig wandelndes Ich den Zusammenfluss dieser und noch mehr kulturellen Strömungen darstellt. Auf den ersten Blick scheinen sich einige davon gegenseitig ausschließen zu müssen. Und doch sind wir »Menschen« (im jüdischen Sinne) dazu geschaffen, sie miteinander vereinen zu können – in dörflicher Harmonie, wenn Du so willst. Daran glaube ich, und dafür möchte ich leben: als *conseiller culturel,* ein aktiver Kulturberater, der es sich zur Aufgabe macht, tödliche Gegensätze zu überwinden. In ein biblisches Bild gefasst: Ich möchte ein Abel-Dorf bauen, in dem auch Kain endlich »Mensch« werden kann.

Ton fils un peu perdu dans la Suisse américaine

Mon grand Rafael culturel et voyageur …

Danke für Deinen Brief aus dem »amerikanischen« Leysin. Er verführt uns, die Daheimgebliebenen, zu (natürlich nett gemeinten) Scherzen auf Kosten unseres Sohnes und Bruders. Liora gibt zu bedenken, Dein neues Leben als kultureller Weltreisender verlaufe in verblüffend deutschsprachigen Bahnen: ein Erasmus-Jahr in Mainz, jetzt der Sommerjob in der Schweiz und als nächstes Österreich – ein Schuljahr als assistierender Französisch-Lehrer auf einem Wiener Gymnasium. Ob denn keine Stelle im ehemaligen Deutsch-Südwestafrika frei sei, fragt Deine große Schwester, vielleicht als »Briefträger in Windhuk«? Damit Du endlich auch einmal wieder nach Afrika kämest. Deine Mutter schlägt »Togo-Land« vor; jemand am Küchentisch – ich? – hat noch »Tanganjika-Land« beigesteuert.

Lass uns ruhig dumme Späße machen, Rafael. Ich weiß, Österreich wird für Dich kaum weniger exotisch sein als Französisch-Guayana, das wir beide kürzlich bereist haben. Erinnere Dich an Camopi, Frankreichs »erste Indianer-Gemeinde« an der Grenze zu Brasilien! Geografie ist eben nicht immer der Weisheit letzter Schluss, oder? Was nicht heißen soll, dass es in unserer Zeit keine ungeheuren Entfernungen mehr gäbe. Denkst Du noch manchmal an die Wüste? An unseren Freund Kalakoa? Mir kommt er in diesen Tagen oft in den Kopf, gemeinsam mit Dir bei Deinem zweiten längeren Sahara-Aufenthalt. Als Fünfjähriger bist Du, mit roter Brille vor dem verschleierten Alten auf dem Kamel sitzend, durch die Wüste geritten. Kalakoa hat Dir seine Welt gezeigt, das Wadi eines Nomaden am Rand der Südsahara.

Da Kalakoa seine Wüste nie verlassen hat, habe ich immer gedacht, das Dorf in seinem Kopf müsse fast identisch sein mit jenem, das seine physische Umgebung ausmache. Meistens stand sein Zelt im Wadi Tiouilmas, einem ausgetrockneten Flusstal, das zwischen Bergen und Geröllfeldern aus schwarzem Granit und Basalt mäandert und in den gelben Sandozean des Ténéré mündet. Herrscht nicht gerade Dürre, zeigt sich dieses Wadi erstaunlich grün. Bei uns Europäern erweckt ein Nomadenzelt in der Einsamkeit oft den Eindruck vollkommener Idylle. Wohl deshalb, weil hier Mensch und Tier in zaunloser Freiheit und doch auf engem Raum miteinander leben. Ziegen, Schafe, Kamele, Hunde und Esel tummeln sich in Nähe des Zeltes. Heulen nachts Schakale, rückt die Herde noch näher an die Nomaden heran. Manchmal bildet sie einen zitternden Kreis um das Lagerfeuer, während die Nomaden ihre Tiere mit kehligen Rufen zu beruhigen suchen. Als gehörte das Wadi Tiouilmas noch zu jenem Garten Eden, wo Adam mit Gottes übrigen Geschöpfen behutsam und in derselben Mundart verkehrte.

Wie zerbrechlich diese romantische Vorstellung ist, begriff ich im Winter 2005. Damals hat sich Kalakoa mit seiner alten Flinte in den Fuß geschossen. Ein dummer Unfall. Das Gewehr hing an seiner Schulter, als sich ein Akazienzweig, den er auf der Jagd nach Mufflons, wilden Bergschafen, streifte, am Abzug verhakte. Eine Ladung Schrot verwandelte Kalakoas linken Fuß in einen Klumpen blutigen Fleisches und zersplitterter Knochen. Als ich unseren Freund wiedersah, lugte ein Plastikfuß unter seinem langen blauen Gewand hervor. Wir saßen auf seiner Lieblingsdüne, im Sand neben ihm lag eine Metallkrücke. Kalakoa benutzte sie nicht einmal zum Gehen, nur noch zum Aufstehen.

Ich verstand nicht, wie er seinen Jagdunfall überhaupt hatte überleben können. Ganz allein in der Bergwildnis und ohne Kamel. Bis zu seiner Ankunft im Krankenhaus der nächsten Oase waren fünf Tage vergangen. Ich an seiner Stelle wäre vor Schmerzen wahnsinnig geworden. Und hilflos verblutet! »Ich konnte mir selbst helfen«, antwortete Kalakoa. »Ich hatte doch das Nötigste dabei.« Das Nötigste? Der Alte lächelte. »Ein Messer und Fett! Gleich nach dem Unfall habe ich ein Feuer angezündet und die Klinge des Messers in die Glut gelegt. Dann nahm ich einen Klumpen Kamelfett aus meinem Tragebeutel, hielt ihn über den zerschossenen Fuß und die glühende Klinge solange auf den Klumpen gedrückt, bis das geschmolzene Fett in die Wunde tröpfelte. Auf diese Weise konnte ich die Blutung rasch stoppen.« Und wie war er ins Krankenhaus gekommen? »Ich habe Nachbarn gesucht«, sagte Kalakoa, auch dies im Tonfall einer Selbstverständlichkeit. Seine Nachbarn waren Nomaden wie er selbst. In der Regel traf Kalakoa sie alle paar Monate mehr oder minder zufällig, wenn sich die Wege ihrer Herden kreuzten. »Ich humpelte los, mit dem Gewehr als Krücke. Nach vier Stunden traf ich jemanden, der mir weiterhelfen konnte. Das war alles.«

Klar, wie sollte es anders gewesen sein, Rafael? Kalakoa ähnelte einer Sahara-Version Deines Großvaters Hans: einer, der sein Leben lang Überleben aus eigener Kraft trainiert. Im Alter von sieben Jahren hatte er lernen müssen, wie man der Wüste genug Nahrung für die Herde abringt. In welchen Felsspalten in Trockenzeiten Wasser zu finden ist. Und wie man nach der Regenzeit, wenn der alte Brunnen im Grund des Wadis verschlammt war, einen neuen Brunnen gräbt. Mit neun hatte er gelernt, Kamele abzurichten und am Maulstrick in einer Diagonale über die Dünen zu führen, denn Kamele fürchten steile Sandberge. Als Elfjähriger war er allein den Spuren eines entflohenen Kamels gefolgt. Nach zwei Tagen und Nächten ohne Nahrung hatte er das Tier unversehrt ins Lager zurückgebracht.

Seine Gesellenprüfung, sozusagen, hatte Kalakoa mit zwölf abgelegt. In jenem Jahr hatte ihn der Vater zum ersten Mal eine Karawane nach Bilma, der Salzoase am fernen Ostufer der Ténéré-Wüste, begleiten lassen. Hin und zurück war Kalakoa 2000 Kilometer zu Fuß gelaufen. Dabei hatte er Orientierung gelernt: wie man seinen Weg an den Sternen ablesen kann. Oder am Schatten der Kamele. Oder am Wellenprofil, das der Passatwind in den hart gebackenen Wüstensand fräst. Seine Qualifizierung zum »Meister« schließlich hatte Kalakoa durch die Fähigkeit bewiesen, eine eigene

Herde zu halten und zu mehren. Mit 18 hatte er seinen Erbteil, ein Dutzend Ziegen und Schafe, erhalten und war damit allein in einen anderen Teil des Wadis gezogen.

Ohne Kamele. Deren Kauf war Kalakoas erstes Berufsziel. Kamele sind Erspartes für später, sie sind die Rentenversicherung, das Gold der Nomaden. Nur so lassen sich die Wagnisse begreifen, die Kalakoa während der Sahel-Dürre der Jahre 1984 und 1985 auf sich nahm. In manchen Gebieten der Südsahara hatte das Kamelsterben damals schon begonnen. Viele Tuareg hatten ihre letzten Tiere zu Schleuderpreisen auf den Märkten der Städte Agadez und Arlit verkauft, bevor sie dort selbst zu Bettlern wurden. Kalakoa tat das Umgekehrte: Er trieb seine Kamele nach Norden, tiefer in die Wüste hinein. Bis nach Djanet, einer Oasenstadt im Süden Algeriens, wo man Futterstroh auf dem Markt kaufen kann. Sein Weg durch die offene Wüste hatte ihn, den Passlosen, auf fremdes Staatsgebiet geführt. Hätten die Algerier ihn erwischt, sie hätten ihm seine Kamele weggepfändet. Aber Kalakoa kam durch. Zwei Jahre hielt er seine Kamele nahe der Oase versteckt und arbeitete in der Stadt, um Geld für Futterstroh zu verdienen. Bei seiner siegreichen Rückkehr ins Heimatwadi – mit stolz geschwellter Brust, an der Hüfte baumelnd das lange Takuba-Schwert – fehlte in seiner Herde nicht ein einziges Tier.

Du ahnst, was folgt, Rafael. Drei Monate nach meinem letzten Abschied von ihm führte Kalakoa seine Herde zum Brunnen. An der Wasserstelle stieß er auf zwei Nachbarn. Zufrieden klönten die Nomaden neben den trinkenden Tieren. Da kamen Pick-ups herangebraust, beladen mit Soldaten aus der Stadt. Alle Tuareg seien Rebellen, behaupteten sie, hackten die Greise in Stücke und verscharrten sie im Sand am Brunnen.

So endet die Geschichte von Kalakoa, dem Nomaden. Er hat eine Jahrhundertdürre durchstanden und einen schweren Jagdunfall überlebt. Machtlos war er am Ende nur gegen den Wahnsinn der Städter. Es sei denn, seine Mörder waren *kel essuf:* »Jene von draußen«, wie die Tuareg-Nomaden Dämonen nennen, die gewöhnlich nur vorüberziehen, ohne Spuren im

Sand zu hinterlassen. Lass uns nicht in Trauer an unseren Freund zurück-
denken, Rafael. Im Dorf meiner Vorstellung lebt Kalakoa als der ideale
Nachbar weiter. Als einer, der das Gefühl vermittelt, niemand sei ganz allein
auf der Welt, nicht einmal ein Nomade in der Südsahara.

Womit wir wieder bei Dir sind, Rafael, meinem derzeit nur durch
deutschsprachige Welten reisenden Sohn. Dabei würdest Du vielleicht eher
nach Urubichá passen. Beweist dieses bolivianische Dorf doch auf musika-
lisch beschwingte Weise, was Du mit Worten und einem Lächeln zu vermitteln verstehst: dass nur Harmonie uns retten kann, die Stimmigkeit unter
Nachbarn, der Einklang im Dorf. Ich habe gehört, Simón Aguape, dem
Geiger aus dem Amazonas-Wald, sei von fernen Bewunderern ein Stipen-
dium gestiftet worden. Derzeit verfeinere er seine Kunst an einer europäischen Musikhochschule. Eines Tages, da bin ich mir ganz sicher, wird
Simón zurückkehren zu Bach und Vivaldi unter den löcherigen Strohdä-
chern seines Dorfes am Río Blanco. Und eines Tages, auch daran glaube ich
fest, wirst Du, Rafael, als Europas *conseiller culturel* durch die Welt ziehen.
Um Harmonie zu stiften – durch Abels Wissen um die Überlegenheit der
scheinbar Schwächeren.

A bientôt, mon fils.

Ton papa qui t'aime et t'admire...

Das Dorf
der Barock-Indianer

Bolivien, Mai/Juni 2004

Jeder Morgen in der Hütte von Simón Aguape klingt sagenhaft gut. Als erstes, um Punkt sechs Uhr, wenn die Dunkelheit das Dorf Urubichá noch mit dem angrenzenden bolivianischen Busch vereint, vernimmt Simón die sechs Glockenschläge von Padre Walter: ein fast gläserner Klang, der von der Missionskirche über die Stroh- und Ziegeldächer von Urubichá fliegt und dessen Bewohner, 4500 Indianer vom Stamme der Guarayo, zu einem neuen gottgefälligen Tagewerk ruft.

Im Wachwerden konzentriert sich Simón auf das Duett von Zivilisation und Wildnis: Während im Dorf Hähne krähen, die Hunde um die Wette kläffen und vor Simóns Kammertür eine Entenschar im gefegten Staub des Hofes schabt, singt im Busch der rotbrüstige *carpintero* und lockt der *say-ubú*, den Simón auch *besito*, Küsschen, nennt, weil dessen Pfeifen wie ein Knutschton klingt.

Dann stemmt der 15-Jährige seine 75 Kilo von der Bettkante hoch, klemmt sich die Geige unters fleischige Kinn und spielt Johann Sebastian Bach, dieser Tage meist das Violinenkonzert in a-Moll. Nach Glocken und Tierlauten ist Bach die Apotheose im allmorgendlichen Dreiklang von Simón Aguape. Der Junge spielt mit geschlossenen Augen und bebenden Wangen, und in seinem Kopf weitet sich die Hütte zu einem endlosen Konzertsaal mit einem Wald darin: »Bach, das sind schwankende Bäume im

Wind.« Und wenn er nach dem letzten Geigenton die Augen wieder öffnet, spiegelt sich in ihnen, was Simón »*algo bonito en mi alma*« nennt – etwas Schönes in meiner Seele.

Die Geschichte um die Schönheit in Simón Aguapes Seele handelt von Wundern und vom Fortschritt. Sie begann vor etwas mehr als 300 Jahren. Damals, in der Trockenzeit des Jahres 1691, zog eine Gruppe Jesuiten vom Río de la Plata in ein Gebiet, das in der Geographie der Conquista *El Grán Paraguay* hieß. Dort, im Bauch des Kontinents, wollten die Boten des Heiligen Ignacio von Loyola Naturvölker bekehren. Sie entschieden sich für die *Chiquitanos* in Chiquitos, einer Gegend, die heute Ost-Bolivien heißt, oder Süd-Amazonien, je nachdem, ob der Akzent auf der Armut eines Staates oder dem Reichtum der Natur liegen soll.

In ihrem Gepäck schleppten die Brüder Musikinstrumente mit in den Busch. Geige, Bratsche, Cello, Flöte, Oboe, Klarinette, Fagott, Trompete, sogar eine Harfe soll dabei gewesen sein. Die Wilden, denen der Vatikan zögernd eine Seele zugestanden hatte, könnten diese durch Nähe zu sakramentaler Musik nur verfeinern, hofften die Jesuiten.

Dann übertraf der Fortschritt alle Erwartungen. Nicht nur ließen sich die Nackten aus dem Busch locken und einkleiden – vor allem bewies ihre Begabung im Umgang mit der Musik des europäischen Barock einen Seelenzustand, den die Missionare als Prädisposition zur christlichen Bekehrung verstanden. Galt doch die Musik als Mittler zwischen Mensch und Gott. Auf ihre Art glaubten dies auch die Indianer: In ihren Gedanken stellte das Schwirren einer Bogensehne – einer Geigensaite sozusagen – den Kontakt zum Übersinnlichen her.

Die *Chiquitanos* wurden Barockmusiker. Ihre Konzertsäle waren die »Reduktionen« – missionarisch geführte Indianersiedlungen, welche die Namen von Heiligen trugen: San Francisco Javier, San Rafael, San Miguel oder San Ignacio. Ihre Anziehungskraft lag in prächtigen Kirchen, erbaut von dem Schweizer Jesuitenpater Martin Schmid, der durch originelle Stilelemente die Verschmelzung der indianischen Seele mit der christlichen Lehre zum Ausdruck brachte. Und vielleicht waren es ja tatsächlich das Glitzern vergoldeter Fresken und die Akustik in geschlossenen Kirchenräumen, welche die chiquitanischen Musiker zu immer Höherem inspirierten. Einige von ihnen erlernten das Verfassen von Partituren, komponierten *misas, fugas, sonatas*. Ein *Chiquitano*, anonym geblieben, hinterließ der Nachwelt sogar eine Oper, deren Arien einen Dialog zwischen dem Heiligen Franz Xaver und dem Heiligen Ignacio von Loyola erzählten.

76 Jahre blühte der amerikanische Barock. Dann mussten die *Chiquitanos*, was den abendländischen Fortschritt anbetraf, noch etwas dazulernen. Die meisten weißen Kolonisten konnten dem Wirken der Jesuiten zum Wohle der Eingeborenen nämlich nicht das Geringste abgewinnen. Sie wollten Edelmetalle, forderten kostenlose Arbeitskräfte. Für sie hieß Fortschritt: Wir bereichern uns an euch! Als sich die Jesuiten gegen die Versklavung der Indianer in den Gold- und Silberminen wehrten, wurden sie für die koloniale Wirtschaft untragbar. 1767 verfügte der Madrider Hof die Verbannung des Ordens aus allen Provinzen des *Nuevo Mundo*.

Es war das Ende der *Misiones de Chiquitos*. In panischer Furcht vor Soldaten und Musketen flohen die zivilisierten Indianer zurück in den Busch. Und lange sah es so aus, als wollte sich die Zeit in diesem Teil der Erde nie wieder beeilen. Erst drei Generationen später wagten sich musikalische Missionare erneut in die Gegend, Franziskaner dieses Mal. 1856 gründeten sie am Río Blanco, nahe dem Río Negro, die Missionsstation Urubichá. Der Name bedeutet »viel Wasser« – viel mehr gab es über den Ort zunächst auch nicht zu berichten.

Doch 140 Jahre später, im Frühjahr 1996, hob hier Padre Walter, ein im Böhmerwald geborener, über Bayern nach Bolivien verschlagener Franziskaner, erneut ein Symphonie-Orchester und einen Chor aus der Taufe. So kehrte die Barockmusik nach Urubichá zurück. Assistiert von Madre Ludmilla, einer Tiroler Tertiarschwester, gründete der Pater das *Instituto de Formación Integral*. In dieser Lehrstätte – zehn Zimmer und ein von Pferden mitbenutztes Rasenstück, das an Kirche und Sakristei grenzt – lernt die

Dorfjugend neben Bach und Vivaldi auch »nützliche Dinge«, etwa Tischlern und Weben. Darauf legt Madre Ludmilla großen Wert.

Der Fortschritt hält sich natürlich nicht an Partituren. Seine Natur ist bodenständiger. *»Por favor, Padre«,* insistiert die Señora Aguararupa, eine verhärmte Mutter vieler Kinder, deren Väter ihr nie ausreichend Liebe geschenkt haben. Und die sich nun einer weiteren Plage gegenübersieht: »Die Ratten, Padre! Nur Sie können mir helfen!«

Walter Neuwirth, 68, hat über die Hälfte seines Lebens am Río Blanco verbracht. Er macht sich keine Illusionen mehr, weder über die Menschen hier, die Guarayo, noch über sich selbst. Wenn er, wie jetzt, verärgert aufstöhnt, lächeln seine blauen Augen weiter. Da liegt das Problem: nicht allein im ewigen Fordern der Guarayo, sondern auch im ewigen Nachgeben ihres Hirten. Padre Walter kann einfach nicht Nein sagen.

»No!«, versucht er es dennoch. Aber so halbherzig, dass es im Getöse des *Instituto* untergeht. Vormittags klingt die Pfarrei wie eine Zwölftonmusik in den Ohren eines Menschen, der sie nicht mag. In den Klassenräumen üben die Anfänger Geige und Cello, Tuba und Trompete. Auf dem Rasen, umge-

ben von grasenden Pferden, posaunt ein Neunjähriger falsche Töne. In der Kirche quietschen Oboe und Fagott, an denen sich zwei Mädchen versuchen. Dazu dröhnt der Generator in der Tischlerwerkstatt. Sägen kreischen, Bohrer jaulen, ein Elektrohobel donnert.

»Du kennst die Regeln«, nimmt der Padre seinen Versuch von Strenge wieder auf: »Hilf dir selbst, so hilft dir Gott! Ich gebe dir nur etwas, wenn du einen Teil der Bauarbeiten selbst bezahlst. Die Pfarrei hat kein Geld mehr.« Señora Aguararupa schüttelt den Kopf, ihr hilfloses Lächeln entblößt die breite Bresche im Oberkiefer. Nein, nicht einen Boliviano hat sie in den vergangenen 50 Jahren zurücklegen können, für Zahnersatz hat es auch nie gereicht. Trotzdem braucht sie jetzt ein Dach aus Ziegeln, denn im alten aus Stroh nisten Ratten. Zu Dutzenden klettern sie nachts über das Moskitonetz nach unten. Die Señora zeigt die Bisswunde an ihrem Hals: »Zuerst dachte ich, mein Mann liebt mich doch noch. Aber dann fühlte ich die Ratte.«

Seufzend gibt der Pater nach: Am nächsten Tag wird er 2000 Ziegel für Frau Aguararupa bestellen. »Urubichá darf nicht zu Hameln werden!«, sagt er. Die Señora, die sich aus Geographie nicht viel macht, küsst ihm die Hand. Als sie geht, glitzert hinter der Brille des Paters noch immer das verräterische Lächeln.

Dann ist Padre Walter allein mit den neuen Sorgen: Wo das Geld für 2000 Ziegel auftreiben? Durch die Ritzen der Fensterläden dringt ein Sonnenstrahl ins Halbdunkel seines Zimmers, das wie ein Rembrandt-Gemälde wirkt: der massive, mit Blättern übersäte Schreibtisch; daneben der Schaukelstuhl aus jenen Tagen, als die Guayaro ihre Anliegen noch nackt in die Mission trugen; und darin versunken der kleine Mann in brauner Kutte, um dessen Hüften sich das Circulum spannt, die weiße Kordel mit drei Knoten. Sie erinnern an das franziskanische Gelübde: Armut, Gehorsam und Keuschheit.

Walter Neuwirth hat sich stets daran gehalten – soweit es seine Treue zu Urubichá zuließ. Aber manchmal fordert der Fortschritt neue Wege, die von den Pfaden braver Konventionen abweichen. Madre Ludmilla klagt darüber, etwa über sein »Schludern« beim Firmunterricht. Die Pfarrer in Tirol, meint sie, seien »viel katholischer« als dieser Deutsche hier. Der kümmere sich zu sehr um Dinge, die doch eigentlich nichts mit seinem Amt zu tun hätten: »Unser Pater ist wohl mehr Bauherr als Seelsorger!«

Vielleicht. Aber wie soll man hier den einen vom anderen trennen? Über 500 Lehm-Hütten hat der Padre in Urubichá gebaut. Alle sechs Jahre, wenn er sich auf Heimaturlaub ins Voralpenland begibt, bettelt er dort um Spenden. Dann zieht er mit Diavorträgen über Urubichá durch die Gegend um Landshut und erklärt den Zusammenhang zwischen würdigem Wohnen und moralischem Fortschritt: dass also, wer in einem Stalle hausen müsse, sich auch nur dementsprechend benehmen könne. Ginge es nach Padre Walter, gäbe es ein Menschenrecht auf rattenfreien Schlaf.

Und wenn seine Zuhörer dann nicht für neue Hütten spenden wollen, sollen sie ihre Almosen eben für die Musik geben. Denn auch Musik ist Nahrung, sagt Padre Walter, Nahrung für Geist und Gefühl. Deshalb braucht die Pfarrei auch Geld für Instrumente. Im Busch bleibt Bach ein schwieriges Gewächs. Er kann sich nicht allein von Begabung nähren, so wie einige Orchideen dies scheinbar von purer Luft zu tun vermögen. Im Busch braucht Bach Pflege, mehr noch: Er benötigt Wunder.

In Urubichá bestand das erste Wunder darin, dass die Musik überhaupt überlebt hat – vor allem die Amtszeit von Walter Neuwirths Vorgänger am Río Blanco. Padre Hildeberto war ein aus dem italienischen Militär desertierter Südtiroler, der die Bevölkerung von Urubichá in den 20 Jahren seiner Dienstzeit um sieben Kinder bereichert hat. »Hätte er sie doch wenigstens mit ein und derselben Mutter gezeugt!«, stöhnte der Bischof in Santa Cruz, ehe er den Missionar tiefer in den Busch versetzte.

War Hildebertos Abwehr gegen die eigenen Dämonen auch schwach, so zeigte er sich doch unerbittlich im Kampf um mehr Anstand bei den Gua-

rayo. In Urubichá gab es damals eine Gruppe von Musikern, die außer zum Gottesdienst auch bei Hochzeiten und Begräbnissen aufspielte. Nach solchen Fiestas torkelten Streicher und Bläser meist sternhagelvoll in ihre Hütten zurück. Bis ihr zorniger Hirte die Gruppe auflöste und die Instrumente aus dem Ort verbannte.

Für Urubichá war dies eine Katastrophe. Nach dem Tode, glauben die Guarayo, gelange die Seele auf dem Weg ins Paradies zunächst an einen Fluss, den sie nur auf dem Rücken des »haarigen Kaimans« überqueren könne. Als Fahrgeld diene Musik. Halte das Untier die Darbietung für schlecht, werfe es die Seele ins Wasser und fresse sie auf. Grund genug für jeden Guarayo, sich sein Leben lang im Musizieren zu üben.

Als Walter Neuwirth 1967 das Pfarramt in Urubichá übernahm, schienen die Transportdienste des haarigen Kaimans schon so gut wie eingestellt. Doch der neue Padre erkannte die Bedeutung des jesuitischen Erbes für die

Schönheit indigener Seelen. Er ließ im Ort wieder Geigen bauen. Die Musik war gerettet; ihre Weihe erhielt sie durch Don Oscar, der Gottesdienste virtuos auf der Geige begleitete. Als Kind war Oscar Cara ein hoffnungsloser Geigenschüler gewesen. Bis sich eines Nachts, als der Junge wieder einmal sein Instrument quälte, der Himmel über Urubichá öffnete. Ein gleißendes Licht floss herab, durchstieß das rattenbesetzte Strohdach und senkte sich sanft auf das Haupt des kleinen Oscar – um dem Zehnjährigen die Geheimnisse des Violinenspiels zu offenbaren.

Natürlich gibt es Zweifel an dieser himmlischen Eröffnung, besonders seitens Madre Ludmillas, die es mit Wundern strikter hält als die Guarayo. Andererseits behauptet Gabriel García Márquez, der Verfasser des Romans »Hundert Jahre Einsamkeit«, Geschichte sei nicht unbedingt, was wirklich geschehen sei, sondern vielmehr das, was anschließend erzählt werde. Und die Urubichaner erzählen übereinstimmend vom Wunder des Oscar Cara. Wie er sich nach seiner Erleuchtung als Virtuose erwies, oft betrunken, stets berauschend. Denn wie voll er auch sein mochte, sein Geigenspiel entzückte Verliebte, tröstete Trauernde, gab den Gläubigen, die dank Padre Walter ihren Seelenfrieden wieder auf den Schwingen der Musik suchen durften, jedes Mal einen guten Grund zum Glauben. Denn wer Don Oscar spielen hörte, der konnte nicht an der Existenz einer höheren Kraft zweifeln.

Das Ende der Geschichte erzählt am schönsten Cesar Cara. Er ist der Enkel von Don Oscar und spielt in Urubichás Barockorchester die Erste Geige. »Vor vier Jahren«, berichtet Cesar, »ging mein Großvater an einem Samstag zur Beichte. Der Padre war überrascht: Don Oscar war nüchtern, auch beichtete er gewöhnlich nur am Karfreitag und am Heiligabend. Danach ging Großvater nach Hause und sagte: »Stellt Kerzen um mein Bett, ich werde jetzt sterben!« Und Don Oscar legte sich hin und starb. Niemand in Urubichá bezweifelt, dass seine Seele, statt mit dem haarigen Kaiman zu feilschen, jenes Schlupfloch im Himmel wiedergefunden hat, aus dem einst das Licht göttlicher Geigenkunst auf ihn niedergegangen war.

Seither hat es weitere Wunder am Ufer des Río Blanco gegeben. Doch was ist mit dem ersehnten Fortschritt? Wie weit ist er gekommen in Urubichá? Die Hütte am Waldrand, in der Simón Aguape morgens nach dem Glockenschlag das Violinenkonzert in a-Moll anstimmt, zeigt die Grenzen des von Padre Walter geförderten Wohlstands. Die Zwei-Zimmer-Hütte ist winzig und so niedrig, dass sogar der kurz gewachsene Simón beim Ein- und Austreten den Kopf einziehen muss, damit ihm die Stacheln des auslaufenden Strohdachs nicht seinen sorgfältig gezogenen Seitenscheitel zerfurchen.

Drinnen gibt es nur vier Betten und zwei Hängematten. Im linken Zimmer schlafen die Eltern und zwischen ihnen die jüngste Tochter. In der rechten Kammer schlafen die Söhne: Simón, der Geiger, und seine zwei älteren Brüder, die Cellisten Juan-Carlos und Dionicio. In Turnhose verlassen die Brüder morgens ihre Kammer und schlurfen auf die übrigen Einrichtungen des Aguape-Anwesens zu. Der eine zur Dusche: vier Palmenstrohwände und ein Wassereimer; der andere zur Toilette: ein kniehoher ausgehöhlter Baumstumpf, der über einer Jauchegrube thront.

Die höchsten Strohwände im Hüttenhof umschließen die Küche, wo Señora Aguapa den immer gleichen Eintopf kocht: Yucca, Reis, Bananen, zubereitet auf offenem Feuer zwischen vier Backsteinen. Es gibt einen Tisch und eine schiefe Holzbank, auf der Vater und Söhne ihre Mahlzeiten einnehmen. Die Mutter isst in der Hocke. Außer in der Regenzeit – *tiempo de agua,* Wasserzeit, sagen sie hier –, wenn der Küchenboden verschlammt und jeder Schritt einen Schmatzlaut verursacht. Dann zwängt sich auch Señora Aguape mit auf die Bank.

Hinter der Küche ist der Ziehbrunnen – fließend Wasser kennt Urubichá nur aus dem Río Blanco – und ein irdener Brotofen, den sich die Familie mit den Nachbarn teilt. Vielleicht sollte man zur Einrichtung noch die Orangen-, Grapefruit- und Mangobäume zählen sowie die dazwischen gespannten Wäscheleinen. Am eigenen Leibe spürt die Familie den Fortschritt erst ganz allmählich – seit Juan-Carlos, ihr Ältester, eine bezahlte Stelle als Cellolehrer am *Instituto* hat und die Familie neu ein-kleiden konnte.

In ihren Herzen jedoch wurden sich die Aguapes ihres Aufstiegs schlag-artig bewusst – durch ein typisch urubichanisches Wunder. Es erreichte Di-onicio, den Zweitältesten, per Ferngespräch, an einem Nachmittag, als an der blau getünchten Hauswand von Miriam Papu das Telefon klingelte. Es ist das einzige im Dorf, und auf dem Boden davor hocken immer ein paar Kinder. Wenn es schrillt, tritt Doña Miriam aus dem Haus, setzt ihre Amts-brille auf und hebt feierlich ab. Um zu erkunden, welcher Bewohner von Urubichá denn aus der Ferne gewünscht werde. Dann legt sie wieder auf und schickt eines der Kinder los, um für einen Boliviano Botenlohn den Betreffenden herbeizuholen. Klingelt das Telefon nach zehn Minuten er-neut, hat sich mit dem Gesuchten meist auch eine beachtliche Anzahl wei-terer Urubichaner eingefunden. Damit die Neuigkeiten nicht aus Versehen verloren gehen.

An jenem Tag also klingelte es für Dionicio Aguape. Am anderen Ende der knackenden Leitung sprach ein Vertreter der bolivianischen Kirche. Das Episkopat, sagte er, habe Dionicio, gemeinsam mit Lizandro, einem Geiger des Barockorchesters, dazu auserkoren, Papst Johannes Paul II. ein Ständ-chen zum 83. Geburtstag zu bringen – im Namen des bolivianischen Volkes und auf Kosten eines Fördervereins. Als Dionicio wieder in die Hütte am Waldrand trat, kniete seine Mutter draußen am Küchenfeuer. Da schnappte sich der Junge sein Cello und stellte sich in Positur. »Mama«, rief er, »ich fliege zum Heiligen Vater nach Rom!« Die Mutter blickte vom Eintopf hoch. Als sie begriff, hob sie die Hände vors Gesicht und weinte.

Natürlich spiegelt das Glück der Familie Aguape nicht den Zustand einer ganzen Ortschaft wider. Bisher sind rund 400 von Urubichás Söhnen und Töchtern im *Instituto* zur Musik gelangt. Für alle übrigen stellt sich die Frage nach Fortschritt völlig unbeschwingt. Meist beschränkt sie sich auf die Frage nach dem täglichen Brot.

Urubichá lebt von Subsistenz-Wirtschaft. Jede Familie besitzt ein *chaco*, ein Gemüsefeld im Busch. Manche liegen bis zu 20 Kilometer vom Dorf entfernt. Abwechslung vom Reis-Bananen-Yucca-Eintopf gibt es nur, wenn die Männer etwas von der Jagd heimbringen oder Piranhas aus dem Río Blanco fischen. Geld verdienen oft nur die Frauen, mit Webarbeit. Für eine Hängematte, 50 Stunden Arbeit, zahlen Händler in der Stadt 100 Bolivianos, rund zehn Euro. Ein lausiger Lohn, sogar nach Urubichás Maßstäben. »Es kommt einfach kein Geld ins Dorf«, klagt Simón Aguape, dem es ständig an Bolivianos für neue Geigensaiten fehlt.

Das Dorf liegt im Abseits. Fremde erreichen es über die Provinzhauptstadt Santa Cruz, indem sie 340 Kilometer weit nach Norden fahren, auf einer jener Überlandstraßen, die geradewegs in den Himmel laufen, ohne jemals dort anzukommen. In Ascención, Hauptstadt der Region Guayaros, zweigt eine Piste ab. »Urubichá – 79 km«, steht auf dem Schild davor. Obwohl es bei genauem Nachzählen nur 32 Kilometer sind. Aber möglicherweise haben die Aufsteller des Schildes den Zustand der Piste in der »Wasserzeit« ins Kalkül einbezogen. Auf halber Strecke zwischen Stadt und Dorf erstreckt sich ein Sumpf; bei Regen wird er zum See. In einem solchen Fall kann es geschehen, dass der Micro, der Kleinbus, der Urubichá zweimal am Tag mit Ascención verbindet, nicht mehr durchkommt.

Auf seinem Weg nach Urubichá hat der materielle Fortschritt also einige Hürden zu nehmen. Es gibt keine Autos im Dorf, nur Fahrräder, Pferde, Esel. Die meisten Wege sind ungeteerte Schneisen zwischen Reihen flacher Hütten. Drei Kramläden schöpfen die örtliche Kaufkraft mühelos ab. Alle paar Monate kommt ein fahrender Kleiderhändler vorbei und breitet seine Ware auf dem Gras des Parkes gegenüber der Kirche aus.

Urubichá döst vor sich hin, mal unter der Sonne, mal im Regen. Gewiss hat es Versuche einer Modernisierung gegeben. Vor Jahren hat die Dorf-Kooperative Geld in die Anschaffung eines Generators investiert. Leitungen wurden verlegt und Glühbirnen in die Hütten geschraubt, eine Weile verfügten sie über drei Stunden Strom pro Tag. Doch dann ging der Kooperative das Geld für Dieselöl aus, und mit einem letzten Blubbern verstummte der Dorf-Generator für noch unbestimmte Zeit.

Bei Anbruch der Nacht begeben sich die Urubichaner seither gern zu den vier vom Pfarr-Generator gespeisten Laternen am Kirchtor. Deren Licht erreicht die vordersten Bänke des Parkes, und aus dem *Instituto* dringen um diese Zeit nur die perfekten Töne von Solisten wie Cesar Cara oder Simón Aguape. Aber wenn Padre Walter um halb zehn den Strom abschaltet, gucken die Dörfler auf den Bänken in den Mond. In bewölkten Nächten müssen sie sich den Weg zurück in ihre Hütten ertasten.

Nein, es ist gewiss nicht das Tempo des Fortschritts, das Urubichá fürchten muss. Eher die Gefahr seiner moralischen Richtungslosigkeit, betont Madre Ludmilla, die zum Mittagessen in der Sakristei Knödelsuppe in die Teller schöpft. Ludmilla Wolf gehört zu jenen bodenständigen Menschen, die ihre Heimat in sich tragen, wohin der Wille des Herrn sie auch verschlagen möge. Eine fleißige Tirolerin, hartnäckig und von unerschöpflicher Energie. Ohne ihre Übersicht wären die vielen Angelegenheiten des Padre längst im Schlamassel eines tropischen *laisser-faire* versunken.

Und die Madre weiß, dass wahrer Fortschritt nur auf Disziplin fußen kann. Weshalb sie die Guarayo auch nicht für besonders fortschrittlich hält. Schon deren Kinder machten, was sie wollten. Gingen oft lieber in den Busch statt zur Schule. Und mit der Geschlechtsreife käme unweigerlich der Geschlechtsverkehr. »Schrecklich früh«, sagt Madre Ludmilla. »Ich bin nicht Ihrer Meinung, Madre«, entgegnet Rubén Darío, der junge Dirigent des örtlichen Barockorchesters. Auch er isst am Pfarrtisch. »Die Erziehung der Guarayo zielt darauf ab, die Kinder aus eigener Kraft erwachsen werden zu lassen. Was nicht heißt, dass ihnen das Los ihrer Söhne und Töchter gleichgültig wäre.«

Rubén ist ein Neuzeitler mit flinkem Verstand, immer in Reichweite der Welt – per E-Mail in Santa Cruz oder über Mobiltelefon in Urubichá, obwohl sein Handy dort nur selten Empfang hat. Sein Musikstudium in Argentinien und Venezuela hat ihn mit Harmonielehre vertraut gemacht. Am

Río Blanco hat er gelernt, dass sich das Harmoniestreben der Guarayo nicht allein in Musik äußert, sondern auch im Zusammenleben.

Gestern hat Rubén gesehen, wie eine Mutter, begleitet von lärmender Nachbarschaft, ihre pubertäre Tochter durch das halbe Dorf verfolgte. Das Mädchen hatte sich für ein flottes Leben in der Stadt entschieden und saß bereits im Micro, als Mutter und Menge an der Haltestelle am Park eintrafen. Entsetzt sprang die Tochter aus dem Bus und floh in den Sumpf vor dem Dorf. Als sich die Nacht auf Urubichá senkte, lag die Trotzige wieder bei ihrer Mutter in der Hütte. »Nicht aus Reue«, glaubt Rubén. »Ihr Herz ist im Einklang mit Urubichá.«

»Wahrscheinlich nimmt sie den nächsten Bus«, murrt Madre Ludmilla. Selten ist sie, wenn es um das Dorf geht, einer Meinung mit Rubén. Wer wollte übersehen, dass Urubichá zunehmend den Verlockungen eines falschen *progreso* verfalle? Die Madre weiß, was im Hinterhof von Don Hugo, dem Besitzer des Videokinos, gespielt wird. Für einen Boliviano Eintritt kann sich da jeder des Abends von Porno und Kung-Fu verderben lassen. »*Todo es negocio*«, erklärt der Kinoboss jedem, der es wissen will: alles Geschäft, auch Liebe und Totschlag.

»Und die Diebstähle!«, schnauft Madre Ludmilla. »Noch nie wurden so viele Fahrräder gestohlen. Sogar dem Padre haben sie schon zwei geklaut!« Die Madre vermutet, dass die Diebe die Fahrräder in Einzelteile zerlegen, sie per Micro nach Ascención schaffen und dort auf dem Markt verkaufen. »Von dem Geld kaufen sie Schnaps und Kokablätter! Das alte Übel.«

Ob sich dieses jedoch von der neuen Ordnungsmacht beheben lässt, bleibt eine andere Frage. Seit kurzem hat Urubichá eine Polizei, zum ersten Mal in seiner 148-jährigen Geschichte: zwei aus Santa Cruz depeschierte Beamte, deren grüne Uniformen sich wie laute Dissonanzen in der zivilen Partitur des Dorfes ausnehmen. Ihren ersten Einsatz erlebten die beiden bei der Fronleichnams-Prozession, als sie, mit schwarzer Krawatte und Sonnenbrille getarnt, dem Festzug der betenden Urubichaner vorauseilten – »um Anschläge zu verhindern!«

»Das kann nicht gutgehen«, meinte da Waldo Papu, der im *Instituto* die Orgel spielt. Schließlich sei die Polizei schon einmal an Urubichá gescheitert. Damals hatte das Tribunal in Ascención einen Beamten geschickt, um ein Mädchen zum Prozess zu holen: wegen angeblicher Anstiftung zum Ehebruch. Selbstverständlich sei die Dörflerin unschuldig gewesen, betont Waldo. Aber sie habe nicht genug Spanisch sprechen können, um dies vor Gericht glaubhaft zu machen. Also habe sich Urubichá gezwungen gesehen, sein eigenes Gesetz anzuwenden: »Wir haben den Polizisten verprügelt und in eine Hütte gesperrt. Nach drei Tagen haben wir ihn in den Micro nach Ascención gesetzt, damit war die Angelegenheit erledigt.«

Auch Rubén, der Dirigent, sieht für die Polizei in Urubichá keine Zukunft. Den Fahrradklau, erklärt er, versöhnlich an Madre Ludmilla gewandt, würden die Dörfler doch, wie sie vielleicht nicht wisse, viel effektiver selbst bekämpfen: Ertappten sie einen Dieb auf frischer Tat, so klemmten sie ihm das Fahrrad wie ein Joch in den Nacken und ließen ihn damit einmal durchs ganze Dorf traben. Dabei müsse der Schuldige wiederholt rufen: »Ich bin ein Dieb! Verzeiht mir!«

An diesem Abend brummt der Generator im *Instituto* länger als gewöhnlich. Konzertprobe. Morgen wird das Orchester auf Tournee gehen: nach Concepción, ins Herz von Chiquitos. Dorthin, wo vor 300 Jahren der Fortschritt seinen Anfang nahm. Rubén dirigiert. Vivaldi, die »Vier Jahreszeiten«. In Urubichá gibt es davon nur zwei, und beide zeichnen sich durch viele Insekten aus. Setzt ein Musiker beim Spielen aus, klatscht seine freie Hand nach den Mücken auf Armen und Schenkeln. Der Blick des Dirigenten schweift über die Jungen und Mädchen, die in Turnhosen, T-Shirts, Schlappen vor ihm sitzen. Manchmal befallen ihn Zweifel. »Morgen zieht ihr ein weißes Hemd und Schuhe an!«, verkündet er in der Pause zwischen Sommer und Herbst.

Dennoch: Welch gigantischer Fortschritt seit jenem Tag in der Wasserzeit 1996, als Rubén Darío das Orchester der Guayaro zum ersten Mal dirigierte. Damals war er gerade aus Caracas zurückgekehrt, ein studierter Mann, der nicht an Wunder glaubte. Nur noch an Chancen. Urubichá bot ihm eine Gelegenheit, die es nicht zu verpassen galt. Der Augenblick war historisch: Bolivien schickte sich an, das Erbe der *Misiones de Chiquitos* anzutreten: durch die Wiederauferstehung des amerikanischen Barock! In den Kirchen der Jesuiten sollten Orchester aus aller Welt spielen, im Rahmen eines internationalen Barock-Festivals.

So begannen hektische Vorbereitungen in Padre Walters *Instituto*. Würden sie es schaffen, ein Orchester zu präsentieren? Bis zum Auftritt blieben noch drei Monate. Aber bald zeigte sich, dass die Interpreten weniger Schwierigkeiten beim Musizieren hatten als beim Umgang mit Tischbesteck oder bei der Bedienung einer WC-Spülung. Und während des Festivals sollten alle teilnehmenden Orchester in Vier-Sterne-Hotels von Santa Cruz wohnen.

Zwischen den Konzertproben brachte Rubén Darío seinen Schülern daher im Eilverfahren die Grundregeln modernen Benehmens bei. Mittags führte er sie in die einzige Pension von Urubichá, wo sich alle gemeinsam an einen langen Tisch setzen und komplizierte Dinge verrichten mussten. Etwa Messer und Gabel gleichzeitig benutzen! »Ist das nun Fortschritt?«, fragte Juan-Carlos Aguape, der damals mit dabei war. Ihm machte vor allem das Pensionsklo zu schaffen. Kein Baumstumpf, sondern eine Schüssel! Zog man oben an einer Strippe, rauschte unten ein Wasserfall. Das hat so manchen im Orchester erschreckt.

Die Guarayo von Urubichá spielten meisterhaft in jenem April 1996, und auf das erste Festival folgten weitere. Und das *Instituto,* dessen erste Schüler inzwischen zu Lehrern geworden sind, schickt diese nun aus, um Musiker in anderen Orten auszubilden, zum Beispiel in »Plan 3000«, dem größten Slum von Santa Cruz. Rubén präsentiert seine musikalische Heilkunde so: »Es reicht aus, Kindern eine Chance zu geben. Der Fortschritt ist wie eine Tür, die sich öffnet. Unser Schlüssel zu ihr ist ein Notenschlüssel.«

Rubén Darío ist ein aufgeklärter Mann, der Wunder durch Wissen ersetzen möchte. In Urubichá jedoch ist das nicht einfach. Denn nicht einmal der rationale Rubén findet eine vernünftige Erklärung für die Heilung von Roni Cara, auch er ein Enkel des legendären Don Oscar. Der 13-Jährige gehört zu jenen, die an diesem Abend Vivaldi gekonnt gegen die Mücken verteidigen. Bis vor zwei Jahren hieß er im Dorfe nur *Loquito,* Trottelchen. Mit sieben hatte ihn die Meningitis erwischt, danach war er zappelig und schnitt Fratzen. Ab und zu verschwand Roni auch tagelang im Busch: aß Beeren und Wurzeln, trank aus dem Río Blanco, schlief auf dem nackten Boden.

Cesar Cara, der Geiger, schämte sich seines verrückten Bruders. Eines Abends drohte ihn die Scham zu ersticken: Das Orchester probte, und draußen in der Nacht stand Roni und starrte mit offenem Mund durchs Fenster. »He, Roni, was willst du denn?«, rief Rubén. »Ich kann auch dirigieren!«, schrie Roni. »Alle aufgepasst«, sagte Rubén, das Orchester kicherte, »hier kommt ein neuer Maestro!« Roni rannte ins Klassenzimmer, kletterte auf einen Stuhl, Speichel lief ihm aus den Mundwinkeln. Während er seine dünnen Arme hob und um »*Silencio!*« bat, sackte Cesar blass auf seinem Stuhl zusammen.

Dann gab Roni den Auftakt, und das Orchester spielte. Telemann, nicht gerade einfach. Doch Roni dirigierte fehlerlos. Sein Körper bebte *fortissimo,* erschlaffte *piano,* seine Finger schnellten sicher vor, um die Einsätze zu geben: mal einem Cello, mal den Oboen, mal der Ersten Geige seines Bruders Cesar. Irgendwo in Ronis wirrem Kopf stand die Sonate in ihrem minutiösen Ablauf verzeichnet. Ob er nicht ein Instrument lernen wolle, fragte Rubén, als er die Sprache wiederfand. »Posaune!«, antwortete der Junge mit Blick auf seinen großen Bruder: »Dann kann mich keiner mehr überhören.«

Schon zehn Uhr. Padre Walter steckt den Kopf zur Tür herein, einen fragenden Blick in den lächelnden Augen. Rubén nickt, wendet sich ans Orchester: »Genug für heute! Vergesst nicht, morgen eure Notenständer mitzubringen. Der Micro fährt um Punkt neun vor der Kirche ab.«

Leichter Wind kommt auf, genug, um Románs Partitur aufzuwirbeln. Beim Versuch, die Blätter einzufangen, stößt Froilán, mit neun Jahren kleiner als sein Cello, Dionicios Notenständer um. Simón prustet los, Roni äfft ihn nach, María Gloria versteckt ihr Lachen hinter der hoch gehobenen Geige. Rubén Darío lässt den Kopf sinken. Vermutlich hat Madre Ludmilla recht: Ohne Disziplin kann es in Urubichá keinen Fortschritt geben, nur Wunder. Wie jenen Augenblick im Morgengrauen, wenn Simón Aguape *algo bonito en su alma* spürt. Etwas Schönes in seiner Seele.

Mon cher papa,

merci für Deinen jüngsten E-Mail-Brief, der mich – gedanklich zumindest – von den Schweizer Alpen hinabholt auf die Ebene der Sahara und zurück in die Abenteuerwelt eines kleinen Jungen mit roter Brille. Wieder fühle ich mich geschmeichelt, dass Du mir die Geschichte eines Mannes widmest, den nichts von seinem Weg hat abbringen können. Ja, *papa,* ich erinnere mich gut an unseren Freund Kalakoa. Als ich neulich Deine Dorf-Geschichte über die Oase Zoo-Baba las, war ich verblüfft. In der Schlussszene erzählt da nämlich ein greiser Tubu, wie er einst 4000 Kilometer zu Fuß durch die Sahara gezogen ist und dabei auf einem Auge erblindete. Du fragst ihn: »Woran denkst du, Abaza, wenn du monatelang durch die Wüste läufst?« Und der Greis antwortet: »An nichts, das ist sehr wichtig.« – »Aber an irgendetwas denkt man doch immer.« – »Dann denke nur das, was du siehst! Nur daran allein!«

Was mich überrascht hat? Ich war überzeugt, dass dieser wunderbare Satz aus dem Munde Kalakoas stammte. In Wahrheit muss es wohl so gewesen sein, dass Du mir bei Deiner Rückkehr aus Zoo-Baba – vor rund zwölf Jahren also – die Szene mit dem alten Tubu erzählt hast. Und dass ich, der Elfjährige, bei diesen Worten automatisch an Kalakoa denken musste. Wir formen unsere »Erinnerungen« so, wie sie uns am sinnvollsten erscheinen, nicht wahr? Deshalb werde ich auch weiterhin darauf bestehen, dass Kalakoa, mein Freund aus den Tagen einer nun fernen Kindheit, eines Tages gesagt hat: »Wenn du durch die Leere marschierst, denke nur, was du siehst!«

Ich finde, diese Überlebensregel für das Durchqueren von Wüsten kann durchaus auch als Gebrauchsanweisung für das Bewältigen gewisser Streckenabschnitte im Leben eines 23-jährigen angehenden *conseiller culturel* dienen. *Mutatis mutandis!* Übertragen auf meine gegenwärtigen Lebensumstände müsste die Kalakoa-Devise lauten: »Lebe jetzt, tröste dich nicht mit Gedanken an später!« Verpassen wir die Gegenwart nicht oft dadurch, dass unsere Gedanken ständig mit der Zukunft beschäftigt sind? Wie jene, die immer alles fotografieren und haufenweise Bilder in ihren Handys und Laptops speichern – in der Annahme, sie könnten auf diese Weise »Momente festhalten«? Dabei tun sie das Gegenteil. Anstatt den Augenblick auszukosten, verderben sie ihn durch blödsinniges Knipsen. Das Einzige, das sie dabei gewinnen, sind Klischees, deren Betrachtung sie später mit einem Hauch von Nostalgie erfüllen mag ... bevor sie weitere Fotos machen. Liegt darin nicht das größte Paradox der »Heutigen«? Theoretisch geht es in unserer Gesellschaft immer um das Sofortige. Um den unmittelbaren Kick in einem Leben, das sich aus blitzschnellen Abfolgen zusammensetzt. In der Praxis aber eilen wir der Gegenwart sogar einen Schritt voraus. Anders als Kalakoa denken wir nicht, was wir sehen, sondern daran, was jetzt gleich als Nächstes kommen müsste.

Ich weiß, *papa*: In dieser Mail möchtest Du eigentlich mehr darüber erfahren, wie Dein Sohn sich seine berufliche Zukunft vorstellt. Sicherlich ahnst Du, dass meine Vorstellungen in dieser Hinsicht noch keine allzu konkreten Formen angenommen haben. Allein die Formel Reisen + Kultur reicht wohl kaum aus. Was die theoretischen Grundlagen dieses Konzeptes betrifft, würden alle Seiten Deines Buches nicht ausreichen, um sie gebührend zu beschreiben. Müsste ich doch endlos von Rousseau und Aristoteles erzählen, von meinem geliebten Herder und seinem Volksgeist, ja sogar von der Philosophie der Reggae-Musik, die, wenn ich mich recht entsinne, Dir auf die Nerven geht. Aber keine Angst, diesen gewaltigen Stoff werde ich jetzt hier nicht für Dich detailliert ausbreiten, dazu bleibt mir ja die (bald fertige, das schwöre ich!) Abschlussarbeit meines Master-Studiums an der Sorbonne.

Lass uns also lieber so tun, als würde Deine Frage an mich lauten: »Was, mein geliebter Sohn, hat es in Deinem uns derzeit so konfus erscheinenden Leben mit der Kultur auf sich?« Dazu nämlich könnte ich Dir ein bisschen was erzählen. Auf einen simplen Nenner gebracht: Ich glaube, jedem Konflikt liegt ein kulturelles Missverständnis zugrunde. Oder besser, das Nicht-Verstehen anderer Kulturen. Früher, als sich die Europäer weniger untereinander vermischten, führte dies oft zu Kriegen unter Nachbarländern, etwa zwischen Frankreich und Deutschland. Klar, es gab auch andere Gründe: Elsass-Lothringen, der Kampf um die Vorherrschaft in Europa und so weiter. Die psychologische Voraussetzung für das Austragen mörderischer Konflikte war jedoch der kulturelle Unterschied. Im Bewusstsein der Soldaten musste die Vorstellung überwiegen, dass es sich bei Deutschen und Franzosen um fundamental verschiedene Wesen handelt. Das hat sich geändert. Im Laufe des vergangenen halben Jahrhunderts hat die deutsch-französische Freundschaft als Fundament für die Europäische Union gedient. Dass deren Mitgliedsstaaten jemals wieder Krieg untereinander führen könnten, bezweifle ich. Als Erasmus-Student in Mainz habe ich ein Jahr lang Tag für Tag die Freundschaft von Jungen und Mädchen aus allen Ecken Europas genossen. Wie sollte ich mir vorstellen können, irgendwann gegen meine ehemaligen Kommilitonen in den Krieg zu ziehen? Unsere persönlichen Kulturen haben sich gegenseitig bereichert, sei es durch gemeinsames Studieren, sei es dank Partyflirts und Saufgelagen. Und das ist wirklich fantastisch!

In unserem Europa von heute bestehen kulturelle Ab- und Ausgrenzungen daher nicht mehr gegenüber Bürgern verfeindeter Länder, aber dafür umso mehr innerhalb ein und derselben Gesellschaft. Wie damit am besten umzugehen wäre, dafür haben wir noch kein wirksames Rezept gefunden. Klar, fast alle sind der Meinung, wir sollten im Umgang mit kulturellen Differenzen die größtmögliche Flexibilität an den Tag legen. Doch dieses Prinzip ist leichter gefordert als angewandt. Vor einigen Tagen hatte ich einen Disput mit Marine und Stan, zwei meiner allerbesten Freunde. Den Grund dafür lieferten die jüngsten Unruhen in der Pariser Vorstadt Trappes. Dort hatte die Polizei eine verschleierte Muslimin auf der Straße aufgefordert, ihr Gesicht zu zeigen. Wie Du ja weißt, ist seit 2011 in Frankreich das Tragen von Ganzkörperschleiern wie Burka, Niqab und Balaklava in der Öffentlichkeit verboten. Der Ehemann protestierte, die Polizisten nahmen das Paar fest. In der nächsten Nacht wurde

Trappes zum Kriegsgebiet. Die Polizeistation wurde angegriffen, Autos und Bushaltestellen gingen in Flammen auf, es gab Verletzte.

Und unter uns kam es mal wieder zu dem für Franzosen so typisch gewordenen Streit zum Thema »religiöse und kulturelle Diskriminierung«. Stan und Marine waren sich einig: Die Wut der Muslime sei verständlich und der Gewaltausbruch in Trappes gerechtfertigt. Die beiden zeigten sich bestürzt, dass ich anderer Meinung war: Müsste denn nicht gerade mir, einem Juden, daran gelegen sein, dass einem jeden ein Leben in Eintracht mit seinen religiösen Überzeugungen gestattet sei? Können wir zulassen, dass militanter Laizismus nun zur nationalen Einheitskultur wird?

Verstehst Du, was mich an der Haltung meiner Freunde so genervt hat, *papa*? Die Kultur eines Menschen ist doch kein Laufsteg, um sich wie ein Model zur Schau zu stellen! Was, fragte ich Stan und Marine, ist die Message einer verschleierten Frau auf den Straßen von Trappes? Es ist dieselbe wie die jener Rabbanim, die auf ihren Gängen durch unser Viertel ihre Gebetsriemen Tefillin auf der Stirn tragen. Die eine wie die andere Botschaft lautet: »Geht mir aus dem Weg! Was uns unterscheidet, wiegt schwerer als das Wenige, das uns verbinden mag.« Es ist eine klare Absage an alle übrigen Straßenbenutzer und Spaziergänger, die nicht zufällig fromme Muslime oder gottgefällige Lubawitsch wären. Wie könnte ich damit einverstanden sein? Religiöser Kommunitarismus kann sich hinter den Türen von Moscheen und Synagogen ausleben und zwischen den eigenen vier Wänden der betreffenden Gläubigen. In unserer Öffentlichkeit fehlt ihm die Daseinsberechtigung.

Der *espace public* dient dem Dialog, nicht der religiösen Abgrenzung. Was natürlich nicht automatisch bedeutet, dass Polizisten die am besten geeigneten Gesprächspartner für »Gesetzesbrecher« wie jenes muslimische Ehepaar in Trappes wären. Wenn Immigranten in Frankreich ihre religiösen Differenzen heute derart zur Schau tragen, oder wenn manche ihrer Kinder Steine werfen, sobald sie in »ihrem Viertel« nicht nur die Polizei, sondern auch die Feuerwehr oder einen Notarztwagen sehen, dann ist dies in erster

Linie die Folge staatlichen Versagens. Frankreich hat es nicht geschafft, Menschen zu integrieren, die mehr sind als nur »Arbeitskräfte«. Die daraus entstandene Situation erfordert enorme wirtschaftliche und kulturelle Anstrengungen. Sie erfordert Entgegenkommen und auch eine gewisse Nachsicht. Letztere darf jedoch nichts an den Prinzipien ändern, denen unser Zusammenleben in der Öffentlichkeit unterliegt.

Aber mag sein, dass manche Debatten nicht mehr lohnen, geführt zu werden. Jedenfalls nicht mit Begriffen, die derart zu einem Wischiwaschi geworden sind wie das Wort »Toleranz«. Natürlich müssen wir die Anderen trotz ihrer Verschiedenheit von uns als gleichwertig akzeptieren. Müssen begreifen, dass es keine Hierarchie von höheren und niedrigeren Kulturen geben kann. Doch diese Einstellung bedeutet nicht, dass wir aus Prinzip nachgeben müssen, wenn sich Vertreter bestimmter kultureller Gruppen selbst auszugrenzen und in der Öffentlichkeit von uns Übrigen abzusetzen versuchen. Macht es mich zu einem »toleranten« Menschen, wenn ich stillschweigend zusehe, wie unser Stadtviertel sich zum Ghetto wandelt? »Und was würdest du tun, würde im demokratischen Frankreich die Mehrheit bestimmen, dass alle Schweinefleisch essen müssen?«, fragte Marine (zugegeben perfide). »Dann«, sagte ich, »würde ich auswandern.«

Wie dem auch sei. Fürs Erste werde ich mein Land aus Gründen verlassen, die nichts mit Schweinefleisch zu tun haben. Ich gehe, weil mich andere Kulturen anziehen. Weil ich sie studieren und verstehen möchte. *La culture gouverne le monde:* Die Welt wird von der Kultur beherrscht – oder vielmehr von Kulturen im Plural! An den unausweichlichen Triumph einer westlich geprägten Einheitskultur glaube ich ebenso wenig wie an Esperanto als künftige Weltsprache. Was die in uns angelegten Ureigenschaften betrifft, so lehrt uns der Turmbau zu Babel vielleicht noch mehr als Kains Brudermord an Abel. Die Menschheit wird immer vielfältig sein. Das ist ein Segen! Zum Fluch werden kann er nur, wenn einige Turmbauer sich auf eine Stufe mit Gott stellen wollen, hoch über allen Anderen.

Voilà mon papa: So sieht es derzeit in meinem Kopf aus. Mein »Dorf« liegt an einer Kreuzung von Kulturen. In ihm ist Platz für Nomaden aus der Südsahara, für Fischer aus dem philippinischen Taifun-Gürtel, für Barock-Indianer aus dem Amazonaswald. Und für alle Anderen, die bereit sind, vorbehaltlos miteinander zu »klönen«, wie es in Deinem alten Pivitsheide hieß. Aber wer weiß schon, was die Zukunft für uns bereit hält? Vielleicht wird ja auch aus mir noch ein fanatischer Anhänger des Kommunitarismus? Oder ein blinder Vertreter des militanten Laizismus? Bevor ich mich als Einsiedler in die Wüste zurückziehe, um nur noch zu denken, was ich sehe!

Ton fils Rafael qui espère ne jamais finir d'apprendre. Un peu comme toi alors ?

P.S. Ein Wort zu Urubichá: Um diese Reise beneide ich Dich fast ebenso wie um jene nach Zoo-Baba. Vivaldis »Vier Jahreszeiten« in der alten Franziskaner-Mission am Waldrand? Es gibt Augenblicke, die kann man sich für alles Geld der Welt nicht kaufen. Ich hoffe, meine lebenslange Jagd nach »perfekten Momenten« wird ebenso ergiebig verlaufen wie die Deine.

UNTER DO

RFKINDERN

Drei Briefe an Lou

Dies ist ein seltsamer Brief, für Dich wie auch für mich. Schließlich sehen wir uns noch fast jeden Tag in unserer Wohnung, außer wenn ich auf Reportage bin oder Du auf Klassenfahrt. Also könnte ich jetzt genauso gut nach oben gehen, an Deine Zimmertür klopfen, mich wie gewöhnlich auf dem Boden vor Deinem überladenen Schreibtisch einrichten und, während ich all dies hier mit einfacheren Worten sagen würde, in Dein Gesicht blicken statt auf einen Computer-Bildschirm.

Aber ich halte es für nützlich, dass wir uns zu den anstehenden Themen schriftlich austauschen. Und sei es nur, um jeden Gedanken, bevor wir ihn losschicken, noch einmal überdenken. Wir neigen zu schnellem Reden, Du und ich, zweifellos aus gutem Grunde: Zwischen uns beiden gibt es noch viel zu erzählen, und die Zeit verstreicht für mich nun so viel schneller als in den Kindheitsjahren Deiner Geschwister.

Die Zeit bleibt unser ewiges Thema, nicht wahr? Als sich die Ereignisse zutrugen, zu denen ich Dich in diesem Brief noch einmal zurückführen möchte, da warst Du acht Jahre alt. Jetzt bist Du 13, fast schon 14, kein halbes Kind mehr, eher zu drei Vierteln schon eine Erwachsene, die ihren Blick geradlinig in die Zukunft richtet. Also werde ich jene Geschichte, deren Heldin Du selber warst, nun genauso niederschreiben, wie ich sie damals empfunden habe und wie ich sie heute einem erwachsenen Freund erzählen würde, mit einer Spur väterlichen Humors als Schutzmittel gegen zu viel Pathos und Sentimentalität.

In jenen Tagen, Lou, hattest Du Dir einen neuen Planeten geschaffen. Ich taufte ihn auf den Namen »Zebra-Stern«. Er erstreckte sich von Deinem Kinderzimmer bis ins antike Zentrum von Rom sowie auf weite Teile des Vatikans. Da es sich um einen aggressiv expandierenden Himmelskörper handelte, stand zu befürchten, dass weitere Regionen einer uns noch normal erscheinenden Welt schon bald vom Zebra-Stern geschluckt werden könnten.

Beginnen wir die planetare Besichtigungstour in Deinem Zimmer. Wem es damals noch gelang, die Tür dazu einen Spaltbreit zu öffnen, blieb dennoch wie festgenagelt auf der Schwelle stehen. Vor ihm lag eine ursprünglich mit Tisch, Schrank und Hochbett ausgestattete Wohnlandschaft, die sich jedoch zum Wohnen nicht mehr eignete. Allenfalls Spiderman hätte auf direkten Wegen von Deinem Schreibtisch zum Schrank und vom Schrank zum Bett gelangen können. Der Fußboden präsentierte, was Du *exposition zèbre* nanntest: eine auf Dauer angelegte Ausstellung zum Thema Zebra.

Das geübte Auge konnte in ihr zwei ineinanderfließende Bereiche erkennen. Der erste bestand aus einer Nachbildung der afrikanischen Savanne. Deren Bewohner, die wilden Tiere, waren Plastikfiguren wie jene, die einst mit Wundertüten in unsere Zivilisation eingedrungen waren. Dieser Ausstellungsbereich, so erklärtest Du, diene zur Einstimmung: damit der Pariser Besucher auf der Stelle begreife, dass es in Ostafrika anders aussieht als im *quartier latin*.

Während also die Füße des besagten Besuchers auf der Türschwelle Wurzeln schlugen, glitt sein Blick weiter in den zweiten Ausstellungsbereich. Er wirkte wie das Umfeld eines Vulkans, der statt glühender Asche zerknitterte DIN-A4-Blätter ausgespuckt hatte. Der Kern der *exposition zèbre* schien aus einer auf diese Weise herabgeregneten Fülle ausgedruckter Internet-Dokumente und herausgerissener GEO-Seiten zu bestehen. Sie alle zeigten schwarzweiß gestreifte Tiere, begleitet von Texten mit so reißerischen Überschriften wie »Willkommen in der Welt des Zebras«.

Manche dieser Texte führten fett gedruckte, da wichtige Zahlen auf, etwa: 300 000 (so viele Burchell-Zebras grasten auf Ostafrikas Savannen) oder 700 (so viele Berg-Zebras existierten noch, aber wohl nicht mehr sehr lange) oder 60 (Kilometer pro Stunde – so schnell konnte ein Zebra fliehen) und so fort. Einige Autoren hatten die poetische Form gewählt, um

dem Zebra zu huldigen. Ein Gedicht begann: »*Je ne suis pas un cheval de Cayenne ni un âne en pyjama*« (Ich bin kein Cayenne-Pferd und auch kein Esel im Pyjama) und endete, unter Hinweis auf Löwen, Hyänen und andere Zebra-Liebhaber: »*Je ne suis pas un repas!*« (Ich bin keine Mahlzeit!)

Und schließlich war da noch ein von Deiner eigenen Hand geschriebener Text, der sich auf einen Schlüsselsatz mit wesentlicher Aussage beschränkte: »Zebras suchen oft die Gemeinschaft von Gnus, um sich zu schützen!« Dies galt es, sich gut einzuprägen: Zebras suchen Schutz! Weil sie sich einer sehr gefährlichen, da in ihrem Kern ungerechten Welt ausgesetzt fühlen.

Den Beweis für diese These erbrachte das zentrale Prunkstück der Ausstellung: ein mickriges Zebralein, das anormal hell, ja fast wie ein Albino wirkte, weil seine von zu häufigem Anfassen abgewetzten Streifen schon zu verblassen begannen. Diesem einmaligen Exemplar in der Großfamilie des *Equus zebra* hattest Du den Namen »Harry« gegeben – »Ari« für französische Zungen.

Aris Ankunft in Deinem Leben markierte die Geburtsstunde des Zebra-Sterns. Der zu Grunde liegende Urknall fand im Kosmos der öffentlichen Grundschule *école Goubet* statt. Wie Du ja inzwischen weißt, meine Lou, zählt unser Viertel nicht zu den elegantesten von Paris. Grob skizziert, besteht seine Bevölkerung zu je einem Drittel aus schwarzen Afrikanern, sefardischen Juden und *Bobos*, Vertretern einer gehobenen Mittelschicht also, die Öko konsumiert, Musik aus den 1960er Jahren bevorzugt und so tut, als hätte sie ganz ähnliche Interessen wie ihre afrikanische Nachbarschaft. *Pourquoi pas?*, dachten Deine Mutter und ich, als Du 2004 eingeschult wurdest. Hielten wir doch die ethnische Mischung für einen Beschleuniger im Prozess einer allgemeinen kulturellen Bereicherung.

Die schulische Realität offenbarte uns dann ihre eigene Logik. Sefardische Kinder waren in Deiner Klasse gar nicht vertreten, weil ihre Eltern es vorzogen, sie auf religiöse Privatschulen zu schicken. *Bobo*-Kinder gab es auch nur sehr wenige; die meisten von ihnen waren auf Schulen von Vierteln mit mehr gesellschaftlichem Raffinement desertiert. Was darauf hinauslief, dass Du Dich am Tag Deiner Einschulung als Bestandteil einer schrumpfenden kaukasischen Minderheit in einer für Pariser Verhältnisse erstaunlich afrikanischen Klasse wiederfandest.

Die beiden ersten Jahre vergingen problemlos. Gewiss war der Unterricht nicht sonderlich spannend. Oft musstest Du zum Zeitvertreib Rechenaufgaben lösen, während der Lehrer Deinen Mitschülern, von denen die meisten zu Hause nicht Französisch sprachen, geduldig alte Lektionen aufs Neue einzubläuen versuchte.

Aber Du fandest die *école Goubet* einfach toll, und Deine Begeisterung beruhte auf zwei guten Gründen: Mona und Brandon – die beste Freundin und die erste Liebe. Mona saß neben Dir im Klassenraum. Außer, wenn der Lehrer euch trennte, weil ihm euer Schwatzen auf die Nerven ging. Denn endlosen Gesprächsstoff lieferte allein schon Brandon. Ein niedlicher Junge, der zwar in die Parallelklasse ging, auf dem Pausenhof aber unermüdlich hinter Dir herrannte. Irgendwann, erzähltest Du mir, habest Du Brandons läuferische Leistung mit einem Kuss auf die Wange belohnt.

Zu Beginn des dritten Schuljahrs sah es so aus, als steuere Deine Liebe geradewegs auf ihre Erfüllung zu. Als wir nämlich am letzten Tag der Sommerferien die in der *école Goubet* aushängenden Namenslisten überflogen, hast Du plötzlich einen jener Schreie ausgestoßen, die in der Regel Lottogewinnen vorbehalten sind. Unter den Neuzugängen Deiner Klasse war ... Brandon! Das konnte nur Schicksal sein.

Aber wer weiß den Lauf des Schicksals schon richtig zu deuten? Am ersten Schultag blieb Brandons Platz im Klassenzimmer leer. Ebenso am zweiten, dritten und allen noch folgenden Tagen. Und meine kleine Tochter, die den Himmel über dem Pausenhof immer grauer fand, erkundigte sich schließlich bei Brandons Schwester, einer Schülerin der fünften Klasse. Das Mädchen erklärte: Sie und ihr Bruder lebten nicht bei den Eltern, denen sei das Sorgerecht entzogen worden. Nun hätten die Pflegeeltern von Brandon die Nase voll gehabt. Deshalb sei der Junge einer anderen Familie zugewiesen worden. Menschen in einem anderen Stadtviertel mit einer anderen Schule.

Soviel zu Deiner ersten Liebe und ihrem Kummer. Als Erwachsener könnte man dazu natürlich meinen, das abrupte Ende eurer damaligen

Schulhofromanze sei vielleicht bedauerlich, in einem so jungen Dasein jedoch keineswegs tragisch. Mag sein. Aber wäre es nicht eine für Achtjährige zu erhoffende Gnade gewesen, Brandon hätte sich durch einen normalen Umzug aus Deinem Leben verabschieden dürfen? Klar, keiner hat Schuld: weder Brandons sozial geschädigte Eltern noch die überdrüssigen Pflegeeltern oder das zuständige Fürsorgegericht. Aber wie soll man entschuldigen, dass ein Junge, in den Du Dich doch recht mühelos hattest verlieben können, in Gesprächen unter Erwachsenen unseres Viertels dann, wenn überhaupt, nur noch als »Problemfall« auftrat?

Unser *quartier*, Lou, liegt näher zur *banlieue* hin als zur *Cité des lumières*. Deren Lichter finden nur dank aufwendiger technischer Hilfsmittel ihren Weg zu uns. Dein Zimmer im siebten Stock genießt ein in diesem Viertel seltenes Privileg: Man erkennt, wo die Stadt nach oben hin endet. Und abends, wenn Deine Augen noch ein wenig gegen die Macht der Müdigkeit aushalten, sehen sie alle 32 Sekunden einen Laserlichtstrahl über den schwarzen Himmel huschen. Dieser Strahl kommt vom Eiffelturm, den Du nirgendwo entdecken kannst, wenn Du bei Tageslicht aus Deinem Fenster schaust. Dann siehst Du nur die öden Beton-Fassaden, hinter denen derart viele »Problemfälle« heranwachsen, dass man sich fragen muss, wie hier wohl ein »Normalfall« aussehen könnte.

Die *école Goubet* gibt darauf die übliche Antwort. Die Mehrheit der Schüler hat Probleme: die einen wegen mangelnder Konzentration, weil sie daheim nur vor Bildschirmen hocken; die anderen wegen fehlender Disziplin, weil sie mehr auf der Straße lernen als zu Hause. Vielen fehlt es an beidem, Disziplin und Konzentration. Bekommt der Lehrer diese Schüler nicht in den Griff, findet sein Unterricht nur noch auf dem Stundenplan statt. Im Klassenzimmer herrscht dann nämlich Chaos.

Die chaotischsten Problemkinder in Deiner Klasse waren damals Baha-Edine, Benjamin und *Les Blackettes,* eine Gruppe afrikanischer Mädchen, die dazu tendierten, während des Unterrichts von ihren Plätzen aufzustehen und Tektonik-Tänze (wie in MTV-Clips) zu vollführen. Du erinnerst Dich doch noch, oder?

Baha-Edine, Sohn algerischer Eltern, verprügelte gern Schwächere, am liebsten Mathias, den sanftesten Jungen im Pariser Nordosten. Benjamin hingegen konnte ganz nett sein, hatte aber einen echten Knacks. Bekam er seinen Koller, warf er sich auf den Boden und strampelte und spuckte wie bei einem epileptischen Anfall. Da ich eure Klasse ab und zu auf Ausflügen und zum Schwimmunterricht begleitete, habe ich Baha-Edine, Benjamin und *Les Blackettes* oft *live* erlebt und mich jedes Mal gefreut, nicht ihr Lehrer sein zu müssen.

Umso willkommener wirkte daher zu Beginn des dritten Schuljahrs die Ankündigung, die Klasse würde als Lehrerin Marthe bekommen, dieselbe wie im ersten Schuljahr. Wir Eltern waren erleichtert. Marthe kannte die Kinder, besaß Geduld und Energie, wusste, wann Vorsicht geboten war und wann Nachsicht erlaubt. Doch am ersten Schultag: *Pas de Marthe!* Sie hatte Schwangerschaftsurlaub genommen; an ihre Stelle trat der Aushilfslehrer Nicolas.

Der war zwar strenger, stellten wir schnell fest. Doch konnte dies im Umgang mit einer solchen Klasse auch gewiss nicht schaden. Nicolas' Unnachgiebigkeit garantierte, dass Tektonik fortan im Unterricht ausfiel. In den übrigen Gefahrenzonen – das Prügeln von Baha-Edine, die Koller Benjamins – hätte Nicolas sich wahrscheinlich verirrt, wäre ihm nicht die resolute Unterstützung seitens seiner Klassenbesten, Lou und Mona, zuteilgeworden.

Dafür habe ich euch beide grenzenlos bewundert. Habt ihr eigentlich aus Instinkt gehandelt? Oder auf Absprache? Auf jeden Fall nahmt ihr die Errettung der Klassengemeinschaft in eure kleinen Hände und handeltet dabei so klug, wie es wohl nur Mädchen zu tun vermögen. Du, Lou, stelltest Dich konsequent dazwischen, wenn Baha-Edine auf den hilflosen Mathias losging. Glaubtest wohl, Dir dies erlauben zu können, nachdem Du Baha-Edine im Wettschwimmen um mehrere Längen hinter Dir gelassen hattest. Außerdem überließest Du ihm in der Schulkantine oft Dein Dessert. Von so viel Süße besänftigt, stellte Baha-Edine das Prügeln vorübergehend ein.

Noch spektakulärer war der Wandel bei Benjamin. Da er es oft genug zu hören bekommen hatte, wusste er, dass sein »wahrer« Platz nicht in der *école Goubet,* sondern in einer Schule für geistig Minderbemittelte gewesen wäre.

Seine Noten bestätigten dies mit deprimierender Regelmäßigkeit. Solange, bis Mona und Du beschlossen habt, dem Jungen Nachhilfe zu erteilen. In der anschließenden Klassenarbeit bekam Benjamin eine 18, was im deutschen Notensystem einer Eins entspricht. Das war eine echte Sensation. Und da die Kunde von jener 18 kurz vor Weihnachten eintraf, klang sie in manchen Ohren wie ein Jesus-Wunder. Benjamins Mutter erzählte jedem im Viertel, der es hören wollte, ihr Sohn habe es nun »doch noch endlich geschafft«.

Wie Du siehst, meine Lou, habe ich nichts vergessen von all dem, was Du mir in jenem Jahr erzählt hast oder was ich selbst miterlebt habe. Und ich erinnere mich auch, wie nach der Benjamim-18 das Leben im Umkreis der *école Goubet* für eine kurze Weile einem Frank-Capra-Film geähnelt hat: Nichts schien mehr unrettbar, solange nur der Menschlichkeit freier Lauf gewährt würde.

Aber wie zerbrechlich doch gerade Wunder sind, nicht wahr? Die schöne Welt von Lou und Mona, von Baha-Edine, Benjamin und den ruhig sitzenden *Blackettes* stürzte ein, als Marthe im Januar mitteilte, sie werde ihren Schwangerschaftsurlaub um einen Mutterschaftsurlaub verlängern. Woraufhin die Schulleitung erklärte, Nicolas dürfe Marthe nicht weiterhin vertreten. Warum? Weil die Vertretung für eine gewordene Mutter 300 Euro im Monat mehr kosten müsse als die für eine noch werdende Mutter.

Wir versuchten, das Problem vernünftig zu lösen. Mit den Argumenten unserer wiedergefundenen Menschlichkeit: Ging es nicht um die Zukunft von 26 Kindern? Hatte denn die neue Harmonie in eurer Klassengemeinschaft auch nur die geringste Überlebenschance gegen einen weiteren Lehrerwechsel, den zweiten in drei Monaten? Ohne Zögern erklärten sich einige Eltern bereit, die fehlenden 300 Euro pro Monat aus eigener Tasche zu begleichen. Warum sollte eine Aushilfe für Schwangere nicht auch einmal eine junge Mutter vertreten können? *D'accord,* sagte Nicolas: *vous avez raison!*

Doch Wahnsinn definiert sich ja gerade dadurch, dass er sogar der offensichtlichsten Vernunft souverän standhält. Die Direktorin der *école Goubet* teilte uns mit, Vorschriften seien vor allem dazu da, nicht umgangen zu werden. Eine junge Lehrkraft, bisher noch ohne Erfahrung zwar, aber dafür mit umso mehr Frische und Einsatzwillen ausgestattet, sei von befugter Stelle zur Vertreterin des Vertreters von Marthe ernannt worden.

Sie hieß Nadège. Und ihre ängstliche Sanftheit musste auf »Problemfälle« wirken wie ein Aufputschmittel auf Menschen mit zu hohem Blutdruck. Der Unterricht brach zusammen. Die *Blackettes* tanzten wieder Tektonik oder spazierten ziellos im Klassenzimmer umher. Baha-Edine nahm das Prügeln wieder auf, Benjamin das Kollern. Gegen Mitte Februar erlitt Nadège einen Nervenzusammenbruch. Eines Morgens floh sie weinend vom Schulgelände, rannte weiter bis zu ihrem Arzt und ließ sich für längere Zeit krankschreiben. Da forderte die Direktorin bei der zuständigen Amtsstelle einen Vertreter für die Vertreterin des Vertreters von Marthe an.

Zu eben jenem Zeitpunkt trat der Zebra-Stern, ohne dass es jemandem in unserer Familie aufgefallen wäre, in seine embryonale Phase ein. Vage erinnere ich mich heute daran, wie Du, als ich Dich eines Nachmittags von der Schule abholte, den blass gestreiften Ari in der Hand hieltest. »Du sollst doch keinen Dreck von der Straße aufheben«, muss ich Dich da wohl gemahnt haben. Denn Du erklärtest kühl und pikiert, es handle sich nicht um »Dreck«, sondern um ein Geschenk von Benjamin.

Das fand ich amüsant. Wenn wir Erwachsenen im Viertel nämlich von Benjamin redeten, fiel oft der Ausdruck *drôle de zèbre,* komisches Zebra – so nennen Franzosen einen »komischen Kauz«. Auch Mona habe ein Präsent erhalten, fügtest Du hinzu: kein Zebra, einen Elefanten. Nun erkannte ich endlich Deine Wehmut. Es war, als hätte Benjamin in einem klaren Moment, einer Pause zwischen zwei Kolleranfällen, Abschiedsgeschenke in Erinnerung an die vergangenen besseren Zeiten machen wollen.

An den folgenden Tagen hieltet ihr, Mona und Du, nach dem Schulunterricht weiter Verbindung, telefonisch, ununterbrochen. Um euch über Fortschritte bei der Einrichtung einer Zebra- bzw. Elefanten-Wohnung auf dem Laufenden zu halten. Mona nannte ihren Plastik-Dickhäuter »Dédé« . Wie ernsthaft sie dieses Spiel betrieb? Für mich war das schwer abzuschätzen. Sie kam mir vor wie ein stilles Mädchen, das mit den Fragen von Erwachsenen nicht viel anzufangen wusste.

Du hingegen, die schon damals jede Form von Diskretion als Schwäche zu empfinden schien, ließest mich an allen Deinen Zebra-Aktionen teilhaben. Daran, wie ein Schuhkarton zu einem Küche-, Bad-, Schlafzimmer-Apartment für Ari umgebaut wurde. Und auch daran, wie sich aus Tempo-Taschentüchern gestreifte Kleidung und Mini-Bettwäsche konfektionieren ließen. Als Du uns angekündigt hast, Ari wolle seine Mahlzeiten fortan mit uns am Familientisch einnehmen, antwortete ich Dir mit einem Lächeln.

Aber wie hätte ich denn verstehen können, dass Aris Savanne meine eigene Welt war? Das Jagdrevier der Erwachsenen. Dort, wo Zebras verzweifelt nach Schutz suchten. Und wo Du, infolge des bedauerlichen Umstands, dass größere Gnu-Ansammlungen im XIX. Arrondissement von Paris eher selten anzutreffen sind, Dich gezwungen sahst, alternative Schutzmechanismen zu erfinden. Ja, wie hätte ich ahnen können, dass unser raues Viertel das Zebra sogar in seiner Existenz bedrohte?

Zu meiner Verteidigung kann ich anführen, dass die lokale Spezies – nennen wir sie das »Goubet-Zebra« – eine mutierende war und daher im Anfangsstadium für Erwachsene nur schwer erkennbar. Dass solche *drôles de zèbres* wie Benjamin und Baha-Edine dazu gehörten, konnte mir noch relativ logisch erscheinen. Völlig überrascht war ich hingegen, als sich auch bei Mona erste Streifen bemerkbar machten.

»Mona zieht um«, sagtest Du, als ich in der Frühe zum Wecken kam und Dich hellwach in einem Fluss von Tränen vorfand. Auf dem Kissen neben Deinem Kopf drohte Ari zu ertrinken.

Wieso? fragte ich. Und wieder wusstest Du Details, die im Kopf einer Achtjährigen nichts zu suchen hatten: Monas Eltern waren seit einigen Monaten geschieden. Der Vater, Ägypter und Muslim, hatte Monas Mutter, eine französische Zeugin Jehovas, bewusstlos geprügelt und war dafür ins Gefängnis gekommen. Nun sollte der Mann entlassen werden. Gewiss würde er seine Kinder wiedersehen wollen, vielleicht auch seine ehemalige, nun in traumatischer Angst lebende Frau. Daher der schnelle Umzug, die neue Adresse, die in keinem Telefonbuch auftauchte und vom Einwohnermeldeamt geheimgehalten werden würde.

Zeitlich fiel Monas Verlassen der *école Goubet* mit dem Nervenzusammenbruch Nadèges, der Vertreterin des Vertreters, zusammen. In Erwartung der nächsten Vertreterin wurden die Schüler der CE-2 B in Grüppchen aufgeteilt und in anderen Klassen untergebracht. Wer das nicht wollte, konnte schulfrei nehmen. Eine Option, für die wir uns entschieden. Denn offensichtlich hattest Du nun alle Hände voll in Deinem Kinderzimmer zu tun: die Vorbereitung der *exposition zèbre,* ein als Ausstellung getarntes Schutzprogramm für Goubet-Zebras!

Was mich betraf, so sah ich für die bedrohte Spezies längst keine Zukunft mehr. Vielmehr fürchtete ich akute Streifengefahr nun auch für Dich. Während Du sämtliche Wände und Türen unserer Wohnung mit Ausstellungsplakaten *(Le Zèbre – Venez à la plus belle expo sur le zèbre!)* voll kleistertest, dachte ich sehnsüchtig an Schulwechsel. Theoretisch bestand die Möglichkeit, die Direktorin der *école Goubet* dafür um Erlaubnis zu bitten. Aber ich wusste ja, wie sehr sie an Vorschriften hing und dabei auf die Unterstützung der Schulbeauftragten im Bürgermeisteramt zählen konnte.

So blieb als einziger Ausweg nur Mogelei. Die Sache ließ sich einfach organisieren: Ein Freund von uns besaß ein Haus auf der anderen, der schöneren Seite des *parc des Buttes-Chaumont.* Bei viel Wein setzten wir einen Vertrag auf, der besagte, dass ich fortan bei ihm in Untermiete wohnen würde. Gemeinsam mit meiner Tochter Lou, welche durch diesen Umzug zu einem sofortigen Schulwechsel gezwungen sei.

Natürlich hatten wir uns die neue Schule vorher angeschaut. Ein massives Steingebäude aus den 1930er Jahren. Der Direktor, ein alter Bekannter, führte mich durch die mit Kindergemälden geschmückten Korridore, an denen die Klassenzimmer lagen. Man hörte die Stimme einer vorlesenden Lehrerin, sonst keinen Mucks. Die Schüler waren überwiegend *Bobo*-Kinder, Kinder des neuen Mittelstands. Der Direktor wartete auf meine Reaktion. Früher hatte auch er unterrichtet, und zwar in unserem rauen Viertel. »*Ici, c'est calme, même un peu ennuyeux*«, sagte er wie zur Entschuldigung. Ich beruhigte ihn: »*Parfois, l'ennui est passionnant!*«

Dann kam der Samstag vor den Februar-Ferien, Dein letzter Schultag in der *école Goubet*. Die Vertreterin der Vertreterin des Vertreters hatte Dir erlaubt, Fanta und Kuchen mit in den Unterricht zu bringen, um Deinen Abschied gebührend zu feiern. Aber es wollte wohl keine rechte Stimmung aufkommen – obwohl Baha-Edine die Hälfte der Schokoladentorte in sich hineinstopfte und Benjamin keinen Koller bekam, wie Du mir anschließend erzähltest. Am Abend hast Du Dich mit Ari in Deinem Zimmer eingeschlossen. Dein Onkel Laurent, der zum Aperitif vorbeikam, witzelte über die *zèbr'attitude* seiner Nichte.

Die Ferien drohten zu einer Katastrophe zu geraten. Da Rafael seine Schwester Liora in Berlin besuchte, waren wir nur zu dritt: Deine Mutter, Du und ich. Unser Urlaubsziel war Rom und die Reise als Therapie gedacht: Könnte es nicht möglich sein, Dich durch *gelati* und *pasta* von der *zèbr'attitude* zu kurieren?

Du bedanktest Dich. Dafür, dass Ari mitreisen dürfe. Allerdings hattest Du auch Bedenken: »Hoffentlich fühlt er sich in der Fremde nicht allzu einsam!« So beeilte ich mich, Dir vor unserer Abreise noch ein zweites Plastik-Zebra zu besorgen. Eines von kräftiger Statur, offenbar fähig, Ari vor den Römern zu beschützen. »Es heißt Vicky«, verrietest Du mir im Nachtzug nach Italien.

So, liebe Lou, entstand jenes Album, das ich neulich unter dem Bett wiedergefunden habe: eine vielfältige, vielschichtige Foto-Reportage, der Du den spannenden Titel »*Ari et Vicky à Rome*« gegeben hast. Auf jedem Foto kann man zwei Zebras entdecken – und dahinter, als reinen Rahmen, so nebensächliche Dinge wie das Kolosseum, den Trevi-Brunnen, die Spanische Treppe, die Villa Medici, die Schweizer Garde vor dem Vatikan.

Dann, am Montag, dem 10. März 2008, war Dein erster Schultag in der *école Brunet*. Als Du um 8h30 dem Direktor zur Tür Deines neuen Klassenzimmers gefolgt bist, mit mir im Schlepptau, wartete davor eine unwiderstehliche Achtjährige mit einem Zettel in der Hand. »*Tu es Lou?*«, fragte sie mit leiser Stimme und überreichte ihren Brief. Ich durfte ihn erst am Nachmittag lesen, als Du von der Schule zurückkamst: *Chère Lou !!! Je me présente, je m'appelle Nathanya Sion. Je serai ta camarade de classe et je te présenterai à quelques amies à moi. Tu es la bienvenue en CE-2 B. Ta future amie!*

Am nächsten Tag hast Du Dein Zimmer aufgeräumt. Das heißt, die »permanente Zebra-Expo« wurde fürs Erste wieder abgebaut. Weil am darauffolgenden Wochenende Nathanya zu Besuch kam, da brauchtet ihr beiden jeden Quadratmeter Ausstellungsfläche zum Spielen mit anderen Dingen. Auch Ari und Vicky zogen bald in eine Regalecke um und sammelten dort Staub an.

So viel, meine süße Lou, zu dem erloschen Zebra-Stern. Natürlich habe ich Dir meine Version dieser langen Geschichte nicht ganz uneigennützig erzählt. Ich möchte gern wissen, wie Du diese Ereignisse heute bewertest. Fünf Jahre, das ist eine lange Zeit für eine 13-Jährige. Aber ich bin sicher, Du erinnerst Dich noch genau daran, wie Du Dich damals gefühlt hast. Weil ich glaube, dass manche dieser Personen, die ja nun schon längst aus Deinem Leben verschwunden sind – Mona, Benjamin, Baha-Edine – sich dennoch für ein Leben lang in dem Dorf in Deinem Kopf eingerichtet haben. Als Nachbarn aus Deiner Kindheit.

Bevor Du Dich nun an Deinen Antwortbrief machst, sollst Du Dich gedanklich ein wenig erholen. In Tikopia. Ich kenne keinen Ort, der weiter von unserem XIX. Arrondissement entfernt liegen könnte als diese Südsee-Insel. So, wie sie mir damals anmutete, hätte sie gewiss als ein sicheres Schutzareal für Pariser Zebras dienen können. Tikopia war das perfekte Dorf für Kinder: eine überschaubare Welt, in der alles einen Sinn zu haben schien und alle Bewohner barfüßig unterwegs waren. Allerdings wird Dein gegenwärtiges Schuldeutsch noch nicht ganz zum Verstehen dieser Geschichte ausreichen. Liora und Rafael können Dir da vielleicht ein wenig helfen.

Ton papa qui t'aime jusqu'au-delà des tropiques!

Das Dorf
im Paradies

Salomonen, September 1999

Die Nacht vor der Ankunft im Paradies war seltsam. Ich sage »Paradies«, weil die Belesenen an Bord, die zu dieser Stunde noch wach lagen, von Watteau sprachen, jenem französischen Maler des 18. Jahrhunderts, der das Paradies als eine Insel definierte, zu der Pilger aufbrechen, ohne jemals anzukommen, und deren Licht sie nur wahrnehmen, solange es am fernen Horizont leuchtet.

Und ich schwöre, in jener Nacht haben wir dieses Licht gesehen. Die Freydis hatte die Îles Banks, Vanuatus nördliche Inseln, am frühen Morgen verlassen, und ein günstiger Wind hatte das Boot nordostwärts getrieben. Am Nachmittag tauchten hinter uns die letzten Landkrümel außer Sicht. Auch die Tölpel, die dem Schiff zunächst in spielerischen Kreisflügen folgten, waren plötzlich verschwunden, ohne dass wir wussten wohin. Vielleicht vertiefte der monotone Dialog von Wind und Wellen das Gefühl von Einsamkeit stärker, als wirkliche Stille es vermocht hätte. Als gegen sechs die Nacht über das Schiff hereinbrach, blieb von der Welt nichts als dieses Rauschen in zwei Tonlagen.

Ab Mitternacht hielt ich mit Kapitän Wilts Wache an Deck. Irgendwann entdeckte der Skipper über der Bugspitze das ferne Licht. Ein Leuchten, das wie eine gewaltige Kuppel auf dem Meer lag. Wir konnten uns keinen Reim darauf machen, glaubten jedoch, dass nur Zeit und Distanz uns von des Rätsels Lösung trennten. Aber eine halbe Stunde später war die Lichtkuppel verschwunden. Gegen drei Uhr drehten wir bei und legten uns in die Kojen. Im ersten Morgengrauen lag die Insel plötzlich vor uns. Noch farblos. Ein schwarzer Klotz am Ende einer grauen See. Die zackigen Umrisse in den sich aufhellenden Himmel gezeichnet. Die Freydis nahm ihre Fahrt wieder auf, und als wir gegen sieben vor den Korallenbänken Anker warfen, war das Bild endlich komplett: ein wilder grüner Rausch in der blauen Unendlichkeit.

Das verlorene Paradies? Dasselbe, das James Cook und Bougainville gesucht hatten und die Meuterer von der Bounty? Sie alle glaubten an einen Himmel auf Erden. Nur suchten ihn die einen in der Natur, die anderen in der Politik. Was zu beträchtlicher Polemik führte zwischen zwei französischen Philosophen der Aufklärung, Diderot und Voltaire. Der erste träumte, ebenso wie Rousseau, vom »edlen Wilden«: davon, dass der Mensch im »Naturzustand« gut sei. Diderot erfand sogar einen Zusatz zum Reisebericht Bougainvilles, der ja tatsächlich einen »Wilden« mit heimgebracht hatte, zum Entzücken der Damen am Hofe von Versailles. Voltaire hingegen sah eine Verbesserung des Menschen nur über »Zivilisation« und »Fortschritt«, über die Entwicklung der Gesellschaft. Für beide Ansichten brachten die folgenden zwei Jahrhunderte nur Desillusion. Voltaires soziales Paradies kam weder über die französische noch die sozialistische Revolution zustande, geschweige denn über jene von Industrie und Technologie. Und was Diderots Naturzustand des Menschen anbelangt, so geht die Suche fieberhaft weiter.

Tikopia, ein polynesischer Vorposten des überwiegend von Melanesiern bevölkerten Salomonen-Archipels, liegt auf 12.10 Grad südlicher Breite und 168.50 Grad östlicher Länge – und mithin verloren im Pazifik. Auf vielen Karten ist es gar nicht verzeichnet. Nur fünf Quadratkilometer groß, ist Tikopia dennoch weltberühmt. 1928/29 hat der britische Anthropologe Raymond Firth die Insel und ihre damals rund 1300 Bewohner eingehend studiert und darüber einen Hunderte von Seiten langen Bericht verfasst, wofür ihn die Regierung seines Landes in den Adelsstand erhob.

Nur selten stoßen weiße Forscher auf kulturelle Fundgruben von der Tiefe Tikopias. Der amtierende »*Number-two-chief*« Tafua, alias Edward, hält die Insel für perfekt. Obwohl sie, bevor anglikanische Missionare sich der einfachen Seelen annahmen, eine der höchsten Selbstmordraten der Südsee aufwies. Aber selbst das, meint Edwards Sohn Rangifuri, alias John, beweise im Grunde nur das immense Harmoniestreben der Tikopianer.

Edward, der Nummer-Zwei-Häuptling auf Tikopia, hat die Statur eines Sumo-Kämpfers. Obwohl man ihn, umgeben von der überquellenden Vegetation, auch für einen Baobab halten könnte. Es bedürfte sehr langer Arme, um seinen Stamm, diesen drallen braunen Bauch, zu umschließen. Auch kleidet sich Edward gern in Rinde. Wenn er morgens unter dem Moskitonetz hervorkrabbelt, nach langer Nacht auf der geflochtenen Palmenmatte, als Polster nur sich selbst oder seine Frau, die Riesin Nau Tafua, legt er zunächst sein Unterkleid aus *tapa* an: einen geklopften Bast aus heller Borke. Und sieht dann aus wie ein geheimnisvoller nackter Baum, der sich jeden Morgen neu einrindet.

Erst Minuten später, wenn sich Herz und Augen, beide weit aufgesperrt, mit dem aufziehenden Tag einig werden, was Tikopias Unersetzbarkeit im Weltengefüge anbelangt, scheint sich Edwards vegetabile Natur in eine humane zu wandeln. Auf allen Vieren kriecht er aus dem breiten Blätterhaus, richtet sich auf und bedenkt das erste Gebot dieses wie jedes anderen Tages: sein Wohlbefinden. Taropudding? Betelnuss? Nein, eine Zigarette wäre jetzt das Richtige. Nur kann man die nicht kaufen. Weil es auf Tikopia keinen Laden gibt. Und eigentlich auch kein Geld.

Vier tapsige Schritte, und der Häuptling steht vor dem Haus, in dem sein Sohn John die beiden Fremden untergebracht hat, die auf dem roten Schiff gekommen sind. Gott weiß woher. Vanuatu? Australien? Jedenfalls aus Richtung Sonnenuntergang. Edward umrundet das Haus. Findet das richtige von vier Türlöchern. Brüllt aus fröhlichem Herzen: »*Good morning, Michael, how are you?*«

Well, how am I? Meinen Zigarettenvorräten jedenfalls geht es schlecht. Ich sehe die dicken Füße vor der Tür, 30 Zentimeter von meiner Schlafmatte entfernt, und reiche widerstandslos das Päckchen ins Freie. Auch John, der Häuptlingssohn, dem ich nichts abschlagen kann, pafft den ganzen Tag aus meinen Beständen. Wie sind die Kettenraucher von Tikopia nur vor meinem Auftauchen in der Südsee zurechtgekommen? Es sei denn, sie rauchen sonst nicht.

Ja, es sei denn, sie wollen uns – eine Gelegenheit, wie sie die Vorsehung höchstens ein-, zweimal im Jahr an ihre Ufer schwemmt – nur nicht ungenutzt davonsegeln lassen. In dieser Hinsicht waren wir vorgewarnt. Auf Vanna Lava, einer der Îles Banks, wo wir in der vorangegangenen Woche die Freydis geentert hatten, waren wir Father Luke begegnet, einem weißhaarigen, vielseitigen Menschen, der seine Karriere als Krankenpfleger und Pastor begonnen und sie im Gesundheitsministerium von Vanuatu fortgesetzt hatte, und der nun nach ausländischen Investoren für den Bau zweier Diskotheken suchte. Da er alles wusste, kannte er auch die Bräuche auf Tikopia: »Bringen Sie den Häuptlingen reichlich Geschenke mit. Und zeigen Sie ihnen nie den Hintern!«

Das Zweite haben wir uns natürlich gemerkt. Als John uns am ersten Morgen in einem schmalen Kanu von Bord der Freydis holte und zum Haus seines Vaters brachte, krochen wir auf allen vieren durch das niedrige Türloch und schnurstracks auf den Number-two-chief zu. Nach der Audienz krochen wir rückwärts wieder hinaus, wobei sich Pascal, der Fotograf, den Kopf aufschlug, den er, da sich der Hintern schon draußen im Freien fühlte, einen Augenblick zu früh hochnahm. Es war komisch.

Aber was das Ausmaß der Geschenke anbelangte, waren wir doch sehr naiv. Edward und John hatten wir je eine Petromax-Lampe offeriert. Dazu – ebenso wie den übrigen Häuptlingen – diverse Taschenmesser, Taschenlampen, Batterien, Multiwerkzeuge, Kerosin. Kerzen, Luftballons für Tikopia-Kinder. Nachdem all dies mit wohlwollender Miene in Empfang genommen worden war, setzte uns Edward für den nächsten Tag eine »School-fundraising-party« aufs Programm. In der Kirche! Um dem Anlass die Schwere der heiligen Pflicht zu verleihen: Funds, so viel war klar, konnten nur aus unserer Tasche kommen. Wir stifteten. Danach mahnte uns der Häuptling fast stündlich, auch für den «Tikopia Development Fund» zu spenden.

Dennoch, wie wollte ich bestreiten, dass uns Tikopia reicher beschenkt hat, als selbst meine letzten Zigaretten es aufwiegen könnten? Gewiss gehören die Menschen dieser Insel zu den seltsamsten, die ich je getroffen habe. Äußerlich ähneln sie den Maori. Sie haben helle, mit wilden Motiven tätowierte Haut und einen massiven Körperbau – auch die Frauen, zum Beispiel Nau Tafua, Edwards Gemahlin, eine Hünin mit kantigem Schädel und gigantischen Brüsten.

Nur lachen Tikopianer mehr als Maori. Oft finden sie ihr Leben so komisch, dass es in der Tat vor Leichtigkeit zu schweben scheint. Es liegt in ihrem Wesen, das Sanftmut mit Sorglosigkeit verbindet – und mit einem Hang zur Unterwerfung: Wären sie Franzosen, längst hätten sie die Häuptlinge der vier Insel-Clans unter eine Kokos-Guillotine gezwängt. Aber die Tikopianer sind keine Revolutionäre, und so regieren ihre *ariki* als absolute Herrscher und in inniger Eintracht, gestützt auf die *maru,* Männer einer Prätorianergarde, die jeder Chief aus der eigenen Verwandtschaft rekrutiert und als Schutzwall in den Häusern nächst dem seinen ansiedelt.

Die Häuptlinge bestimmen die Zuteilung von Land, den Ausgang von Streit, die Verbannung von Störenfrieden. Sogar der Natur sind sie übergeordnet: Nummer Eins gebietet der Jamswurzel, Nummer Zwei der Kokosnuss, Nummer Drei dem Taro, Nummer Vier der Brotfrucht. Warum? Weil es immer so war. Seit die Milch der ersten Kokosnuss in den Penis des ersten Tikopianers floss und dort zu Samen gerann.

So blieb Tikopia eine Insel, die sich auch im Zeitalter von Bill Gates noch selbst genügt. Abseits des *communication highway.* Ohne Strom, Zeitung, Telefon, Gameboy. Nicht einmal Steuern gibt es. Davon hat die salomonische Regierung in Honiara – 550 Meilen nordwestlich, weit jenseits des Horizonts – die etwa 1000 Untertanen der vier Häuptlinge befreit. Womit sollten sie auch zahlen? Mit Muscheln? Bananen? Oder jenen kunstvoll geflochtenen Stricken, die bei Hochzeiten als symbolisches Geld für den Brautpreis herhalten? Die wenigen Scheine – meist australische oder amerikanische Dollar, die weiße Yachties an den »Tikopia Development Fund« entrichten – schicken die Häuptlinge per Postschiff auf die Bank in Honiara, wo ihre Insel über ein bescheidenes Sparkonto verfügt.

Tikopia vermittelt ein kohärentes Weltbild. Es besitzt die Dimensionen von Kinderträumen, die Überschaubarkeit von Sandkästen. Blicke ich von der Spitze des toten Vulkans in die Tiefe, scheint alles Lebensnotwendige zu meinen Füßen zu liegen: Kokospalmen, Hütten, Kanus, der Brackwassersee im Krater. Alles in einem Blickfeld, einem Gedankenkreis, einer Reichweite. Kleine Inseln sind fassbar.

Number-two-chief Tafua, alias Edward

Nur eines habe ich auf Tikopia nicht gefunden: »Wo sind die Toiletten?«, frage ich John, der neben den Füßen seines rauchenden Vaters den Kopf zu uns ins Haus streckt. »Im Meer«, sagt er, »aber bitte nicht zu nah am Strand!« Jetzt verstehe ich, warum uns sein zehnjähriger Neffe jeden Morgen gegen sechs zum Schwimmen auffordert. »Stören dabei nicht die Haie?«, frage ich gedankenvoll. »Nein«, entgegnet John. »Griffe ein Hai an, gäbe es ein Problem!« Ich nicke: »Für den Toilettenbenutzer. Er würde gefressen.«

Immer wenn John auf Unverständnis stößt, verschwinden seine hellbraunen Augen in schmalen Schlitzen unter einer gekräuselten breiten Stirn, um die sich buschig sein Afro-Haar wölbt. Dann wird sein Gesicht zu einer mysteriösen Maske, deren Ausdruck sich als der eines nachsichtigen Kummers deuten lässt. Als wäre er durch ein Gebot gehalten, fremde Begriffsstutzigkeit vorwurfslos zu übergehen und dabei gleichzeitig mit seinem verletzten Schamgefühl ins Reine kommen zu müssen. Eine ähnliche Mimik ist mir auch bei anderen Tikopianern aufgefallen.

»Unsere Insel«, erklärt John, »lebt in Harmonie mit der Natur. Nichts bedroht uns, keine wilden Tiere, keine Seuchen, keine Feindschaften. Das haben wir den Ahnen zu verdanken. Wenn früher die Häuptlinge Opfer brachten, baten sie die Götter, alle Böse und Schlechte den Weg der Sonne gehen zu lassen. Und so ist es geschehen. Deshalb wären wir nun sehr besorgt, wenn dich plötzlich ein Hai auf der Toilette angreifen würde!«

Hmm. Aber ich gebe zu, dass es zumindest nach Kriterien geografischer Logik kaum erklärbar ist, wie Tikopia so radikal von allen natürlichen Übeln außer Taifunen verschont bleiben konnte. Die Meereskrokodile zum Beispiel, fünf Meter lange Ungeheuer wie jenes, das vor einigen Monaten einem deutschen Skipper vor der Nachbarinsel Utupua ein Bein abgerissen hat, kommen nie nach Tikopia. Es gibt auch keine giftigen Spinnen und Frösche, keine Schlangen – weder im Meer noch im Dschungel, der sich an den Hängen des erloschenen Vulkans hochzieht.

Also laufen alle barfuß durch den Wald, und noch nie ist jemandem etwas zugestoßen, weder durch schädliche Pflanzen noch durch scharfe Dornen oder spitze Stachel. Vielleicht, möchte man naiv glauben, weil auch die Tikopianer nie Waffen tragen – ohne Wild konnten sie nie zu Jägern werden –, sondern nur lauter gute Absichten: etwa Taro und Maniok aus ihren Feldern zu holen; oder aus dem Wald Baumrinde für die Unterwäsche; oder weiße Frangipani-Blüten, um sie zu Stirnkränzen und Halsketten zu verflechten.

Ja, sogar die Weltgeschichte hat Tikopia verschont. 1942, erzählt John, der es von seinem Großvater weiß, tauchten plötzlich Flugzeuge im Himmel auf, ganze Geschwader, mal japanische, mal amerikanische. Ein durch diverse Kanu-Reisen gebildeter Tikopianer – auch er hieß John – wusste, was Flieger waren und erklärte es den übrigen. Niemand hingegen wusste, dass sich die Außenwelt zu beträchtlichen Teilen im Kriegszustand befand und dass eine der schlimmsten Schlachten auf der Salomonen-Insel Guadalcanal tobte, welche für Kanus vielleicht weit, für Kampfflugzeuge jedoch nur knapp zwei Minuten von Tikopia entfernt lag.

Eines Abends fischten die Frauen auf dem Riff. So, wie sie es heute noch tun. Bei Dunkelheit spazierten sie mit Fackeln, die sie aus getrockneten Kokosblättern gebunden hatten, im seichten Wasser der vorderen Korallenbänke und warfen ihre kleinen, mit Muschelketten beschwerten Netze über die vom Licht angelockten Fische. An jenem Abend jedoch lockte das Leuchten einen US-Flieger an, der sich augenblicklich anschickte, das vermeintliche japanische Camp im Pazifik zu versenken.

Unter enormem Getöse explodierten die ersten Bomben auf dem Riff. Die entsetzten Tikopianer, in Ermangelung detaillierter Informationen, stuften sie als eine neue Spezies böser Geister ein. In natürlicher Notwehr stimmten die vier Häuptlinge ihr Schutzgebet an, dasselbe, das schon Krokodile, Haie, Schlangen und Malariamücken über die deklinierende Sonnenbahn evakuiert hatte. Und siehe, wieder wirkten die Worte Wunder: Alles fiel westlich ins Meer, zuerst die Bomben, dann das Flugzeug.

Die Männer schoben ihre Kanus ins Wasser und paddelten hinaus. Drei Mitglieder aus der Bomberbesatzung hatten überlebt, zerschunden trieben sie auf dem dunklen Meer. Die Tikopianer zogen sie ins Boot, nahmen sie mit in die Blätterhäuser. Kurze Zeit später kreuzten weitere US-Soldaten auf. John, der Gebildete, der auf Vanuatu ein wenig Englisch gelernt hatte, berichtete den fremden Kriegern, was passiert war, und führte sie zu den Überlebenden.

Die Amerikaner waren sehr dankbar. Allerdings warnten sie die Tikopianer vor weiteren Nachtfeuern auf dem Riff. Die Chiefs stimmten zu. Und damit es auch bei Tage nicht zu Missverständnissen kommen konnte, erfand John ein Entwarnungssystem. Auf dem breitesten Strand von Tikopia legte er lange Stöcke aneinander, bis sie eine für Bomberpiloten lesbare Schrift formten: *NO JAPANESE!* »Damit war der Krieg für uns zu Ende«, sagt John der Jüngere. »Aber im Westen starben noch viele Leute.«

Oh Tikopia! Wie könnte, wer an deinen Ufern landet, sich nicht im verlorenen Paradies wähnen? Jenem Ort der erlösenden Selbstvergessenheit, dem wir Weiße, Geschöpfe einer komplizierten, oft Seelen fressenden Zivilisation schon ebenso lange nachweinen, wie wir uns damit befassen, fremde Kulturen zu zerstören. Als hätten wir die Büchse der Pandora geöffnet, die Welt mit Gier, Neid und Mordlust infiziert und dann auf dem Boden der Dose nur einen vagen Trost gefunden: den Traum von Tikopia.

Im Herzen dieses Traums ruht die Illusion einer irdischen Zeitlosigkeit. Gewiss hat sich auch auf Tikopia so manches geändert in den vergangenen Jahrhunderten. Doch ist dieser Wandel nicht sichtbar auf den weichen Sandwegen, die, flankiert von Bananenstauden und Papayabäumen, von einem Dorf zum nächsten führen, vom Wald zum Meer, von Häuptling Nummer Zwei zu den Kollegen Eins, Drei und Vier.

Und wenn John und Edward aus ferner Vergangenheit erzählen, dann ist es, als berichten sie von gestern. So ist es mit allen Geschichten auf Tikopia. Da sie noch immer erzählt werden, gehören sie zur Gegenwart. Wichtig ist nicht, wann etwas passierte, sondern dass es passierte. Eine Grenze zieht erst das Vergessen.

»Raymond kam mit dem Missionsschiff«, erzählt Edward am Abend, als der Schein einer vom Dach hängenden Öllampe die Rundungen seines Leibes umschmeichelt. Die Rede ist von Raymond Firth, dem britischen Anthropologen, und vom Jahre 1928. »Ich glaube, er kam mit demselben Schiff wie einer der anglikanischen Missionare. Vorher waren schon einmal drei katholische Priester zu uns gekommen« – er stoppt, kann das Lachen nicht unterdrücken, und auch die übrige tikopianische Zuhörerschaft, die sich über den Boden des Blätterhauses verteilt, prustet los –, »aber kaum waren die an Land, da haben wir sie schon erschlagen. Und als später ihr Bischof nach ihnen fragte, sagten wir einfach: ›Sie sind nach Westen fortgesegelt!‹« Wie die übrigen Seuchen. Mit dickem Handrücken reibt sich Edward eine Lachträne aus dem Auge.

Wie auch immer. Raymond jedenfalls blieb gerade noch Zeit, einige unverfälschte Inselbräuche zu studieren, bevor spätere Missionare sie dem Museum für Menschenkunde übereigneten. Und so berichtete er der Nachwelt über ein Phänomen, das bis heute unter dem Stichwort Tikopia in abendländischen Enzyklopädien auftaucht: Selbstmord. Tikopianer, fand der Anthropologe heraus, unterschieden und praktizierten zwei Arten von Freitod, den guten und den schlechten. Der erste bestand darin, einfach ins Meer zu gehen. Oder das Kanu in voller Fahrt gegen ein Kliff zu steuern. Auf jeden

Fall im Wasser zu sterben. Weil dann der vom Körper befreite Geist den direkten Weg zu den Ahnen fand.

Die Alternative war Hängen. Man wählte einen kräftigen Strick, einen einsamen Ast und einen geeigneten Augenblick, wenn die übrigen zu beschäftigt waren, sich schnell genug über das Fehlen eines Einzelnen Sorgen zu machen. Der Nachteil dieser schlechten Art lag in der Gefahr, dass der Geist des Erhängten nicht heimgeführt wurde von der Familie seiner mütterlichen Vorfahren und fortan als Irrgeist durch die Ewigkeit raste. Das machte ihn zu einem Problem, nicht nur für sich selbst, sondern auch für die Lebenden, denen er oft mit seinen üblen Launen zusetzte. Deshalb zogen die meisten Selbstmörder die See dem Ast vor.

Dies alles erklärt freilich noch nicht, weshalb im Laufe der Generationen Hunderte, ja Tausende Menschen, die offensichtlich im Paradies lebten, eines Tages freiwillig zur Hölle fuhren. John, der neben seinem Vater auf der Matte hockt, denkt intensiv nach. »Es liegt an unserem Hang zur Harmonie«, sagt er. »Gerät unser Leben aus dem Gleichgewicht, dann wollen wir es einfach nicht mehr.« Oft genüge schon eine »Kleinigkeit«. 1942 zum Beispiel, im selben Jahr, als John der Ältere *NO JAPANESE* auf den Sand schrieb, seien 60 Frauen auf einmal ins Meer gegangen. Aus Trauer und Solidarität. Eine von ihnen sei schwanger gewesen und habe den Namen des Liebhabers nicht nennen wollen. Da hätten ihr, wie in solchen Fällen üblich, die Eltern Selbstmord nahe gelegt.

»Wieso?«, frage ich. »Wegen der Schande«, sagt John. »Aber warum«, hake ich nach, »haben die Schwangere und ihre Freundinnen nicht einfach Tikopia verlassen?« Johns Gesicht wird wieder zur Maske. Edward lässt Taropudding servieren.

Die Geschichte lässt mir keine Ruhe. Am nächsten Tag gehe ich zu Vater Clement, dem anglikanischen Pastor. »Das Problem auf Tikopia«, meint er, »ist seit jeher das Fehlen von Land. Die Insel kann nicht mehr als vielleicht 2000 Menschen ernähren. Alle unsere alten Bräuche und Gesetze zielen darauf ab, dass wir wenige blieben. Wer dagegen verstieß, wurde zum Selbstmord ermutigt.«

Father Clement ist ein seltsamer Mensch. Ein liebenswerter grauer Krauskopf, knapp 60 Jahre alt. Er verließ Tikopia als junger Mann, besuchte das Priesterseminar in Honiara, predigte auf verschiedenen Inseln, verdingte sich dann jedoch als Matrose auf einem Fährschiff, bis dieses nach 13 Jahren auf einem Riff zerbrach; da begab er sich erneut in den Pastorenstand und wurde 1997 von seinem Bischof nach Tikopia versetzt – 40 Jahre, nachdem er es verlassen hatte.

Und nun, da er die Insel mit alten, erfahrenen Augen sieht, trauert er jenen Ahnenbräuchen nach, die seine Kirche mit frommer Besessenheit ausgerottet hat. »Früher«, erzählt er, »durfte nur der älteste Sohn jeder Familie heiraten, und auch erst vom 35. Lebensjahr an. Er erbte das Nutzungsrecht auf ein Stück Land und musste davon die gesamte Familie ernähren, nicht nur seine eigenen Kinder, auch all die unverheirateten Brüder und Schwestern. Wir hatten die radikalste Geburtenkontrolle der Welt!«

Weil die alten Tikopianer keinen anderen Ausweg sahen. Um sich ihrer Logik anzuschließen, reicht auch jetzt noch ein einfacher Inselgang aus. Nur auf dem Südzipfel des Eilands, einem flachen Streifen, können die Menschen ihre Häuser bauen. Der Rest besteht aus den Dschungelbergen und dem vorgelagerten Kratersee. Die Felder, die Tikopia mit Taro und Maniok versorgen, liegen am Rande beschwerlicher Pfade, in Neigungswinkeln von 45 Grad und mehr, sodass sich die Leute manchmal mit einer Hand an einem Baum oder einer Wurzel festhalten müssen, um mit der anderen Hand ernten zu können.

Verloren inmitten Millionen pazifischer Quadratkilometer, ist Tikopia auf sich selbst gestellt. Werden die eigenen Bestände knapp – wie nach jedem der Taifune, die alle paar Jahre wieder die Insel leer fegen –, herrscht Hungersnot bis zur nächsten Ernte und bis die Bewohner neue Kanus für den Fischfang geschnitzt haben. Dann nützt es nichts, ans Mitleid der Welt zu appellieren, denn die Welt endet am Strand.

»Wir können nur essen, was wir haben«, sagt Father Clement. »Deshalb war es ein Verbrechen der Missionare, die Geburtenkontrolle abzuschaffen. Heute sind hier alle verheiratet, alle haben Kinder, und Tikopia kann uns nicht mehr ernähren. Die Abkehr von den Gesetzen der Ahnen war wie der Sündenfall. Jetzt müssen wir das Paradies verlassen. Wenn meine Amtszeit nächstes Jahr ausläuft, ziehe ich mich zurück auf die Insel Utupua. Und morgen haben Sie auf Ihrem Schiff einen Fahrgast nach Vanikoro, wenn ich mich nicht irre.«

Das stimmt. Edward hat uns gebeten, einen seiner Brüder samt Familie mit an Bord zu nehmen. Der Mann, er heißt Steven, wohnt auf Vanikoro und kam vor zwei Jahren zurück, weil sein Vater, der vorherige Ariki Tafua, zu sterben beschlossen hatte. Der alte Häuptling war sehr robust. Es grämte ihn, dass sein Sohn Edward schon über 50 war und noch immer ohne Aussichten auf die Thron-Nachfolge. Also stach sich der Greis in aller Heimlichkeit mit dem Schraubenzieher durch einen Backenzahn und ließ die Wunde faulen. Erst, als es für Heilung zu spät war, unterrichtete er das Volk und rief seine Kinder zur Beerdigung. Die fand vor anderthalb Jahren statt. Seither wartet Steven, der Sohn aus Vanikoro, auf eine Rückfahrgelegenheit nach Haus.

Unser Abschied von Tikopia wird sehr wehmütig. In zahllosen Stunden gemeinsamen Spazierens, Tauchens, Redens, Rauchens und Missverstehens haben John und ich eine enge Freundschaft geflochten. Nun beschmiert er unsere Gesichter und Oberkörper mit orangeroter Farbe, hängt weiße Blütenketten um unsere Hälse und meint, unsere Abfahrt, zumal in diesem dramatischen Aufzug, sei ihm wie ein Speerstich ins Herz. Denn *tepelangi,* Weiße, die Tikopia besuchen, kämen nie zurück. Außer Raymond, der 1952, 1966 und 1973 wiederkehrte. Aber der hatte auch andere Gründe als nur Freundschaft. Noch lange schauen wir Tikopia nach. Obwohl wir es ja sind, die uns entfernen. Aber das Gefühl, das Steven und ich an Bord der Freydis teilen, ist wie die Wehmut jener, die allein auf einem leeren Bahnsteig zurückbleiben.

Steven ist ein typischer Tikopianer. Ein ruhiger Mann mit einer tapferen Frau und drei zähen Kindern. Und einigem Gepäck, das uns, die Passagiere eines bereits voll beladenen Segelschiffes, weiter einengt. Denn nun liegen an Deck auch noch mehrere Rollen Rindenbast, einige geschnitzte Holzschalen, diverse Töpfe, Säcke und Bündel mit den Formen, Düften und Geschmäcken Tikopias.

Nöte der Neuzeit. Seit die tikopianische Bevölkerung mit Gottes Segen außer Kontrolle geraten ist, haben die vier Häuptlinge mit dem Segen der salomonischen Regierung vier *settlements* eingerichtet, Kolonien, eine pro Clan – und die von *Number-two-chief* liegt auf Vanikoro. Jede Familie, das ist das neue Gesetz, muss mindestens einen Sohn nach Übersee schicken. »Der Mensch«, philosophierte ein französischer Denker, »braucht zwei Dinge: eine Heimat und den Mut, sie zu verlassen!« Steven hat beides.

Bei gutem Wind liegt Vanikoro 24 Segelstunden westlich von Tikopia. Auch diese Insel ein grüner Rausch im Blauen. Nur ist sie 36-mal so groß wie Tikopia und hat weniger Einwohner. Eine lang gezogene, zerrissene Vulkankette unter dichtem Dschungel, der noch vom letzten Regen dampft. Davor das strandlose Ufer einer unheimlichen Mangrovenfront. Das Ganze in 200 Meter Entfernung, näher kann die Freydis nicht heran. Wir werfen den Anker, doch niemand an Bord, am wenigsten Steven, hat es mit dem Landgang eilig.

Zehn Minuten tun wir nichts, dann legt ein Kanu bei. Sein Besitzer, ein von Malaria ausgemergeltes Männlein, ist tipokianischer Abstammung. *»Welcome to the settlement!«* Formlose Begrüßung. Anderthalb Jahre war Steven fort, nun ist er zurück, ein Fest ist es dennoch nicht wert. Wir reichen das Gepäck hinab ins Kanu, ein zweites kommt zur Hilfe, nimmt Frau und Kinder an Bord, Steven steigt in das zu Wasser gelassene Dingi der Freydis. Dann halten wir aufs Ufer zu. Nichts im Anblick der triefenden grünen Masse lässt die Vermutung zu, neben den Krokodilen könnten hier auch Menschen leben. Und doch, in der Mangrovenwand wird eine Schneise sichtbar. Durch flaches schwarzes Wasser führt sie auf einen Schlammstrand zu. Dahinter stehen drei ärmliche Hütten, davor ein halbes Dutzend halbnackte Gestalten. Bilder wie aus einer Strafkolonie. Als würde gleich, frisch gefoltert, Papillon aus einem Erdloch auftauchen.

Vanikoro ist die Hölle, seine 800 Einwohner sind zu bedauern. Die Insel hätte Joseph Conrad inspiriert und Jack London in die Flucht geschlagen; hier erlitt 1788 der französische Entdecker La Pérouse mit seiner Astrolabe Schiffbruch. 5000 Millimeter Niederschläge fallen im Jahresdurchschnitt – manchmal ist es, als könnte man die Luft trinken. Malaria tropica, die schlimmste Sorte, bringt hier schwache Naturen binnen drei Tagen um. Das Klima von Vanikoro, so die *Instructions nautiques* der französischen Marine von 1948, sei »für Eingeborene ungesund« und »für Europäer tödlich«.

»Wir sind da«, sagt Steven. Er zieht die Säcke den Schmuddelpfad zur Hütte hoch. Unendlich weit von Tikopia entfernt. »Vielleicht kehren wir in ein paar Jahren wieder zurück. Wenn sich jemand anderes aus der Familie bereit erklärt, das Land hier zu übernehmen. Ist wirklich gutes Land.« Er winkt zum Abschied über die knochige Schulter. Seine Kinder lassen sich zum Spielen im Schlamm nieder. Vielleicht werden sie heute Nacht vom Paradies träumen. Wie es dort aussieht, wissen sie ja schon.

Sicher kann ich jetzt, da ich etwas älter bin, Deine Sicht auf meine alte Schule, die *école Goubet,* und auf die Menschen, mit denen ich zusammen war, verstehen. Aber ich denke, – es tut mir leid, Dir das zu sagen – dass Du Unrecht hast. Oder besser gesagt: Du hast nur von sehr weit weg außerhalb auf das geschaut, was in *Goubet* passiert ist. Ich habe das alles ganz anders erlebt, als Du es in Deinem Brief beschrieben hast.

Zuerst mal: Warum bin ich in die *école Goubet* gegangen? Einfach, weil es die nächste Schule war, die in unserem Stadtviertel. Von Anfang an habe ich sie sehr geliebt. Vielleicht sehe ich deshalb die ganzen Probleme nicht, die euch Erwachsenen so offensichtlich scheinen? Für mich war es eine vertraute Welt. In der Klasse C.P., also im ersten Schuljahr, kannte ich bereits Mathias, der mit mir in der Vorschule gewesen war. Dann war da noch Svetlana, die mit uns im gleichen Haus wohnte. Danach habe ich neue Freunde gewonnen, eine außergewöhnliche beste Freundin und sogar einen *amoureux…*

Schon in der C.P. ist mir Mona aufgefallen, und ich wollte unbedingt ihre Freundin werden. Sehr schnell sind wir unzertrennlich geworden. Wir waren uns nicht sehr ähnlich. Ich mochte all die Spiele, bei denen man viel läuft und durch die Gegend tobt, und ich hatte auch Spaß daran, mit Jungs zusammen zu sein. Mona dagegen zog eher ruhige Spiele vor und die Gesellschaft anderer Mädchen. Trotzdem haben wir alle Pausen gemeinsam verbracht und bei den Spielen abgewechselt, so dass jeder mal Spaß hatte. Eines, *papa,* hast Du in Deinem Brief übrigens schon ganz richtig geschrieben: Trotz der Bemühungen unserer verschiedenen Lehrer, uns zur Ruhe zu bringen, ja sogar uns auseinanderzusetzen, sind wir immer aneinander kleben geblieben und haben ständig über alles Mögliche gequatscht…

Wir haben sogar eine Charta für beste Freunde/Freundinnen verfasst. Ich habe sie leider nicht mehr, aber ich kann mich noch an einige »Artikel« erinnern: etwa dem anderen niemals wehzutun (weder körperlich noch seelisch), den anderen tun zu lassen, was er möchte, ihn niemals in seiner Freiheit einzuschränken, vom anderen nur abzuschreiben, wenn er damit einverstanden ist, und immer Freunde zu bleiben… Diese letzte Regel war die allerwichtigste in unserem Gesetzbuch der Freundschaft …

Was habe ich an Mona gemocht? Alles! Ich habe sie geliebt so wie sie war: sehr ruhig, nie in sich aufgewühlt, das genaue Gegenteil von mir. Sie konnte es nicht leiden, wenn ich derbe Worte sagte und tadelte mich dafür auf eine so liebe Art und Weise, dass ich ihr versprach, damit aufzuhören, bis zum nächsten Mal… Wenn wir uns getroffen haben, dann haben wir uns immer schon vorher ein Programm ausgedacht und haben versucht, uns möglichst genau daran zu halten. Oft allerdings, das muss ich zugeben, haben wir manches dann aus Zeitmangel ausgelassen. Eines unserer großartigen »Programme« habe ich noch:

Mein Nachmittag mit Mona:
1 – Wir ziehen Badeanzüge an, um »Strand« zu spielen: 5 Minuten
2 – Jazz rabbit 2 (ein Computerspiel, das wir super fanden): 1h30
3 – Wir bauen uns einen Strand: 15 Minuten
4 – Wir spielen an unserem Strand: 1 Stunde
5 – Wir basteln und malen: 30 Minuten
6 – Wir spielen mit Monas Spielsachen: 40 Minuten
7 – Wir essen was Süßes
8 – Ich gehe nach Hause

In zweieinhalb Jahren haben wir uns, glaube ich, nur viermal gestritten und ich weiß nicht einmal mehr worüber. Wenn das passierte, blieben wir die ganze Pause über getrennt. Oft schaute ich ihr dann alleine zu, wie sie sich mit einem anderen Mädchen amüsierte. Am Ende der Pause bin ich verbittert zu ihr gegangen, um vorwurfsvoll zu fragen, warum sie nicht zu mir gekommen ist und ob sie sich über mich lustig mache. Sie hat mich überrascht und voller Unschuld angeschaut und geantwortet: »Aber ich habe doch auf dich gewartet. Warum bist du denn nicht gekommen?«

Dann habe ich mich immer dumm gefühlt, weil ich an ihr gezweifelt hatte, und war so glücklich, dass unser Missverständnis nun ausgeräumt war. Wir waren uns nie lange böse, und es gab auch nie einen ernsteren Grund dafür. Vorhin habe ich von Monas Unschuld gesprochen. Eigentlich hätte ich damit beginnen müssen. Mona war die leibhaftige Unschuld, und alles bei ihr spiegelte das wider: ihre Worte, ihre Gesten, ihre unglaubliche Sanftheit und ihre große Liebenswürdigkeit.

Vielleicht mochten wir uns so sehr, weil wir so unterschiedlich waren? Natürlich habe ich nach Mona andere beste Freundinnen gehabt, aber mit keiner habe ich mich so wohl gefühlt und keiner so nah. Vielleicht, weil ich älter und anspruchsvoller geworden bin? Ich weiß, wenn ich das so sage, kann das albern klingen, aber genau das denke ich. Ich glaube, dass Mona in dem »Dorf in meinem Kopf« immer einen zentralen Platz haben wird. Sie steht, zusammen mit Ari, für all das, was ich an dieser Schule geliebt habe und was Ihr Erwachsenen nicht verstehen konntet.

Während der ersten beiden Jahre in der *école Goubet* schien mir alles bestens zu laufen. Warum musste ich die Schule wechseln? Es stimmt, dass mitten im dritten Schuljahr in unserer Klasse alles aus den Fugen geraten ist. Aber auch da habe ich die Dinge nicht genau so empfunden, wie Du sie wahrgenommen hast. Sicher, da gab es all diese Lehrerwechsel, und schließlich kam Nadège. Ich habe sie sehr gemocht, auch wenn es mir lieber gewesen wäre, wenn Marthe unsere Lehrerin geblieben wäre. Zuerst habe ich das Problem, das die Nachfolge von Nicolas heraufbeschworen hatte, nicht verstanden. Klar, ich habe gehört, wie Ihr zu Hause über die ganzen Nachteile gesprochen habt, die mit dem Einsatz von »dieser Nadège«, wie Ihr sie genannt habt, verbunden waren. Ich erinnere mich genau an die Worte, mit denen Ihr sie beschrieben habt: »sicher sehr nett, aber überhaupt nicht kompetent«. Ich habe nicht wirklich verstanden, was Ihr damit gemeint habt, aber Ihr habt es wieder und wieder gesagt…

Als Nadège dann eines Tages in Tränen ausgebrochen ist, da habe ich verstanden. Es war ein Dienstag, und wie an jedem Dienstag hatten wir nach der Morgenpause Sportunterricht mit Hélène, einer jungen, sehr energischen Frau. Der vorangegangene Unterricht war wirklich sehr hart gewesen, vor allem für Nadège, die wieder einmal hilflos vor einem Problem gestanden hatte, für das sie keine Lösung fand. Als wir anschließend in die Sporthalle kamen, bat uns Hélène, uns hinzusetzen und zuzuhören. Sie fing an, uns heftig zu tadeln und uns Nadèges Lage zu erklären. Unserer Lehrerin ginge es unseretwegen sehr schlecht, sagte Hélène, und dass wir ihr wirklich viele Sorgen bereiteten. In diesem Moment ist Nadège durch die andere Tür der Sporthalle hereingekommen und in Tränen ausgebrochen, als sie uns gesehen hat. Hélène stürzte ihrer Kollegin entgegen, um sie zu trösten. Im Weggehen warf sie uns einen dunklen Blick zu, der bedeutete: »Seht, was Ihr angerichtet habt…«

Die beiden Frauen liefen hinaus und ließen uns mit unserem schlechten Gewissen allein. Keiner sagte ein Wort, nicht einmal die *Blackettes* oder Baha Edine, der allerdings wie gewöhnlich den Moment des Unbeaufsichtigtseins nutzte, um ein bisschen auszuflippen. Alle fühlten sich mit schuld an dem, was wir gerade erlebt hatten. Wir begriffen, dass Nadège zweifellos nicht mehr zurückkommen würde. Ich drehte mich zu Mona um, die mir einen verzweifelten Blick zuwarf. Die Stille hielt an, bis Hélène zurückkehrte und uns sagte, dass wir an diesem Tag keinen Unterricht mehr haben würden und den Rest des Tages im Klassenraum verbringen sollten.

Dass ich mich an diesen Augenblick so genau erinnere, liegt daran, dass er mich wirklich geprägt hat. In diesem stillen, großen Raum fühlte ich mich regelrecht vernichtet. Ich wollte am liebsten weinen. Wohl weil ich verstand, dass man die arme Nadège mit dem Rücken zur Wand gestellt hatte, ohne Erfahrung, oder jedenfalls ohne genügend Erfahrung, um mit einer Klasse wie der unseren umzugehen.

Zu allem Überfluss, und das beschreibst Du ja schon in Deinem Brief, musste Mona umziehen und die Schule wechseln, aus jenen familiären

Gründen, auf die ich hier nicht zurückkommen möchte. Sie hatte mir schon zu Beginn des Schuljahres angekündigt, dass sie im Februar weggehen würde. Das hat euch, Dich und *maman,* davon überzeugt, dass es Zeit war für meinen Schulwechsel, und mich ja auch.

Und so habe ich die *école Goubet* wenige Tage nach Mona verlassen. Als Ihr, meine Eltern, mit mir über den Wechsel auf eine andere Schule gesprochen hattet, da hatte ich euch zugestimmt. Aber an dem Tag, als *maman* mich vom Theaterkurs abholte und mir erzählte, es sei nun alles geregelt für einen Wechsel zur *école Brunet,* da bin ich in Tränen ausgebrochen. Ich begann zu begreifen, dass das keine leeren Worte mehr waren, sondern nun Realität. Und dass ich schon bald und für immer all das verlassen würde, was ich liebte, ausgenommen natürlich euch, meine Familie. Noch ein paar Tage lang habe ich oft geweint und wollte es nicht wahrhaben…. Aber gut… heute ist das Vergangenheit, ich kann schon lange wieder lachen, ich bin auf dem Gymnasium, ich habe viele Freunde. Aber jene Zeit meines Lebens werde ich niemals vergessen.

Und noch weniger Mona! Nur einmal habe ich sie in der neuen Wohnung am anderen Ende der Stadt besucht. Sie hat mir Gégé, ihren Elefanten, gezeigt, den Freund von Ari. Der Arme hatte seine Stoßzähne verloren. Getreu der Logik Deines Berichtes, *papa,* müsste man schlussfolgern, dass ein böser Jäger ihm die Stoßzähne ausgerissen hat, weil er die kleine Savanne unserer Träume zerstören wollte. Ich habe Mona nie mehr wiedergesehen.

So, nun bin ich am Ende. Ich habe Dir alles erzählt, woran ich mich erinnere oder fast alles… Ich hoffe, Du verstehst mich.

Je t'aime
Lou

Ma Louni adorée!

Vielen Dank für Deinen Antwortbrief, der mich über alle Maßen bewegt. Was Du da über Mona schreibst, über die Intensität eurer Freundschaft und die Wehmut über ihren Verlust, all dies hat in mir die Erinnerung an den ersten besten Freund in meiner Kindheit wiederbelebt. Jetzt kommt es mir seltsam vor, dass ich solange nicht mehr an ihn gedacht habe. Jahrzehntelang nicht mehr, so als hätte ich ihn ganz und gar vergessen. Aber dank Deiner mit mir geteilten Erinnerungen an Mona steht auch er jetzt wieder klar vor meinen Augen: Diethard Hentze!

Während der ersten vier Jahre auf der Pivitsheider Volksschule waren wir unzertrennlich. Im Klassenzimmer saßen wir nebeneinander, auf dem Pausenhof hockten wir zusammen, nachmittags streunten wir gemeinsam durch die Sumpfwiesen am Hasselbach oder im Wald am alten Postteich umher. Wir teilten schmutzige Geheimnisse, schmiedeten verschwörerische Pläne, erklärten uns die Welt als eine Wechselbeziehung zwischen uns und den Anderen. Diethard wohnte auf dem Runtenhof, dem Hof unseres nächsten Nachbarn. Das war natürlich praktisch, denn so hatten wir es nie weit bis zum besten Freund.

Dann kam ich aufs Gymnasium, verlegte den Hauptteil meiner Welt vom Dorf in die Stadt, ließ Diethard zurück in jener Vergangenheit, die zwar noch physisch präsent war, aber nicht mehr im Geringsten relevant, wenn es um meine Zukunft ging, die einzige Richtung, in die mein Herz Ausschau hielt. Natürlich fand auch Diethard neue Freunde. Sie waren schulisch unbegabt wie er selbst, geleitet von Interessen, die mir kaum un-

interessanter hätten erscheinen können: Dorfklatsch und Kneipe, eher Fußball als Mädchen.

Ich erinnere mich, dass er ständig Schwierigkeiten mit seinem Vater hatte. Der alte Hentze war ein brutaler Typ. An Wochenenden pirschte er oft in einem lächerlichen Jägeranzug durch die Nachbarschaft und schoss auf Tauben. Irgendwann nahm sich Diethard das Leben. Ich glaube, es war noch vor seinem zwanzigsten Geburtstag. Im Dorf wurde viel darüber geredet. Mein ehemals bester Freund hatte sich mit dem Jagdgewehr seines Vaters erschossen. Aber zu jenem Zeitpunkt war Diethard für mich längst zu einem Fremden geworden. So, wie mir ja auch Pivitsheide fremd geworden war. Seinen Tod beweinen könnte ich wohl erst jetzt, nachdem ich Deinen Brief gelesen habe.

Aber worin wurzelt sie wirklich, jene Trauer, die wir in solchen Momenten in uns spüren? Ist es tatsächlich der Verlust eines Menschen, der uns – schlagartig und meist nur für wenige Augenblicke – verzweifelt stimmt? Oder ist es vielmehr die vergangene, die in uns verlorene Zeit, der wir im Grunde des Herzens nachtrauern? Schwer zu sagen.

Doch darum soll es in diesem Brief auch gar nicht gehen. Eher möchte ich eine Frage an Dich weiterreichen, die gemeinsam mit ein paar verschwommenen Bildern von Diethard Hentze in mir aufgetaucht ist: Wie bedeutsam ist die Landschaft, die das Dorf in Deinem Kopf umgibt? Ich meine, wenn ich jetzt an Diethard denke, dann glaube ich, nur ganz vage ein paar Szenen aus unserer gemeinsamen Kindheit wiederzuerkennen. Etwa, wie wir Fußball spielten oder Cowboy und Indianer. Viel deutlicher hingegen sehe ich die Kulissen: die Wiesen am Hasselbach, die Postteichfichten, ein Chaos aus entwurzelten Weiden auf einem Feld, das zur Baustelle für eine neue Schule werden sollte, einen Herbst lang jedoch uns Dorfkindern als eine unwiderstehliche Welt für Abenteuer und Mutproben jeder Art diente.

Daher nun die Gewissheit, dass das Dorf in meinem Kopf grün ist, von einem Grün, das sich atmen, fühlen und schmecken lässt. Und selbst nach über dreißig Jahren Paris, nach einem Leben inmitten von Stein und Stahl und Blech und Glas und Lärm und lauter grellen Farben, scheint es mir plötzlich unglaublich, wie man außerhalb von Grün aufgewachsen sein kann. Gerade so, als kämen auch wir Menschen als von Bäumen getragene Früchte in die Welt.

Lass uns daher jetzt ein wenig von dem Grün in Deinem Leben sprechen, *ma petite Louni chérie*. Weißt Du noch, wie Du als 9-Jährige – das ist noch gar nicht so lange her! – auf die Idee kamst, einen Baum zu zähmen? Wie hast Du das eigentlich angestellt? Rein praktisch, meine ich. Denn es kann ja kein Zweifel daran bestehen, dass es Dir tatsächlich gelungen ist, »Sapinou« für Dich zu gewinnen. Und auch ein bisschen für mich, *merci beaucoup!* Bis heute versäume ich es nie, die freundliche Eibe zu grüßen, wenn ich auf meinen einsamer werdenden Wegen durch den Park an ihr vorbeikomme. Unterhältst auch Du Dich noch von Zeit zu Zeit mit ihr?

Bis zu Deinen Antworten auf diese Fragen ist es freilich noch ein weiter Gedankengang. Du kennst ja mein Misstrauen gegen Kurzfassungen: Ließ Homer seinen Odysseus zehn Jahre über die Meere irren, anstatt ihn mit einer direkten Rückkehr nach Ithaka zu beglücken, so hatte er dafür gute Gründe. Vertraue daher auch mir: Meine erzählerischen Irrfahrten führen fast immer zu einem erkennbaren Thema.

In diesem Fall zum *parc des Buttes-Chaumont,* dem grünen Herzen eines grauen Viertels. Da auch ich einst, wie später Deine Schwester Liora, an der Sorbonne Geschichte studiert habe und noch immer an diese geisteswissenschaftliche Disziplin glaube – wenn auch mehr an ihre Komik als an ihre Logik –, möchte ich eines vorwegnehmen: Nichts in den historischen Anfängen der Buttes Chaumont hat erkennen lassen, dass diese unfruchtbaren Hügel am Pariser Nordostrand sich mit dem Beginn des dritten Jahrtausends zu einer 24,73 Hektar großen Ausdehnung Deines Kinderzimmers entfalten würden. Zu Deinem ganz persönlichen Naturraum sozusagen.

Also, zur Geschichte: Im Mittelalter standen auf den »kahlen Hügeln«, den *Chauves Monts,* daher der jetzige Name *Chaumont,* die städtischen Galgen. Zur Abschreckung ließ man die Gehängten am Strick faulen, damit fette Krähen ihnen die Augen auspicken konnten. Es waren Krähen von derselben Art wie jene, die wir noch heute im Park antreffen und an denen ich trotz Deiner vehementen Proteste gern meine Treffsicherheit als Kastanienwerfer ausprobiere.

Aber folgen wir weiter dem Lauf der Historie: Als Louis XVI, Frankreichs letzter von Gottes Gnaden regierender Monarch, im Januar 1793 von Revolutionären unter die Guillotine gezwängt wurde, baute man die Galgen ab. Man brauchte sie ja nicht mehr, da man nun – nicht zuletzt dank König Ludwig – wusste, um wieviel fortschrittlicher sich die Köpfungsmaschine im Gesamtbild der Nation ausmachte. Auch die Krähen wurden wieder magerer.

Mais les Buttes-Chaumont?, wirst Du ungeduldig fragen. Keine Angst, ich komme zum Punkt. Die Buttes Chaumont dienten weiterhin der Entsorgung, nicht mehr jener von Menschen, sondern von Abfall. Ein Klärbecken und eine Müllhalde prägten den Duft des Viertels, dessen Bewohner bei Nordwind zudem noch die Ausdünstungen des Viehmarkts und der Schlachthöfe von La Villette einatmen durften. Was die optischen Reize der Gegend betraf, so wurden diese durch das Aufreißen der Hügelflanken und deren Umwandlung in Gips-Steinbrüche weiter vermindert.

Dann endlich schenkte uns die Geschichte Charles Louis Napoléon Bonaparte, kurz Napoléon III. Er hatte die brillante Idee, das stinkende, zerklüftete Gelände im Pariser Nordosten in einen Park zu verwandeln. Als Anlass diente die Pariser Weltausstellung von 1867. Der Kaiser wollte etwas für die neuen Arbeitermassen tun. *Pour les ouvriers!* Für jene schnell alternden Kinder der Industriellen Revolution. Was konnte da näher liegen als ein Volkspark? Die Tuilerien waren im Kern zu royalistisch, den eleganten Luxemburg-Garten hatte längst die Bourgeoisie für sich vereinnahmt. Für das einfache Volk ließ der Landesvater etwas entwerfen, das seiner Vorstellung von einem romantischen Park entsprach. Ohne die seit Lenôtre typisch französischen, scharf und eckig gestutzten Hecken und Alleen. Als

Vorbild diente vielmehr die englische Idee eines Landschaftsparks: mit weit-läufigen Rasenflächen, allerlei Bäumen aus der ganzen Welt sowie kleinen Bauwerken, die nicht nur als Regenschutz und inspirierendes Dekor für amouröse Annäherungen verstanden werden sollten, sondern dank ihrer neoklassizistischen Stilelemente auch als kulturgeschichtliche Reminiszenzen für Halb- und Ungebildete.

Auf den Buttes Chaumont haben solche Ambitionen zum Entstehen einer Landschaft geführt, die sich perfekt als Kulisse für Märklin-Eisenbahnen eignen würde. Alles ist niedlich und künstlich: der See in ihrer Mitte, die zwei ihn speisenden Bächlein, der Wasserfall und die Stalaktiten in der zementierten »Tropfsteinhöhle« , das »antike« Tempelchen auf dem Gipfel des Inselfelsens, zu dem eine Hängebrücke führt ...

Trotz der angelsächsischen Startidee haben sich die Buttes Chaumont seither zu dem wohl französischsten Park von Paris entwickelt. Sommertags erinnert er an eine Karikatur des Zeichners Sempé. Wenn der Lebensstrom des XIX. Arrondissements zwischen Julihitze und Augustschwüle zu Brei gerät, wird der Park zum Austragungsort eines gallischen Happenings. Zu Tausenden liegen dann erwachsene Menschen halbnackt, manche ganz nackt, auf Wiesen, die wegen ihrer steilen Hanglage wie Almweiden wirken, und reden, rauchen, trinken.

Manche Pariser, glaube ich, schämen sich noch immer der besonderen Ästhetik der Buttes Chaumont. Wie sonst wäre zu erklären, dass unser Park in kaum einem Pariser Reiseführer angepriesen wird. Nie kommen Gruppen japanischer Touristen, um dieses Meisterwerk eines volksnahen Jugendstils zu bewundern und abzulichten. Stattdessen sind es die Chinesen aus dem Chinatown von Belleville, die sich an Samstagen im Bürgermeisteramt des XIX. Arrondissements gegenüber dem Haupteingang des Parks trauen lassen. Im Anschluss an ihr Ja-Wort durchschreiten sie das schmiedeeiserne Tor, vor dem ihr gemieteter sahnefarbener, zehn Meter langer Cadillac parkt, um in weißem Kleid und schwarzem Frack für Fotografen zu posieren. Die so entstandenen Bilder erinnern an chinesische Kalender: ein verliebtes Paar in einer gezähmten Natur, umschlungen vor prächtigen Blumenbeeten oder neckisch an einen Baum gelehnt, am Ufer des 30 Zentimeter flachen Sees, wo Enten die Schwäne ersetzen. Wir dürfen es kritischen Geistern also nicht verübeln, wenn sie unseren Park einfach nur kitschig finden.

Gewiss teile ich diese Meinung nicht. Aber auch ich konnte die Buttes Chaumont nie so sehen wie Du, Louni, mit den Augen voll herrlicher, kindlicher Leidenschaft. Vielmehr betrachte ich sie durch den Filter der Erwachsenen-Vernunft. Das heißt, in meiner Eigenschaft als Bewohner des XIX. Arrondissements. Als ein *citoyen* mit Anspruch auf soziale Harmonie. Ohne diesen Park, nehme ich an, wäre unser Viertel längst explodiert, alkaidaisiert, jüdisch-fundamentalisiert, menschlich verödet. Die ethnischen Gruppen, in die unsere Nachbarschaft zerfällt, halten nichts voneinander und neigen dazu, ihre Differenzen gewaltsam auszutragen. Gelegentlich erreicht uns gar die Botschaft, aus dem Viertel stammende junge Männer hätten als »Märtyrer« in Afghanistan den Weg ins Paradies gefunden.

Doch sogar auf solche Nachbarn wirkt der paradiesische Park unseres Viertels mitunter Wunder. Sowie sie die Buttes Chaumont betreten und darin IHRE Ecke aufsuchen, werden sie verträglicher, fast möchte man sagen: schöner. Denn in SEINER Ecke fühlt sich hier jeder heimisch. Weil ihn dort lauter Menschen umgeben, die ihn nur an ihn selbst erinnern: an einen *immigré africain,* einen *juif sépharade,* einen *bobo super-cool.*

Dazwischen, wie fließender Leim, spazieren wir Übrigen, die wir uns nicht zuordnen wollen, sondern nur einen Fuß vor den anderen setzen, ein bisschen Händchenhalten, Gucken, Lauschen. Dabei fallen uns Parkbänke auf, welche, kaum dass die ersten Frühlingssonnenstrahlen die Pariser Smog-Kuppel durchbrechen, die immer selben Greise anzuziehen scheinen. Bleibt man neben diesen Bänken stehen – am besten mit dem unverdächtigen Gesichtsausdruck desjenigen, der noch zögert, ob er den Weg zur »Tropfsteinhöhle« oder jenen zum »antiken Tempel« einschlagen soll – dann hört man unterschiedliche Sprachen, von denen man selten eine versteht.

Das sind die Alten aus Belleville, dem Viertel auf der Ostseite des Parks. Es besaß einmal den Ruf, eine der effizientesten Integrationsmaschinen der Welt zu sein. Hier kamen Fremde an, hier wurden sie zu Franzosen.

Im Park zeigen sich alle von ihrer besten Seite, fokussieren sie die Schärfe ihrer Blicke auf die Einfachheit von Kinderträumen: Poneys reiten, Drachen steigen lassen, sich mit Eis, Waffeln und Zuckerwatte die Finger verkleben. Oder auch nur zielsicher in die Zukunft lächeln, wie die chinesischen Hochzeitspaare am Seeufer. Der Park besänftigt das Viertel, beruhigt die Polizei, stellt den Bürgermeister zufrieden. Geschieht im Dickicht zwischen Karussel und dem Kasperle-Theater *Guignol* doch einmal ein »Mord«, dann nur, weil auf der anderen Seite des Gitterzauns gerade der Aufnahmewagen eines Pariser Filmstudios parkt. Wollen Krimi-Regisseure Verbrechen besonders grauenvoll inszenieren, wählen sie dafür mit Vorliebe den friedlichsten Ort von Paris.

So viel zum Wert der Buttes Chaumont für uns Erwachsene, meine Lou. Kinder, vermute ich, sehen ihn anders. Aber wie? Auf der Suche nach Antworten habe ich unsere verschiedenen Park-Aktivitäten aus den Zeiten, bevor Du erwachsener wurdest, einer kritischen Prüfung unterzogen. Gefiel es Dir wirklich, wenn wir mit ausgestreckten Beinen und angewinkelten Armen die Hänge der Almwiesen hinabrollten und dabei aussahen wie zwei astlose Baumstämme, ein kurzer und ein längerer?

Natürlich fallen mir vor allem Aktivitäten ein, die Vätern pädagogisch verwertbar erscheinen. Etwa Enten füttern: mit hart getrockneten, im Seewasser aufweichenden Stücken von Frühstücks-Baguettes. Dazu konnte ich Dir dann erklären, wie wichtig es sei, die Reste unserer Nahrung nicht auf den Müll zu werfen, wegen des Hungers in der Dritten Welt! Bis Dein Gesichtsausdruck mir verriet, dass Du schon längst nicht mehr zuhörtest.

Eines Tages im Frühling 2009 stelltest Du mir Sapinou vor. Eine immergrüne Eibe am Rand eines kurvigen Parkwegs. Stelltest sie mir vor wie einen alten Bekannten und mit der Ankündigung, Sapinou sei, da Du ihn »gezähmt« habest, Dein persönlicher Baum und bester Freund in der Natur.

Ach ja, und dass ihr »telepathisch« miteinander kommunizieren würdet, erklärtest Du noch. Oft saß ich dann, wie mir schien, sehr lange unter jenem Baum und wartete darauf, dass Du wieder herunter klettertest.

Lass Dich nicht von meinem amüsierten Tonfall irritieren, Lou! Du hattest ja völlig Recht: jedem seinen Baum! Der meiner Pivitsheider Kindheit war eine junge Eiche – leider vergaß ich, ihr einen Namen zu geben. Ihr Stamm diente als Pfosten für den Zaun, der unser Grundstück gegen den Friedhofsweg abgrenzte. Über das oberste Zaunbrett konnte ich mit einem gewagten Sprung den untersten Ast erreichen und von da bis in die Krone hochklettern.

Lange Zeit war diese Eiche mein bevorzugter Platz im Dorf. In meiner Eigenschaft als Junge war ich natürlich weniger kultiviert als Du. Nie wäre es mir in den Sinn gekommen, ein Buch mit auf meinen Baum zu nehmen. Vielmehr diente er mir als Rückzugsmöglichkeit vor elterlichem Groll sowie als luftige Räuberhöhle nach Raubzügen durch die Gärten und Felder der Nachbarschaft.

Als ich vor einigen Jahren wieder einmal durch mein altes Dorf kam, zog es mich sofort zu jenem Baum. Er war nicht mehr da. Der alte Willi Runte, unser ehemaliger Nachbar, erklärte mir, die Eiche hätte gefällt werden müssen, um eine Verbreiterung der Straße zu ermöglichen. Sei froh, dass Dein Baum in einem verkehrsfreien Park steht, meine Lou!

Nun kann allerdings der freundlichste Baum keinen Ersatz für den Wald am Dorfrand bieten. Heute, da wir Erwachsenen vergessen, wie wichtig das große Grün für das Gedeihen unserer eigenen Sprösslinge ist, scheint sich die städtische Fantasie im Kampf um mehr Tagesstätten und Kindergärten zu erschöpfen. Gewiss müssen unsere Kinder soziales Verhalten lernen. Aber bringt ihnen der Umgang mit dem Wald nicht einen ebenso großen Nutzen für die Ausprägung ihres inneren Gleichgewichts?

Ich habe mich stets bemüht, gerade Dir, meiner Kleinsten, den Wald vor dem Kinderzimmer so weit wie möglich zu verdichten. Auf Ferienreisen, die uns nicht nur in exotische Fernen führten, sondern mehr noch in die naheliegende Natur von Normandie, Burgund, Provence, Auvergne, Bretagne. So vieles hast Du Dir dabei zueigen gemacht, einfach dadurch, dass Du die Möglichkeit bekamst, Dich von der Natur verführen zu lassen. Nun liebst Du das Anfassen von Erde, Moos, Gras, Blättern, Rinde, kennst das Prickeln nackter Füße auf Wiesengrund und Waldpfaden, hast Bäche durchwatet, Bäume erklommen, Stämme umschlungen, bist Expertin im Belauschen von Singvögeln geworden, im Wahrnehmen des Windes in Baumwipfeln. All dies hat Deine Sinne geschult. Weil in der Natur der Ursprung aller Sinnlichkeit liegt.

Sollte ich selbst diese Wahrheit auf meinen Wanderschaften durch die Städte der Welt ein wenig verdrängt haben, so ist sie mir auf einer Reise zu den Pygmäen im Kongo-Wald wieder deutlich bewusst geworden. Deshalb schicke ich Dir nun die folgende Geschichte aus dem »Dorf der Horizontbewohner«. Mögen sie Dich grün einstimmen im Hinblick auf Deinen nächsten Antwortbrief, den ich mit großer Spannung erwarte. Erzähl mir noch einmal von Sapinou!

Mit wehmütigen Seufzern aus dem Dorf in meinem Kopf ...

Ton papa qui t'adore toujours autant!

Das Dorf
der Horizontbewohner

Republik Kongo, August 2002

Vor 4200 Jahren kam Ägyptens König Neferkarê auf die Idee, Pygmäen könnten ihm nützlich sein, und sei es nur zu Unterhaltungszwecken. »Du erwähnst in Deinem Briefe, dass Du einen Zwerg der Gottestänze aus dem Geisterland der Horizontbewohner mitgebracht hast«, ließ der Herrscher dem Leiter seiner Expedition zu den Nilquellen übermitteln. »Komme sofort nach Norden zur Residenz. Beeil dich und bring diesen Pygmäen mit, lebendig, wohlbehalten und gesund, für die Gottestänze und um das Herz zu erfreuen. Um das Herz zu entzücken von Neferkarê, der ewig lebe!«

Eine kleine Ewigkeit später bleibt Ekoto unvermittelt im Wald stehen, einfach so. Ohne Mbembe und mir, die ihm seit Stunden auf den Fersen folgen, durch ein Wort, ein Zeichen, einen Blick anzudeuten, weshalb auch wir uns jetzt nicht mehr rühren sollen. Aber tut man im Urwald nicht ohnehin meist dasselbe wie der Vordermann? Wer möchte schon in eine Ameisenstraße treten? Oder einen Gorilla verärgern?

Also bleiben wir stehen. In diesem Halbdunkel, das wie eine Höhle ohne Wände anmutet. Nur Zweige und Lianen hängen hinein in den unheimlichen Raum zwischen Stämmen, deren Kronen sich in 40 Meter Höhe gegen den Himmel wölben und vom Wetter meistens nur den Regen durchlassen. Ein Sonnenstrahl, der es dennoch geschafft hat, sich einen Weg durch das Walddach zu brechen, zerfließt gerade als gleißender Fleck auf einem Blatt zu unserer Rechten.

Ekotos Lippen bewegen sich, langsam, lautlos. Ganz still steht er da, ein winziger, alter Mann mit dürren Beinen, die wie Stöcke aus den fleckigen Shorts ragen. »Was sagt er?«, frage ich Mbembe, meinen Übersetzer. Wie Ekoto gehört er zu den Mbendjele, den Aka-Pygmäen, die im Norden der Republik Kongo leben. Sein Name bedeutet »Schnecke«. Er hat als Tagelöhner in einem Holzfällercamp gearbeitet und ist der einzige Mbendjele, den ich kenne, der ein wenig Französisch, Kongos offizielle Landessprache, versteht.

»Er spricht nicht mit dir«, antwortet Mbembe. Sondern? »Mit einem Mokondi.« Mit einem Waldgeist? Schnecke ignoriert meine Verwunderung und folgt dem Blick Ekotos in das dunkle Grün. Ich schaue hinterher. Nichts.

Sie sind ein seltsames Paar. Mit seinen knapp 1,40 Meter ist Ekoto um einen Kopf kleiner als der jüngere Mbembe. Ihr genaues Alter wissen beide nicht, und das ungefähre können sie nicht schätzen. Keiner von ihnen wüsste mit Sicherheit zu sagen, welche Zahl auf zehn folgt, wie die Tage der Woche heißen, wozu Uhrzeit dient. Denn weder sie noch sonst jemand aus ihrer Sippe hat jemals eine Schule besucht.

Ihr Wissen wurzelt im Wald. Das ist einer der Gründe, die mir ihr Verstehen erschweren. Ekoto kennt Tiere, Heilkräuter, Zauberkräfte. Weiß, dass Komba, der Schöpfergott, den Wald für alle darin lebenden Kreaturen geschaffen hat. Und dass dieser Wald sich bis ins Unsichtbare erstreckt. Wie könnte ich ihm dahin folgen?

»War da wirklich ein Waldgeist?«, frage ich Mbembe, als wir endlich weitergehen. Er nickt. »Aber ich habe nichts gesehen«, gebe ich zu bedenken. »Das ist normal. Nur Aka können Mokondi sehen«, antwortet Mbembe. »Wie sah er aus? Beschreib ihn mir!« Schnecke ist ein geduldiger Mensch: »Ungezähmte Mokondi sehen alle gleich aus. Sie sind kleiner als wir und haben weiße Augen. Ihre Haut ist hell und dünn wie Asche, das Haar schwarz. Und so buschig, dass es den Kopf ganz breit macht. Bei manchen zeigen die

Füße nach hinten.« Eine Frage habe ich noch: »Und was hat Ekoto mit dem Geist besprochen?« Mbembe tut, als höre er mich nicht mehr. In der Nähe schreit ein Vogel. »Kroaaah!«, antwortet mein Übersetzer.

Ekotos Welt. Natürlich hatte ich vor Antritt meiner Reise versucht, mich auf sie einzustellen. Vieles hatte mir Jerome Lewis in London erklärt. Als Anthropologe hatte er drei Jahre bei den Mbendjele im Norden Kongos gelebt, begleitet von seiner deutschen Frau Ingrid. Als Erstes müsse ich den Wald begreifen, hatten die beiden betont, so wie es ein Sprichwort der Mbendjele nahe legt.

Im Falle von Ekoto ist das wohl wörtlich zu nehmen. Sein Name bedeutet »Rinde«. Als wir heute Morgen das Lager verlassen haben, blieben seine abgewetzten Latschen vor dem Bett in seiner Hütte stehen. Das heißt: vor dem Blätterhaufen, der ihm zum Schlafen dient. Denn im Wald geht Ekoto nur barfuß. Als wären seine Beinchen hier bewegliche Wurzeln, die sich den Lebenssaft aus feuchter Äquatorerde saugten. Meist spaziert er einfach umher. Nicht ziellos. Eher wie einer, der durch die Gänge eines endlosen Lebensmittelgeschäftes zieht und dabei eilig verzehrt, bevor er zur Kasse kommt. Ständig zupft er irgendwelche Blätter, Früchte, Nüsse aus den Zweigen seitlich seines Weges und schiebt sie sich in den Mund. Nur Pilze und Schnecken packt er für später ein – in große Blätter, die er sich, mit langen Bastfäden verschnürt, über die Schulter wirft und heimträgt zum Feuer im Lager.

Hat Ekoto einen jungen Mann wie Mbembe bei sich, dann schweift sein Blick nach oben und er hält Ausschau nach wildem Honig. Entdeckt er unter dem Dach seines grünen Gasthauses einen Bienenstamm, weist er seinen Begleiter freundlich an, in halsbrecherische Höhen zu klettern, um dort ein Nest auszuräuchern. Kaum ist der Junge mit den Waben zurück, stopft sich der Greis den Honig gierig in den Mund – bis ihm für den Rest des Tages übel ist. Selten kehrt Ekoto ohne Völlegefühl aus dem Wald zurück.

Am liebsten isst er Fleisch. Alle Mbendjele sind Sammler und Jäger. Für die Jagd freilich braucht Ekoto die Übrigen aus dem Lager. Seine Gruppe

umfasst rund 30 Männer und Frauen, und sie alle tragen Waldnamen. Manche heißen wie Bäume: Mbundu, Ponga, Ngluma, Mokole. Andere nennen sich Bach (Pakende), Stromschnelle (Malibudi), Heilkraut (Bwanga), Lichtung (Bejaba).

Bewaffnet mit Fangnetzen und Speeren ziehen sie im Morgengrauen los. Erst die Männer, gefolgt von Frauen und Kindern. In einer langgezogenen Kolonne, die sich wie eine Lanze immer tiefer in den Bauch des Waldes schiebt. Stoßen sie auf ein Dickicht, teilen sie sich in zwei Gruppen, umzingeln es in weitem Bogen und spannen dabei flach über dem Boden ihre langen Netze auf. Mit wilden Schreien treiben Frauen und Kinder die Beute in die Netze, wo das gefangene Tier von den Männern mit Speeren und Macheten getötet wird. Meist erlegen sie Gazellen.

Mag Ekoto auch nichts unternehmen, mir sein eigenes Wesen begreiflich zu machen, so versucht er doch, mir beim Verstehen des Waldes behilflich zu sein. Der Wald spricht in Lauten, die für mich nur Geräusche sind: das Knacken eines Astes, das Rascheln gestreifter Zweige, das Knistern welker Blätter, die ein Fuß, ein Huf, eine Tatze beim Auftreten in den weichen Boden drückt.

In Ekotos Ohren hat jeder Laut auch eine Bedeutung. Manchmal pflückt der Alte ein Blatt und lässt es zwischen seinen Händen »knallen«. Wie ein Pistolenschuss klingt das und ist Hunderte von Metern weit zu hören. Oft hat der Knall keinen anderen Grund als Ekoto das erhebende Gefühl zu verleihen, eine besonders markante Stimme im Konzert des Waldes zu sein. Und natürlich, um die Waldgeister wissen zu lassen, dass hier ein Eingeweihter ihr Reich betritt.

Ekoto spricht auch die Sprachen der Tiere; auf diesem Gebiet ist er polyglott. Perfekt im Nachahmen von Affen- und Vogelschrei, im Grunzen von Wildschweinen, im Fauchen, Brüllen und Quaken von Leoparden, Gorillas und Kröten. Muss er allein jagen, setzt sich Ekoto an den Rand eines Dickichts und ruft die Gazelle. Solange, bis sie kommt und er sie erlegt, behauptet er: Auch sonst lasse er keinen Tierschrei ohne Antwort, aus Höflichkeit. Schließlich teilten sich Mensch und Tier denselben Wald.

Ist Wild in der Nähe, wechselt Ekoto in lautlose Zeichensprache. Deren mimisches Vokabular versucht er mir abends unter dem Vordach seiner Hütte beizubringen: Linke Faust an die Wange, den Zeigefinger nach vorn gespreizt bedeutet »Elefant«. Wobei der Finger den Rüssel imitiert, obwohl er neben Ekotos breiter Nase eher wirkt wie ein zierlicher Stachel. Weist der Zeigefinger nach hinten, heißt das »Büffel«; weist er seitlich vom Kopf, bedeutet er »Antilope«.

Diese Zeichensprache ist allen Mbendjele geläufig. Manchen Worten, so wie ich sie lerne, haftet der Akzent Ekotos an. Sagt er etwa »Leopard« – indem er die zur Kralle geöffnete Hand in Kopfhöhe vor sich ins Leere greifen lässt –, dann weiten sich seine Augen in sorgenvollem Respekt. Meint er »Krokodil« – den Handrücken gegen die Schläfe des leicht gesenkten Kopfes gedrückt –, fügt ein Vorstülpen der Unterlippe der reinen Bedeutung dieses Wortes auch noch Ekotos persönliches Urteil bei, Krokodile seien dämlich.

Und immer, wenn sich Ekoto mit Daumen und Zeigefinger in die Augenbraue kneift, kann er dabei ein spöttisches Grinsen nicht unterdrücken: Denn Bebobo, Gorilla, nennen die Mbendjele auch ihre menschlichen

Nachbarn, die Bilo, vornehmlich Bantu und Ubangi, die am Rande des Waldes leben und sich für die Eigentümer der Pygmäen halten.

Die Bilo. Ihren Anspruch, beliebig über Ekotos Volk verfügen zu können, untermauern sie unter anderem mit dem Argument, die rund 300 000 Pygmäen im afrikanischen Wald, der von den großen Seen im Osten bis an die Goldküste im Westen reicht, besäßen keine eigene Sprache mehr. Mittels welcher Laute und Grimassen sie auch mit dem Wald kommunizieren mögen, zur gegenseitigen Verständigung bedienten sie sich eines von rund 40 Bantu- und Ubangi-Dialekten. Und gehörten den Besitzern einer Sprache nicht auch jene, die sie sich nur ausleihen?

Die Ursprache der Waldbewohner, glauben Ethnologen, sei irgendwann vor 250 bis 400 Jahren ausgestorben. Warum und wie genau, weiß niemand. Und niemand scheint daher zu wissen, welcher Begriff alle Pygmäen noch als Mitglieder einer einzigen Gemeinde umfassen könnte. Sie sind weder ein Volk noch eine Nation, leben stattdessen in losen Gruppen von 20 bis 30 Personen, ohne Hierarchie, völlig »egalitär«, wenn nicht »anarchisch«. Im modernen Sinne vereint sie nichts: keine verbindlichen Gesetze, keine territorialen Grenzen, keine gemeinsame Regierung.

Nicht einmal der antike, von aller Welt benutzte Name »Pygmäen« trifft auf sie zu. Er bedeutet »eine Elle lang« und belegt nur, dass die alten Griechen keine Ahnung hatten, von wem sie redeten. Homer behauptete sogar, Kraniche würden »das Geschlecht der kleinen Pygmäen mit Mord und Verderben bedrohen«.

Die kleinen Menschen bezeichnen sich selber als Aka, Bongo, Binga, Mbuti, Ntu oder Twa. Je nachdem, wo sich der Wald ihrer Sippen befindet. An welchem Fluss, in welchem Sumpf, welchem Jagdgebiet. Ekoto nennt Menschen *bisi ndima:* Menschen des Waldes. Weil sie dessen Kinder sind und der Wald für sie sorgt. Wird Ekotos Gruppe von einem schweren Unglück befallen, etwa einer Epidemie, kommt es den Mbendjele nie in den Sinn, sich Hilfe suchend an die kongolesische Regierung

im 1000 Kilometer entfernten Brazzaville zu wenden. Stattdessen ziehen sie sich aus ihren Siedlungen am Rande der Lichtungen tief in den Wald zurück, um ihn »aufzuwecken« aus einem Schlaf, der ihn seine Kinder hat vergessen lassen. Erst wenn sie nach zahllosen geheimen Ritualen überzeugt sind, dass der Wald wieder erwacht ist, kehren die Mbendjele zurück in ihre Hütten.

Deshalb auch hat Ekoto Probleme, andere Völker zu benennen. Wie soll er, da wahre Menschen nur im Walde leben, die übrigen einordnen? Die Bilo? Die Weißen? In ihrer Ratlosigkeit greifen die Mbendjele auf Metaphern zurück. Die Bilo heißen Gorillas, weil sie den Affen in Auftreten und Gehabe ähneln: groß und laut, oft aggressiv und besessen von der absurden Angewohnheit, Reviere abzustecken und als ihr Eigentum zu verteidigen. Die Weißen nennt Ekoto Bwanguia – Flussschweine. Weil sie so unglaublich fett und reich sind.

So gesehen wirkt das Leben der Mbendjele verständlich. Die Welt hat zwei Seiten: den Wald und den Rest. »Hier ist Ndima, dort ist Vuli«, erklärt Ekoto, die linke Hand geöffnet, die rechte geschlossen. Ndima ist der Wald, die perfekte Schöpfung; sie bietet Nahrung, Ruhe, Frische, Sicherheit. Vuli, der schattenlose Rest, ist das exakte Gegenteil: ein Albtraum aus Hitze, Ungeziefer und Störung durch Unmenschen.

Aber gerade deshalb bleibt mir eines rätselhaft: Warum verbringen Ekotos Leute so viel mehr Zeit im Vuli als im Ndima? Warum bleiben sie in den Siedlungen am Rande von Bilo-Dörfern? Warum kehren die Nomaden ihren sesshaften »Besitzern« nicht einfach den Rücken? Kurz: Warum sitzen sie Tag für Tag in Makao und Sombo herum?

Das Dorf Makao liegt am Ende einer Holzfäller-Piste, am schlammigen Ufer des Motaba-Flusses. Hier habe ich Ekoto und die anderen Mbendjele gefunden. Der Bürgermeister, ein Bantu namens Monsieur Albert, nennt Makao einen »Vorposten der Zivilisation«. Er hat graues Haar, freundliche Augen und trägt ein T-Shirt mit dem Porträt des Ministers für Forstwirtschaft. Am Tage meiner Ankunft zeigt er mir die örtlichen Sehenswürdigkeiten: die Ein-Zimmer-Schule, den Dorfausschank und die Hauptstraße, eine bei Regen matschige Piste, auf der, da sie nie befahren wird, meist Schafe liegen.

Monsieur Albert stellt mir auch den Polizeichef vor, Monsieur Guy-François, einen hageren Mann, der mit nackter Brust auf einem Campingstuhl im Schatten einer Bananenstaude döst. Er lässt sich mit *commissaire* anreden und beschlagnahmt erst einmal meinen Pass. Am Abend verkauft er ihn mir zurück, zu einem »Freundschaftspreis« von umgerechnet 300 Euro.

Monsieur Albert schätzt die Zahl der Dorfbewohner auf 100 Bantu und 300 Aka. »Da hinten wohnen ein paar von unseren Pygmäen«, sagt der Bürgermeister und weist auf ein Terrain, das wie ein Niemandsland wirkt, wie ein noch provisorischer Grenzübergang, der weder zum Dorf gehört noch zum Wald. Neun Hütten stehen da, hufeisenförmig kerbt sich die

Siedlung in die grüne Wand. Auf dem freien Platz im Zentrum des Camps erhebt sich, wie ein modernes Kriegerdenkmal, die vertrocknete Ruine eines Termitenhügels.

Vor den Hütten – mit Erde gefüllte Stangengerüste, in denen kraterförmige Löcher klaffen – sitzen Frauen, die Beine ausgestreckt, den nackten Oberkörper leicht vorgebeugt. Die Männer, die ein wenig abseits sitzen, tragen löchrige T-Shirts, zu Streifen zerrissene Hosen und Badelatschen, die seit zahllosen Regenzeiten dem Verwesungsprozess des Urwaldes unterlegen sein müssen.

»Wir kleiden unsere Pygmäen ordnungsgemäß«, betont Monsieur Albert. Dann geht er am Termitenhügel vorbei auf einen Greis zu: »Das ist Ekoto, ihr Dorfältester. Zu sagen hat er nichts. Wir entscheiden für sie. Jede Pygmäen-Familie hat einen *Konza,* einen Besitzer.«

Lächelnd sieht uns Ekoto entgegen und rückt sich auf dem Boden zurecht. Auch die Mbendjele neben ihm haben gleich bei unserem Auftauchen die Sitzhaltung verändert. Ihre vor die Brust gezogenen Knie werden zu einer Stütze für die verschränkten Arme, die ihrerseits als Stütze für Kinn oder Stirn dienen – ein kompakte Abwehr! In einer Mischung aus Unterwürfigkeit und Trotz schauen die Aka zu uns auf.

Ekoto lässt sich meine Wünsche von Monsieur Albert übersetzen. Der Alte nickt, stellt keine Fragen, lächelt ohne Unterlass. Bis es dem Bürgermeister, der in praller Sonne steht, zu heiß wird und er sich über die Matschpiste ins Dorf zurückzieht. Da setzt sich Ekoto wieder bequem, und mir wird zum ersten Mal das Absurde meiner Lage bewusst. Etwas eingeschüchtert frage ich meinen Übersetzer, ob er Ekoto fragen könne, ob es ihm wohl genehm wäre, wenn ich mein Zelt in seinem Lager aufschlüge. Gütig weist mir der Greis einen Schlammplatz neben seiner Hütte zu.

Aber ich bleibe nur eine Nacht. Am Abend kommen Bilo in unser Lager. Sturzbetrunken, doch entschlossen, meinen Aufenthalt bei den Pygmäen kulturell zu bereichern. Sie schreien die Mbendjele an, sie sollen gefälligst ihre Hütten aufräumen und für mich tanzen. Wieder verfallen Ekoto und seine Leute in ihre sture, stumme Sitzhaltung.

Offensichtlich handelt es sich hier um eine Geschichte mit einer reichen Vorgeschichte. Bilo und Aka verkehren seit Jahrtausenden miteinander. Anfangs muss sich zwischen ihnen ein beiderseits profitabler Tauschhandel entwickelt haben: Maniok und Werkzeuge gegen Fleisch und wilden Honig. Bis sich ein Abgrund auftat. Wahscheinlich, weil viele Bilo Kannibalen waren und gern Aka aßen. Noch heute betrachten sie die Pygmäen als Zwitterwesen, halb Mensch, halb Tier. *La viande qui parle* – das sprechende Fleisch – nennen französisch sprechende Bilo die Aka.

Als Ende des 19. Jahrhunderts Europäer Afrika für sich beanspruchten, verdinglichte sich das Verhältnis zwischen den beiden Gruppen weiter. Die Weißen waren begierig nach Elfenbein. Und nur Pygmäen waren fähig, die Waldelefanten im Kongobecken zu jagen. Da erklärten sich die Bilo formal zu Eigentümern der Aka und ließen sich von den Kolonialherren das Elfenbein bezahlen. Noch heute betonen europäische Lexika, die Pygmäen stünden in einer »sklavenähnlichen« Beziehung zu den Bantu.

Aber vielleicht sind die Besitzverhältnisse doch nicht so eindeutig. Gegen vier Uhr weckt mich eine laute Männerstimme: »*Oka! Oka! Oka!*« Hört! Hört! Hört! Ein monotoner Sprechgesang hebt an. Eine Viertelstunde später bricht er ebenso unvermutet wieder ab. Alles ist still, als wäre nichts gewesen. Am Morgen erfahre ich, dass es sich um ein *Mosambo* gehandelt habe, um eine öffentliche Mitteilung. *Mosambos* gehören zum Alltag der Mbendjele. Wer etwas auf dem Herzen hat, wählt einen geeigneten Augenblick und redet laut los. Meistens, um eine Idee vorzutragen, manchmal auch eine Klage. Die Mitbewohner im Lager hören zu. Schweigend. Es gibt keine gröbere Beleidigung, als einen Sprechenden zu unterbrechen.

In dieser Nacht hat Ekoto gesprochen: Er habe von den Bilo geträumt und dabei eingesehen, dass die Mbendjele Makao verlassen sollten. »Damit uns die Gorillas nicht mehr stören können. Es ist eine Schande, sich von Gorillas stören zu lassen«, hat er gerufen. Widersprach dies nicht dem Bild schweigender Duldung, das sich mir am Vorabend aufgedrängt hatte?

Die Bewohner der neun Hütten bündeln schon ihre Sachen für den Umzug in ein nahes Holzfällercamp, als Monsieur Albert auftaucht. Er begreift sofort: »Wir können die Pygmäen nicht halten«, lamentiert der Bürgermeister. »Bei den Holzfirmen verdienen sie Geld als Waldläufer. Aber wer soll jetzt unsere Feldarbeit verrichten?« Ratlos schüttelte er den Kopf. »Die Pygmäen machen einfach, was sie wollen.«

Das Holzfällercamp heißt Sombo. Die Mbendjele-Siedlung an seinem Rand gleicht der bei Makao, nur ist sie ergeblich größer. Und kein Bilo lässt sich blicken, um Besitzansprüche zu stellen. Von hier aus unternehmen Ekoto und ich unsere täglichen Ausflüge in den Wald. Und jeden Abend frage ich den alten Mann, warum er in die Siedlung zurückkehre. Erbarmungslos brennt dort die Sonne auf die Hütten. Wanzen, Sandflöhe, Malariamücken sind eine permanente Plage, am schlimmsten die Fourous, kaum sichtbare Insekten, deren Stiche uns in einen Zustand pathologischer Kratzwut versetzen.

Auch ästhetische Gründe lassen sich für Ekotos Wohnungswahl kaum anführen. Bei Regen, meistens also, zerläuft der Platz im Zentrum des Lagers zu einem Mosaik aus Pfützen und Schlamminseln. Träge schwelt dann Qualm von Küchenfeuern durch die Blätterdächer und bleibt wie feuchter Schimmel über der Lichtung hängen.

Und ständig klagen die Frauen über Mangel an *Foufou* – Maniok in Form von weißen Klumpen, die sie im Mörser zu Mehl zerstampfen und dann zu groben Teigklößen formen. Es ist das tägliche Brot der Mbendjele, wenn sie in Lagern leben. Maniok aber bekommen sie nur bei den Bilo. Schon wenige Tage nach unserem Umzug nach Sombo marschieren die Frauen daher wieder in Richtung Makao. Sie wollen auf den Feldern der Bauern arbeiten, damit die ihnen *Foufou* geben.

Warum gehen die Mbendjele nicht in den Wald? frage ich Ekoto. Dort finden sie doch alles, was sie zum Leben benötigen, im Überfluss. Er schenkt mir ein entwaffnendes Lächeln. »Aber wir sind doch im Wald«, sagt der Greis und schaut den Frauen nach, die gen Makao ziehen.

Gewöhnlich, so Jerome Lewis, der bis zum Jahr 2000 im Kongo forschte, teilen die Mbendjele ihre Zeit zwischen Wald und Lichtung auf. Sechs Monate im Jahr verbringen sie in Siedlungen am Rand der Dörfer. Die übrigen sechs streifen sie durch den Wald, auf der Suche nach Jagd- und Fischgründen, nach Honig und wilden Jamswurzeln. Während dieser Zeit schlafen sie in flachen runden Blätterhütten. Und bei Umzügen tragen sie glühende Holzscheite mit sich, ihr mobiles Feuer.

Doch Ekotos Gruppe pendelt jetzt schon seit über einem Jahr nur zwischen Makao und Sombo, zwischen Bilo-Dorf und Holzfällercamp. In den Wald unternehmen sie nur Tagesausflüge. Dennoch wiederholt Ekoto beständig: »Wir leben im Wald.« Gewiss, weil die Mbendjele nie das Gefühl haben, den Wald zu verlassen. Weil er, wie ihr Sprichwort sagt, in ihnen lebt und sie ihn überallhin mitnehmen. Und was sind Makao und Sombo schon anderes als winzige Lichtungen?

Auch betrachten die Mbendjele das Vuli, jene öde Schattenlosigkeit, aus den Augen von Jägern. Solange Beute zu machen ist, harren sie aus. Ihr stundenlanges, bewegungsloses Sitzen erscheint dann wie eine Art Pirsch. Als Weißer, als Flussschwein also, mache ich da meine Erfahrungen. Meist am frühen Nachmittag, wenn die Hitze die Widerstandskraft europäischer Äquatorreisender schmelzen lässt, umzingeln Ekoto und Mbembe mich auf meinem Lieblingsbaumstumpf am Waldrand. Mit ernster Miene lässt sich Ekoto dann auf dem Boden nieder und zählt auf, was ihm gerade fehlt: in der Regel Zigaretten und *Ngonlongolo,* Maisschnaps.

Mbembe übersetzt. Wobei auch er sehr bedrückt wirkt. Bis ich in eine Lösung des Problems einwillige und die dazu nötigen Mittel aus der Hosentasche ziehe. In London hatte mich Jerome Lewis auf diese Prozedur vorbereitet: »Jagd nach versteckten Dingen« nennen es die Mbendjele.

Wehre ich mich, wechselt Ekoto die Taktik. In verblüffend jäher Fröhlichkeit legt er mir dann die charakterlichen Vorzüge der Mbendjele dar. Vor allem, dass sie teilen! Immer! Alles! Weil Komba, der Schöpfer, es so vorgeschrieben hat. Niemand kann den Wald für sich allein besitzen. Oder

einen Fluss. Oder auch ein Feld. Was immer Gorillas behaupten mögen: Menschen müssen teilen! Hätte er, Ekoto, Geld, würden mit Sicherheit alle Mbendjele im Lager davon profitieren.

Sobald ich die Haltlosigkeit meiner Weigerung erkannt habe, fahren wir mit meinem Pick-up nach Makao. Zum einzigen Laden in Ekotos Wald. Dort jagt der Greis dann ausgiebig für das ganze Lager: Salz, Taschenlampen, Batterien, Hemden, Schlappen, Decken, Töpfe, Tücher, Damenschlüpfer, rote BHs. Lauter Schätze, die das Ausharren am Rande des Vuli allemal lohnen. »Und bei Gefahr ziehen wir uns einfach in den Wald zurück«, erklärt Mbembe. Wer wollte ihnen dahin schon folgen?

Aber was, wenn diese Taktik nur noch Mythos ist, der sich nicht mehr mit der Wirklichkeit deckt? »Die Pygmäen sind dabei, sich anzupassen«, sagt Monsieur Bouvé, der Direktor des Holzfällercamps von Sombo. Glücklich über jeden Besucher im Busch, lädt er mich zum Abendessen in seinen klimatisierten Container ein. Sein kamerunesischer Koch trägt Fleisch, Bier und Bohnen auf. »Ich beschäftige die Pygmäen als *pisteurs*«, erklärt Bouvé. »Sie gehen für mich in den Wald und suchen Sipo und Sapeli, zwei Baumarten, die wir auch als Mahagoni Afrikas bezeichnen. Schon fantastisch, wie die Pygmäen sich im Wald auskennen. Für uns sind sie sehr nützlich. Und ich glaube, wir auch für sie.«

Das Holzfällercamp liegt nur 300 Meter vom Mbendjele-Lager entfernt in einer von Lastwagen, Catarpillar und Planierraupen aufgewühlten Landschaft. Manchmal donnern mit dicken Stämmen beladene Sattelschlepper vorüber. Sie sind auf dem Weg nach Douala, dem Hafen Kameruns. Von dort gelangt das Holz per Schiff in die Sägewerke Asiens und Europas.

»Ich zahle den Pygmäen 1200 CFA pro Tag«, erläutert Bouvé die positiven Seiten seines Daseins für die Mbendjele. »Fast zwei Euro! Für sie bedeutet das eine Menge Geld. Und mehr noch als das, eine Revolution! Zum ersten Mal können sie in einen Laden gehen und sich etwas aussuchen. Bisher haben sie in der Steinzeit gelebt.«

Aber wo werden sie mit ihrem Sprung in die Neuzeit landen? Wohin man auch schaut, nirgends lassen sich Pygmäen entdecken, deren Anpassung an unser 21. Jahrhundert geglückt wäre. In Ruanda und Burundi, deren Hügel vom 19. Jahrhundert an kahl gerodet wurden, verkamen sie zu Bettlern, von Tutsi und Hutu gleichermaßen verachtet. In Uganda hat die Regierung die wildreichsten Gebiete zu Nationalparks erklärt und die Pygmäen einfach aus den Wäldern hinausgeworfen; auch dort landeten sie in Slums. In Gabun und Kamerun wird ihr Lebensraum durch Kahlschlag bedroht, in der Demokratischen Republik Kongo, dem ehemaligen Zaïre, durch nicht endende Massaker und Unruhen. In der Zentralafrikanischen Republik, Bokassas einstigem Kaiserreich, locken miteinander konkurrierende Missionare die Pygmäen aus dem Busch, um sie zu bekehren und für weltweite Spendenaufrufe zu verwerten.

Nur in der ehemaligen »Volksrepublik« Kongo durften die Aka den Wald bisher für sich behalten. Weil für seine »Erschließung« die Mittel fehlten; ein Drittel der Waldfläche ist Sumpf. Nun aber hat die Regierung in Brazzaville den unzugänglichen Norden in Konzessionen unterteilt und an ausländische Holzfirmen verpachtet. »Die Entwicklung geht rasend schnell«, schwärmt Bouvé. »Noch vor kurzem war hier nur Wald.

Jetzt schaffen wir ein Straßennetz. Jeden Tag kommen 800 bis 1200 Meter Piste hinzu.«

Mit einem Filzstift korrigiert er meine Kongo-Karte aus dem Jahre 1989. Zieht vier breite Pisten durch die vormals uniforme Grünfläche, strichelt noch drei geplante hinzu: »Der Norden Kongos ist noch Neuland. Vorigen Monat drangen unsere Ingenieure bis in ein Urwalddorf namens Dzanga vor. Die Leute dort glaubten, sie wären Bürger der *République centrafricaine*. Und dann machte ein Ingenieur eine GPS-Messung und erklärte sie zu Kongolesen. 42 Jahre nach der Unabhängigkeit! Ich sage Ihnen: Hier bricht eine neue Epoche an!«

Hmm, vielleicht. Vielleicht aber sollte Monsieur Bouvé auch aus dem Irrtum König Neferkarês lernen. Jenes Pharao, der zu seiner Entzückung und Zerstreuung einen Pygmäen an seinen Hof bestellt hatte, weil ihm, dem ewigen Herrscher, solcherlei Privilegien doch zustanden. Als ewig hat sich seither wohl eher das Geisterland der Horizontbewohner erwiesen. Denn immer wenn die Mokondi auftreten, breitet es sich zwischen den Hütten der Mbendjele aus: eine für uns imaginäre Geographie, in der sich die Pygmäen jedoch ebenso mühelos zurechtfinden wie in ihren Standorten zwischen Ndima und Vuli.

Auf dem Rückweg vom Holzfällercamp ins Mbendjele-Lager höre ich die Trommeln schon von Weitem. Und das Stampfen der Füße, das Singen heller Frauenstimmen, das laute Lachen vieler Mbendjele. Und ich weiß: Ejengi ist wieder unterwegs! Er ist der wichtigste aller Mokondi und erscheint auch bei Tageslicht im Lager. Stets bleibt er drei Tage, und in dieser Zeit entlässt er niemanden aus seinem Bann. Niemand geht dann mehr zum Schlemmen in den Wald, niemand marschiert nach Makao, um *Foufou* zu holen. Alle singen, tanzen und lachen nur für Ejengi.

Gleich am Lagereingang laufe ich der bizarren Gestalt über den Weg. Gehüllt in ein Gewand aus schmalen Blättern der Raphiapalme, die von einem Knoten oberhalb des Kopfes auslaufen und bis auf den Boden reichen, ähnelt Ejengi einer Trauerweide. Mit steifen Schritten stelzt er durch das Lager, ohne einen Laut von sich zu geben. Nur wenn er in Eile ist, kann ich ihn hören: am Rascheln der wehenden Blätterstreifen.

Ein blasser Vollmond steht zwischen den Wolken über der Lichtung. Die Männer schlagen die Trommeln in einem dumpfen, pochenden Rhythmus – das klingt, als hätte der Wald Herzklopfen. Am Rand des Sandplatzes tanzen die Frauen einen langsamen Reigen. Sie sind fast nackt, nur Röcke aus Zweigen hängen an ihren Hüften. Wenn sie an mir vorüberziehen, rieche ich den Duft von frischem Laub. Ein Junge begleitet Ejengi, treibt ihn manchmal mit Stockhieben an. Nähert sich der Geist den Frauen, stößt ihn der Junge heftig zurück, während die Frauen in scheinbarer Pank kreischend auseinanderstieben. Dann hält Ejengi inne und dreht sich wie ein Kreisel auf der Stelle. So geht das nun schon seit zwei Tagen.

Ich suche Ekoto. Wie ein verknautschtes Bündel hockt er auf dem Boden, den Rücken gegen seine bröckelnde Hüttenwand gelehnt. Vor ihm ein umgekippter Plastikbecher, aus dem es nach Maisschnaps riecht. Ekoto starrt auf den Geist. Mit Augen so groß und glänzend, als würden sie noch immer staunen, auch am Ende seines Lebens noch.

»Ekoto ist ein Geister-Kontrolleur«, sagt Mbembe, der sich zu uns setzt. In jedem Aka-Lager gibt es sie. Ihre Aufgabe ist es, die Übrigen im Umgang mit den Mokondi vertraut zu machen. Ekoto, so Mbembe, gebiete über drei gezähmte Waldgeister. Den einen habe er im Wald gefangen, den zweiten im Traum überlistet, den dritten einfach nur geerbt. Aber was er mit ihnen anstellt, worin die Initiation besteht, darüber schweigt Ekoto. Die Geheimnisse des Waldes. Nur die einfachen Fragen beantwortet der Greis: »Warum läuft Ejengi immer den Frauen nach?«

Ekoto erzählt. Langsam, ein wenig lallend, es wird eine längere Geschichte. Sie berichtet davon, wie Gott Komba den Wald schuf. Wie er die Menschen formte und sie, nach Geschlechtern getrennt, in verschiedenen Teilen des Waldes unterbrachte. Sie wussten nichts voneinander. Die Männer jagten Gazellen, Schweine und Elefanten; sie sammelten Honig, Nüsse und Früchte. Und sie kopulierten mit kürbisähnlichen Früchten, aus deren cremigem Innern Jungen erwuchsen.

In ihrem Teil des Waldes lebten die Frauen vom Fischen und Sammeln wilder Jamswurzeln, Pilze und Blätter. Ihre Fortpflanzung übernahm ein Geist – Ejengi. Wenn er tanzte, fielen weibliche Babys aus seinem Raphia-Kostüm. Schließlich entdeckten die Männer die Frauen, verführten sie mit Honig und warfen ihre harten Waldfrüchte fort. Um Kinder zu bekommen, schließt Ekoto mit schlauem Lächeln, bleibe den Frauen nun keine andere Wahl als der Geschlechtsverkehr.

Und der frustrierte Ejengi sucht noch immer die Rückkehr zu den Frauen. Wie in dieser Nacht. In einem Ritual, das älter ist als alle Geschichte und das die Aka einschwört auf ihre ewige Allianz mit dem Wald – und auf ihr seltsames Spiel zwischen den Geschlechtern. Tagsüber, ist mir aufgefallen, meiden sich Männer und Frauen, sitzen in getrennten Gruppen da. Oft machen sie den Eindruck, in ständigem Machtkampf zu leben. Mit leichtem Vorteil für die Frauen, die sich von ihren Gatten weder kommandieren lassen noch lange zaudern, sie bei Unstimmigkeiten sitzen zu lassen.

Abends jedoch vereint sie das Warten auf die Geister. Dann rufen die Frauen mit polyfonen Gesängen nach den Mokondi. Immer folgen mehrere auf- oder absteigende Töne. Langgezogene Naturschreie, kehlig und schrill, mit einem sehnsüchtig wirkenden Nachhall. Immer mehr Frauen stimmen in den Gesang ein. Lieder von so komplexer Harmonie und perfekter Abstimmung, dass sich Musikologen verwundert fragen, wie einfachen Waldmenschen nur solche Kunstwerke gelingen können.

Es ist eine Musik, die Seelenfrieden bezeugt und der doch nichts Sakrales anhaftet – keiner der Beteiligten wirkt »in sich gekehrt« oder »gesammelt«. Im Gegenteil: In den Pausen brüllen die Mbendjele ihr Lachen in die Nacht. Deshalb kommt Ejengi auch bei Todesfällen: um die Hinterbliebenen von ihrer Trauer zu »reinigen«.

Und ich glaube, hier wenigstens dies zu begreifen: Das Lachen mit den Geistern ist das Gebet der Mbendjele. Weil es den Wald, ihren göttlichen

Vater, glücklich macht. »Gelingt es dir, einen Mokondi zu entzücken, dann betörst du den Wald«, lautet die Weisheit, die mir Ekoto mit auf den Weg zurück in meine Schattenlosigkeit gibt. »Du musst viel lachen!«

Der Alte nickt. »Lachen«, wiederholt er leise. Eine friedliche Nacht. Ganz schwarz steht der Wald in der Dunkelheit, irgendwo ruhen Planierraupen und Bilo. Nur Ejengi stellt unermüdlich den Frauen nach. Später beugt sich Mbembe über Ekoto. »Er schläft!« Schnecke hebt Ekoto vom Boden auf und trägt ihn, als bestünde er tatsächlich nur aus Rinde, zu seinem Blätterhaufen in der Hütte.

In dem Dorf in meinem Kopf ist der *parc des Buttes-Chaumont* ein Wald, der neben dem viel dichteren Dschungel aus Asphalt und Beton steht. Solange ich denken kann, besuche ich diesen Park und liebe ihn. Ich habe eine Erinnerung aus der Zeit, als ich ganz klein war – eigentlich ist es auch gar nicht meine eigene, sondern viel eher Deine, die ich übernommen und in meiner Fantasie mit eigenen Bildern ergänzt habe, nachdem Du mir davon erzählt hattest.

Es war im Winter und ich war höchstens ein Jahr alt. Wir beide sind zusammen spazieren gegangen, ich in meinem Kinderwagen und Du dahinter. Ich weiß nicht mehr, ob es geschneit hat. Das ist ein Detail, das in meiner »Erinnerung« unscharf ist. Die Bäume waren vollständig entlaubt, und ihre Äste streckten sich nackt zum grauen Himmel empor. Irgendwann hast Du mich angesehen und gemerkt, dass ich mit nach oben gewandtem Kopf, großen Augen und halb geöffnetem Mund zum Himmel blickte. Du hast Dich umgesehen und, nachdem Du sicher warst, dass niemand in der Nähe war, hast Du Dich neben meinem Kinderwagen auf der Erde ausgestreckt, in diesem Park, der mehr noch als ein »normaler« Wald für uns beide auch unser geheimes Reich war. Du hast in diesem Moment eines der kleinen Dinge bewundert, die glücklich machen und für die Ihr, die Erwachsenen, Euch normalerweise keine Zeit nehmt, sie wahrzunehmen und genauer zu betrachten.

Gegen einen leuchtend grauen Himmel zeichneten sich die Äste all dieser Bäume ab, die trostlos hätten erscheinen können ohne ihren Sommerschmuck, die sich aber in Wirklichkeit schon darauf vorbereiten, uns in der winterlichen Monotonie mit einer Knospe zu überraschen, dann mit einer Fülle von Blättern und Blüten, die das Monate zuvor verlorengegangene Lächeln auf unsere Gesichter zurückzaubern. All diese nackten, braunen Äste auf diesem deutlich kontrastierenden Hintergrund ergaben ein so hübsches Bild, dass wir beide einen langen Augenblick ausgestreckt dort liegen blieben, um dieses eine der so zahlreichen Wunder zu bestaunen, das dieser Park unseren Herzen und unseren Augen bot.

Das ist meine erste »Geschichte«, die ich in diesem Park erlebt habe. Es gibt noch viele andere, die ich hier in diesem Brief nicht alle aufzählen kann, es sei denn, ich wollte einen eigenen Roman darüber schreiben, dessen Titel vielleicht »Der Wald im Kopf« heißen könnte, wer weiß... Ich habe also aus allen diesen Geschichten nur die wichtigsten ausgesucht, jene, an die ich mich am besten erinnere.

Oft habe ich meinen Geburtstag im Park gefeiert. Ich erinnere mich an ein Mal, es war mein achter Geburtstag, glaube ich, da bin ich, wie gewohnt, zu einer Liegewiese gegangen, die wir damals sehr mochten, zusammen mit einigen Freunden, mit meinem großen Bruder Rafael und mit Dir. Und plötzlich begann es zu regnen, gigantische Wassermassen ergossen sich vom Himmel. Wir hatten keine Regenschirme dabei, weil wir dachten, dass es schön bleiben würde, und so haben wir uns einen Platz unter dem Schutz einiger Bäume gesucht, am Rande eines Dickichts. Zu allem Überfluss waren wir beladen mit vielen Taschen, die alles »unbedingt Notwendige« für ein Geburtstagsfest enthielten.

Irgendwann, als wir es satt waren, in den ohne Unterlass fallenden Regen zu starren und die wenigen letzten Spaziergänger zu beobachten, die zum nächstgelegenen Ausgang hasteten, begannen meine Freunde und ich uns nach dem umzusehen, was sich hinter uns befand, das heißt nach den Büschen. Nach und nach, während der Regen weiter strömte und Ihr, die Erwachsenen, zunehmend verzweifelt, fühlten wir uns immer stärker von dieser kleinen grünen Höhle hinter uns angezogen und haben uns schließlich – zu Eurer größten Verzweiflung – hineingestürzt.

Wir haben die abenteuerlichsten Spiele begonnen und sind ab und an zu Euch zurückgekommen, um Euch zu beruhigen, dass unser »Überleben« in diesem feindlichen Gebiet gesichert war. Schließlich hat sich der Himmel gnädig gezeigt und die Sonne ist wieder hervorgekommen. Ihr seid sofort aus unserem improvisierten Unterschlupf gestürmt, uns mit Euch ziehend, in der Hoffnung, dass sich die Schleusen des Himmels nicht noch einmal über uns öffnen würden. Wir, meine Freunde und ich, wären gerne im Park geblieben, aber Ihr habt dann doch einen »sichereren« Platz vorgezogen.

Ungefähr zu dieser Zeit begann meine Freundschaft mit Sapinou. Ich spielte auch vorher schon in seinen Ästen, aber mehr war da nicht. Ich weiß nicht warum und nicht wie, aber ich fing an, ihn zu lieben. Immerhin verbrachte ich von nun an mehr und mehr Zeit zwischen seinen Zweigen, lesend, picknickend, spielend, manchmal machte ich sogar meine Schulaufgaben mit ihm. Um es noch einmal zu betonen: Ich werde Dir nicht all das erzählen, was ich über diese Augenblicke mit ihm sagen könnte, sonst würde sich mein Roman zweifelslos zu einer Trilogie ausweiten. Ich will Dir nur klarmachen, dass diese Momente zu den glücklichsten meiner Kindheit gehören.

Als ich so etwa 9 Jahre alt war – damals verbrachte ich am meisten Zeit mit Sapinou –, hatte ich eine Idee: Von einem meiner schönsten Stoffe habe ich ein langes Band abgeschnitten und es am höchsten Ast meines Baumfreundes festgebunden. Einige Monate später pflanzten die Gärtner im Zuge von Änderungsarbeiten im Park junge Sträucher rund um Sapinou herum. Zweifellos, damit er Gesellschaft bekäme, denn Sapinou war ein bisschen … isoliert, allein auf einem Rasenstück. Um diese kleine Ansammlung herum errichteten die Gärtner einen Zaun, zweifelsohne um das Ganze vor der Horde von Kindern zu schützen, die jeden Tag in der Hoffnung herbeistürmten, ein Plätzchen auf den Ästen unseres bevorzugten Nadelbaumes zu ergattern.

Sapinou war wirklich sehr beliebt, erinnerst Du Dich? Aber seine höchsten Äste blieben trotzdem ein Refugium – mein Refugium –, denn fast keines der anderen Kinder schaffte es bis dorthin. Immerhin hinderte dieser Zaun alle Kinder daran, sich zu nähern, oder fast alle. Sapinou stand am Rande dieser kleinen Pflanzeninsel, so dass ich keine Mühe hatte, einen der unteren Äste zu ergreifen und mich auf meinen Lieblingsbaum hochzuziehen. Leider brachte das Ärger mit *maman,* nicht das Besteigen des Baumes

(Du weißt ja, dass *maman* nicht gerne klettert), sondern das »Nichtbeachten von Regeln«, und so hat sie mir verboten, den Zaun zu übersteigen.

Drei Jahre lang durfte ich nicht auf Sapinous Äste steigen, bis zu dem Tag, als Du an einem Frühlingssonntag nach Hause kamst und mir freudig – fast begeistert – erzähltest, dass der Zaun um meine schöne Eibe endlich abgebaut worden war. Wir stürzten sofort nach draußen, nicht ohne *maman* zu versprechen, zum Brunch wieder zurück zu sein. Im Park angekommen konnte ich mich persönlich von der großen Neuigkeit überzeugen: Sämtliche Zäune rund um meine grüne Insel waren entfernt worden. Im Begeisterungstaumel stieg ich bis in den höchsten Wipfel von Sapinou, und dort sah ich überglücklich etwas, das mir zeigte, dass er mich trotz der langen Abwesenheit nicht vergessen hatte: Das Band, das ich vor so langer Zeit dort befestigt hatte, war immer noch da. Seitdem klettere ich regelmäßig in meinen Baum hinauf, um nach diesem Band zu schauen, einem ganz besonderen Band, das uns auch im übertragenen Sinne verbindet, Sapinou und mich.

Ich denke, das ist eine schöne Art, diesen Brief zu beenden: durch Wiederbegegnungen.

Je t'aime papa,
Lou

Postskriptum: Was Deine Fragen zur »Zähmung« von Sapinou angeht und unsere Verständigung durch Telepathie, mein lieber kleiner Papa, da verweise ich Dich auf Deine eigenen literarischen »Großtaten«, wenn ich so sagen darf. Erinnerst Du Dich an dieses etwas kuriose »Interview«, das Du seinerzeit mit mir für Dein GEO Special Paris geführt hast? Nun, es scheint mir eben jene Fragen beantwortet zu haben, die Du mir heute wieder stellst. Um Deine Erinnerung ein bisschen aufzufrischen, werde ich an diesen E-Mail-Brief – natürlich per *copy and paste,* wie es sich für eine junges modernes Mädchen gehört – einige Auszüge aus unserer damaligen Unterhaltung anfügen. Im

Rückblick betrachtet mögen sie ulkig und kindisch erscheinen, aber ich verleugne kein Wort meiner damaligen Erklärungen ...

BCC (Buttes Chaumont Chronicle): Mademoiselle Lou, Sie behaupten, einen ausgewachsenen Baum gezähmt zu haben. Wie ist das möglich?

Lou: Ganz einfach. Ich habe es so gemacht wie der kleine Prinz von Saint-Exupéry, in erster Linie also mit Geduld. Die Methode des *apprivoisement* wird in diesem Buch ausführlich beschrieben: Man zähmt jemanden, indem man sich ihm behutsam nähert, in winzigen Schritten, und sich von Mal zu Mal etwas vertrauter verhält.

BCC: Sofern unsere Informationen übereinstimmen, handelt es sich in »Le Petit Prince« um die Zähmung eines Wüstenfuchses. Eines warmblütigen Lebewesens also, mit hellem Fell und langen Ohren. Ein Baum hingegen besteht aus Holz und Blättern. Man kann seinen Schatten genießen, kann ihn begießen, entwurzeln, zersägen, aber unseres Wissens nach nicht zähmen.

Lou: So ein Vorurteil! Sapinou warnt mich oft vor den Vorurteilen Erwachsener.

BCC: Ihre Gespräche mit dem Baum werden Gegenstand späterer Fragen sein. Würden Sie uns zunächst bitte den Prozess der Zähmung beschreiben? Wie sind Sie beide überhaupt zusammengekommen?

Lou: Vor einem Jahr – damals war ich erst achteinhalb – fiel mir dieser Baum auf. Weil er so allein da stand, umgeben nur von Rasen. Die anderen Bäume im Park, besonders die riesigen Kastanien, Eichen und Kiefern, stehen in Gruppen. Sie können miteinander reden und brauchen niemanden. Aber Sapinou? Er kann sich doch nicht mit Gras unterhalten, dachte ich mir.

BCC: Ja.

Lou: Anfangs habe ich mich mit der ersten Astgabel und den von ihr abgehenden dicken Ästen begnügt. Sie sind sehr bequem. Man kann sich auf sie legen und die Augen zumachen. Oder sich auf sie setzen und, den

Rücken gegen den Stamm gelehnt, ein Buch lesen oder sogar Schulaufgaben machen. Oder ein Eis essen – vorausgesetzt, mein Vater geht zum Kiosk.

BCC: Ja.

Lou: Die Zähmung bestand darin, dass ich irgendwann einen Ast höher stieg und, sobald wir uns auch in diesem Bereich vertraut geworden waren, den nächsten Ast in Angriff nahm, und dann den nächsten und noch einen. Bis ich schließlich in Sapinous Krone angelangte. Das war der schönste Tag meines Lebens. Vom Boden aus konnte mich niemand mehr sehen. Mein Vater wurde unruhig und rief laut meinen Namen. Ich war sehr glücklich.

BCC: Von diesem Augenblick an war Sapinou also gezähmt?

Lou: Ja. Und ich war von ihm gezähmt. Beide Prozesse gingen Hand in Hand.

BCC: Nun mal im Ernst: Unterhalten Sie sich wirklich mit ihm?

Lou: Natürlich. Ich spreche zu ihm auf Französisch, Sapinou antwortet per Telepathie. Er stellt mir seine Worte direkt in den Kopf.

BCC: Ich verstehe. Haben Sie noch etwas hinzuzufügen?

Lou: Jeder Mensch müsste einen Baum für sich allein haben. Dann wären alle viel glücklicher. Sie können sich gar nicht vorstellen, wie nahe wir uns sind, Sapinou und ich. Manchmal weiß ich fast gar nicht mehr, wer von uns beiden wer ist. Manchmal habe ich das Gefühl, ich selbst wäre der Baum!

BCC: Mademoiselle Sapinou, wir danken Ihnen für dieses Gespräch.

Nie habe ich gründlicher über Gründe und Abgründe der Liebe nachdenken müssen als unter Deiner Regie. Immer willst Du alles schrecklich genau wissen: Wie die Liebe entsteht? Warum sie vergeht? Auch ist seit einiger Zeit kaum zu übersehen, wie sehr Dich nun Deine Wirkung auf das andere Geschlecht beschäftigt. Gestern hast Du mich gefragt, ob der pubertäre Junge, dessen Weg wir vor dem Franprix-Supermarkt kreuzten, sich im Weitergehen nach Dir umgedreht habe. Muss ich jetzt als Radarschirm für die feminine Ausstrahlung meiner jüngsten Tochter herhalten?

Und immer wieder fragst Du nach meiner ersten Liebe. Gehört auch das zu den Dingen, die Väter ihren Kindern erzählen? Vermutlich ja. In Wahrheit bin ich sogar froh darüber. Es gibt da nämlich eine Geschichte, die ich seit einem halben Jahrhundert mit mir herumschleppe. Natürlich eine Dorfgeschichte, aber gleichzeitig ein Geständnis, das ich endlich loswerden möchte. Und kein Ohr scheint mir dafür geeigneter als das Deine. Oh Lou, wie ich Deine Leidenschaft liebe! Aber wie sehr sie mich auch mit Sorge erfüllt! Vielleicht hätte ich Dir – zur Warnung! – schon früher erzählen sollen, wie ich als Elfjähriger verliebt einer Zehnjährigen hinterhergelaufen bin. Einen ganzen Sommer lang. Um sie im Herbst auf dem städtischen Busbahnhof, wo sie seit dem gegenseitigen Eingeständnis unserer Liebe morgens vor Unterrichtsbeginn auf mich wartete, wortlos stehen zu lassen. Einfach so.

Es war 1964. Die ersten Monate der Quinta, meines zweiten Jahres auf dem Detmolder Gymnasium, lagen hinter mir, und mit Beginn der Sommerferien sank die Stadt zurück in die für uns Pivitsheider erhebliche Entfernung einer 25-minütigen Busfahrt. Mit einem Male spielte sich mein Leben wieder im Dorf ab, im Kreise meiner alten Freunde von der Volksschule. Und dieser Sommer versprach uns reichlich Spannung. Gegen Julianfang – das Roggenfeld auf der anderen Seite des Friedhofsweges, unserem Haus gegenüber, war abgemäht und hätte sich nun gut zum »Bolzen«

(Fußballspielen) geeignet – machte eine unglaubliche Nachricht die Runde: Gerd Ostermann hatte eine Freundin!

Es war die Art von Sensation, die ein potenzielles Fußballfeld zum bedeutungslosen Acker degradierte. Bis zu diesem Zeitpunkt waren wir Dorfkinder den Gesetzen einer uns völlig logisch erscheinenden Apartheid gefolgt: Jungen und Mädchen vermischten sich nie. Besaßen sie doch ganz unterschiedliche Interessen. Jungen steckten ihre Energie in Unternehmungen, die dem Geist Spannung und dem Körper Erschöpfung versprachen. Wie Bolzen, Raufen, Obst-Klauen sowie das Bestehen von Mutproben im Dickicht der Postteichfichten oder an den Ufern der noch im Sommer eiskalten Hasselbieke.

Was Mädchen machten, wussten wir nicht, es war uns auch ziemlich gleichgültig. Es hieß, sie verbrächten ihre Zeit damit, unwichtige Gedanken in schnörkeliger Schönschrift in Poesie-Alben niederzuschreiben. Was für eine absurde Idee! Welche Wesen hätten uns fremder sein können als jene mit den Zöpfen und Pferdeschwänzen? Wurde einer von uns dabei ertappt, wie er in Webers Kolonialwarenladen oder gar mitten auf der Stoddartstraße, an der sich die Pivitsheider Häuser und Höfe aneinanderreihten, mit einem Mädchen Worte wechselte, dann war es besser für ihn, am nächsten Morgen nicht in die Schule zu gehen. Dort nämlich erwartete ihn der geballte Spott seiner Klassenkameraden, untermalt mit schmatzenden Kusslauten, die den Unglücklichen an seinen Verstoß gegen die Apartheid erinnerten.

Der neue Fall jedoch entzog sich diesen Regeln. Genau gesagt schaffte er sie sogar ab. Gerd Ostermann war einer unserer Helden. In unserem letzten

gemeinsamen Jahr auf der Volksschule war er der Beste in Sport gewesen. Ein nur mittelmäßiger Bolzer zwar, aber mit Abstand der schnellste Läufer. Und ein gefürchteter Raufer! Wer wollte es wagen, ihm einen Schmatzkuss zuzuwerfen? Seine Freundin, berichteten meine Kumpel in respektvoller Ungläubigkeit, hieß Gabi. Gabi! Ein Mädchen aus Heidenoldendorf, dem Nachbarort jenseits der Hasselbieke. Niemand von uns hatte sie je zuvor gesehen. Auch wurde nie klar, wie Gerd ihre Bekanntschaft hatte machen können.

Der Beginn der Ferien stellte uns vor vollendete Tatsachen: Jeden Tag fuhr Gerd Ostermann mit dem Fahrrad zum Freibad, um sich dort auf das breite Handtuch von Gabi zu legen. Direkt neben einen damals makellos auf uns wirkenden Körper, dessen knapp 1,40 Meter Länge gleichmäßig gebräunt war, bis auf zwei winzige Hautstellen unter einem gelben Bikini. Als ich sie zum ersten Mal sah, begriff ich schlagartig, was Gerd dem Bann unserer üblichen Freizeitfreuden entrissen hatte. Gabi sah aus wie Du, Louni (vielleicht ein kleines bisschen weniger toll, aber immerhin): dunkle Augen im Schatten endloser Wimpern, mit dem aufregenden Schwung von Lippen, die sich im Zuge eines stets dezent gehaltenen Lachens leicht öffneten und den Blick freigaben auf Zähne, die im stumpfen Grün der Liegewiese wie Perlen aufleuchteten. Um 50 Jahre Erfahrungen reicher, würde ich Gabi so definieren: *une fille irrésistible,* die klare Vorstufe zur *femme fatale.*

Es brauchte nicht lange, da erklärte ich mich offiziell zum Kandidaten im Kampf um ihre Gunst. Das Prozedere war unkompliziert: Ich tat dieselben Dinge wie Gerd Ostermann, außer natürlich, mich neben sie aufs Badehandtuch zu legen, dazu war ich einfach zu spät dran. Im Übrigen galt, der Göttin in regelmäßigen Zeitabständen – nie länger als 45 Minuten – Opfergaben zu Füßen zu legen. Lauter Schätze, die trotz ihrer amerikanischen Namen – Nuts, Mars, Milky Way … – im Kiosk des Freibads für Groschenbeträge auslagen. Dass Gabi in jenen vier Wochen nicht zehn Kilo zugenommen hat, darf als Wunder gelten. Scheinbar erbost – »Ich habe doch gesagt, Du sollst mir nicht immer Geschenke machen!« – ließ sie dennoch keinen Zweifel an ihrem Entzücken und ihrer Dankbarkeit: »Ich esse das nur, wenn ich es mit Dir teilen darf!«

Währenddessen registrierte der Rest der Bande, selten weniger als ein Dutzend Dorfjungen, die sich konzentrisch um uns herum über die Liegewiese verteilten, die Plus- und Minuspunkte der beiden Kandidaten, je nach Gestik und Mimik der Göttin im gelben Bikini. Ich schien schnell aufzuholen. Nach zwei Wochen bat mich Gabi auf ihr Badetuch, auf die andere, noch freie Seite zu ihrer Linken. Gerd nahm ihre Entscheidung gleichmütig zur Kenntnis. Zumindest glaubte ich dies.

In Wahrheit jedoch bereitete er einen Gegenschlag vor, der nicht allein auf seiner sportlichen Überlegenheit, sondern auch auf einer gehörigen Portion von künstlerischem *savoir-faire* beruhte. Jeder unserer Ferientage endete nämlich damit, dass alle Jungen – die zwei Anbeter und die Bande der Punktrichter – auf ihren Fahrrädern das einzige Mädchen zum Hause ihrer Eltern in Heidenoldendorf begleiteten. Die rund fünf Kilometer lange Strecke wies eine gefährliche Stelle auf: ein Stück Straße so abschüssig, dass man dort die Hand nicht von der Bremse nehmen durfte. Und genau an dieser Stelle lenkte Gerd eines Nachmittags sein Rad ganz nahe an das von Gabi heran. So nahe, dass sich die Pedale ihrer Räder fast berührten! Schon dies allein war ungeheuer gewagt. Noch unfassbarer wurde der akrobatische Akt dadurch, dass mein Rivale plötzlich seine Hand vom Bremsgriff löste und sie auf Gabis Schulter legte. Dabei sang er lauthals eine Strophe aus »Für Gabi tu ich alles«, dem absoluten Megahit des deutschen Sommers 1964!

Kannst Du das Ausmaß dieser Großtat erfassen, meine Lou? *Pas tout à fait, je suppose.* Ich fühlte mich wie von einer Granate getroffen. Vernichtet. Erniedrigt. Abgehängt. Nicht nur, dass mein Konkurrent so elegant und verwegen daherkam wie d'Artagnan. Schlimmer noch traf mich die Wucht seines Esprit: Der Original-Interpret des Schlagers hieß Böttcher, mit Vornamen GERD. Somit war es die Ballade von Gerd und Gabi – wie von der Vorsehung verfasst für diese eine höllische Fahrradfahrt auf der abschüssigen Straße von Pivitsheide nach Heidenoldendorf. Jetzt wirst Du meine Entmutigung verstehen. Gerd Ostermann war einfach der Bessere. Nie würde ich seinen hoch verdienten Vorsprung aufholen können.

Aber versieht die Natur nicht manche von uns, denen es an Esprit mangeln mag, zum Ausgleich mit ausgeprägten Instinkten und einem Repertoire gemeiner Kniffe? Am nächsten Tag traf ich mit kalkulierter Verspätung im Freibad ein. Die anderen hatten längst ihre gewohnten Positionen bezogen. Die Bande räkelte sich auf dem Rasen, Gerd sonnte sich bei Gabi auf dem Tuch. Ich legte kurz meine Sachen ab, ging allein schwimmen, kaufte weder Nuts noch Mars noch Milky Way, verkündete stattdessen mit gelangweilter Miene, dass es mir für diesen Tag reiche. Ein beiläufiges Nicken ersetzte den Abschiedsgruß.

Hatte ich aus den Augenwinkeln die Verblüffung in Gabis Gesicht bemerkt? Wenn ja, so war ich doch zu sehr mit meiner eigenen Verwirrung befasst, um daraus Schlüsse zu ziehen. Während ich mich in praller Vormittagshitze heimwärts mühte, nicht wissend, was ich mit dem Rest dieses Tages, geschweige denn mir selbst anfangen sollte, fühlte ich mich ausgehöhlt. Mein Herz war verwundet, die Gedanken bildeten einen Brei weinerlicher Ungereimtheiten, wie: Am besten wärst du vor ihren Augen ertrunken! So zog ich mich zurück in die Einsamkeit einer von mir selbst erschaffenen Wüste.

Zu Hause angekommen, erklärte ich meiner Mutter, ich sei krank, und legte mich ins Bett. Auch der darauffolgende Tag war nur schwüle Endlosigkeit im Rhythmus eines ständig wiederholten Tabus: bloß nicht daran denken, ins Freibad zu fahren! Irgendwann verzog ich mich in die Krone meiner Eiche, summte traurige Lieder vor mich hin, lotete den Abgrund aus, der mich vom Rest der Welt trennte. Am Rand des abgeernteten Roggenfeldes reiften die ersten Äpfel – und ließen mich kalt! Auf dem Friedhof, 200 Meter von mir entfernt, trugen Nachbarn einen der Ihren zu Grabe. Männer in schwarzen Anzügen spielten Posaune, Frauen schluchzten hinter vorgehaltenen Taschentüchern, die Gesichter der Sargträger glühten von Hitze und Wacholder. Und ich dachte: Schau, da wird die Liebe beerdigt!

Am nächsten Morgen hielt ich es nicht länger aus. Ich schwang mich aufs Fahrrad, erreichte das Freibad in neuer Bestzeit. Mein erster Blick auf die Liegewiese bestätigte mir, dass mein Martyrium nicht umsonst gewesen war. Sie sah mich schon aus der Ferne, hatte nur noch Augen für mich! Und ich begriff eine der Grundregeln im Spiel der Liebe: Abwesenheit kann die wirksamste Form von Anwesenheit sein. Der Rest der Geschichte ist schnell erzählt. Noch vor Ende der Ferien teilte Gabi einem schwatzhaften Vertrauten mit, ich sei als Sieger aus dem Rennen um ihr Herz hervorgegangen. Das Verdikt machte schnell die Runde. Gerd Ostermann räumte das Feld, kehrte vorwurfslos zurück zu Bolzen, Raufen und anderen Abenteuern der Vor-Liebe-Ära.

Ich glaube, ich mochte ihn sehr. Aber wir haben nie wieder miteinander geredet. Jahre später kam Gerd bei einem Autounfall ums Leben, eines Nachts auf dem Weg zur Diskothek in der Stadt. Man erzählte, er sei Opfer eines Spleens geworden: Nie habe er sich auf dem Beifahrersitz angeschnallt, ständig habe er den Türgriff in der Hand gehalten, um sich bei Gefahr durch einen Sprung ins Freie retten zu können. Die Geschichte erinnerte mich an seine Waghalsigkeit auf der abschüssigen Straße nach Heidenoldendorf.

Ohne Gerd als Rivalen war mein Leben mit Gabi nicht mehr dasselbe. Kennst Du das alte Lied von Gilbert Bécaud: *Et maintenant, que vais-je faire?* Die Frage klingt wie ein Bekenntnis meines eigenen Herzens, das Bekenntnis seiner fehlenden Standhaftigkeit, der ewigen Ratlosigkeit im Angesicht der erfüllten Liebe und ihrer Forderung nach Dauer: Ja, was nun? Nun, da es nichts mehr zu erobern, zu erstürmen, zu verführen gab!

In den letzten Ferienwochen verabredeten Gabi und ich uns zu Nachmittagen *en tête-à-tête.* Das Wetter war kühler geworden, und auch sonst gab es ja keinen Grund mehr, ins Freibad zu gehen. Mal kam sie zu mir nach Pivitsheide, mal fuhr ich zu ihr nach Heidenoldendorf. Dann spielten wir in unseren Kinderzimmern Karten (Mau-Mau), Lego und Mensch -ärgere-dich-nicht. Oder wir gingen in den Wald, ohne die geringste Aussicht auf Abenteuer. Einfach nur zu einem braven Spaziergang, um auf gepflegten Wegen zu wandeln und dort den trägen Fluss unserer Gespräche am Laufen zu halten.

Als die Schule wieder anfing, dehnte sich unsere Beziehung auf die Stadt aus. Gabi ging auf das »Lyzeum«, die Mädchenoberschule, ich besuchte das den Jungen vorbehaltene »Leopoldinum«. Morgens erwartete sie mich am Detmolder Busbahnhof. Damit ich sie zu ihrer Schule begleiten möge, bevor ich versuchte, die meine noch rechtzeitig im Spurt vor dem zweiten Klingeln zu erreichen. Kurz, die Liebe machte keinen Spaß mehr. Und ich wusste keinen besseren Ausweg als den scheinbar leichtesten: sie eines Morgens einfach stehen zu lassen, ohne eine Erklärung, ohne einen Trost. So, als gäbe es sie gar nicht mehr.

Immerhin habe ich mich im Weggehen noch einmal nach ihr umgeblickt. Nicht mehr als ein kurzer Blick über die eigene Schulter. Bestimmt wollte ich mich nur der Wirkung meiner Heldentat vergewissern. Denn ich war nicht allein, neben mir schritten zwei aufgeregte Kumpane, die ich während der Busfahrt von Pivitsheide nach Detmold auf das große Ereignis vorbereitet hatte. Im Freibad hatten diese beiden zur Gruppe der Punktrichter gezählt. Nun durften sie Zeugen meines abschließenden, vernichtenden Sieges in dieser Angelegenheit werden. Das letzte Bild, das ich von Gabi in meinem Kopf habe, ist das Bild eines Mädchens mit einem von Tränen überströmten kleinen Gesicht.

Das liegt nun schon ein halbes Jahrhundert zurück. Und doch brennt in mir noch immer jenes Schamgefühl, das sich, wenn nicht unmittelbar nach der feigen Flucht, so doch umso nachhaltiger im Laufe meines Erwachsenwerdens eingestellt hat. Oft empfinde ich dies als ungerecht: Warum verweigert mir meine sonst so selektive Erinnerung hier ihre Dienste? Wieso lässt mich meine Vergesslichkeit im Stich, wenn es um diesen einen fernen

Augenblick geht? Um das Ende einer ersten Liebe, die doch nicht mehr gewesen sein kann als das ungeschickte Stammeln zweier Kinderherzen? Ein harmloses Sommerliedchen, verglichen mit den volltönigen Arien späterer Liebesopern? Und doch weiß ich: Bis ans Ende meines Lebens wird mich der Wunsch verfolgen, ich wäre ein Anderer gewesen als jener grausame Klotz auf dem Detmolder Busbahnhof vor 50 Jahren.

In EWIGER Vatertreue

Ton papa infidèle

Das Dorf
der Geister

Madagaskar, November 1995

Gegen fünf wache ich im Sand neben dem Toten auf. Anakaos Strand liegt
reglos, und Nosy Vé, die Geisterinsel draußen vor dem Riff, ist noch ein
Strich im Grau des Morgens. Die Leiche stinkt. Es wird Zeit, sie zu begraben. Ich schaue nach den Trauergästen. Unter einem umgestülpten Boot
schnarcht Kassuma. Er säuft von allen Fischern am meisten, sieht mit 40
aus wie 60. Aus seinem offenen Munde ragt riesig ein Eckzahn. Régis und
Alexandre, auch sie lang auf den Sand gestreckt, schlafen ihren Rausch im
Stillen aus. Und noch ein paar Dutzend mehr. Nur einige Frauen sind
schon unterwegs. Nah am Ufer gleitet eine Piroge vorüber. Momu, die
Schöne, auf dem Weg zu den Algenfeldern. Weiß blitzt ihr Lächeln in den
aufkommenden Tag.

Auf der anderen Seite der Leiche liegt Aurélien. Er knirscht laut mit den Zähnen, rollt bedrohlich die Augen. Er mimt wieder einmal *Akiu futi,* den weißen
Hai. Der kam vor 20 Jahren durch den Riffgürtel und kreuzte vor dem Strand;
ein Monster, besessen von einem bösen Geist. Er suchte unschuldige Seelen.
Stattdessen fand er einen gewieften Gegner: Aurélien, den besten Fischer von
Anakao, lang, dünn und hart wie ein Nagel. Einen toten Hund warf Aurélien
dem Ungeheuer ins Wasser, an einem Haken befestigt, und an dem Haken war
ein Seil, und das Seilende band der Fischer um einen Baum am Strand. Der Hai
schluckte Hund und Haken, riss den Baum mit sich in die Tiefe.

Seither jagt Aurélien den Geist. Nur heute nicht. Heute beerdigen wir. Es ist unsere dritte Totenfeier in zwei Wochen, mit Fluten von Bier und Rum. Nun ist das Dorf Anakao müde, die Reserven sind verbraucht. An den Füßen brennen Tanzblasen, die Stimmen sind heiser, die Körper von zu viel Liebe ausgelaugt – keiner, der sich nicht amüsiert hätte.

Régis, der Bürgermeister, hemdlos in roten Shorts, spricht als Erster: »Ich glaube trotzdem, wir müssen ihn trotzdem zum Friedhof bringen!« Trotzdem – Régis sagt es auf Französisch: *quand même* – ist sein Lieblingswort. Es bedeutet nichts, verschönt nur Régis' Sätze in bedeutendem Maße. In Anakao redet jeder, wie er will. In Anakao heißt auch jeder, wie er will. Tsabitsoke, der Tote, hieß lieber Latiratsy. Ebenso wie Régis es manchmal vorzieht, Ludi zu heißen oder, von Amts wegen, Président. Er ist der Gebildetste im Dorf, Lehrer von Beruf. Die Übrigen, nur Fischer, haben auch mehrere Namen, aber keiner von ihnen besitzt ein Wort wie *quand même*.

Weil alle nur madagassisch sprechen, im Dialekt der Vezo. Eine Sprache, die sich aufs Wesentliche beschränkt. »*Invaovao?*«, fragt der in Stöhnen erwachende Kassuma: Was ist neu? Die Standardfrage. Nie: Wie geht's? Oder: Hallo! Oder einfach: Guten Tag! Zwar existieren diese Wörter, aber für Anakaos Wohlbefinden sind sie irrelevant. Immer nur: »*Invaovao?*« Aus Angst, es könnte doch mal etwas Neues passieren. Aber nein. »*Tsy misy!*«, rufen alle: Nichts Neues! Kassuma lächelt: »*Eka!*« Gut!

Der Gestank nimmt zu. Régis, Aurélien und Alexandre binden das Segel von den Stangen. Zwei Tage lang hat es dem Toten als Sonnendach gedient, den Lebenden zwei Nächte hindurch als luftige Vergnügungshalle. Im Uferwasser, parallel zum Strand, fährt die Leichenpiroge vor. Ein halbnackter Paddler sitzt im Bug, ein zweiter im Heck. »Heeeh-Hoooh!«, brüllt Régis. Aus den Hütten strömen die Hinterbliebenen. Verschlafen, verkatert. Vier heben die Bambusbahre mit dem Toten aus dem Sand, torkeln den Strand hinab bis ins knietiefe Wasser, hieven ihre Fracht aufs Boot. »Schade, dass die Feier zu Ende ist«, meint Kassuma durstig.

Das Schlimmste steht bevor: der Lauf zum Friedhof. Mitten durchs »Minenfeld«. Das Wort stammt von Régis und beschreibt Anakaos Strand bei Ebbe, wenn sich die Fischer zur Notdurft in den feuchten Sand gehockt haben. Und die Häufchen dann dort liegen, getarnt zwischen abgelutschten Mangokernen, zwiebeligen Muscheln, mit Algen verknoteten Seeigeln – bis die Flut sich als Klospülung betätigt.

Die Minen waren meine erste Erfahrung mit Anakao, vor drei Jahren, beim ersten Gang durch das Stranddorf, schon damals mit Régis an meiner Seite. Vergebens versuchte er, mich zu warnen: »Vorsicht Mine!« Während sie mir schon glitschig unter der Fußsohle explodierte und dem Bürgermeister zu enormer Heiterkeit verhalf. »Ich weiß nicht, wie oft ich ihnen schon trotzdem gesagt habe, nicht überall auf den Strand zu koten«, sagte Régis amtlich. »Die Minen halten die Touristen fern!«

Viermal war ich inzwischen in Anakao und habe jedes Mal nach Auswegen gesucht. Einer schien hinten ums Dorf herumzuführen, durch die Sanddünen, die Anakao gegen die trockene Dornensavanne des madagassischen Südens abgrenzen. Doch die Dünen sind gefährlicher als die Minen. Mädchen stehen dort, angeblich, um sich zu waschen. Die einen hinter Büschen, die hübscheren aufrecht und frei, nur ein dünnes Tuch um die Hüften gewunden, die Brüste in den lauen Wind gestreckt, den hinter gebogenen Wimpern versteckten Blick auf den Trampelpfad geheftet, über den schleppenden Schrittes die Freier wandeln. Von solchen Wegen kann man nur abkommen.

Eine andere Möglichkeit, die direkte Passage durchs Dorf, scheitert am maritimen Drang der Vezo. Alle ihre Pfade führen von Osten nach Westen, von den Hütten zum Meer. Als einzige Hauptstraße dient das seichte Uferwasser. Und weil jeder an ihr wohnen möchte, ist Anakao so lang geraten, über zwei Kilometer.

Von dem riesigen Land in ihrem Rücken erwarten die Vezo nichts. Ihr Dorf, selten breiter als 150 Meter, lebt vom Meer und sieht auch so aus: Netze, zum Flicken zwischen Bäume gespannt. Silberteppiche aus Millionen Anchovis, zum Trocknen auf dem Boden ausgebreitet. Bunte Fische, auf Äste gespießt und zum Räuchern um niedrige Feuer in den Sand gesteckt. Den übrigen Platz füllen Hütten, die meisten aus Stangen und Stroh, krumm geweht vom Südwind, der die großen Fluten begleitet. Nirgends ein Durchkommen, nicht einmal am Strand, den Hunderte an Land gezogene Ausleger-Pirogen versperren.

So bleibt auch für den Gang zum Friedhof nur das Minenfeld. Régis hebt den Arm, gibt der Piroge mit dem Leichnam das Startzeichen. Die Paddel tauchen ein, langsam schiebt sie sich über das seichte Wasser. Am Rand des Ebbestrandes verfällt die Prozession in Laufschritt, im Rhythmus von Mandoline und Trillerpfeife. Kinder rennen lachend voraus. Erwachsene, Arme angewinkelt, zockeln in Würde, ordentlich gruppiert um den Bürgermeister und die Musikanten. Aurélien mimt noch immer den Hai.

Ich laufe neben Alexandre, im schnaufenden Pulk der Greise. Er hat ein schönes Mondgesicht, das durch den spitzen Mund noch runder wirkt. Seine Brust ist eingefallen, der Bauch nur noch eine Abfolge schlaffer Falten über den zerschlissenen Shorts. Alexandre ist Experte fürs Sterben. »Niemand stirbt zufällig!«, hat er mir gestern Nacht beim Gelage erklärt. Verlässt die Seele den Körper, kann sie dafür verschiedene Gründe haben: Gott ruft sie fort, oder die Ahnen zwingen sie zu sich. Manchmal reißt böser Zauber sie aus dem Körper. Die vierte Option ist die beste: Die Seele geht aus freien Stücken.

Tsabitsoke, der Tote, hatte Glück. Kein Zweifel, seine Seele wollte weg. Der Alte war krumm geworden, fast taub, seine dürren Arme zogen keinen Fisch mehr ins Boot. Übermächtig wurde da die Versuchung, als er vor drei Tagen den Tod einer Nachbarin feierte. Voller Ungeduld pochte seine Seele in ihrer morschen Hülle. Mit drei Flaschen Rum gewappnet, setzte sich Tsabitsoke zur Leiche und trank seinen mürben Körper ins Delirium. Morgens fand ihn Kassuma als erster. Röchelnd, die Augen noch halb geöffnet, lag der Greis im Sand. »Schnell!«, rief Kassuma die auf dem Strand Schlafenden wach. »Tsabitsoke geht fort!«

Beweislos konnte dies freilich niemand akzeptieren. Vielleicht war es ja nur der Rausch. Also kam Alexandre, der Experte. Behutsam nahm er Tsabitsokes Kopf zwischen die Hände und legte sein Ohr auf die vertrockneten Lippen. Doch außer dem Röcheln war nichts zu hören. »Gebt ihm zu essen!«, befahl Alexandre, und jemand brachte Reissuppe. Als der Löffel den Mund berührte, weiteten sich die Augen, und der Kopf drehte sich in schwacher Wut zur Seite. Die Seele war schon im Aufbruch.

Die Agonie war ein unnützes Ringen. Als hätte das Fleisch noch einen Willen. Natürlich half die Familie. Frauen und Männer schmiegten sich an den Greis, der zitternd auf dem Rücken lag, den Atem in Stößen, wie bei einer Entbindung. Unaufhörlich streichelten sie den widerspenstigen Körper. Stundenlang. Bis Alexandre sich erbarmte. Sanft legte er sich Tsabitsokes hohlwangiges Gesicht auf den Oberschenkel und drückte ihm mit Daumen und Zeigefinger die Augen zu, während sich die andere Hand fest auf Mund und Nase presste. Noch ein Stöhnen, und die Seele hatte freien Weg. Es war ein ungeheuerlicher Augenblick, Sekunden voll wie Jahrhunderte. Ich konnte meinen Blick nicht von Alexandres Gesicht lösen. Soviel Liebe stand darin.

Wir laufen immer noch, wenn auch langsamer. Die Leichen-Piroge hat einen kleinen Vorsprung. Ostwind kommt auf, treibt die Mandolinenmusik aufs Meer hinaus. Anakao liegt hinter uns, der weiße Strand wird kahl. Endlich kommt der Friedhof in Sicht. Die Gräber liegen auf einer hohen, mit Büschen bewachsenen Düne. Lange Reihen grauer Steinhaufen, zu mächtigen Quadern aufgeschichtet. In einigen stecken Paddel. Wie Arme von Ertrinkenden ragen sie in den Himmel.

Wir waschen uns den Kot von den Füßen und steigen hoch. Alexandre dirigiert die Menge. Tsabitsokes Seelenheil steht auf dem Spiel. Wenn jetzt nicht alles nach Ahnenbrauch geschieht, werden Anakaos Geister den Verstorbenen nicht aufnehmen in ihren Kreis. Die Frauen setzen sich zur Leiche in den Schatten und schluchzen laut. Um den Ahnen zu zeigen, wie viel Liebe sich Tsabitsoke in seinem langen Leben verdient hat. Die Männer klettern auf einen der Steinquader und beginnen, in dessen Mitte eine Grube auszuheben. Stein um Stein, während Staub und Schweiß sich auf ihren Oberkörpern zu feinem Brei vermischen.

Nach einer Stunde ist es soweit. Alexandre lässt den Toten ins Grabloch heben, bettet den Kopf auf ein Kissen. Dann kniet er sich zu Tsabitsoke, wie vor drei Tagen, als er ihm den Atem stoppte. Einen Liebesdienst schuldet er ihm noch, den letzten, ganz im Stillen, versteckt unter einem bunten Tuch, das Kassuma und Régis nun über die Grube spannen. Mit einer Glasscherbe beschneidet Alexandre den Toten. »*Veloma!*« – Leb wohl!, sagt er zur Seele, die ganz in der Nähe auf ihren Fortgang wartet.

Nur das Gepäck fehlt noch. Die Verwandten reichen es in die Grube: Tsabitsokes Fischernetz, seine Tasse, drei Teller, einen uralten Plattenspieler, einen Stapel 45er-Platten ohne Hüllen, die meisten ohnehin zerbrochen, ein knopfloses Radio, einen Kartonkoffer von jener Sorte, die in Anakaos Hütten die Schränke ersetzen. Glücklicher Tsabitsoke! Sein Tod ist ein Umzug. Nur die Piroge muss er zurücklassen, sie passt nicht ins Grab. Dafür stopft ihm Alexandre noch ein paar Geldscheine unters Kissen, bevor die anderen beginnen, das Loch wieder mit Steinen zu füllen. Ich folge Alexandre zum Friedhofsrand. Wir blicken aufs Meer. Es ist heiß, Mittagszeit, das Licht auf dem Wasser blendet unsere Augen. Nosy Vé, die Geisterinsel, liegt in praller Sonne: ein weißer Streifen mit einer hellgrünen Krone aus Büschen und Bäumchen. Da wohnt er nun, Tsabitsoke, wie alle Ahnen des Dorfes, seit sich die Seenomaden hier niederließen und Anakao gründeten.

Alexandre breitet beide Arme aus, wie zum Fliegen, und sagt: »*Vorumbé!*« Große Vögel. So heißen die Geister, alle, denn mit den vielen Namen, die sie sich zu Lebzeiten erfanden, ist auf der Insel Schluss. Da bilden die Ahnen nur noch eine Familie. Mit einer einzigen Aufgabe: das Dorf zu schützen. Dafür werden sie entlohnt, kollektiv. Zweimal im Jahr bringt Anakao den Ahnen Opfer – im März, damit sie die Kranken heilen; im August, damit sie fürs ganze Jahr volle Netze garantieren. Eine Woche lang lebt dann das Dorf nur für seine Geister. Fische haben Schonzeit, denn die Pirogen müssen als Fähren herhalten, um Frauen, Kinder, Kranke und Krüppel auf die Insel zu schaffen. Und Ziegen, eine ganze Herde, weil Blut und Eingeweide, vermischt mit Rum, die Geister nähren. Haben die Ahnen den Lebenden etwas mitzuteilen, versetzen sie ein paar der Dörfler in Trance. Mit gespreizten Armen fliegen die Besessenen dann über den Inselstrand, und jeder sieht: Das sind keine Fischer, sondern große Vögel – *Vorumbé!*

Anakao kann nicht ohne Ahnen auskommen. Zwar gibt es einen Gott – die Vezo nennen ihn Zanahary –, und Er hat Madagaskar lange vor der christlichen Botschaft erreicht. Aber der Schöpfer steht zu hoch über den Menschen. Wollte man zu Ihm aufsteigen, würde einem nur schwindelig, lehrt das Sprichwort. Kein Sterblicher kann Ihn begreifen, sich in Seine Lage versetzen. Nur die Ahnen können dies. Sie füllen die Leere zwischen Himmel und Erde. Als Vermittler. Haben die Lebenden ein Problem, legen die Geister bei Zanahary ein Wort für sie ein. Sie plädieren, feilschen, gewinnen fast immer, denn auch Gott hat ein Herz – für die Ahnen. Deshalb fühlt sich Anakao in seiner Abgeschiedenheit niemals einsam. Weil die Welt nicht am Dorfrand aufhört. Sie dehnt sich endlos ins Unsichtbare, prallt nie gegen die Grenzen von Hölle oder Paradies, denn Menschen und Geister teilen sich das Diesseits.

Die Geister sind präsent. Wie wollte ich sie leugnen? Meine Hütte liegt neben der Epicerie Clara, einem Kramladen im Viertel der Tantsivoky, der »Ewig Hungrigen«. Morgens, wenn ich die Brettertür aufstoße, treffe ich dort auf die alte Cathérine. Sie ist mit dem Geist Kudfunsava verlobt. Jeden Morgen kauft sie für ihn in dem Laden einen halben Liter Rum, seit 40 Jahren. Früher war Cathérine reich. Ihr Mann unterhielt drei Segelpirogen, die Waren und Menschen zwischen Anakao und der Hafenstadt Tuléar transportierten. Aber er starb vor zwölf Jahren, und Cathérine, für die niemand mehr sorgt, ist durch Hunger hager geworden. Vielleicht, sagt Cathérine, sei ihr Mann an der Eifersucht Kudfunsavas gestorben. Obwohl dieser Geist eigentlich dazu bestimmt sei, Kranke zu heilen, also Gutes zu tun. Aber auch er sei ja nur ein Mensch, und das Problem sei, dass Menschen durch ihren Tod nicht besser würden.

Jeder bleibt, was er war. *Tsy misy vaovao!* Nichts Neues, nie! Solange die Toten in die Familie der Ahnen aufgenommen werden, ist das nicht weiter schlimm. Jene aber, die einen gewaltsamen Tod sterben, im Sturm draußen ertrinken, vom Krokodil oder vom Hai gefressen oder wie Kudfunsava vergiftet werden – all jene also, die nicht zu den Ahnen dürfen, sondern als Irrgeister durch die Ewigkeit rasen, toben ihre Menschlichkeit in Exzessen aus. Sie sind die Hölle der Lebenden.

»Als er sich in mich verliebte, hat es mich fast umgebracht«, erinnert sich Cathérine. »Ich war 14 Jahre alt, und plötzlich wurde ich krank. Die Mutter musste den Hexer rufen.« Der legte dem Mädchen die Hand auf den Leib und fühlte den Geist. Erst nach langem Drohen, die Ahnen würden Cathérine zu sich holen, sollte er sein Versteck nicht verlassen, kam der Irrgeist heraus und nannte durch den Mund der Besessenen kleinlaut seinen Namen: Kudfunsava. Fortan entfaltete er seine Borstigkeit im Rahmen offizieller Beziehungen. Er ließ eigene Sachen für sich kaufen: ein weißes Hemd, einen Hut, ein Handtuch, das Cathérine beim *Tromba,* der Geisterbeschwörung, über die Schulter geworfen trägt, einen Spazierstock aus Edelholz.

Der Ehemann zahlte, bis zu seinem Tode. Seither bestreitet Cathérine den regen Rum- und Zigarettenkonsum Kudfunsavas durch die paar madagassischen Francs, die ihr die Trance-Konsultationen einbringen. Im Schein einer Öllampe wartet sie abends in einer winzigen Strohhütte auf Kundschaft. Wohl wissend, dass in Anakao noch weitere Frauen einen Heilgeist unterhalten. Kommt doch jemand, legt Cathérine die Geisterkleider an, verbrennt Weihrauch, besprenkelt die Hüttenwände mit Wasser, öffnet eine Flasche Rum und stöhnt erbärmlich, wenn Kudfunsava in sie fährt.

»Manchmal«, erzählt sie mit der Nachsicht der ewig Verlobten, »ist Kudfunsava in mir und wir reden, und plötzlich ruft jemand in Tuléar oder Saint-Augustin nach ihm, und wie ein Blitz jagt er aus mir heraus.« Um fernes Leid zu lindern, will sie mich stolz glauben machen. Als wäre Kudfunsava ein überforderter Notarzt, ohne Zeit für die Alte, deren Seele er vor langer Zeit entjungfert hat. In Wirklichkeit aber besitzt er noch andere

Frauen, sogar in Anakao, und er fährt in sie, wann immer es ihm passt, wie ein geiler Gutsherr in seine Mägde.

Ich mag ihn nicht. Vielleicht war er es ja, der die arme Peta tötete. Das war vor zwei Wochen, ein schlimmer Tag. Peta, schmal und hübsch, wies die gleichen Symptome auf wie einst Cathérine: Fieber, Ohnmacht, Erbrechen. Aber diesmal war der Hexer machtlos. Eines Morgens tanzte Peta im Minenfeld, immer im Kreis, die Arme ausgestreckt. Plötzlich blieb sie stehen, rief: »*Veloma, ianareo!*« – Lebt wohl, ihr alle! – und fiel tot in den Sand. Am Abend war ihr Körper doppelt so dick wie zu Lebzeiten.

Natürlich habe ich Kudfunsava gefragt, ob er es war. Nach Petas Tod kroch ich zu Cathérine in die Hütte. Doch als der Geist kam, starrte er mich durch die sanften Augen seiner Alten nur stumm an. Er wusste nichts mit mir anzufangen. Für ihn war ich *Vazaha,* einer jener Weißen, die grundlos kommen und ergebnislos wieder gehen. Ich gehörte nicht in seine Welt.

Manchmal bedaure ich das. Lebte ich in Anakao, ich würde mich als Geisterjäger versuchen. Wie Aurélien. Vielleicht wird er den weißen Hai nie erwischen, ihn vielleicht nicht einmal sichten. Doch sein tägliches Mühen hilft, die Hölle zu schmälern. Wenn er *Akiu futi* mimt, mit gebleckten Zähnen knirscht und die Augen gierig im Kreise rollt, flattern im Himmel über Anakao die Banner der Revolte. Dann fühle ich, auch dem Kudfunsava wäre mit Unerschrockenheit beizukommen.

Manche haben versucht, die Geister durch einfaches Leugnen zu töten. Aber wie kann man abschaffen, was es angeblich nicht gibt? An diesem Widerspruch, glaube ich, scheiterte Pater Engelvin in erster Linie. 20 Jahre lang hat er gegen die Geister gekämpft – ohne an sie zu glauben. Ambroise Engelvin, der Lazaristen-Missionar, kam 1914 in Madagaskars Süden. Ein offener, humorvoller Mann, der betete, predigte, lehrte, verarztete und sich unablässig um die physischen und metaphysischen Nöte der »Primitiven« sorgte. Soviel hatte er zu tun, dass ihm für nichts anderes hätte Zeit bleiben dürfen.

Doch nachts konnte Ambroise oft nicht schlafen. Trommeln, Lachen, die schamlosen Spiele einer »brennenden Jugend« – tausend Geräusche, die aus den Hütten in die Ohren des Missionars drangen. Also füllte er die Schlaflosigkeit mit Worten, seinem Geist, mit dem ich nun nachts meine Hütte teile: 170 klein gedruckte Seiten, irgendwo auch ein Foto, das eines schmächtigen Franzosen in weißer Kutte, mit buschigen Augenbrauen und struppigem Vollbart. Von Beginn an ahnte der Pater Schwierigkeiten. Er wusste, dass Madagaskar nicht dem Christengott gehörte. Seit der Missionierung im 19. Jahrhundert galten zwar 90 Prozent der Madagassen als Christen. Doch der Allmächtige blieb schwach.

Bis heute. Überall auf der Insel dienen die Menschen weiterhin den Ahnen, scheinen sie in erster Linie für das Sterben zu leben. Madagassen verehren ihre Toten nicht, sie verhätscheln sie. Die Merina im Hochland öffnen im Winter die Grabhäuser, um mit ihren Ahnen zu feiern und sie zu fröhlicher Blasmusik in frische Leintücher zu wickeln. Die Mahafaly, ein Hirtenstamm im Süden, schicken dem Verstorbenen dessen Rinder nach, nur damit er sich nicht vor den Ahnen zu schämen braucht. Die Sakalava im Westen graben alle fünf Jahre die Gebeine ihrer Könige aus und baden sie in einem heiligen Fluss. Jeder der 19 Inselstämme hat eigene Bräuche und Riten, die sie voneinander unterscheiden. Doch allen gemeinsam ist jene Kultur, die das Abendland als Ahnenkult bezeichnet. Es ist die ungeteilte Herrschaft der Geister. Weil sie älter sind, stehen die Ahnen höher in einer Hierarchie, die vom Neugeborenen bis zu Zanahary, dem Ewigen, reicht. Ihre Gesetze sind die Fady: Tabus wie das Betreten von Orten, die für Geister reserviert sind – zum Beispiel Grotten am Meer oder der Schatten von Tamarindenbäumen –, wie der Verzehr mancher Speisen, wie auch das Arbeiten, Lieben, Heiraten und Beerdigen an bestimmten Wochentagen.

Die Seelen der Toten, das fiel Pater Ambroise auf, lösen sich auf in einem universalen Ganzen, werden zur *Raza,* der Familie aller Ahnen. Für sie gibt es kein Jüngstes Gericht, gibt es weder Lohn noch Strafe. Denn Zanaharys Unergründlichkeit lässt keine absolute Moral zu. Gut und Böse sind relative, soziale Begriffe: Was man dem einen an Gutem tut, fügt dem anderen Schaden zu. Deshalb fällt Madagassen das Handeln so schwer. Weil sie trotz bester Absichten automatisch auch das Falsche tun. Stets fühlen sie sich schuldig, nicht gegenüber Gott, sondern gegenüber den anderen, der Gemeinschaft von Lebenden und Toten. Dagegen kennen sie nur ein Rezept: es ebenso zu tun wie die Generationen vor ihnen. Ihre Gegenwart ist immer nur Verlängerung von Vergangenheit, nie Beginn einer Zukunft. Kein Projekt, das über den Tag hinausreichte. Tage gefüllt mit Taten, die nur Wiederholungen sind. *Invaovao? Tsy misy!* Nichts Neues, zum Glück!

Das macht die Missionarsarbeit zum Martyrium. Der Gott des Ambroise Engelvin braucht den Einzelnen, losgelöst aus der Anonymität aller anderen, die sein Verhalten erklären und entschuldigen können. Er fordert den *libre arbitre,* den freien Willen, der die Seele richtbar macht zu Verdammnis oder Erlösung. Nichts davon fand der Pater bei den Vezo. »Aufgrund des dem Schwarzen eigenen Infantilismus«, schrieb er in einer jener Nächte, als ihm die Wollust der Fischer den Schlaf raubte, »kann er nicht für sich selbst entscheiden und beruft sich daher auf die Tradition.«

So ging er 1934 zurück in seine Welt, gescheitert, im Gepäck nichts als Erinnerungen und die Hoffnung, an seiner Stelle möge der »Fortschritt« die Bekehrung vollbringen: »In einigen Generationen wird der Vezo seine eigene Persönlichkeit verloren haben. Wir werden es nicht mehr mit Primitiven zu tun haben, sondern mit Aufgeweckten, die einige Qualitäten und sämtliche Fehler der Zivilisation angenommen haben werden, denn sie zivilisieren sich durch Nachahmen dessen, was man ihnen zeigt.« Mein Missionar! Wie ich mit ihm fühle, ihn in seiner Einsamkeit fast liebe. Wie ich mir wünschte, ihn in seinem Paradies noch erreichen zu können. Und sei es nur, um ihn nach über 60 Jahren »Fortschritt« einen Tag lang mit Régis ins Minenfeld zu schicken.

Régis ist Anakaos Fortschrittsbeauftragter. Ein Genie der Scheinheiligkeit, ungeheuer begabt. Wie kann man so schlau sein und dabei so dämlich dreinschauen? Und heute ist die Lage ernst: Die Welt fordert Rechenschaft von Anakao! Am Trinktisch vor der Epicerie Clara sitzt ein fülliger Vertreter der Welternährungsbehörde FAO. Das Gesicht rot von Hitze und Wut. Seit Tagen rackert er sich ab, um den Fischern das Fischen beizubringen. Jeden Nachmittag hockt er unter einem Baum neben der Epicerie und zeigt, wie Haifischhaken an Stahlseile zu spleißen sind. Und niemand schaut zu. Das heißt, niemand von Bedeutung. Nur ein paar Taugenichtse, in der Hoffnung auf ein bisschen Geld, das sie bei der dicken Aimée loswerden könnten, die hinter dem Durchreichefenster der Epicerie thront.

Aurélien, Kassuma und die übrigen Haifischer jedoch bleiben abwesend. Manchmal beobachtet der FAO-Mann sie durchs Fernglas, wie sie, die viereckigen Segel straff gespannt, draußen vor Nosy Vé kreuzen. Finden sie in ihren Netzen einen noch lebenden Hai, schlagen sie ihm mit einer Eisenstange den Schädel ein, bevor sie ihn in die Piroge ziehen und an Land schleppen. Fischen nach Ahnenart. »Ich kann morgen meine Sachen packen«, ruft der Weltbeamte beleidigt. »Mir ist es egal! Ich bekomme mein Gehalt so oder so. Ganz gleichgültig, ob hier einer was lernt oder nicht. Die Frage lautet: Will Anakao Fortschritt?«

Régis sinnt über seinem Bierglas. Die Stirn ein Faltenmeer, die Augen nur noch klaffende Wunden des Herzens. Natürlich will er den Fortschritt nicht aufhalten, schließlich verdient er ja an ihm. Kein Entwicklungsprojekt, sei es der Bau eines neuen Klassenzimmers oder die Einrichtung einer Notapotheke, kommt ungeschröpft an seiner Tasche vorbei. Aber Anakaos Bürgermeister weiß auch, dass die Fischer ihn gewählt haben, damit er den Fortschritt verdünnt.

»Ich weiß nicht, wie oft ich es ihnen trotzdem schon gesagt habe!«, flüstert Régis zerknirscht. »Wie oft habe ich gesagt: Wollt ihr vielleicht warten, bis wir alle verhungern? Die Riffe sind fast leer gefischt. Nicht einmal die Anchovis kommen noch. Und die Haie in euren Netzen werden auch immer kleiner. Und jetzt tötet ihr sogar die Delfine und Schildkröten. Diese herrlichen, vom Aussterben bedrohten Tiere!«

»Und?«, fragt der FAO-Mann interessiert. »Was antworten sie?« Régis' Blick flieht in die Ferne, zu einer Schar nackter Kinder, die ihre Spielzeug-

boote auf blaugrünen Ebbelachen segeln lassen. »Immer das gleiche«, sagt er. »*Fombaraza!* Ahnensitte! Diese Dickköpfe! Es ist zum Heulen. Aber ich werde trotzdem mein Bestes versuchen!« Triumphierend wendet sich der Weltbeamte mir zu: »Da hören Sie es, ihr eigener Bürgermeister gibt mir Recht!«

Am Nachmittag rollt ein dumpfer Donner den Strand hinauf. Es folgt Geschrei, dann ein unheimliches Schweigen. Fünf Minuten später stürzt Régis schweißnass vor die Epicerie Clara. »Schnell!«, schreit er. »Eine Katastrophe! Komm!« Dann setzt er sich hin und bestellt auf meine Rechnung ein Bier. Ich erkundige mich nach der Katastrophe. Régis berichtet: Eine Mine! Diesmal eine echte. Auf jeden Fall ein gewaltiger Knall. Hat eine Frau beim Kochen erwischt. Bum! explodierte der Kochtopf. Die Frau nur noch ein blutiger Haufen. Vielleicht schon tot. Und da in Anakao niemand zufällig stirbt, sucht das Dorf nach dem Schuldigen, der den Topf verzaubert hat. »Das endet bös!«, prophezeit der Bürgermeister und trinkt aus.

Am Katastrophenort ist halb Anakao versammelt. Marktfrauen, Muschelverkäuferinnen, Nachbarinnen, alte Männer, die nicht mehr zum Fischen taugen. Alle noch vereint im gleichen Groll, bevor der Verdacht sie scheidet. Das Opfer liegt wimmernd vor der Hütte. Das linke Auge ist ausgelaufen. Auf der Wunde klebt ein Lappen, Fliegen machen sich darüber her. Ich untersuche die Feuerstelle. Das kleine Strohdach darüber ist zerfetzt, durchschossen von etwas, das seinen Weg durch die Bretterwand der angrenzenden Hütte fortgesetzt und dabei ein fußballgroßes Loch gerissen hat. Aber es war nicht der Kochtopf. Der liegt lädiert im Hof. Ich folge der Spur ins Innere. Auf dem Boden liegt ein Klumpen Metall. Der Rest eines Gasbehälters, weggeworfen von einem der Fabrikschiffe, die jenseits von Nosy Vé das Meer leer fischen. Ein Dörfler hat den Behälter beim Tauchen gefunden und seiner Frau zur Zierde ans Küchenfeuer gestellt.

Ich zeige der Menge meinen Fund, erkläre Régis die Ursache. Schlagartig erhellt sich sein Gesicht. Der Fall ist gelöst: Kein böser Zauber hat die Frau verstümmelt, sondern der Fortschritt, von den Weißen im Meer deponiert. Anakao atmet auf. Einige klatschen, sogar das Opfer scheint befreit zu lächeln. »Ich weiß nicht, wie oft ich sie trotzdem schon vor ihrem Aberglauben gewarnt habe«, hebt Régis an. Aber da bin ich bereits ins Minenfeld entflohen. Fast renne ich Kassuma um. »*Invaovao?*«, fragt er. Ich beschränke mich aufs Wesentliche: »*Tsy misy!*« Etwas ist passiert, doch nichts hat sich bewegt.

Irgendwann doch eine Neuigkeit: Die Schönste im Dorf, Momu – sie heißt auch Lauréat, manchmal sogar Natacha –, sie schwimmt im Elend. »Alex!«, jammert sie morgens vor meiner Brettertür, während Tränen über die hohen Backenknochen rollen und direkt aufs Hemd tropfen, dort wo es ganz voll und rund ist. »*Alex adaladala!*« Alex, der Bruder, ist verrückt!

Nun ja, auch das ist nichts wirklich Neues. Alex, einst ein guter Fischer, hat vor zwei Jahren mit dem Kiffen begonnen und seither nicht aufgehört. Von mittags bis abends sitzt er am Strand und saugt das Gift in sich hinein. Jetzt trägt er Rasta-Zöpfe, ist abgemagert und hat ein Problem mit den Ahnen. Neulich traf ich ihn, wie er in den Dünen einen Karatekampf gegen Geister ausfocht. Eine Warnung, die alle lächelnd übersahen. Kurz darauf stürzte sich Alex brüllend auf die Marktstände. Diesmal fegten seine Kung-Fu-Künste Fische, Mangos und Maniok-Wurzeln zu Boden. Da sagte Momu zu Régis: »Wir müssen etwas tun!« Régis nickte, nichts geschah.

Und jetzt ist es zu spät. *Alex adaladala!* Total verrückt, aufgewühlt wie das Meer bei Sturm. Eine ganze Armee von Geistern muss er letzte Nacht geortet haben, als er brüllend die eigene Hütte in Brand steckte. »Was soll bloß werden?«, schluchzt Momu. Ich verstehe ihren Kummer. Wenn Alex jetzt stirbt, wird niemand seinen Tod feiern.

Es ist schwer, sie nicht mit offenem Mund anzustarren. Ihr mächtiger Haarschopf, wolleweich, reicht bis auf die zierlichen Schultern. Die Lippen sind voll, die obere schwungvoll geschnitzt wie jene fernen Vögel, die Kinder ganz zuletzt aufs Bild malen, damit der Himmel nicht so leer bleibt. Momu, die Herrliche! Seit langem sehne ich mich danach, ihr gefällig sein zu dürfen, und sei es jetzt nur durch einen guten Rat: »Schick ihn ins Irrenhaus!« Wir müssen Alex dem Fortschritt übergeben.

Am nächsten Tag fahren wir nach Tuléar. Momu sitzt unter dem geblähten Segel und schaut zu, wie der kantige Ausleger das Meer aufschlitzt. Alex liegt glücklich im Bootsbauch. Er glaubt, wir wollten ihm in der Stadt ein Fahrrad kaufen. In der Bucht von Saint-Augustin, in dessen Tiefe die Geister von Ertrunkenen wohnen, begleiten fünf Delfine die Piroge. Fliegende Fische kreuzen unseren Weg. Wie Pfeile schießen sie aus dem Wasser, auf der Flucht vor unsichtbaren Räubern, und segeln über hundert Meter weit.

In Tuléar wohnen jene, die in Anakao »*Vezo-Putake*« heißen: Schlamm-Vezo. So tief sind sie gesunken, dass keiner von ihnen mehr fischt. Das »*Toby*« liegt am Rand der Stadt. Der Name bedeutet »Zentrum der Erweckung«. Selbst Irrenhäuser heißen, wie sie wollen. Im ganzen Land gibt es *Tobys*. Sie gehören der lutherischen Kirche und sollen die Menschen vom Aberglauben erwecken. Ihre Gründerin, die Prophetin Nene Lava, ist die Tochter eines Hexers aus dem Süden. Sie hat

den eigenen Vater bekehrt. Sechsmal, so heißt es, sei sie gestorben, in den Himmel gefahren und wiederauferstanden von den Toten, um Madagaskar die Botschaft Jesu zu überbringen: Hexerei ist Todsünde, der Ahnenkult Gottesfrevel!

Der Versuch einer Revolution. Nene Lava will fortsetzen, wo Ambroise Engelvin scheiterte. Dessen Credo von Bekehrung durch einen sich automatisch einstellenden Fortschritt ist allerdings nicht mehr haltbar. Im Gegenteil. Experten von Weltbank, Weltwährungsfonds und EU betrachten heute die Ausrottung der Geister als Voraussetzung für den Fortschritt auf Madagaskar. Entwicklungshelfer wettern, die Insel sei nicht entwickelbar. Versuche, die Landwirtschaft zu rationalisieren, scheitern an den Fadys, den von Ahnen erlassenen Tabus. Auch ein Investitionsschutzgesetz, das Ausländern endlich den Erwerb madagassischen Bodens erlauben würde, kommt nicht zustande. Immer wieder wird der Vorschlag im Parlament abgeschmettert. Die Deputierten argumentieren, der Boden könne nicht verkauft werden, da er sich im Besitz der Ahnen befinde.

Kaum sind wir im *Toby* angekommen, werfen sich drei Pfleger auf Alex und legen ihn in Ketten. Momu weint. Der Pastor, ein sehr schwarzer

Mann mit grauem Haar, führt uns durch die Anstalt. Die Kranken liegen in Strohhütten, fast wie in Anakao. Aber niemand läuft durch die Gegend und fragt »*Invaovao?*«. Lethargie, drückend wie die Hitze, liegt über dem Irrenhaus. In einer der Frauenhütten steht ein Mädchen an einen Pfahl gekettet. Ein T-Shirt reicht ihm knapp über die nackten Schenkel. Bei unserem Anblick krächzt die junge Frau ein Liebeslied, zieht ihr Hemd auf Brusthöhe und reibt sich die Schamlippen. »Satan!«, murmelt der Pastor. »Satan!« Momu kennt die Frau. Sie heißt Clara, eine Hure. Früher bediente sie weiße Touristen in den Strandhotels nördlich von Tuléar. Mit zu viel Erfolg. Aus Neid ließ ihre beste Freundin sie verhexen.

»Wir heilen sie durch Exorzismus«, verspricht der Pastor und erklärt: »Es gibt nur zwei Geister: Gott und den Teufel. Der Teufel benutzt den Ahnenquatsch, um uns in die Irre zu führen! In Wahrheit sind die Toten bei Jesus. Sie haben mit dem Leben auf Erden abgeschlossen.« Im Halbdunkel der Hütte, eine Kettenlänge vom Marterpfahl entfernt, vollführt Clara noch einen Striptease für den Teufel. Momu weint wieder.

Doch sie will dem Beginn von Alexens Rettung beiwohnen. Am nächsten Morgen um fünf sitzen wir auf einer harten Bank in der Anstaltskirche. Die Wände sind nackt. Nur hinterm Altar hängt ein großes Holzkreuz. Ich greife verstohlen nach Momus Hand. Aus dem Dunkel vor der Kirchentür nähert sich ein Klirren und Schleifen. In langer Reihe treten die Irren ein, unter ihnen ein kahler Alex, ohne Rasta-Zöpfe, mit gesenktem Haupt und vorgestreckten Händen in Eisen. Auch die übrigen tragen Ketten, damit der Teufel in ihnen nicht treten, kratzen und würgen kann. Eine Zwergin knurrt unaufhörlich zwischen den Zähnen. »Satan knurrt«, flüstert neben mir ein »Schäfer« – so heißen die Exorzisten.

Vorn beendet der Pastor die Morgenandacht. Wie auf Befehl setzen sich die Irren vor dem Altar auf den Boden. Dicht gedrängt, Kette an Kette. Aus einer Seitentür treten neun Schäfer und Schäferinnen in die Kirche, ganz in Weiß, alle mit einer Bibel bewaffnet. Er vollzieht sich schnell und laut, ein Blitzkrieg. Wie Furien stürzen sich die Schäfer auf die Besessenen. Brüllen sie an, schlagen ihnen mit der Bibel auf die tumben Köpfe, machen dem Dämon den Garaus. Alex kneift die Augen zu. Nach einer Viertelstunde beruhigt sich der Tumult. Jetzt segnen die Schäfer, mit gütigen Händen auf gebeugten Häuptern und friedlichen Lippen an halbtauben Ohren. Nur im Munde der Zwergin knurrt noch immer der Teufel.

Kein Zweifel, dem Glauben an ihn und den allmächtigen Christengott gehört die Zukunft. Aber wie soll ich denen in Anakao das beibringen? Wie Alexandre erklären, dass er die Sterbenden statt aufs benachbarte Nosy Vé ins ferne Fegefeuer schickt? Wie Aurélien sagen, dass er seit 20 Jahren ein Hirngespinst jagt? Wie Cathérine nach 40 Jahren mitteilen, dass ihr Verlobter nicht existiert? Mit welchen Worten Kassuma zumuten, dass es nun doch etwas Neues gibt?

Sie alle sitzen am Trinktisch der Epicerie Clara. Ich habe die Dämmerung abgewartet, die Troststunde, wenn die kurze Geburt des Abends Anakaos Welt trikolor einfärbt: der ins All fliehende Himmel, noch hellblau, fast durchsichtig, darunter das nachblühende Rosa der Sonne und schließlich, vom Horizont bis zum Strand, das dunkelgrüne Band des Meeres – Anakaos feurige Fahne. Ich setze an: »Nene Lava sagt, es gibt keine Ahnen!« Schweigen. Plötzlich Cathérine: »Kudfunsava sagt, es gibt keinen Teufel!« Die Replik scheint unangebracht zu sein, wird übergangen. Erneutes Schweigen.

Régis (empört): »Der Teufel ist gefährlich! Ich weiß nicht, wie oft ich ihnen das trotzdem schon gesagt habe.«

Kassuma (den Riesenzahn nachdenklich in den Filter einer Zigarette gebohrt): »Wer bezahlt die Runde?«

Aurélien (mimt den Hai): »...«

Cathérine (störrisch): »Kudfunsava sagt, es gibt keinen Teufel!«

Alexandre (entgegenkommend): »Einmal habe ich im Radio eine Frau gehört, die kam gerade aus dem Himmel zurück. Genau wie Nene Lava. Und sie hat dort genau dasselbe gesehen.«

»Was denn?«, fragt der Bürgermeister.

Alexandre: »Dass der Himmel sehr sauber ist!«

Régis nickt befriedigt. Gewiss könnte er gegen die Beweiskraft des Arguments Zweifel erheben, könnte zu bedenken geben, dass es im Vergleich zum Kloakenstrand von Anakao eine Menge himmlischer Orte geben muss. Aber nein: »Dann war Nene Lava also trotzdem wirklich im Himmel. Was sie sagt, muss stimmen!« Régis schraubt eine frische Flasche Rum auf, gießt den ersten Schluck zwischen Entendreck und Zigarettenkippen zu seinen Füßen. »Für die Ahnen!«, verkündet er. Alexandre stimmt ein: »Mögen sie uns schützen! Und Nene Lava auch!«

Anakaos fantastische Weisheit: Wahrheit ist, womit wir leben können. Der Rest ist Theorie, unterhaltsamer Gesprächsstoff aus einer vierten Dimension, jener unserer Abwesenheit. *Invaovao? Tsy misy!* Die Nacht kommt schnell. Vorn im Minenfeld kann ich noch Momus Silhouette ausmachen.

Papa chéri …

In Deinem letzten Brief erzähltest Du mir wieder von dem Dorf in Deinem Kopf. Ich glaube zu begreifen, wie wichtig es für Dich ist. Dieses »Dorf« ist das Ergebnis Deines Lebens, nicht wahr? Es ist Deine gefühlte Erinnerung, »bevölkert« von jenen, die Du liebst und geliebt hast. Zum einen sind das jene, die ständig an Deiner Seite sind und hoffentlich immer sein werden. Wie wir, Deine Kinder. Zum anderen sind da Menschen, denen Du vielleicht nur ein einziges Mal in Deinem Leben begegnet bist und die in Dir fortleben, weil sie eine Bedeutung für Dein Leben haben. Etwa der wunderbare Ekoto im Wald am Kongo und garantiert auch die schöne Momu auf Madagaskar! Deshalb schreibst Du uns jetzt diese Briefe, erzählst uns Dorf-Geschichten aus aller Welt: Damit wir in Deinem »Dorf im Kopf« stets *notre papa en version quasi-intégrale* (ich weiß, wir beide haben denselben Humor!) wiederfinden können: die fast komplette Fassung unseres Vaters. So ist es doch, oder?

Lass mich Dir nun meinerseits von meinem Dorf erzählen. Natürlich ähnelt es nicht dem Deinen. Mein Erwachsenenleben fängt ja erst an, viel bleibt mir noch aufzubauen, viele Menschen muss ich erst noch kennenlernen. Dennoch: In meinem Kopf gibt es bereits die Skizze eines idealen Ortes, so wie ich ihn mir vorstelle und der eines Tages wirklich existieren könnte. Auf jeden Fall hoffe ich das von ganzem Herzen.

Es ist ein Dorf, das ich bis ins Detail durchdacht habe. Aber eine allzu präzise Beschreibung könnte Dich langweilen, deshalb werde ich mich mit den Grundstrukturen dieser Gemeinde begnügen und hier nur die wichtigsten Punkte aufführen. Lass Dich also mit den folgenden Zeilen durch das kleine Dorf meiner Träume führen…

Ich will zunächst seine Lage beschreiben: Mein Dorf wird auf dem Land liegen müssen, nicht allzu nahe an Städten und umgeben von Wald. Gleich daneben befindet sich ein großer See mit türkisfarbenem Wasser. Ich erinnere mich, wie ich als kleines Mädchen aus dem Mund der Erwachsenen von

Himmel und Hölle erfuhr. An die Hölle habe ich nie wirklich gedacht. Vom Paradies hingegen hatte ich eine klare Vorstellung, besonders von seinem Eingang. Dabei sah ich überhaupt keine goldenen Torbögen oder ähnliche Fantasiegebilde, sondern etwas sehr Natürliches. In meiner Vorstellung gelangte man über einen verschlungenen Pfad ins Paradies: Dieser wand sich durch Wiesen, zur Linken ein glasklarer Bach, und führte in einen dunklen Wald mit großen majestätischen Bäumen – das Ganze eingetaucht in jenes außergewöhnliche Licht kurz vor Sonnenuntergang, von dem Fotografen, die Dich auf Deinen Reportagen begleiten, so schwärmen. Einmal, als wir mit Yves und Annick, unseren Freunden aus der Provence, spazieren gingen, fand ich mich verblüfft an eben diesem Ort wieder. Der Weg, dem wir folgten, war ein so getreues Abbild meiner Vorstellung vom Paradies, dass ich mich fragte, ob Letztere nicht aus einer Erinnerung an diesen Ort entstanden ist, den ich Jahre zuvor einmal gesehen hatte. Wie auch immer, mein Dorf ist in erster Linie ein Paradies auf Erden!

Wer soll nun in meinem Dorf wohnen? Anders gefragt, wen hätte ich gern als »Nachbarn«? Zunächst einmal euch, meine Familie. Ihr seid die Grundpfeiler, die das Ganze zusammenhalten. Meine Freunde werden auch da sein, also auf jeden Fall Mona. Und etliche weitere Wesen, nicht unbedingt menschliche, die dennoch Teil meiner Welt sind. Wie Sapinou. Mir liegt an ihnen allen, ich schätze ihre Gegenwart, finde sie unerlässlich für mein inneres Gleichgewicht.

Und dann ist da noch eine Vorstellung, die ich aus meiner frühen Kindheit in mir bewahrt habe. Zugegeben, sie ist absolut unrealistisch, aber es geht hier ja auch um ein imaginäres Dorf, nicht wahr? Erinnerst Du Dich noch daran, wie ich als Fünfjährige oft von einer einsamen Insel fantasiert habe, die ich zu einem »Krankenhaus für Tiere« machen wollte. Vielleicht hast Du mir zu jener Zeit ein wenig von Tikopia erzählt, davon, wie friedlich das Leben auf jenem fernen Eiland sei. Deshalb wollte ich dort alle verletzten Tiere hinbringen lassen und sie persönlich wieder gesund pflegen. Ich liebe Tiere! Hunde, Katzen, Kaninchen ebenso wie Schnecken, Frösche oder – für Dich unbegreiflich – sogar Schlangen! Du hast Dich damals ein bisschen über mich lustig gemacht, hast gefragt, ob ich auf meiner »*île hospitalière*« den Patienten Reh im selben Zimmer unterbringen wolle wie etwa den Patienten Wolf. Und ich habe geantwortet: »Auf meiner Insel sind alle Tiere Vegetarier, selbst Löwen fressen dort nur Karotten!« So musst Du Dir jetzt auch die (vielen!) Tiere in dem Dorf in meinem Kopf vorstellen: Sie unterhalten sich mit mir, wie die Fabelwesen von Lafontaine, und leben in Frieden.

All diese »Nachbarn« werden Gemeinsamkeiten haben, ähnliche Qualitäten, die erklären, weshalb sie zu meinem Dorf gehören. Ganz obenan stehen Großzügigkeit und Uneigennützigkeit. Du weißt, wie mir vor Egozentrikern und Egoisten graut. Jeder meiner »Nachbarn« soll eine starke Persönlichkeit besitzen, aber unerträglich für andere darf sie nicht werden. Denn jedem einzelnen kommt eine wichtige Rolle beim Ablauf des Dorflebens zu. Alle gemeinsam sind sie sein Motor, oder besser noch seine Seele.

Zum Abschluss ein Wort zur Politik. Ich möchte, dass es in meinem Dorf kein Geld gibt. Dann könnte es nämlich auch nicht alle die Probleme geben, die aus Geld entstehen, oder? Ich weiß, das ist sehr vereinfachend gedacht. Aber ich glaube daran. In meinem Dorf soll man im Tauschhandel Nahrung, Kleidung und was man sonst braucht erwerben. Damit dies funktionieren kann, dürfen die Handwerker natürlich nicht zu sehr an ihren Waren hängen, um sie gegen etwas anderes einzutauschen. Oder aber, und das wäre eher mein Lösungsvorschlag, sie betrachten ihre Arbeit nicht als lästige Pflicht, sondern als Kunst, als Vergnügen. So werden sie sich leicht von ihren Produkten trennen und sie gegen andere eintauschen, unabhängig vom dem Wert, den sie in unserer kapitalistischen Welt haben.

Übrigens: Mein Dorf wird alles Mögliche sein, nur nicht kapitalistisch! Zugegeben, ich weiß nicht so genau, was diese politischen Vokabeln bedeuten. Vermutlich bezeichnen sie Ideen oder Konzepte, die mehr oder weniger auch die meinen sind und die man mit Begriffen belegt hat wie Kapitalismus, Sozialismus und so weiter. Zu diesem Thema hat eine meiner Freundinnen einmal etwas, wie ich finde, sehr Richtiges gesagt. Das war kurz nach den jüngsten französischen Präsidentschaftswahlen. Wie alle anderen auch, diskutierten wir über Politik und fragten uns, ob wir wohl »links« wären oder »rechts«. Wir gelangten zu dem Schluss, dass wir für eine eigene politische Meinung noch zu jung seien und deshalb meistens die unserer Eltern übernähmen. Ich fragte meine Freundin, zu welcher Partei sie denn nun gehöre. Ihre beiden Eltern seien »rechts«, sagte sie. Und auch, dass sie nicht einmal wisse, was dies bedeute. Sie selbst wolle eigentlich nur die Natur schützen.

Ich möchte, dass die Bewohner meines Dorfes sich mehr für konkrete Inhalte interessieren als für Begriffe, hinter denen sich eine Menge verbergen kann. Die politische Ordnung soll folgendermaßen aussehen: Ein von den Dorfbewohnern gewählter Bürgermeister trifft die das Gemeinwohl betreffenden Entscheidungen, die er zunächst dem Gemeinderat vorlegt. Dessen Mitglieder, möglichst zahlreich und ebenfalls in direkter Wahl von den Dorfbewohnern bestimmt, müssen alle Gesetze und Regeln verabschieden, bevor diese in Kraft treten. Laut unserer Lehrerin für Geschichte und Erdkunde heißt dieses Konzept Demokratie und wird seit geraumer Zeit in unserem Land und fast auf der ganzen Welt praktiziert. Das mag stimmen. Allerdings wird der herrliche Plan wohl falsch angewandt und funktioniert im realen Leben nicht wie vorgesehen. Gäbe es denn sonst so viele Menschen, die unter Gewalt, an Hunger, durch Umweltzerstörung leiden? Oder daran, was Ihr Erwachsenen »Alltagsstress« nennt?

So also stelle ich mir mein Dorf vor. Ich weiß, das klingt alles noch sehr nach Kinderträumen. Aber das bin ich ja schließlich auch, werde es immer sein: ein Kind, Dein Kind.

Je t'aime, mon papa,
Ta petite Lou

P.S. Was mir jetzt nicht mehr aus dem Sinn gehen will, ist die Geschichte Deiner ersten Liebe. Ich muss gestehen, sie hat mich zum Weinen gebracht.

Allerdings macht sie mir auch klar, dass mein Dorf noch eines vierten Stütz-pfeilers bedarf, an den ich bislang noch nicht gedacht habe: die Liebe! Lei-der kann ich zu diesem wichtigen Thema noch nicht viel sagen. Aber dass die Liebe einen zentralen Platz im »Dorf in meinem Kopf« einnehmen wird, fühle ich ohne Zweifel. Um es mit einem etwas kitschigen Vergleich auszudrücken: Die Liebe muss den nötigen Zement liefern, damit die vie-len Bausteine zusammenhalten und unsere Welt nicht unter dem Gewicht des Alltags zusammenbricht.

Eine letzte Bemerkung noch zu Deinem Brief. Du schreibst, Du emp-fändest es als »ungerecht«, dass die Erinnerung an Gabi Dich bis heute ver-folgt. Fällt Dir dazu nicht etwas ein? Weißt Du noch, wie wir einmal an einem Winternachmittag nach der »tragischsten Liebesgeschichte aller Zei-ten« gesucht haben? Um herauszufinden, wer von uns beiden »romanti-scher« veranlagt sei. Du schlugst »Héloïse et Abélard« vor. Nein, sagte ich, viel trauriger noch sei die Geschichte von »Ondine«. Natürlich meinte ich nicht die kleine Meerjungfrau von Walt Disney, wie Du anfangs zu glauben schienst, sondern das Stück von Jean Giraudoux. Die Gründe meiner Wahl liegen in der Schlussszene: Im Halbdunkel der Bühne wechseln die Nixe und ihr verlorener Ritter Hans die letzten Worte. Den Ritter hat seine Un-treue zum Tode verurteilt; auf Ondine wartet das Erlöschen ihrer Erinne-rung durch die Magie ihres Vaters, des Meereskönigs. Wobei das zweite auf mich weit schlimmer wirkte als das erste. Dürfte die Nixe sich erinnern, könnte sie trauern, und ihre Liebe würde überleben. Das meint sie mit den Worten: »Ich möchte deine Witwe sein!« Aber nichts kann den Fluch mehr abwenden. Ondine, die sich noch in der Sekunde zuvor mit Schwüren un-sterblicher Liebe an den sterbenden Hans geklammert hat, steht plötzlich vor einem leblosen Körper, den sie nicht wiedererkennt. Sie bewundert seine Schönheit, bedauert wie beiläufig seinen Tod: »*Comme c'est dommage! Comme je l'aurais aimé!*«

Damit hatte ich unseren Wettkampf gewonnen. Du hast fairerweise zu-gegeben, dass keine Liebe tragischer ausgehen könnte als jene von Ondine.

Denn klar: Es ist viel schlimmer, gar keine Erinnerung an die Liebe zu bewahren als eine, die so traurig ist wie Deine unauslöschlichen Bilder von Gabi auf dem Detmolder Busbahnhof!

C'est tout, mon papa. Et n'oublie pas que je resterai toujours ta »voisine« la plus proche, quoi qu'il arrive!

DAS DORF

IM KOPF

Brief an meinen Leser

Epilog

Schreib doch selbst mal

Cher lecteur,

merci pour ton aimable attention! Ich freue mich, dass Du uns, meine Kinder und mich, durch dieses Buch begleitet hast. Vielleicht hast Du nicht alles, wovon darin die Rede ist, als für Dich persönlich wichtig empfunden. Wolltest Du etwa wirklich erfahren, wie Liora in einem Bangkoker Internet-Café über die Schwierigkeit getreuer Erinnerung reflektiert? Und warum Rafael lieber in Wien Französisch unterrichten will als in Paris endlos Partys zu feiern? Oder gar, welche Techniken Lou anwendet, um im *parc des Buttes-Chaumont* eine ausgewachsene Eibe zu zähmen? Nicht sicher.

Andererseits kann ich Dir diese Briefe schwerlich vorenthalten noch sie in irgendeiner Form zensieren. In ihnen steckt die »Mission« dieses Buches, für mich jedenfalls. Das mag egoistisch klingen, aber wie könnte ich bestreiten, selbst der allererste Profiteur dieses literarischen Abenteuers zu sein? Die Briefe an meine Kinder haben mir geholfen, Ordnung in meinem Kopf zu schaffen. Haben es ermöglicht, lange verschollene Erinnerungen wiederzufinden. Haben eine Struktur in meine mir oft wirr erscheinende Gedankenwelt gebracht. Die Antwortschreiben meiner Kinder waren mindestens ebenso hilfreich. Sie haben neue Fenster aufgestoßen, haben mir die Gegenwart dieser Drei in einem klareren Licht vor Augen geführt.

Das Ergebnis dieses Briefwechsels übertrifft meine zuversichtlichsten Erwartungen. Natürlich war ich ab und zu beunruhigt, hatte keine Ahnung, wie dieser Versuch enden würde. Wären meine Kinder überhaupt geneigt, mir zu antworten, zudem auf eine derart zeitfressende Weise? Und würden wir uns mehr anzuvertrauen haben als das, was auf einer Postkarte Platz gefunden hätte? Müsste nicht inzwischen der uns trennende Generationsgraben tiefer sein als das uns noch Verbindende? Besser als zuvor weiß ich jetzt, wie unersetzlich wir für einander sind und wohl immer sein werden. Und habe obendrein das Gefühl, plötzlich mein eigenes Leben zu verstehen. Mehr noch: Mir scheint, als hätte ich ihm einen Sinn gegeben – allein dadurch, dass ich einen Teil dieses Lebens, einer willkürlich gewählten Logik folgend, für meine Kinder aufgeschrieben habe.

Darin, lieber Leser, möge der »Nutzwert« unserer familiären Korrespondenz für Dich liegen. Nimm sie als ein Beispiel, dem Du, sofern Du die Kraftanstrengung nicht scheust, folgen könntest. Verstehe mich nicht falsch: Ich bin kein Psychologe, will weder Guru sein noch Ratgeber für alle Lebenslagen. Vielmehr habe ich hier für mich selbst einen Weg ausprobiert, von dem ich hoffe, dass er mich heimführt.

Der erste Satz in der Dir gewidmeten letzten Dorf-Geschichte dieses Buches lautet: »Never me, der Stadtstreicher, ist wie einer, der keine Heimat mehr hat, aber immer noch Heimweh.« Diese Beschreibung, finde ich, trifft heute auf viele von uns zu. Von Zeit zu Zeit fühlen wir uns verloren in dieser Welt, suchen nach Fixpunkten, um uns im Wirrwarr der Moderne zu orten und uns in ihr heimischer fühlen zu können. Das Dorf im Kopf verschafft uns die dazu notwendige Orientierung. In ihm sammelt sich, was

nicht der Verstand, sondern das Gefühl für wichtig hält. Wir sind keine Computer, speichern nicht wahllos ab, womit Zufälle und Bildschirme uns den Alltag füllen. Vielmehr sortiert unsere Erinnerung, sofern sie nicht dem Chaos zu vieler virtueller Impulse erliegt, aus der Unzahl von Vorfällen, Erlebnissen und Begegnungen jene wenigen heraus, die unserem Dasein einen dauerhaften Zusammenhalt verleihen.

Deshalb, lieber Leser, mach auch Du Dich auf die Suche nach dem Dorf in Deinem Kopf. Schreibe Deine eigenen Briefe! Schicke sie Deinen Kindern, Deinen Eltern oder jenen, in denen Du Deine »nächsten Nachbarn« erkennst. Und bestehe auf Antworten! Denn aus Dialogen erwachsen reifere Früchte als aus gedanklichen Alleingängen.

Nachdem auch wir nun einige Zeit miteinander geteilt haben, würde ich gerne mit Dir in Kontakt bleiben. Im Anschluss an diesen Brief findest Du einen Link, über den wir kommunizieren können. Da ich auch weiterhin viel als »Weltreporter« auf Orinoco-Suche unterwegs sein werde, kann ich Dir bestimmt nicht immer auf der Stelle antworten. Aber ich verspreche, mein Bestes zu tun. Schließlich geht es ja um die Dörfer in unseren Köpfen. Letztendlich also um unsere gemeinsame Heimat.

Espérant ta réponse, je te salue amicalement.
Bien à toi,

Michael Stührenberg

Und hier, *liebe Leser,* geht´s zur Plattform,
über die der Dialog mit dem Autor geführt werden kann:

http://www.gollenstein.de/das-dorf-in-deinem-kopf-geschichten-zwischen-generationen.html

Das Dorf
der Heimatlosen

Montserrat, Januar 2005

»Never Me«, der Stadtstreicher, ist wie einer, der keine Heimat mehr hat, aber immer noch Heimweh. Manchmal steht er am Fuß des qualmenden Vulkans und blickt hinab auf die erstarrte Flut aus Schlamm und Geröll, die sich bis zum Karibikblau des Meeres erstreckt. Wie Wracks auf Grund gelaufener Schiffe ragen Dächer aus der grauen Masse. Von der versunkenen Kirche ist nur noch die Turmspitze zu sehen.

Ruinen. Staub. Stille. Viel mehr ist nicht geblieben von Plymouth, der einstigen Hauptstadt der Antillen-Insel Montserrat, seit der 1000 Meter hohe Vulkan Soufrière Hills 1995 nach 400 Jahren Tiefschlaf erwachte und sich nach und nach zum Herrscher über zwei Drittel des Eilandes erhob.

In der Schalterhalle von »Barclay's Bank« türmen sich riesige, runde Felsbrocken: als hätten hier zornige Zyklopen gekegelt. Durch zerbrochene Fensterscheiben fällt Licht in verlassene Wohnzimmer, in Küchen. Zentimeterdick liegt Asche auf Fernsehgeräten, Sofas, Telefonen. In einer Spüle stapelt sich Geschirr vom letzten Abwasch. Auf einem Bett liegt ein rosafarbener Hut: als sei seine Besitzerin nur kurz zum Einkaufen gegangen.

Der Vulkan hat 5000 Menschen aus Plymouth vertrieben. 1996 wurde die bedrohte Stadt endgültig evakuiert, seit 1997 versinkt sie in den Schlamm- und Aschelawinen des bis heute aktiven Feuerberges. Jetzt ist Plymouth eine Ghosttown, in deren Trümmerfeldern selten ein menschliches Wesen anzutreffen ist.

Never Me sucht die Stelle, an der einmal der Evergreen Tree gestanden haben muss. Der Baum, ein mächtiger Ficus carica, wuchs auf einer Verkehrsinsel am Ende der Church Road, im Herzen der Stadt. Er spendete Schatten für jedermann, der Zeit zum Plaudern hatte. Und die hatten hier alle. Neben dem Evergreen gab es Tische und Bänke und eine Imbissstube mit Fish & Chips.

Wehte abends eine kühlende Brise vom Meer, herrschte unter dem Baum Gedränge. Es war der ideale Ort zum Klönen – fürs *limin'*. Das Wort stammt von *lime*, Zitrone, und wurde von den Sklaven auf Montserrats einstigen Zuckerrohr- und Zitronen-Plantagen erfunden. Ihre liebste Beschäftigung war das Schälen der Zitronen. Weil sie dabei gemeinsam im Schatten sitzen und Geschichten erzählen konnten.

Der Feigenbaum war die Zentrale für den Austausch von Nachrichten, von Inselklatsch. Unterwegs rief man sich zu: »*Meet you later at the Evergreen!*« Jeder hatte dort seinen festen Platz, sogar Never Me. Niemand schickte ihn fort, weil er Unsinn redete. Keiner war böse, wenn er Zigaretten schnorrte oder Geld für ein Glas Rum. Und nie wäre jemand auf die Idee verfallen, der Geruch schmutziger Kleider auf ungewaschener Haut könnte aus Never Me einen weniger wertvollen Menschen machen.

Am Evergreen Tree wuchs das Selbstverständnis der Insel. Früchte wie *togetherness,* das Gefühl der Zusammengehörigkeit. Oder *caring,* das Sichsorgen um andere. Und *freedom,* dessen montserratische Variante sich besonders im Offenlassen von Haustüren zeigte: Weil Freiheit nur möglich sei, wenn man den Nachbarn vertrauen könne, sagen die Leute auf dieser Insel.

»*All gone*«, sagt Never Me. Der Wind dreht, vom Vulkan weht Schwefelgestank herbei.

Erinnerung – das ist vom alten Montserrat geblieben. Anekdoten wie die von Jerry Hall, Mick Jaggers Freundin, die sich einmal in der Disco an den schönen Danny Sweeny ranschmiss. Der Barbesitzer erzählt gern von jenen

Tagen, die vom Heute der Insel so weit entfernt scheinen wie das 17. Jahrhundert der klönenden Zitronenschäler.

Die Szene mit Jerry Hall ist Sweenys beste Story. Mit 56 Jahren sieht er noch immer prächtig aus, muskelbepackt, die hochgerückte Sonnenbrille im angegrauten Haar. Klar, dass Jerry Hall mit ihm tanzen wollte: *»real close«*. Und das vor Micks Augen! Dem schien das völlig egal. Aber dann sei Dannys Freundin Margaret dazwischengefahren und habe Jerry angefaucht: *»Hey, that's my man!«*

Ja. So sei das damals gewesen, sagt Sweeny und serviert dem letzten Gast noch eine Rum-Cola. Margaret kassiert auf der Veranda die Rechnungen und räumt die fünf kleinen Tische ab. Halb zehn, reichlich spät fürs neue Montserrat. *»Night, folks!«*, ruft sie einem amerikanischen Rentnerpaar in die feuchte Tropennacht hinterher. Dann löscht sie das Licht.

Und lauscht gemeinsam mit ihrem Mann den Klängen ihrer Einsamkeit. Das Quaken der Baumfrösche ist zu hören, das Summen von Moskitos. Und das Rauschen des nahen Meeres, an dessen unbeleuchteten Ufern abends niemand mehr spazieren geht. Die Montserrater ziehen sich bei Anbruch der Nacht in ihre Häuser zurück. Touristen kommen fast gar nicht mehr nach Montserrat. Außer für einen Tagesausflug ab Antigua. Oder um im Hubschrauber die Trümmer von Plymouth zu überfliegen.

Die wenigen »Expats« auf Montserrat arbeiten fast alle für das Vulkanische Institut. Tagsüber starren sie auf den Berg, abends meist in die Mattscheibe. Nur freitagabends kommen sie ins »Jumpin' Jack«, Danny Sweenys Bar an der einst touristischen Westküste, und lauschen Geschichten aus den *golden days*. Ob Montserrat je wieder so werden könnte? »Nicht zu unseren Lebzeiten«, sagt Sweeny.

Die goldenen Tage von Montserrat begannen in den 1960er Jahren. Da entdeckte ein amerikanischer Unternehmer die 84 Quadratkilometer kleine Vulkaninsel nahe Guadeloupe und Antigua als Ferienziel – gegen allen Augenschein: Sie hatte zwar grüne Hügel, aber ihre Sandstrände waren schwarz und palmenlos. Dennoch erwarb der Investor einen Küstenstreifen, unter-

teilte ihn in Grundstücke mit Seeblick und legte einen Golfplatz an, bevor er in Nordamerika inserierte: *The way the Caribbean used to be!*

Montserrat war da eine verschlafene britische Kronkolonie. Seine 12 000 Einwohner, zumeist Nachfahren der Zitronenschäler, ernährten sich vom Fischen und von Landwirtschaft. Sonntags sangen sie Gospels in der Kirche. Genau die Art von entspannter Atmosphäre, die den *snowbirds* gefiel, den reichen amerikanischen Rentnern auf der Suche nach einem sonnigen Fleckchen zum Überwintern. Häuser wurden gebaut, das bedeutete Arbeit und Dollars. Und noch mehr grüner Rasen wurde gepflanzt: »Emerald Island«, die Smaragd-Insel, nannte sich Montserrat jetzt stolz in den Werbeprospekten.

Der nächste Fortschritt kam mit Sir George Martin, dem ehemaligen Plattenproduzenten der Beatles. 1979 setzte er die »Air Studios« ins Smaragdgrün zu Füßen des Vulkans. Fortan verkehrten hier Rolling Stones und

Dire Straits, Elton John, Eric Clapton und Boy George. The Police spielte »Every Step You Take« ein, Paul McCartney und Stevie Wonder nahmen »Ebony and Ivory« auf Platte auf. Montserrat wurde zum Prominententreff. Und Danny Sweeny brachte dem Jetset das Windsurfen bei. Zusammen mit dem Sänger Sting jagte der Sohn armer Fischer Barrakudas nach. Nachts gingen sie ins La Cave, die einzige Disco der Insel, wo ja auch Mick und Jerry *real close* tanzten, manchmal jedenfalls.

Sweenys Geschäft lief auf vollen Touren. Am 18. Juli 1995 holte er sein neues, noch größeres Boot »Jumpin' Jack Flash« beim Zoll am Hafen von Plymouth ab und fuhr es auf dem Anhänger nach Hause. Da hörte er ein seltsames Dröhnen, wie von einer zur Landung ansetzenden Boeing. Über dem Vulkan stieg eine gigantische dunkle Wolke auf. Es regnete Asche, dicke Flocken, wie schwarzer Schnee. Sweeny war weniger erschrocken als überrascht: The Mountain, der Bergriese, schlief seit Jahrhunderten. Er würde sich wieder beruhigen.

Die zweite Gasexplosion folgte fünf Wochen später. Sie schickte eine kalte Aschelawine in die Straßen und Häuser von Plymouth. Der Gouverneur ließ die Stadt und den ganzen Inselsüden evakuieren. Die Menschen zogen in den sicheren, spärlich besiedelten Norden. Sie kamen in Kirchen, Schulen, bei Bekannten unter. Manche schliefen in ihren Autos. Nach zwei Wochen durften sie zurück in ihre Stadt.

Am 30. November bemerkten Vulkanologen auf dem Kraterrand einen »Dom« aus glühendem Lavagestein: höchste Explosionsgefahr! Und wieder Evakuierung. Abwarten. Rückkehr. Vor allem aber Ungläubigkeit im Angesicht des Untergangs.

Am 29. März 1996 spie der Vulkan zum ersten Mal eine Lawine aus 800 Grad heißem Gas und siedender Asche, wie jene, die 79 n. Chr. das Leben in Pompeji ausgelöscht hatte. Zum Glück floss sie nicht nach Plymouth. Wieder wurde evakuiert, wieder nahmen die Bewohner nur das Nötigste mit: Sie würden ja zurückkehren.

Drei Monate hofften die Menschen in ihren Behelfsquartieren, die Teilung der Insel in die nördliche *Safe Zone* und die südliche *Exclusion Zone* – ein Sperrgebiet, das sich über zwei Drittel der Inselfläche erstreckt – sei nur provisorisch. Im Süden befand sich doch alles, was das Leben auf Montserrat lebenswert machte: die Hauptstadt, die alten Dörfer ihrer Umgebung, die Villen, der Golfplatz an der Küste.

Doch die Entwarnung kam nie mehr. Am 25. Juni 1997 erreichten pyroklastische Flüsse den Flugplatz und die Dörfer im Zentrum und im Osten der Insel. 19 Montserrater, die trotz aller Warnungen ins Sperrgebiet zurückgekehrt waren, kamen ums Leben. Am 3. August bahnte sich eine erste siedende Lawine ihren Weg nach Plymouth. Sie verwüstete die Innenstadt, schmolz zurückgelassene Autos und vernichtete die letzte Hoffnung auf Heimkehr.

Die Regierung in London bot Hilfe für die Übersiedlung nach Großbritannien an. Innerhalb weniger Monate hatten die meisten Montserrater ihre Insel verlassen.

Never me war der letzte Einwohner des untergehenden Plymouth. Immer wieder schlich er aus der *Safe Zone* zurück ins Sperrgebiet. Der alte Stadtstreicher wollte sich nicht von seinem Unterschlupf bei der Barclay's Bank trennen. Es war zwar nur eine Plastikplane, aber sie entsprach seiner Vorstellung von *Home:* die Heimat eines Mannes, der einst vor Heimweh den Verstand verloren hatte. In seiner Jugend war er nach England ausgewandert und dann verstört von der Begegnung mit der Fremde zurückgekehrt. In ewiger Furcht, jemand könnte ihm irgendwelche Dummheiten vorwerfen, rief er vorauseilend: »*Wasn't me*« – er sei's nicht gewesen! So kam er zu seinem Namen. Den richtigen, William Daley, haben alle auf der Insel längst vergessen.

Tag für Tag wanderte Never Me durch die Ruinen, verfolgt von streunenden Hunden, die sich nach Menschen sehnten. Wenn Vulkanologen die Ruinenstadt besichtigten, versteckte er sich, hörte, wie sie sagten, aus dem »karibischen Juwel« sei ein »tropisches Pompeji« geworden.

Manchmal landeten auch Piraten von Nachbarinseln, um die noch intakten Häuser in den Randvierteln der Stadt zu plündern. Eines Nachts lärmte es in der Barclay's Bank, direkt neben der Plane von Never Me. Als der Alte den Polizisten in der *Safe Zone* von einem Poltergeist erzählte, lachten sie ihn aus. Später entdeckten sie, dass im Banksafe eine Million karibische EC-Dollars fehlten.

Never Me war der einzige Zeuge, der die Stadt versinken sah, Zentimeter um Zentimeter, Jahr für Jahr. Mit jedem Unwetter schickte der Berg neue Schlammlawinen, nach jedem seiner Gas- und Dampfausbrüche regnete es Asche. Irgendwann konnte Never Me die Straßen nicht mehr erkennen. Maine Drive? George Street? Parliament Street? Nur noch Wadis, gefüllt mit Schlamm und Geröll.

Auch die Mole, an der die luxuriösen Kreuzfahrtschiffe gelegen hatten, wurde immer kürzer, weil das Ufer immer weiter ins Meer vorrückte. Als Pegel für die Schlammhöhe dienten Never Me die Phonebox und der Clockstand. Die rote Telefonzelle aus England versank Anfang 1999, das auf Betonstelzen stehende Mahnmal mit den Namen montserratischer Weltkriegsopfer im Frühjahr 2004. Die Zeiger der Turmuhr blieben auf halb eins stehen.

Never Me wendet sich zum Gehen. Nicht einmal ihm kann Plymouth noch Unterschlupf gewähren. Irgendwann werden auch die letzten Trümmer versinken. Und ein Stadtstreicher ohne Stadt, das macht keinen Sinn. Deshalb hat Never Me nun auch endlich eine feste Adresse: im Altersheim der *Safe Zone.*

Good morning, Montserrat! Sechs Uhr in der Frühe, Rose Willock geht auf Sendung. Wie immer mit guten Nachrichten: »*Listen up, folks!* Nach den jüngsten Messwerten des Montserrat Volcano Observatory stößt unser Berg derzeit nur 300 Tonnen Schwefeldioxyd pro Tag aus. Erinnert euch! An schlechten Tagen waren es über 1000. Auf dem Krater bildet sich kein Dom mehr. Damit ist die Wahrscheinlichkeit eines Ausbruchs auf 60 Prozent gesunken!«

Rose schaltet auf Band. »Every little t'ing gonna be all right«, verspricht Bob Marley den Hörern von ZJB Radio, Montserrats einzigem Rundfunksender. Die Moderatorin nimmt den Kopfhörer ab, rückt die weiße Bowling-Kappe auf ihren Afrozöpfchen zurecht. Eine schöne Frau in den Fünfzigern, energiegeladen und beseelt von einer großen Liebe – Montserrat.

Es sollte Rose Willocks Bestimmung sein, ihre Insel in regelmäßigen Abständen vor dem Schlimmsten zu bewahren. Zum ersten Mal im September 1989, als der Hurrikan Hugo den Evergreen Tree umwarf und er zersägt werden sollte, obwohl der Baum noch lebte. Da startete Rose übers Radio die Bürgerinitiative »*Save the Evergreen!*«, Motto: »Der Baum braucht euch, und ihr braucht den Baum. Rettet ihn!« So geschah es. Der Evergreen wuchs unversehrt im Liegen weiter, grüner denn je.

Als der Vulkan erwachte, erfand Rose das Grundrezept für die Stärkung der Moral der Montserrater: positiv denken, positiv sprechen, auch aus der schlechtesten Nachricht noch Gutes herausholen. Wie am »Ash Monday«, dem 21. August 1995. Gerade war »Good Morning, Montserrat« beendet, da riss ein Techniker die Studiotür auf: »Der Berg explodiert!« Rose lief hinaus und sah die mächtige schwarze Wolke direkt auf sich zukommen. In

den Straßen herrschte Panik, Leute verkrochen sich in ihre Autos. Dann wurde der Tag zur Nacht, pechschwarz.

Rose tastete sich zurück ins Studio und probte ihre Stimme. Als sie die richtige Tonlage gefunden hatte, ging sie auf Sendung: *»Listen up, folks!* Ich weiß, ihr habt Angst. Das ist okay, wir haben so etwas ja noch nie erlebt. Ich hoffe, ihr seid nicht allein. Wenn jemand bei euch ist, nehmt seine Hand. Redet miteinander! Weint, wenn euch das hilft. Ich kann euch nicht sagen, wie lange diese Nacht dauern wird. Aber ich weiß, sie wird vorübergehen. Und niemandem wird etwas zustoßen!«

So wurde Rose zur »Voice of Montserrat«. Immer wenn der Berg tobte, bezog sie Stellung im Studio, manchmal über 24 Stunden lang ununterbrochen und pflegte die Hoffnung. Die Montserrater haben ihren zähen Optimismus mit Liebe belohnt, der Gouverneur mit dem Order of the British Empire. Aber es gab Zeiten, in denen selbst Rose Willock keine gute Nachricht mehr aufzuspüren vermochte. Plymouth versank, der Exodus setzte ein. Rund zwei Drittel der Bevölkerung zog nach England, für freie Unterkunft und Sozialhilfe. Ende 1997 zählte Montserrat nur noch 3381 Einwohner, die Bevölkerung eines Dorfes. Sollten es weniger als 2500 werden, verkündete die Regierung in London, würde sie die Kolonie dichtmachen.

Doch ein harter Kern harrt aus, mit der Insel verwachsen wie einst der Evergreen Tree, und glaubt auch acht Jahre nach der Katastrophe noch an Montserrat, über den Äther angefeuert von Rose Willock. Sie setzt auf die alte Inselwerbung: *The way the Caribbean used to be* – die Karibik, wie sie einmal war.

Das stimme immer noch, betont Rose: Weil doch die Montserrater noch immer so seien, wie sie einmal waren. Friedliche Leute, ehrliche Leute. Geht zum Beispiel irgendwo in der *Safe Zone* mal ein Portemonnaie oder ein Babyschuh verloren, kann ZJB Radio sie kurz darauf als wiedergefunden melden. Eine Idylle – so anheimelnd, wie es der Spruch auf der Umschlagseite des Telefonbüchleins verkündet: *Montserrat – Still nice, still home.*

Auch Bennette Roach kämpft für die Insel: mit seinem »The Montserrat Reporter«, zwölf Seiten auf billigem Papier. Der 60-Jährige ist Chefredakteur, Layouter, Drucker und trägt seine Zeitung auch selbst aus. Dauernd ist er auf dem Kriegspfad für die Montserrater. George W. Bush will 292 Vulkanflüchtlingen in den USA das Aufenthaltsrecht entziehen? Sofort feuert Bennette einen Leitartikel gen Norden ab. Premierminister Tony Blair knausert mit Geldern für den montserratischen Wohnungsbau? Postwendend protestiert Bennette in einem scharfen Editorial.

Seinen Appellen an das Gemeinschaftsgefühl der Inselbewohner steht allerdings ein unüberwindliches Hindernis entgegen: Die Stadt fehlt, der Ort der *togetherness*. Es fehlt der Baum. Zwar denken die Leute noch, dass sie zusammengehören. Aber sehen können sie es nicht mehr.

Ständig müssen sie im Auto unterwegs sein, zu Zielen, die verstreut an der Landstraße liegen und zu Fuß für sie nicht mehr erreichbar sind: die Royal Montserrat Bank auf einem Hügel, Angelo's Supermarkt im Tal, der ins Abseits gebaute Komplex für Verwaltung, Polizei und Post, der Anlegesteg für die Antigua-Fähre auf der atlantischen Schlechtwetterseite der Insel.

Den schönsten Platz in der *Safe Zone* – mit Hanglage und Seeblick wie einst die Villen der amerikanischen Pensionäre – hat das neue Gefängnis besetzt. Seine 20 Insassen haben eine mannshohe Nachbildung des Clockstand, des versunkenen Uhrturms, gebastelt. Doch sogar diese steht nur irgendwo verloren am Rand der Landstraße.

Die *Safe Zone,* der Inselzipfel im Norden, zählt jetzt 4500 Einwohner, noch immer nicht mehr als ein Dorf. Und 57 Prozent davon sind Zugezogene, die Arbeiten verrichten, für die sich keine Einheimischen finden lassen. Etwa Schlaglöcher auffüllen oder Vulkanasche wegschaufeln. Und die dafür sorgen, dass die Bevölkerung nicht unter die 2500-Marke sinkt. Von ehemals 12 000 »echten« Montserratern sind noch knapp über 2000 übrig. Sie leben von Subventionen der britischen Regierung.

Die neue, die sichere Siedlung ist ein Aufenthaltsort, kein *Home* im alten Sinne. 10 000 Menschen sind nach England gezogen, nach London, Leicester,

Manchester. Für sie ist Montserrat nur noch eine ferne Stimme. Samstagmorgens auf dem Internet: www.zjb.gvt.ms, Heimat online. Calypso, Soca, Reggae und das *»Listen up, folks!«* von Rose Willock, weich wie Palmenrauschen, warm wie Tropensonne.

Manche Hörer schalten sich telefonisch zu, wie Anfang Dezember 2004 Stanley Pope Killmann Dyer. Alle kennen ihn auf der Insel, weil er, bevor der Vulkan ihn vertrieb, Sieger vieler Calypso-Festivals gewesen ist. Er rief an, um sich von der Heimat zu verabschieden, mit einem letzten Lied, das er für Montserrat komponiert hatte: »One last dance before I go«. Der Calypso-König fühlte sich elend von der Chemo-Therapie, die ihm, er ahnte es, das Leben nicht retten würde. Dyer hoffte nur noch auf eine Frist, um die letzten Wochen des Jahres auf Montserrat zu verbringen, da, wo er herkam und hingehörte. Das ist Tradition in der Diaspora: Die Weihnachtsbesuche der Auswanderer gelten als Beweis, dass es noch jenen Zusammenhalt gibt, der mehr ist als nur Nostalgie. »Vergebt mir, wenn ich spät bin, denn ich habe eine Verabredung,« heißt es hellseherisch im Refrain des Liedes. Stanley Pope Killmann Dyer hat es nicht bis Weihnachten geschafft.

»**Unsere Zukunft**«, sagt Reuben Meade und lässt das Wort erst einmal ein bisschen nachklingen. Der frühere Chief Minister von Montserrat ist Politiker und Bauunternehmer: ein Prometheus umgeben von Epimetheus-Typen, ein Vorausschauender in der Masse ewig Zurückblickender. »Die Zukunft«, nimmt er seinen Gedanken wieder auf, »beginnt, wenn wir die Vergangenheit begraben.«

Meade geht durch die Trümmerlandschaft von Plymouth, sein erster Besuch seit zwei Jahren. Das Gerichtsgebäude sei nun auch schon fast versunken, stellt er sachlich fest. Tatsächlich, die graue Flut hat den Giebel erreicht und durchkreuzt dessen große Uhr jetzt auf einer horizontalen Linie *»between four and eight o'clock«*.

Aber das Government House steht noch. Dort, wo Meade zur Zeit der ersten Vulkanausbrüche regiert hat. Um sich nützlich zu fühlen, stieg er jeden Morgen mit den Vulkanologen zum Krater hoch, um abends dem Volk über ZJB Radio Bericht zu erstatten. Einmal sah er im Qualm des Berges gelbe Schmetterlinge und wertete ihr Flattern als »sicheres Anzeichen« dafür, dass der Vulkan bald zur Ruhe kommen würde. Er wurde nicht wiedergewählt.

Was aus den guten Tagen der nun toten Stadt vermisst Meade am meisten? »Gar nichts. Das Montserrat, nach dem ich mich sehne, liegt in der Zukunft.« Deshalb fühlt sich der sportliche Mittfünfziger der montserratischen Neuzeit auch schon um einige Längen voraus. Die Pläne sind fertig, Bulldozer rollen. Natürlich brauche Montserrat wieder eine Stadt. Ihr Platz? Little Bay – da, wo die Fähre aus Antigua anlegt. Dort könnte, mit Geldern aus London natürlich, eine Marina entstehen.

So wachsen im verbleibenden Grün der Smaragdinsel die Koordinaten für eine montserratische Moderne: Im Zentrum der Insel ist der neue Flugplatz fast fertig, im Westen wird gerade ein Golfplatz angelegt. Ein ganzes Tal hat man dort aufgefüllt, mit Ascheladungen aus fast zehn Jahren. Bald könnten dort *snowbirds* wieder ihre Schläger schwingen. Und die Ghosttown Plymouth, schließt Meade, könne er sich gut als »vulkanisches Freilichtmuseum« vorstellen.

Ob eine solche Sehenswürdigkeit mit der Wehmut der Montserrater verträglich sei? Der Politiker zeigt sich philosophisch: »Die Leute trauern nur deshalb so lange um die Stadt, weil nach der Evakuierung kaum jemand die Gelegenheit bekommen hat, sie noch einmal zu sehen. Plymouth war wie ein Verwandter für uns. Und wir haben die Sitte, unsere Toten aufzubahren, damit sich alle von ihnen verabschieden können.«

Darum hat Reuben Meade auch eines Tages seinen Vater zu den Trümmern geführt. »Lass uns gehen«, habe der Greis schon nach kurzer Zeit gesagt: »Jetzt ist alles gut.«

Seither hat Montserrat den Abschied von Plymouth im Schatten des Vulkans zum therapeutischen Ritual erhoben. Feiertags mietet die Regierung die Antigua-Fähre und lässt sie einmal um die Insel herumtuckern.

Dann stehen manchmal Hunderte an der Reling und betrachten, was der Berg ihnen genommen hat.

Und wenn sie in Little Bay, der neuen »Hauptstadt«, von Bord gehen, vorbei am engen Container der Einreisebehörden, werden sie vielleicht irgendwo einen Baum erspähen, einen von der immergrünen Art. Und daneben, im Matsch künftiger Bauplätze, ein Schild, das ihnen ein Schmerzmittel nennt, aber nicht die Wahrheit sagt: Montserrat – *Still nice, still home.*

Und nun, lieber Leser, wenn Du willst, ist es an Dir …

Liebe …

Michael Stührenberg, 1952 in Pivitsheide/Detmold geboren, begann sein Romanistik-Studium in München, wechselte dann nach Paris an die Sorbonne. 1975 brach er seine Studien ab und reiste nach Äquatorialafrika, wo er an der Elfenbeinküste und in Gabun als Lehrer arbeitete. Anschließend kehrte er zurück nach Paris und nahm das Studium von Literatur und Geschichte wieder auf. Nach dem Studienabschluss 1980 arbeitete er 7 Jahre lang als Redakteur für Agence France-Presse, reiste in dieser Zeit aber auch häufig nach Lateinamerika und Afrika, um über Aufstände und Guerilla-Bewegungen zu berichten. Seit 1987 arbeitet er als freier Reporter, u.a. für Stern, Spiegel, profil, Weltwoche, Zeit. In den letzten Jahren liegt der Schwerpunkt seiner Arbeit auf Beiträgen für die deutsche und die französische Ausgabe von GEO. Michael Stührenberg ist außerdem Autor mehrerer Bücher über die Sahara, Madagaskar und Zentralamerika, die teils in Frankreich, teils in Deutschland erschienen sind.

Fotos zu den Reportagen in Kolumbien, Tschad,
Niger, Salomonen und Madagaskar: © **Pascal Maitre**
www.pascalmaitre.fr

Fotos zu den Reportagen auf den Philippinen, Bolivien
und Montserrat: © **Christopher Pillitz**
www.christopherpillitz.com

Fotos zu der Reportage in Laos: © **Serge Sibert**
www.cosmosphoto.com

Fotos zu der Reportage im Kongo: © **Nick Nichols**
www.michaelnicknichols.com

Autor und Verlag danken Pascal Maitre, Nick Nichols,
Christopher Pillitz und Serge Sibert sehr herzlich für die
freundliche Unterstützung dieses Buchprojektes und
die Abdruckgenehmigungen für ihre Fotos.

Alle Rechte an dieser Ausgabe vorbehalten
©2013 Gollenstein Verlag
Die BuchMarke der O.E.M.GmbH, Saarbrücken
www.gollenstein.de

Buchgestaltung und Satz: Tatjana Lorenz
Schrift: Adobe Garamond
Papier: Bilderdruck matt
Produktionsmanagement: impress media GmbH

Gedruckt mit freundlicher Unterstützung der Union Stiftung,
Saarbrücken

Printed in Germany
ISBN 978-3-95633-009-4